高等学校应用型精品规划教材·经济管理系列

人力资源管理实用教程

张润兴　主　编
尹卫华　孙文霞　徐海霞　副主编

清华大学出版社
北　京

内 容 简 介

本书以目前国际最前沿的人力资源管理理论为基础，以人力资源管理的职能为主线进行编写，共分 10 章，具体内容包括人力资源管理概述、人力资源规划、工作分析、招聘管理、人力资源培训与开发、激励、绩效管理、薪酬管理、劳动关系管理、跨文化人力资源管理。本书通过新颖的构思、简练的内容、多元的模块、丰富的案例，引发学生思考，具有可读性和实用性强等特点。

本书既可作为应用型本科各类相关专业的教材，也可作为社会组织中各类培训机构的培训教材和实际工作人员的参考读物。

本书封面贴有清华大学出版社防伪标签，无标签者不得销售。
版权所有，侵权必究。举报：010-62782989，beiqinquan@tup.tsinghua.edu.cn。

图书在版编目(CIP)数据

人力资源管理实用教程/张润兴主编. —北京：清华大学出版社，2018（2023.7重印）
（高等学校应用型精品规划教材·经济管理系列）
ISBN 978-7-302-50851-9

Ⅰ. ①人… Ⅱ. ①张… Ⅲ. ①人力资源管理—高等学校—教材 Ⅳ. ①F243

中国版本图书馆 CIP 数据核字(2018)第 178510 号

责任编辑：陈立静
装帧设计：杨玉兰
责任校对：王明明
责任印制：沈　露

出版发行：清华大学出版社
　　　　　网　　址：http://www.tup.com.cn, http://www.wqbook.com
　　　　　地　　址：北京清华大学学研大厦 A 座　　邮　编：100084
　　　　　社 总 机：010-83470000　　邮　购：010-62786544
　　　　　投稿与读者服务：010-62776969, c-service@tup.tsinghua.edu.cn
　　　　　质量反馈：010-62772015, zhiliang@tup.tsinghua.edu.cn
　　　　　课件下载：http://www.tup.com.cn, 010-62791865
印 装 者：三河市铭诚印务有限公司
经　　销：全国新华书店
开　　本：185mm×230mm　　印　张：23.75　　字　数：500 千字
版　　次：2018 年 9 月第 1 版　　印　次：2023 年 7 月第 5 次印刷
定　　价：58.00 元

产品编号：073402-01

前　　言

　　人力资源是组织核心竞争力的根本，组织之间的竞争归根结底是人力资源的竞争。人力资源管理是一门经济管理类专业的专业基础课，更是工商管理、人力资源管理、行政管理等专业的核心专业课，是一门操作性很强的课程。改革开放至今，我国学者在大量引进国外先进人力资源管理教材的基础上，结合国内组织人力资源管理实践，编写出了大量优秀的人力资源管理教材。版本越来越多，篇幅越来越长，内容越来越丰富。但是1998年亚洲金融危机、2008年全球金融危机以来，每个组织都开始重新审视面对全球化的经营环境如何更加有效地实施人力资源管理，特别是在国家提出"一带一路"倡议的大背景下，面对"走出去"跨文化环境中对人力资源管理的新挑战，人力资源管理实践已经远远走在理论研究的前面，传统的注重理论研究的人力资源管理教材对组织人力资源管理实践的指导价值越来越弱。一本优秀的人力资源管理教材，应该是及时地更新内容、创新风格，既能寓基本原理于其中，又能紧跟时代前沿；既能紧密结合管理实践的现实，又能引爆管理思维、彰显管理个性。我们教材编写小组，结合多年的企业人力资源管理实践和一线人力资源管理课程教学经验，力求为读者编写一本体系比较完整、内容注重创新、突出应用、强化案例、引导学生思考的"应用型"教材。做到好读易教，突出"风格创新、内容创新、案例教学、突出应用"的特色。

　　本书的核心内容是被国内外学者和企业人士普遍认可的人力资源管理的职能：人力资源规划、招聘、培训、绩效、薪酬、劳动关系。按照认识事物的基本逻辑，学习一门新的课程需要掌握与之相关的基本概念和起源，所以我们第一章介绍了人力资源管理概述。工作分析是所有人力资源管理职能的基础和依据，所以我们将工作分析独立成一章。激励是人力资源管理的永恒主题，是挖掘人力资源潜能的基本手段，所以我们将激励独立成一章。随着中国企业"走出去"战略的深入实施，特别是"一带一路"倡议的推进，跨文化人力资源管理是"走出去"企业迫切需要解决的问题，所以我们以案例为主，独立编写了跨文化人力资源管理这一章，介绍了我国走出去企业的跨文化人力资源管理实践。

　　同以往的人力资源管理教材相比，本教材具有以下特色。

　　(1) 学生易于学习掌握。每个知识点通过大量的实例让学生更好地理解知识的含义。

　　(2) 可读性、趣味性强。本书最大的特点是加入了知识链接、特别提示、管理案例、管理寓言等模块，每章前有案例导入，章后有阅读材料、名人名言，既拓展了学生的知识面，更增加了趣味性。

　　(3) 富有启发性。特别提示、管理寓言和最后的名人名言都在紧扣知识的同时，启发学生思考。

(4) 教师易于引导和教学。丰富的模块设计可以方便教师展开讨论，并引导学生思考。

(5) 配套自测题。每章后面都有自测题(扫一扫二维码即可获得)，覆盖该章所有的重要知识点，并附有案例讨论方便教学。特别是跨文化人力资源管理一章采用"走出去"企业的实践，具有很强的现实指导性。

本书主要面对两类读者：一是经济管理类专业，毕业后拟从事人力资源管理工作的在校大学本科生；二是社会组织中，已经拥有比较丰富的实践工作经验，又想通过系统学习人力资源管理以提高自己人力资源管理水平的从业人员。对于在校大学生，建议从第一章起循序渐进地进行学习。对于组织中的从业人员，由于已经学习过相关基础知识，或者已经拥有相关的人力资源管理实践经验，也可挑选部分章节学习。在本科教学中，本书可作为32～72学时的人力资源管理教材使用，建议每章结束作适当的小结、复习和练习。编者特意为本书编写了配套的习题库，以供学员自学和巩固所学知识；并为本书设计制作了教学幻灯片，以方便教学。

本书由上海建桥学院张润兴担任主编，负责拟定编写大纲，组织协调编写工作和教材定稿。上海建桥学院尹卫华、孙文霞、徐海霞担任副主编，协助组织编写工作。张润兴负责编写第1、2、3、4、6、8、10章；尹卫华负责编写第5章；孙文霞负责编写第7章；徐海霞负责编写第9章。张润兴负责自测题和教材内容格式的整理工作。

本书是上海市民办高校重大内涵建设项目(我国零售业"走出去"的"全球本土化战略"研究，项目编号2016-SHNGE-02NH)、上海市精品课程建设项目("人力资源管理"，项目编号232004-16-82(sjpkc016002))、上海建桥学院教材建设项目(《人力资源管理实用教程》，项目编号JQJC201708)的成果。

本书在编写过程中借鉴了很多中外学者的研究成果，已在书末列出主要参考文献。此外，还参考了众多期刊、报纸、专业网站和其他资料，因篇幅所限，没有一一列出，特向有关作者表示衷心感谢！本书的出版得到了清华大学出版社和上海建桥学院商学院领导的大力支持和帮助，在此表示衷心的感谢！

由于编者水平有限，本书难免有不足和疏漏之处，敬请广大读者批评指正！

编 者

目 录

第一章　人力资源管理概述 1

第一节　人力资源的含义与特征 2
一、人力资源的含义 2
二、人力资源的特征 5

第二节　人力资源管理及功能 7
一、人力资源管理的含义 7
二、人力资源管理的特点 8
三、人力资源管理的原则 9
四、人力资源管理的基本功能 11
五、人力资源管理的职能 14
六、人力资源管理与传统劳动人事管理的区别 16

第三节　人力资源管理框架 17
本章小结 21
自测题 21

第二章　人力资源规划 22

第一节　人力资源规划概述 23
一、人力资源规划的含义 23
二、人力资源规划的分类 25
三、人力资源规划的作用 26
四、人力资源规划的过程 27

第二节　人力资源需求预测 30
一、人力资源需求预测的步骤 30
二、人力资源需求预测的影响因素 31
三、人力资源需求预测的方法 33

第三节　人力资源供给预测 38
一、人力资源供给预测的步骤 38
二、人力资源供给预测的影响因素 39
三、人力资源供给预测的方法 40

第四节　人力资源供需平衡 46
一、人力资源供需平衡分析 46
二、人力资源失衡调整 47

第五节　人力资源规划的编制 49
一、人力资源总体规划的编制 49
二、人力资源业务规划的编制 50
本章小结 54
自测题 54

第三章　工作分析 55

第一节　工作分析概述 56
一、工作分析的含义 56
二、工作分析的相关概念 57
三、工作分析的作用 58
四、工作分析的程序 61

第二节　工作分析的方法 63
一、定性分析的方法 63
二、定量分析的方法 69

第三节　工作说明书 71
一、工作说明书的含义和内容 72
二、工作说明书编写注意事项 74
三、工作说明书范例 75
本章小结 79
自测题 79

第四章　招聘管理 80

第一节　员工招聘概述 82
一、员工招聘的含义 82

二、员工招聘的作用 83
　　三、员工招聘的原则 84
　　四、影响招聘活动的因素 85
第二节　员工招聘的程序 87
　　一、确定招聘需求 87
　　二、制订招聘计划 87
　　三、选择招聘来源 89
　　四、选择招聘渠道 90
　　五、回收应聘资料 90
　　六、评估招聘效果 91
第三节　员工招聘的来源 93
　　一、内部招聘 93
　　二、外部招聘 96
第四节　选拔录用 99
　　一、选拔录用的含义 100
　　二、选拔录用的意义 101
　　三、选拔录用的程序 102
第五节　面试 110
　　一、面试的类型 110
　　二、面试的过程 112
　　三、面试的常见偏差 121
第六节　选拔测试方法 122
　　一、知识测试 122
　　二、智力测试 123
　　三、能力测验 124
　　四、人格和兴趣测试 125
　　五、评价中心测试 127
第七节　招聘评估 131
　　一、招聘评估的作用 132
　　二、招聘评估的信度和效度 132
　　三、招聘评估的内容 135
本章小结 137
自测题 138

第五章　人力资源培训与开发 139
第一节　人力资源培训 140
　　一、人力资源培训概述 140
　　二、人力资源培训需求分析 142
　　三、人力资源培训程序 146
　　四、人力资源培训的主要方法 148
　　五、培训效果评估 154
第二节　人力资源开发 156
　　一、人力资源开发概述 156
　　二、人力资源开发的内容 157
　　三、员工职业管理 163
本章小结 175
自测题 176

第六章　激励 177
第一节　激励概述 178
　　一、激励的内涵 178
　　二、激励的过程 178
　　三、激励的作用 180
第二节　人性的假设 181
　　一、经济人假设 182
　　二、社会人假设 183
　　三、自我实现人假设 185
　　四、复杂人假设 186
第三节　激励理论 188
　　一、内容型激励理论 188
　　二、过程型激励理论 196
　　三、行为修正型激励理论 200
第四节　当代激励理论的综合 204
本章小结 206
自测题 207

第七章　绩效管理 208
第一节　绩效管理概述 209

一、绩效的含义与特征 209
　　二、绩效管理的含义 211
　　三、绩效管理的作用 213
第二节　绩效管理的过程 214
　　一、准备阶段 214
　　二、实施阶段 220
　　三、反馈阶段 226
　　四、结果运用阶段 231
第三节　绩效考核 237
　　一、绩效考核的含义 237
　　二、绩效考核的内容 237
　　三、绩效考核的原则 238
　　四、绩效考核的作用 239
　　五、绩效评价体系 239
　　六、绩效评价方法及流程 240
本章小结 251
自测题 252

第八章　薪酬管理 253

第一节　薪酬管理概述 254
　　一、薪酬与薪酬管理的含义 254
　　二、薪酬的功能 255
　　三、影响薪酬水平的因素 256
　　四、薪酬管理的误区 259
第二节　薪酬设计 261
　　一、员工薪酬体系 261
　　二、薪酬体系的设计 264
　　三、薪酬体系设计的原则 277
第三节　员工福利 279
　　一、福利的含义与功能 279
　　二、福利的内容 281
　　三、制订员工福利计划需要考虑的
　　　　问题 286
　　四、弹性福利 286

第四节　社会保险 290
　　一、医疗保险 291
　　二、养老保险 292
　　三、失业保险 292
　　四、生育保险 293
　　五、工伤保险 293
本章小结 297
自测题 298

第九章　劳动关系管理 299

第一节　劳动关系概述 300
　　一、劳动关系的含义 300
　　二、劳动关系的构成要素 302
　　三、劳动关系的表现形式 307
　　四、劳动关系的类型 308
第二节　劳动关系调整 310
　　一、法律调整 310
　　二、劳动合同管理 313
　　三、三方协商机制 319
　　四、劳动争议处理制度 324
　　五、集体谈判与集体合同 331
第三节　中国劳动关系发展趋势 336
　　一、当前我国劳动关系不和谐的
　　　　原因 336
　　二、构建和谐劳动关系的相关
　　　　措施 337
本章小结 342
自测题 343

第十章　跨文化人力资源管理 344

第一节　跨文化人力资源管理 344
　　一、跨文化人力资源管理的含义 344
　　二、跨文化人力资源管理中的文化
　　　　冲突 345

三、跨文化冲突的协调对策 345
第二节　跨国公司人力资源管理 345
　　一、跨国公司人力资源管理的
　　　　模式 345
　　二、跨国公司外派人员的选拔 347
　　三、跨国公司外派人员的培训 348

　　四、跨国公司外派人员薪酬福利
　　　　管理 349
第三节　跨文化人力资源管理实践 350
本章小结 367
自测题 368

参考文献 369

第一章 人力资源管理概述

【教学要求】

知识要点	能力要求	相关知识
人力资源	(1)理解并表述人力资源的含义。 (2)会分析人力资源的特征	(1)人力资源的含义。 (2)人力资源的特征
人力资源管理	(1)理解人力资源管理的含义。 (2)会分析人力资源管理的特点。 (3)能理解并表述人力资源管理的原则。 (4)能理解并表述人力资源管理的功能。 (5)能逻辑严密地分析各职能之间的关系	(1)人力资源管理的含义。 (2)人力资源管理的特点。 (3)人力资源管理的原则。 (4)人力资源管理的基本功能。 (5)人力资源管理的职能
人力资源管理框架	能绘制并分析人力资源管理框架	人力资源管理框架

【关键概念】

人力资源　　人力资源管理　　人力资源管理职能　　人力资源管理框架

导入案例

海尔的人才观——人材、人才、人财

张瑞敏首席执行官对何为企业人才进行了分析，他提出企业里的人才大致可以由低到高分为如下三类。

人材——这类人想干，也具备一些基本素质，但需要雕琢，企业要有投入，其本人也有要成材的愿望。

人才——这类人能够迅速融入工作、能够立刻上手。

人财——这类人通过其努力能为企业带来巨大财富。

对海尔来说，好用的人就是"人才"。

"人才"的雏形，应该是"人材"。这是"人才"的毛坯，是"原材料"，需要企业花费时间去雕琢。但在如今堪称"生死时速"的激烈的市场竞争中，我们没有这个时间。

"人才"的发展是"人财"。"人才"是好用的，但是好用的人不等于就能为企业带来财富；作为最起码的素质，"人才"认同企业文化，但有了企业文化不一定立刻就能为企业创造价值。光有企业文化还不行，还要能为企业创造财富，这样的人方能成为"人财"。

无论是经过雕琢、可用的"人材"，还是立刻就能上手的、好用的"人才"都不是我们的最终目的。我们要寻求的是能为企业创造财富和价值的"人财"。

只有"人财"才是顶级人才，来了就可以为企业创造财富、创造价值。我们企业要想兴旺

发达，就要充分发现、使用"人财"。

(资料来源：客道巴巴， http://www.doc88.com/p-092259452005.html)

思考：

能够成为"人财"，是企业和员工都梦寐以求的，要求企业提供平台，更要求员工个人努力，方能成为企业视为珍宝的"人财"。

第一节　人力资源的含义与特征

一、人力资源的含义

1. 人力资源的概念

早在 1919 年和 1921 年，在约翰·R.康芒斯的两本著作《产业信誉》和《产业政府》中就使用过"人力资源"这一概念，康芒斯被认为是第一个使用"人力资源"一词的人。只不过他所指的人力资源和现在我们所理解的人力资源在含义上差异很大。

目前，我们普遍所理解的人力资源概念，是由管理大师彼得·德鲁克于 1954 年在其著作《管理实践》中正式提出并加以明确界定的。他认为，和其他资源相比，人力资源是一种特殊的资源，它必须通过有效的激励机制才能开发利用，并为组织带来可观的经济价值。可见，德鲁克是想表达现代意义上的人力资源是传统人事管理概念所不能表达的意思。

名人堂

彼得·德鲁克(Peter F. Drucker)

彼得·德鲁克(1909.11.19—2005.11.11)1909 年 11 月 19 日生于维也纳，1937 年移居美国，终身以教书、著书和咨询为业。德鲁克一生共著书 39 本，在《哈佛商业评论》发表文章 30 余篇，被誉为"现代管理学之父"。他文风清晰练达，对许多问题提出了自己的精辟见解。杰克·韦尔奇、比尔·盖茨等人都深受其思想的影响。德鲁克一生笔耕不辍，年逾九旬还创作了《德鲁克日志》，无怪乎《纽约时报》赞誉他为"当代最具启发性的思想家"。2005 年 11 月 11 日，德鲁克在加州家中逝世，享年 95 岁。

尊为"现代管理学之父"的德鲁克，是这个时代最出色的管理学者。他曾发誓："如果我能活到 80 岁，我要写到 80 岁。"德鲁克的言论和政治立场一直属于保守派。

(资料来源：360 百科，https://baike.so.com/doc/6918899-7140843.html)

德鲁克虽然提出了人力资源的概念并指出了其重要性，但却并未对人力资源这一概念给出详细的定义。其后，国内外学者从不同的角度给出人力资源不同的定义。概括起来，对人力资源的定义集中在两个不同的角度。

第一类，从能力的角度来解释人力资源的含义。例如：

(1) 所谓人力资源，是指能够推动整个经济和社会发展的劳动者的能力，即处在劳动年龄的已经直接投入建设和尚未投入建设的人口的能力。

(2) 所谓人力资源，是指人类可用于生产产品或提供各种服务的活力、技能和知识。

(3) 所谓人力资源，是指包含在人体内的一种生产能力，它是表现在劳动者的身上，以劳动者的数量和质量表示的资源，对经济起着生产性的作用，并且是企业经营中最活跃、最积极的生产要素。

(4) 所谓人力资源，是指社会组织中全部劳动人口中蕴含的劳动能力的总和。

(5) 所谓人力资源，是指劳动过程中可以直接投入的体力、智力、精力的总和及其形成的基础素质，包括知识、技能、经验、品性与态度等身心素质。

(6) 所谓人力资源，是指企业员工所天然拥有并自主支配使用的协调力、融合力、判断力和想象力。

第二类，从人的角度来解释人力资源的含义。例如：

(1) 所谓人力资源，是指一定社会区域内所有具有劳动能力的适龄劳动人口和超过劳动年龄的人口的总和。

(2) 所谓人力资源，是指企业内部成员及外部的顾客等人员，即可以为企业提供直接或潜在服务及有利于企业实现预期经营效益的人员的总和。

(3) 所谓人力资源，是指能够推动社会和经济发展的具有智力、体力和劳动能力的人的总和。

我们认为，从人的角度来理解人力资源的含义更符合常理。所谓人力资源，是指在某一组织或领域内，有劳动能力，同时愿意为组织付出劳动，并能促成组织目标实现的人们的总和。对这个概念的理解包括以下几点。

(1) 界定人力资源首先要界定所在的组织或领域。

(2) 人力资源必须有劳动能力，不具备劳动能力的人不在我们的研究范围内。

(3) 人力资源必须愿意为组织付出劳动，有劳动能力但不愿意为组织付出劳动，并不能为组织创造价值，不在我们的研究范围内。

(4) 人力资源所付出的劳动必须是符合组织所需要，并能促成组织目标实现的。

(5) 人力资源必须是符合以上特征的"人"。

特别提示

不同学者对人力资源含义的解释无所谓对错，只是从不同的角度进行阐述。

2. 人力资源的相关概念

为了更准确地把握人力资源的内涵,还需要了解与人力资源相关的一些概念以及相互之间的关系。

(1) 人口资源。人口资源是指一定空间范围内具有一定数量、质量与结构的人口总体,是进行社会生产不可缺少的基本物质条件。人口资源重点强调的是数量概念。

(2) 劳动力资源。劳动力资源是指一个国家或地区,在一定时点或时期内,进入法定劳动年龄并拥有劳动能力的人口的总和。根据我国劳动就业制度规定,男性年满 18 岁到 60 岁,女性年满 18 岁到 55 岁,都列为劳动力资源。可见,劳动力资源是一个法律意义上的统计结果。劳动统计界定劳动力资源的范围一般考虑两个因素:一是具有劳动能力的人口;二是劳动适龄人口。

 特别提示

需要注意的是,随着人们健康水平、平均年龄的提升以及老龄化的压力,退休年龄将会适当推迟。

(3) 人才资源。所谓人才资源,指的是人力资源中素质层次较高的那一部分人,是指一个国家或地区具有较强的管理能力、研究能力、创造能力和专业技术能力,并对社会进步和经济发展作出较大贡献的人们的总称。

人才资源是指杰出的、优秀的人力资源,着重强调人力资源的质量。组织的人才资源指的是组织中所有那些体现在组织员工身上的才能,包括组织员工的专业技能、创造力、解决问题的能力,管理者的管理能力,在某些情况下,甚至还包括组织员工的心理能力,因为组织员工的心理素质在很大程度上将影响其才能的发挥。

可见,人口资源强调的是人口统计数量,劳动力资源是法律意义上的人口统计数量,人才资源强调的是人的质量。

人口资源、劳动力资源、人力资源、人才资源之间的关系如图 1.1 所示。

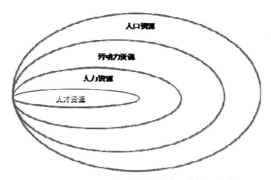

图 1.1 人力资源相关概念之间的关系

特别提示

需要说明的是,有些特殊的人口,虽然没有在法定劳动年龄内,即不属于法律意义上的劳动力资源,但他(她)们又的确在为组织服务,并创造价值,这部分人口也算人力资源甚至是人才资源。比如未成年的体育从业人员,未成年的艺术从业人员,退休返聘的工作人员。

二、人力资源的特征

人力资源作为组织最基本、最重要的资源,与其他资源相比较,具有以下特征。

1. 生物性和社会性

人力资源的生物性是指人力资源是以人为载体的,存在于人体中,而人和其他生物一样,有生老病死的生理特征。因此,人力资源的开发和使用不可避免地会受到这些生理特征的限制,同时又符合生物体个体的活动规律。

人力资源的社会性是指人力资源存在于一定的社会形态中,是在特定的社会环境和社会实践活动中形成、发展并发挥作用的。作为社会生产活动的主体,人不可能离开社会群体而孤立存在。这就决定了人类的活动必然是一种群体活动,是通过与社会群体中的其他成员发生各种错综复杂的关系来改变客观世界的实践活动。由于个体间不同的价值观、行为方式等的影响,人类个体的活动效率和效果会因为社会环境的影响而产生截然相反的变化。既有可能受环境的影响而产生 $1+1>2$ 的放大效应,也有可能产生三个和尚没水喝的衰减效应。

因此,在人力资源的开发、配置和使用时,既要考虑作为生物体个体的生理特征,又要考虑到人与人、人与社会的关系及利益的协调与整合,加强团队合作精神建设。

2. 生产性与消费性

人既是生产者,也是消费者。人力资源的生产性强调人是财富的创造者,但创造财富需要具备一定的条件、足够的时间、足够的空间。人力资源的消费性是指人力资源的开发、使用需要消耗一定的财富,从而产生组织的人力资源成本。但同时,人力资源必须通过必要的资源消耗才能得以保值增值。对于一个具体的人力资源而言,其生产性必须大于消费性,这样组织和社会才能发展。

3. 能动性

人力资源的能动性是指人力资源是体力和智力的结合,具有主观能动性,具有不断开发的潜能。同时,人总是有意识、有目的、有计划地使用自己的体力和智力,这也是人与动物的本质区别。基于这种能力,人类总是自觉地、能动地根据自己的需要,有选择地支配使用外部资源,从事社会生产活动,因此人力资源是社会生产和经济活动中处于主导地位的能动性资源。

4. 智力可变性

人力资源和自然资源不同，在使用的过程中它发挥作用的程度会有所变动，从而具有一定的可变性。一方面，人在劳动过程中会因为自身心智状态的不同而影响到劳动效果；另一方面，人的智力是会随着年龄、身体状况、外界环境的变化而变化的，同时人的智力可以通过适当的开发而延续和发展。所以，人力资源的不断开发是人力资源管理的重要组成部分。

5. 延续性

人力资源的延续性是指人力资源的开发是一个不断延续的过程。人力资源从形成到使用可以实现多次开发，不仅人力资源的培训、积累、创造是开发的过程，人力资源的使用也是开发的过程。对组织而言，这种延续需要科学的职业生涯管理，其中既有个人主导的主观能动性，又有组织主导的外部资源投入。同时，人类的智力、经验、知识、技能等财富具有继承性，人力资源的这些财富会随着世代传承而得以积累、延续和增强。

6. 时效性

人力资源的时效性是指人力资源的形成、开发和使用都要受到时间的限制，人力资源如果长期不用，就会荒废和退化。事实上个体或职工的体力、脑力和为组织所创造的价值，符合倒"U"形关系，即两头少、中间多的特点。个体和职工这种倒"U"形关系就决定了人力资源的时效性，即必须在人的鼎盛时期充分发挥其价值，一旦错过了鼎盛时期就浪费了宝贵的人力资源。

 知识链接

人力资源的时效性——倒"U"形特点

从个体角度来说，作为生物机体的人，有其生命周期；从社会角度来说，人力资源也有培养期、成长期、成熟期和衰退期。对个体而言，在少年期体力和脑力还处于不成熟阶段，不能创造很大的社会价值，老年期体力和脑力开始衰退，所创造的社会价值也逐渐减少，而青壮年期体力和脑力处于鼎盛阶段，是创造社会价值的最佳时期；对组织中的员工而言，初入职的员工知识、技能、经验不是很丰富，能力不是很强，为组织创造的价值不是很大，接近退休的老职工，由于体力和脑力的衰退，工作开始力不从心，为组织所创造的价值也开始减少，而中青年骨干体力、脑力、知识、技能、经验等都处于鼎盛期，是为组织创造价值的黄金时期。

(资料来源：搜狗百科，http://baike.sogou.com/v60624590.htm)

第二节 人力资源管理及功能

一、人力资源管理的含义

人力资源管理(Human Resource Management，HRM)的概念最早由彼得·德鲁克于1954年提出至今，国内外学者给出了很多解释，综合起来，有以下五类。

1. 从人力资源管理的目的出发

这类解释主要认为人力资源管理是借助对人力资源的管理来实现组织的目的。例如：

(1) 人力资源管理就是通过各种技术与方法，有效运用人力资源来达成组织目标的活动。[R. 韦恩·蒙迪(R. Wayne Mondy)，罗伯特·M. 诺埃(Robert M. Noe)，1996]

(2) 人力资源管理就是通过各种管理功能，促使人力资源的有效运用，以达成组织的目标。[罗纳德·舒勒(Schuler)，1987]

2. 从人力资源管理的职能出发

这类解释重点阐述人力资源管理的职能。例如：

(1) 人力资源管理是负责组织人员的招聘、甄选、训练及报酬等功能的活动，以达成个人与组织的目标。[舍曼(Sherman)，1992]

(2) 人力资源管理是指对全社会或一个企业的各阶层、各类型的人员从招工、录取、培训、使用、升迁、调动直至退休的全过程管理。

3. 从人力资源管理的内容出发

这类解释认为人力资源管理是与人有关的制度和政策等。例如：

(1) 人力资源管理是对人力资源进行有效开发、合理配置、充分利用和科学管理的制度、法令、程序和方法的总和。

(2) 人力资源管理包括一切对组织中的员工构成直接影响的管理决策和实践活动。

(3) 人力资源管理包括要影响到公司和员工之间关系的性质的所有管理决策和行为。

4. 从人力资源管理的主体出发

这类解释认为人力资源管理是人力资源部门或人力资源管理者的工作。例如，余凯成(1997)认为，人力资源管理是指那些人力资源管理职能部门中的专门人员所做的工作。

5. 从人力资源管理的过程出发

这类解释认为人力资源管理是一个过程。例如：

(1) 人力资源管理是指运用现代化的科学方法，通过对与一定物力相结合的人力进行合理的培训、组织与调配，使人力、物力经常保持最佳比例，同时对人的思想、心理和行为进行恰当的诱导、控制和协调，充分发挥人的主观能动性，使人尽其才、事得其人、人事相宜，以实现组织目标的过程。

(2) 人力资源管理是对人力资源的取得、开发、保持和利用等方面所进行的计划、组织、指挥和控制的活动，是通过协调社会劳动组织中的人与事的关系和人与人的关系，以充分开发人力资源，挖掘人的潜能，调动人的积极性，提高工作效率，实现组织目标的理论、方法、工具与技术。

以上解释都有一定的科学性，但都不全面，一个科学的概念应该是综合地体现各个方面内涵的解释。所以，我们认为：人力资源管理是指组织科学、系统地运用招聘、培训、绩效、薪酬、劳动关系等技术和方法，对在生产经营过程中必不可少的人力资源进行有效的计划、组织、领导、控制，以实现组织既定目标的一系列活动的过程。

对这一概念的理解，需要掌握以下几点。

(1) 人力资源管理的主体是组织。

(2) 人力资源管理的手段有招聘、培训、绩效、薪酬、劳动关系等方面的技术和方法。

(3) 人力资源管理的对象是生产经营过程中必不可少的人力资源。

(4) 人力资源管理是一个有目的的活动，其目的就是实现组织目标。

(5) 人力资源管理是一个过程，这个过程和其他的管理活动一样，由计划、组织、领导、控制等职能组成。

二、人力资源管理的特点

人力资源管理是一门新兴的学科，体现出与其他学科不同的特点，具体而言有以下内容。

1. 综合性、交叉性、边缘性

人力资源管理横跨多个学科，如管理学、经济学、社会学、心理学、法学等，但它又是这些学科边缘部分交叉而形成的。

2. 政策性或社会性

人们通过利益、责任、权利等纽带而建立相互关系，开展共同的、有目的的社会活动。作为社会这个大系统的一个子系统，人们必须遵守社会与组织的公约，以保证这些关系的稳定并促成这些关系的改善。

3. 实践性

人力资源管理是实践性很强的一门学科，纯粹的理论学习无法解决管理实践中的问题，必须理论结合实践，在实践中不断感悟才能把所学理论在"做"的过程中融会贯通。

4. 整体性

人力资源管理的整体性至少有两层含义，一是人力资源管理本身是一个整体，人力资源管理的各个职能之间并不是相互独立的，比如工作分析是所有后续人力资源管理的基础，再如绩效考核的结果是培训、薪酬管理的依据等。二是人力资源管理不是一个部门的工作，必须组织整体配合才能完成，它是所有人整体的职责，而不仅仅是人力资源部门的职责。

三、人力资源管理的原则

为了提高人力资源管理的有效性，顺利实现组织目标，开展人力资源管理工作的过程中必须遵守最基本的原则。

1. 要素有用原则

要素有用原则是指我们必须承认每个人都是有用的，每个人都有闪光点。但需要注意的是，毕竟每个人的身体条件、受教育程度、实践经验、人格气质等各不相同，导致不同人能力倾向、能力水平以及工作方式都会有所不同。这就要求管理者要用人所长，同时不能求全责备。同时，在人力资源配置过程中要注意合理搭配，充分发挥每个人的优势，进而发挥组织的整体作用。

2. 能级对应原则

能级对应是指在人力资源开发中，要根据人的能力的大小安排工作、岗位和职位，使人尽其才，才尽其用。能级对应原则要求我们要承认人具有能力的差别，根据人的能级层次要求建立稳定的组织形态，同时承认能级本身的动态性、可变性与开放性，使人的能级与组织能级动态对应。需要特别注意的是，能级的"动态对应"，人的能力会改变，岗位的要求会改变，这就导致原来对应的能级会被打破，需要通过动态调整以达到新的对应和匹配。

3. 激励强化原则

激励强化原则有一个前提是组织所追求的是效率，而员工的效率与员工潜力的发挥有很大的关系，而员工潜力的挖掘又与组织对员工的激励手段有很大的关系。有统计表明，一个没有受到激励的员工，其潜力只能发挥 20%~30%，而受到激励后其潜力可发挥到 80%~90%。所以，激励强化原则要求组织应该通过激励手段满足员工的需求，进而激发员工潜力，最终提高工作效率。

4. 弹性冗余原则

弹性冗余原则有两层含义，一是人力资源的开发必须留有余地，保持弹性，不能超负荷或带病运行。过度地透支员工的时间、体力、精神，会导致员工身心疲惫，精神萎靡，导致效率下降甚至丧失。二是人力资源的配置要留有余地，保持弹性。比如一个空缺岗位有几个候选人，每一个工作都要安排后备人员等。

5. 互补增值原则

由于人力资源系统每个个体的多样性、差异性，因此在人力资源整体中具有能力、性格等多方面的互补性，通过互补可以发挥个体优势，并形成整体功能优化。

 知识链接

互补增值的具体表现

一是不同的知识结构的人思维方式不同，他们互为补充，就容易引起思想火花的碰撞，从而获得最佳方案。

二是在气质方面应刚柔相济，比如一个组织中既要有踏踏实实的"管家型人才"，也要有敢闯敢冲的"将军型人才"和出谋划策的"协调型人才"。

三是一个组织中应集中各种能力的人才，既有善于经营管理的，也有善于公关协调的，还有善于搞市场营销的和做行政人事的等。

四是性别互补。既发挥女性细心、耐心的优势，又展示男性粗犷、坚强的一面，各展其优，各施所长。

五是年龄互补。一个组织中，既要有经验丰富、决策稳定的老年人，也要有精力充沛、反应敏捷的中年人，还要有勇于开拓、善于创新的青年人。不同年龄段的人相互补充，组织效率会更高。

(资料来源：经管百科，http://wiki.pinggu.org/doc-view-35065.html)

6. 竞争强化原则

竞争强化原则是指通过各种有组织的非对抗性的良性竞争，培养和激发人们的进取心、毅力和创造精神，使他们全面施展自己的才能，达到服务社会、促进经济发展的目的。通过运用不同系统、不同层次的竞争，我们可以选拔战略性人才和各类优秀的管理型人才，也可以发现技术型人才和创造型、开拓型人才。但需要注意的是，无论竞争在哪个层次、采取哪种形式，我们都要强调竞争的公开性、公平性、合法性和参与性，这样竞争才能促进人力资源的有效开发。

7. 信息催化原则

信息是人才成长的营养液，是人们发展智力和培养非智力素质的基本条件。信息催化原则是指组织运用最新的科学技术知识，最新的管理理论武装员工，建立并保持人力资源质量优势。要求组织做好两方面的工作，一是保证组织信息沟通顺畅，二是重视员工教育培训。

8. 组织文化凝聚原则

组织文化凝聚原则是指以价值观、理念等文化因素把员工凝聚在一起。组织的凝聚力表现在两个方面：一是组织对个体的吸引力，或者说个人对组织的向心力；二是组织内部个体之间的吸引力。一个组织的凝聚力取决于物质和精神两个方面。所以人力资源在开发和使用过程中，要注重通过充满正能量的组织文化来凝聚人心，增强员工的归属感，从而提升员工工作效率，改善工作效果。

 特别提示

人们在原则面前往往容易动摇。要记住：原则是无论以何种理由都不能放弃的。

四、人力资源管理的基本功能

人力资源管理的基本功能就是人力资源管理在组织管理实践中的基本作用和使命。这种作用和使命简单地说，就是通过人与事的最优配置，做到事得其人、人尽其才、才尽其用，也就是人力资源管理的基本功能。具体而言，人力资源管理的功能包括四个方面：吸纳、维持、开发、激励。

1. 选——吸纳

吸纳主要是指吸引优秀人才加入组织，主要通过招聘职能来实现。

2. 留——维持

维持是指让已经加入组织的成员继续留在本组织中，主要通过培训开发、职业生涯管理、薪酬管理、绩效管理、劳动关系管理等手段实现。

3. 育——开发

开发是指让员工保持能够满足当前以及未来工作需要的知识和技能，主要通过培训开发、职业生涯管理等手段来实现。

4. 用——激励

激励是指让员工在现有的基础上更加努力地工作，创造出更优良的业绩，主要通过培训开发、职业生涯管理、薪酬管理、绩效管理等手段来实现。

吸纳功能是基础，为其他功能的实现提供了条件，如果不能将人员吸引到组织中，其他功能就失去了发挥作用的对象；激励功能是核心，是其他功能发挥作用的最终目的，如果不能激励员工创造出更优良的业绩，其他功能也就失去了意义；开发功能是手段，只有让员工掌握了更高级的知识和技能，员工能够创造出更大的业绩，激励的目的才能够实现；

维持功能是保障，只有将吸纳的人员留在本组织，开发和激励功能才有稳定的对象，作用才能持久。

 **管理案例**

IBM 的用人六诀：争、选、育、用、留、舍

导语：隐藏在 IBM 员工"蓝色情结"身后的，是其出色的人力资源管理。

IBM 大中华区人力资源总监郭希文女士，在 IBM 工作刚满 25 年时向《IT 时代周刊》总结了 IBM 的用人之道，她概括为六个字——争、选、育、用、留、舍。

"争"

在知识经济时代，人才的竞争是非常激烈的，尤其高科技公司间的人才争夺更是如此。微软、Google 等公司已纷纷有"抢人"的行动。很多公司的人力资源部门都抱怨招不到人才，或者招不到符合要求的人才。郭希文在 IBM 做了多年的人力资源工作，她深切地感受到市场的压力。她常思索 IBM 的竞争力在哪里？IBM 靠什么来吸引人才？

外企普遍能提供良好的工作环境、培训、高薪、福利和机会等，而 IBM 把"人是 IBM 最宝贵的财富"作为企业文化来吸引人才，这是 IBM 从一开始就推崇的"尊重个人"的信念，它是 IBM 能够吸引人才的无形但最有效的武器。此外，在招聘前，IBM 会与一些专业的人力资源咨询公司合作，对目标市场进行详细的调查，调查内容有人才分布情况、薪酬待遇和竞争对手策略等。正所谓"知己知彼，百战百胜"，IBM 根据这些调查数据就能制定出有效的招聘策略来快速地展开人力资源工作，做到有的放矢。

"选"

在众多的招聘渠道中——人才招聘会、猎头公司、内部推荐、媒体广告等，IBM 最喜欢校园招聘，因为 IBM 有一套非常完备的培训体系，可以让年轻人快速成长起来并担任重要职责。"蓝色之路"校园招聘计划受到在校大学生的青睐。郭希文说："IBM 蓝色实践计划，最主要的一个目标就是让大学生进入企业，将他们在校园所学的理论和企业实践相结合，提前让他们调整自己，一边学习做事一边学习做人。"

IBM 每年接收的简历数目非常巨大，淘汰率也是非常高的。郭希文说："在众多简历中如何挑选合适的面试人员，关键是看应聘者的态度，有的人是把简历当作公式化的东西来做，而有的人却是用心在制作简历，这说明他非常在乎这份工作，努力争取这份工作。"

IBM 的笔试一般是测试应聘者的基本素质、英语水平和逻辑反应。通过这关至少还有两轮面试。第一轮面试是人力资源部门组织的，通过交谈来大致了解应聘者的语言能力和个性特点、沟通能力、团队精神等。第二轮面试是用人部门组织的，重点考察应聘者的专业素质和具体的职业需求。根据工作的不同，有的应聘者还需要接受部门经理的上级经理面试。

"育"

IBM 对员工有非常详细的培训计划，在员工职业生涯的每个阶段都会安排相应的培训，公司每年都会为员工安排培训，培训费用可以占到公司营业额的 2%。培训从新员工进入公司的第一天开始，除行政管理类人员只有 2 周的培训外，销售、市场和服务部的员工都要接受 3 个月的培训。培训内容大致有两个层次，一是人力资源部门培训一些基本的工作技能、沟通技巧等知识，二是用人部门培训专业知识。

入职培训完以后，每个员工会有一个师傅和一个培训经理。师傅指导新员工了解IBM的工作方式、产品和服务等。而培训经理是IBM为专门照顾新员工、提高效率设置的一个职位。

"用"

郭希文女士用1个"I"和3个"C"概括IBM的用人标准。"I"代表品德(integrity)，3个"C"分别代表沟通(communication)、协作(collaboration)和工作投入(concentration)。对IBM来说，一个人的品德是最关键的，它是一个人的根本，而技能、沟通能力是可以通过后天习得的。沟通、协作和工作投入对员工的考核也是非常必要的。

IBM非常重视员工的自我评估，通过员工的自我评估，可以发现自己的短处，不断修正自己的行为，塑造符合公司要求的行为，成长为具有领导才能的员工。每年年初，员工自己写出工作目标，员工会努力工作达到目标。年中时，员工会小结一下自己的成果，回顾有什么地方做得好，哪些地方做得不好需要改进。年末时，员工会再次总结，直接主管也参与进来，指出优点和缺点，最后会有个评估结果。在这个过程中，员工会根据情况修改自己的工作目标。

郭希文女士认为衡量员工的工作有三个标准：一是独立性。员工是否具备独立工作的能力，他在做一件事情的时候需要几个人帮助？二是前瞻性。员工是否具有前瞻性，能否预见未来。三是员工能否在一项工作开始的模糊状态很快找到一个清晰的方向，并按这个方向有目的地完成工作。

"留"

郭希文用"舍不得"来描述员工与公司的关系。她目前舍不得离开IBM最大的原因是IBM是个好公司。好公司的标准又是什么呢？她用以下四个标准来解释。

第一个标准是看这个公司是否有前瞻性，是否走在最前沿，引领社会发展潮流；第二个标准是看公司的经营模式，是制度化的还是无序的；第三个标准是公司是否为员工提供适合其成长的发展空间；第四个标准是公司是否有人性化的制度来满足员工的需要。

除了具有好公司的标准，员工是否能在公司里找到适合自己的工作、在工作中如何与其他人合作、工作是否具有挑战性、是否能够获得成就感也都是员工留下来的考虑因素。

在IBM公司，员工有很多机会发展自己，这是因为IBM的业务包括软件、硬件和服务等，员工可以根据自己的优势和特点选择适合自己的职位。人力资源部门也会在不同阶段对员工进行调研，根据员工的兴趣、爱好、特点等给员工提供关于适合什么样工作的建议。把兴趣和工作结合起来，对员工和公司来说是双赢的，既满足了员工个人工作的成就感，又保证了公司利益的最大化。

"舍"

任何事都不是绝对的，在IBM公司也是这样，有些员工经过一段时间的工作之后并不能达到预期的效果。IBM公司分析出的原因：一是技能问题，二是态度问题。如果是技能问题，那IBM会想办法提供相应的培训，并根据员工的特点进行相应的调岗。如果是态度问题，在说服教育没有效果的情况下，IBM只能劝其寻找更好的发展机会。

(资料来源：郭希文，中国人力资源网，http://www.hr.com.cn/p/1423415322)

五、人力资源管理的职能

组织的人力资源管理全过程由一系列工作环节所构成，每一个环节就是人力资源管理的一个职能，具体来说，包括以下七个职能。

1. 人力资源规划

这一职能包括在人力资源管理战略下进行一定时期内的人力资源需求预测和供给预测，并在此基础上制定旨在平衡供需的人力资源规划。

2. 工作分析

这一职能主要完成两个文件：工作描述和工作规范。

(1) 工作描述：与工作本身相关，包括对工作目的、工作内容、工作流程、工作职责、工作要求等进行清晰的界定。工作描述也叫岗位描述。

(2) 工作规范：与工作承担者资格有关，包括对工作承担者的知识、能力、经验、态度、年龄、性别等的清晰界定。工作规范也叫岗位规范。

也有的组织将工作描述和工作规范合并起来，叫工作说明书。

3. 招聘录用

这一职能包括招聘和录用两部分。

(1) 招聘是指通过各种途径将组织所需要的招聘信息发布出去，将求职者吸引进来投递个人简历的过程。

(2) 录用是指从众多应聘者中挑选出符合要求的人员，通过层层测试，最后录用为正式员工的过程。

4. 培训开发

这一职能包括进行培训需求预测、确定培训体系、制订培训计划、组织实施培训、培训效果评估和反馈、制订员工长远开发方案等活动。

5. 绩效管理

这一职能是指通过科学的手段对员工的工作结果进行记录、评价，发现工作中存在的问题并进行改进的过程，包括制订绩效计划、实施绩效考核、进行绩效沟通等活动。

6. 薪酬管理

这一职能包括进行薪酬调研、确定薪酬水平、实施工作评估、制定薪酬结构和等级、进行薪酬预算和发放等。

7. 员工关系管理

这一职能主要是处理组织与员工、员工与员工之间的关系，包括组织文化建设、入职管理、劳动合同管理、劳动纠纷管理、集体谈判等内容。其中组织文化建设是重中之重。

对人力资源管理职能不能孤立地理解，它们之间存在着内在的逻辑关系，从而构成一个有机的系统。

在这个系统中，人力资源规划是前提，只有在人力资源规划的基础上才能确定是否需要引进人才或者进行人才调整与分流，才有了后续的人力资源管理职能存在的必要。其中工作分析是基础。工作分析的结果即工作描述和工作规范是所有后续人力资源管理职能的起码标准和依据。招聘录用的标准是员工的实际表现与工作规范的比较结果；绩效考核的结果评价依据是员工的工作绩效与工作描述以及工作规范要求的比较结果；薪酬水平的制定、薪酬等级的划分、薪酬的调整，依据也是工作描述和工作规范的内容；培训对象的选择、培训内容的确定、培训效果的评估依据也全都是工作描述和工作规范的内容；是否签订劳动合同以及是否解除劳动合同，同样是依据员工的实际工作绩效是否适合工作说明书的要求。

绩效管理是整个人力资源管理系统的核心。在预测组织内部的人力资源供给时，需要对现有员工的工作业绩、工作能力作出评价。招聘渠道的选择与调整依据是对不同招聘渠道所获取的员工绩效进行比较的结果，进而进行渠道优化。选拔录用过程的有效性可以通过绩效考核的结果进行改进，同时选拔录用的结果也影响员工的绩效。绩效考核结果可以暴露员工知识、技能、态度等的弱点，进而为培训对象的选择、培训内容的确定提供依据，反过来培训开发对员工绩效水平的提升有帮助作用。绩效考核优秀的员工、薪酬等级应该相对较高，薪酬增长幅度应该相对较大，特别是工资结构中的绩效工资部分，是严格与员工绩效考核结果挂钩的，反过来，较高的薪酬水平可能会促进员工绩效水平的进一步提升。通过员工关系管理，形成一种积极向上的组织文化氛围，这种氛围会让员工更有归属感，工作更加努力，员工的绩效水平会更高。

管理寓言

一个铁钉的故事

在工厂的入口处，有一颗生锈的大铁钉被丢弃竖立在那里。员工进进出出，于是不外乎发生下列情形。

第一种员工根本没看见，便抬腿横跨而过。

第二种员工看到了铁钉，也警觉到它可能产生的危险，不过这种员工所持的态度可能出现三种不同类型。

第一类心想别人会捡起来，用自己多管闲事么？只要自己小心，实在没必要庸人自扰，于是视若无睹，改道而行。

第二类会认为自己现在太忙，还有很多事要做，等办完事后再来处理那颗铁钉。

第三类则抱着谨慎小心、事不宜迟的态度，马上弯腰捡起来并妥善处理。

管理启示

第一种员工是浑浑噩噩过日子的人，完全没有察觉环境的变化，直到受到伤害时，可能还不了解何以致之。第二种员工虽有警觉，观其行动又可归为三类人。第一类属于敷衍自私型，一切行动以自己利益为考量，只扫自家门前雪，不管他人瓦上霜，拔一毛以利天下之事，他根本不屑为之；第二类是消极推诿型的人，凡事能推则推，且找出一堆借口来搪塞；第三类则为积极负责型的人，这种类型的员工具备"问题意识""危机意识""责任意识""时间观念"，这种员工正是企业所希望网罗且引以为荣的人才。

(资料来源：客道巴巴在线文档分享平台，http://www.doc88.com/p-408260542489.html)

六、人力资源管理与传统劳动人事管理的区别

传统人事管理与现代人力资源管理在管理的观念、模式、内容、方法等方面都有本质的差别。

1. 传统人事管理的主要表现

(1) 从工作活动的内容上看，早期的人事管理工作只限于人员招聘、选拔、分派、工资发放、档案保管之类的具体工作，后来逐渐涉及职务分析、绩效评估、奖酬制度设计与管理、人事制度的制订、员工培训活动的规划与组织等。

(2) 从工作的性质上看，传统人事管理基本上属于行政事务性工作，活动范围有限，以短期导向为主，主要由人事部门制订或完成，很少涉及组织高层战略决策。

(3) 从组织中的地位上看，人事管理工作的重要性并不被人们所重视，人事管理只属于执行层次的工作，无决策权力可言。

2. 人力资源管理的特点(与传统人事管理相比)

(1) 从人力资源管理的视角看，现代的人力资源管理较传统的人事管理更具有战略性、整体性和未来性。

(2) 从人力资源管理的观念看，现代的人力资源管理将人力视为组织的第一资源，注重对人力的开发，因而更具有主动性。

(3) 从人力资源管理部门的属性看，现代的人力资源管理视人力资源管理部门为组织的生产效益部门，是获取企业竞争优势的部门。

(4) 从人力资源管理的功能看，现代的人力资源管理的根本任务就是用最少的人力投入来实现组织的战略目标，即通过职务分析和人力资源规划，确定组织所需最少的人力数量和最低的人员标准；通过招聘和录用规划，控制招募成本，为组织创造效益。

(5) 从人力资源管理的模式看，现代的人力资源管理实现人本化管理，视员工为"社会人"。

第三节　人力资源管理框架

任何一门学科都是由若干个部分组成的，各部分之间的联系形成了该学科的知识结构框架。掌握知识结构框架，对从整体上把握该门学科有重要的提纲挈领的作用。

人力资源管理知识结构框架如图 1.2 所示

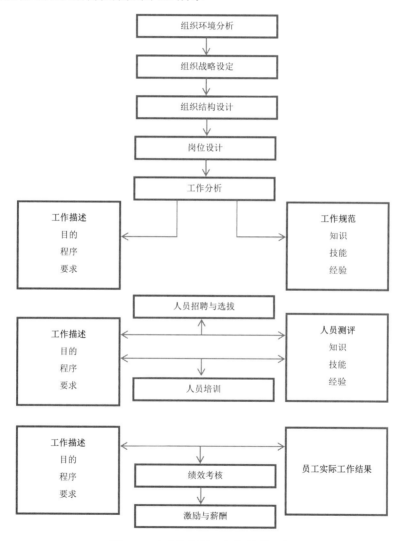

图 1.2　人力资源管理知识结构框架

人力资源管理的起点是组织环境分析，在环境分析的基础上制订组织战略，根据组织战略分析组织功能、设计组织结构图,在组织结构分析的基础上设置岗位。然后通过工作分析明确岗位任职资格——工作规范,明确岗位的工作职责——工作描述,合称工作说明书。接着以工作说明书为依据和标准开展人员选拔工作。员工入职后对员工进行岗前培训,而培训的依据就是工作说明书的要求。培训合格后开展工作,工作的过程就是绩效考核的过程,而绩效考核就是员工的实际工作结果与工作说明书的比较结果。工作结束后,依据绩效考核的结果,有针对性地进行员工激励并设计和调整薪酬水平和结构。

阅读材料

苹果公司的人力资源管理有哪些显著特点?

导语:企业应当建立自己的人力资源风险控制体系,培养优秀的管理团队,把精英们从繁杂的企业高速运转的日常事务中解救出来,让制度管理取代人的管理。

苹果公司的产品赚足了人们的眼球。但今天,我们要从另一个角度来看苹果公司——关于它的人力资源管理。苹果公司的人力资源管理适应全球化人力资源管理的新趋势,是完全以科学管理为核心的美国专业化的管理模式。

具体来讲,它有以下显著特点。

一、人力资源的专业化和制度

苹果公司运用的是专业的 iHR 人力资源管理系统。

iHR 人力资源管理系统是基于先进的软件系统和高速、大容量的硬件基础上的新型人力资源管理模式。通过集中式的人事核心信息库、自动化的信息处理、员工自助服务桌面、内外业务协同以及信息共享,从而达到降低管理成本、提高管理效率、改进员工服务模式,以及提升组织人才管理的战略地位等目的。差异化战略的实施,特别需要创新型人才。为此,苹果公司在人力资源建设方面独树一帜,倾力打造了 iHR 人力资源管理系统。

1997 年,乔布斯重掌苹果公司时,互联网热潮已经兴起。乔布斯敏锐地洞察到互联网热潮中蕴含的商机。与此同时,为了扭转亏损,乔布斯开始大刀阔斧地改革苹果公司的管理体制。在这样的背景下,苹果公司的 iHR 人力资源管理系统应运而生。

起初,苹果公司是在企业内联网(intranet)上运行人力资源管理系统,替代了原来烦琐的书面登记系统,取得了显著成效。后来,随着业务的全球扩展,苹果公司开始运用互联网(internet)进行人力资源管理,从而实现了全球范围内人力资源管理的网络化。

二、人本管理

1. 以人为本的员工帮助中心

苹果公司专门设立员工帮助中心,处理员工的日常学习和咨询事宜。员工在工作、学习中遇到了任何问题,都可以随时通过 iPod、iPhone、iPad 向员工帮助中心求助。接到员工的求助信号后,帮助中心将及时作出解答。员工对答复不满意时,可以进一步追问,直到问题彻底解决为止。这为员工的学习、工作、生活带来了极大的便利。

由于员工帮助中心的高效运作,HRM 终于有比较充裕的时间来进行战略思考和全局规划。另外,员工帮助中心也成为人力资源部新员工的入职培训基地,新员工在帮助中心可以快速地学习到人力资源部的日常工作内容。

2. 自我管理的员工福利计划

1996年,苹果公司首次在公司的内联网(intranet)上运行福利登记系统 FBE(Flex Benefis Enrollment),替代了原来烦琐的书面登记系统,向员工提供了高效、准确、交互式的登记办法。

此后,苹果公司开始强调员工的自我管理,而非依赖人力资源代表进行管理。这一转变使绝大多数员工逐步养成了习惯,把网站作为主要信息来源和交易场所,并对自己进行福利管理产生了浓厚的兴趣。苹果公司不断推出新的在线应用软件,包括家庭状况变化登记软件、退休计划登记软件等,以强化员工自助操作的软件环境。

例如,如果一名员工选择一项成本较低的医疗计划,或是改选另一项比较昂贵的医疗计划,他马上就能看到不同的医疗计划对其薪资的不同影响结果。

此后,苹果公司重新设计了人力资源的 FBE 软件和福利网站的外观设计,有了这些改进,登记工作就变得更加简便易行,苹果公司的投资初见成效。调查结果显示,员工对在线获取信息、作出选择感到满意,员工也乐于自己上网选择福利方案。

三、专业化人才培训制度

生产最有创意的产品,需要最有创意的员工。

为了激励公司员工大胆创新,苹果公司创立了"苹果公司研究员计划"(Apple Fellows Program)。"苹果公司研究员"是苹果公司给予电子科学家的最高荣誉,授予那些为苹果公司作出杰出贡献的员工。

"苹果公司研究员"不仅仅是一项荣誉,同时,也意味着高额的薪酬和大量的股票期权。而且,"苹果公司研究员"拥有自由做事的权利,可以做任何感兴趣的事情,从而最大限度地激发研究员的创造性。

通过实施"苹果公司研究员计划",苹果公司给研发人员提供工作上、生活上的一切便利。因为苹果公司知道,稳住这些技术人员,不让他们跳槽,是苹果公司将来研发新产品的关键。

基因嫁接:对中国公司的启示

我国企业,由于经营环境和成长经历的不同,并不能完全移植苹果公司的成功经验。但苹果公司的许多创新做法,可供借鉴。

- 应以特定消费者为中心,把有限的资源集中在以消费者为导向的创新活动上。通过逐步积累,在创新上形成适合自身资源的核心竞争力,不仅可以提供用户满意的产品,而且可以较好地避开与大企业的正面竞争。
- 可充分借鉴苹果公司的 iHR 管理系统,运用现有的智能移动互联网络,大力提高人力资源管理系统的针对性、时效性,不但能激发出员工参与 HR 管理的积极性,还能让人感到轻松、愉快。

四、注重企业文化建设

企业文化和人力资源管理相互联系,不可分割。企业文化作为一种企业管理模式,高度重视发挥人的作用,人力资源管理活动的内容中,又包括企业文化的建设。两者相互促进、相互制约。如果将两者有机地结合起来,将会给企业带来强大的核心竞争力。

在苹果公司,员工们对于乔布斯有着绝对疯狂的认同。

有调查称，苹果员工对于乔布斯的支持率高达 97%，这样的支持力度在世界公司史上都十分罕见。由此可以看出，苹果的成功与作为苹果精神支柱和灵魂人物的乔布斯密不可分，更与他的个人魅力密不可分。这是一个管理者和领导者至高无上、最伟大的成功，完美地将自己的理念融合到整个公司的企业文化中，而这正是人力资源管理的最高境界。

乔布斯很好地打造出了一个技术至上的企业文化。在苹果内部，绝对看不到官僚主义和严苛的管理条例。他们强调工程师主导、强调激情与开放，这种文化便是苹果作为一个创新型企业能获得巨大成功的关键环节。

近年来，许多大型公司在员工招募中，都会考虑一个关键的因素，那就是应聘者会不会对公司进行认同。不仅仅是对公司产品，而是从公司整体风格和文化使命的认同。因为专业技能和业务能力是可以培训的东西，到哪里都能学到，只有真正认同公司文化的人才会在公司待得久远。因此，公司文化理念的塑造应该被管理者所重视。乔布斯曾当众表示，他花了半辈子时间才充分意识到人才的价值。

尤其值得钦佩的一点是，当苹果公司受到微软、IBM 的强烈冲击后，乔布斯并没有因为公司的不景气而裁掉员工，而是更加注重员工的价值，通过大力度的激励将员工利益与公司利益捆绑到一起，凝聚了人心，从而使苹果研发趋于稳定并保持快速发展。苹果有很棒的医疗保险计划，有慷慨的假期安排。员工们工作都很卖命，但是工作完成后，可以毫无压力地享受自己的生活——这是苹果一直宣传的理念。

除了注重激励之外，乔布斯很看重与员工之间的沟通。他的"朋友式管理"一直被人津津乐道。在苹果，从来都不是为了管理而管理，也从来没什么等级观念。因为乔布斯注重与员工间保持密切的合作，他认为，大家在一起沟通才会使思维开阔，这也会最大限度地减少内耗。乔布斯一直致力于从苹果内部消除沟通障碍。这使得苹果的团队凝聚力大大增强，整体效率也大大提高。

而在目前，真正的竞争是人才竞争。许多企业都在为员工的频繁跳槽而头疼，即使升职加薪也无法挽留员工们的去意。倒不如像乔布斯一样，打造一个竞争者无法取代的环境，这样的环境不仅关乎待遇、具体工作，更关乎管理者的魅力，以及对员工的尊重。如果企业达到这样的高度，那么凝聚力必然会趋于完美。

反思：人力资源管理不能仅仅依赖领袖

不过，没有一种管理制度是真正完美的，苹果也不例外。乔布斯的逝世引发了苹果股价大跌，这也让我们从另一方面进行反思：没有乔布斯的苹果，还会成为世人追捧的对象吗？

从人力资源管理来看，企业的发展中，领袖的地位至关重要，但却不能仅仅依赖领袖。从苹果来看，大到企业战略定位，中到产品创新和竞争手段，小到产品的研发和市场推广以及人才招聘，乔布斯都要亲自参与。而如果一个企业家，无论是战略层面还是执行层面，甚至到了操作层面都要亲自参与的话，无疑会削弱下级的管理能力。

因此，每个企业都应当建立自己的人力资源风险控制体系，培养起优秀的管理团队，把精英们从繁杂的企业高速运转的日常事务中解脱出来，让制度管理取代人的管理。

(资料来源：中国人力资源网，http://www.hr.com.cn/p/1423415526)

本 章 小 结

所谓人力资源，是指在某一组织或领域内，有劳动能力，同时愿意为组织付出劳动，并能促成组织目标实现的人们的总和。

人力资源具有生物性和社会性、生产性与消费性、能动性、智力可变性、延续性、时效性等特点。

人力资源管理是指组织科学、系统地运用招聘、培训、绩效、薪酬、劳动关系等技术和方法，对在生产经营过程中必不可少的人力资源进行有效的计划、组织、领导、控制，以实现组织既定目标的一系列活动的过程。

人力资源管理具有以下特点：综合性、交叉性、边缘性、政策性或社会性、实践性、整体性。

人力资源管理过程中必须遵守以下原则：要素有用、能级对应、激励强化、弹性冗余、互补增值、竞争强化、信息催化、组织文化凝聚。

人力资源管理的功能包括四个方面：吸纳、维持、开发、激励，即选、留、育、用。

人力资源管理过程包括七个职能：人力资源规划、工作分析、招聘录用、培训开发、绩效管理、薪酬管理、员工关系管理。

名人名言

1. 一家企业最重要的东西：第一是人才，第二是人才，第三还是人才。——王永庆
2. 在任何组织内，最稀有的当然是第一流的人才。——彼得·德鲁克
3. 自始至终把人放在第一位，尊重员工是成功的关键。——托马斯·沃森
4. 把我们顶尖的20个人才挖走，那么我告诉你，微软会变成一家无足轻重的公司。——比尔·盖茨
5. 企业即人，企业最大的资产是人。——松下幸之助

(扫一扫，获取自测题)　　(扫一扫，获取扩展阅读资料)

第二章 人力资源规划

【教学要求】

知识要点	能力要求	相关知识
人力资源规划	(1)理解并表述人力资源规划的含义及分类。 (2)会分析人力资源规划的作用。 (3)会制订人力资源规划	(1)人力资源规划的含义。 (2)人力资源规划的分类。 (3)人力资源规划的作用。 (4)人力资源规划的过程
人力资源需求预测	(1)会制订人力资源需求预测步骤。 (2)会分析人力资源需求预测的影响因素。 (3)能熟练运用人力资源需求预测的方法	(1)人力资源需求预测的步骤。 (2)人力资源需求预测的影响因素。 (3)人力资源需求预测的方法
人力资源供给预测	(1)会制订人力资源供给预测步骤。 (2)会分析人力资源供给预测的影响因素。 (3)能熟练运用人力资源供给预测的方法	(1)人力资源供给预测的步骤。 (2)人力资源供给预测的影响因素。 (3)人力资源供给预测的方法
人力资源供需平衡	(1)会制作人力资源供需平衡分析文本。 (2)会对人力资源失衡进行调整	(1)人力资源供需平衡分析。 (2)人力资源失衡调整
人力资源规划的编制	(1)会编制人力资源总体规划。 (2)会编制人力资源业务规划	(1)人力资源总体规划的编制。 (2)人力资源业务规划的编制

【关键概念】

人力资源规划　　人力资源需求预测　　人力资源供给预测　　人力资源供需平衡

导入案例

苏澳玻璃公司的人力资源规划

近年来苏澳公司常为人员空缺所困扰,特别是经理层次人员的空缺常使得公司陷入被动的局面。苏澳公司最近进行了公司人力资源规划。公司首先由四名人力资源部的管理人员负责收集和分析目前公司对生产部、市场与销售部、财务部、人力资源部四个职能部门的管理人员和专业人员的需求情况以及劳动力市场的供给情况,并估计在预测年度,各职能部门内部可能出现的关键职位空缺数量。

上述结果用来作为公司人力资源规划的基础,同时也作为直线管理人员制订行动方案的基

础。但是在这四个职能部门里制定和实施行动方案的过程(如决定技术培训方案、实行工作轮换等)是比较复杂的,因为这一过程会涉及不同的部门,需要各部门的通力合作。例如,生产部经理为制定本部门 A 员工的工作轮换到市场与销售部的方案,则需要市场与销售部提供合适的职位,人力资源部做好相应的人力资源服务(如财务结算、资金调拨等)。职能部门制定和实施行动方案过程的复杂性给人力资源部门进行人力资源规划也增添了难度,这是因为,有些因素(如职能部门间的合作的可能性与程度)是不可预测的,它们将直接影响预测结果的准确性。苏澳公司的四名人力资源管理人员克服种种困难,对经理层的管理人员的职位空缺作出了较准确的预测,制定详细的人力资源规划,使得该层次上人员空缺减少了 50%,并且保证了人选的质量,合格人员的漏选率大大降低,使人员配备过程得到了改进。人力资源规划还使得公司的招聘、培训、员工职业生涯计划与发展等各项业务得到了改进,节约了人力成本。苏澳公司取得上述进步,不仅仅是得利于人力资源规划的制定,还得利于公司对人力资源规划的实施与评价。在每个季度,高层管理人员会同人力资源咨询专家共同对上述四名人力资源管理人员的工作进行检查评价。这一过程按照标准方式进行,即这四名人力资源管理人员均要在以下 14 个方面作出书面报告:各职能部门现有人员;人员状况;主要职位空缺及候选人;其他职位空缺及候选人;多余人员的数量;自然减员;人员调入;人员调出;内部变动率;招聘人数;劳动力其他来源;工作中的问题与难点;组织问题及其他方面(如预算情况、职业生涯考察、方针政策的贯彻执行等)。同时,他们必须指出上述 14 个方面与预测(规划)的差距,并讨论可能的纠正措施。通过检查,一般能够对下季度在各职能部门应采取的措施达成一致意见。

在检查结束后,这四名人力资源管理人员则对他们分管的职能部门进行检查。在此过程中,直线经理重新检查重点工作,并根据需要与人力资源管理人员共同制定行动方案。当直线经理与人力资源管理人员发生意见分歧时,往往可以通过协商解决。行动方案上报上级主管审批。

(资料来源:豆丁网,http://www.docin.com/p-103498836.html)

思考:

人力资源规划不仅是人力资源部门的职责,人力资源规划需要其他职能部门的配合才能顺利完成。

第一节 人力资源规划概述

一、人力资源规划的含义

1. 人力资源规划的概念

人力资源规划是指根据组织的战略目标,科学预测组织在未来环境变化中人力资源的供给与需求状况,制定必要的人力资源获取、利用、保持和开发策略,确保组织对人力资源在数量上和质量上的需求,使组织和个人获得长远利益。

简单点讲，人力资源规划就是对组织在某个时期内的人员供给和人员需求进行预测，并根据预测的结果采取相应的措施平衡人力资源的供需。

对上述概念的理解，可以从以下几个方面进行。

(1) 人力资源规划是以组织的战略目标为依据的。
(2) 人力资源规划的主要内容是供给预测、需求预测和人力资源供需平衡。
(3) 人力资源规划的主要手段是人力资源的获取、利用、保持和开发等具体策略。
(4) 人力资源规划要使得组织和个人都得到长远利益。

 特别提示

一个组织的人力资源规划必须以组织战略为依据，但现实中，经常会出现忽略组织战略而为规划而规划。其中很重要的原因是组织的各个部门各自为政，缺乏系统性思考。

2. 人力资源规划的特点

1) 人力资源规划为管理决策层服务

人力资源规划主要是为了推进人力资源开发与管理更好地开展，它主要面向决策层，提供决策服务。同时，组织决策目标为人力资源规划提供了目标和方向。决策层是人力资源规划的组织者和实施者，因此，人力资源管理部门在制定人力资源规划时应符合决策层的指导思想，为决策层服务。

2) 人力资源规划对人力资源供需平衡起调节作用

一般来说，高层次人力资源的需求量总会大于实际供应量，但是由于人力资源培养有着教育效益的滞后性和长远性，因此高层次人力资源供不应求。相比而言，组织对低层次人才的需求趋向越来越少。这种供需之间的平衡是需要通过制定人力资源规划加以实现的。因此科学地制定人力资源规划，不但可以使人力资源管理工作更加规范化，而且可以引导不同层次的人力资源的供求平衡向着最优化方向调整。

3) 人力资源规划要强调可操作性

人力资源规划中具体的措施必须可以落到实处，不管是获取、利用、维持还是开发措施，最后都必须落实到具体的岗位上，并开展具体的实施，而具体岗位员工一般又不参与人力资源规划的制定。所以，人力资源规划中所涉及到的具体措施，必须具有可操作性，否则执行力会大打折扣，人力资源规划的目的就很难实现。

4) 人力资源规划应具有动态性

环境在变化，组织在发展，岗位在调整，原来平衡的人力资源供需，也许很快就会被打破。所以制定人力资源规划时一定要根据环境变化、组织发展，以及环境变化与组织发展之间的互动关系，来动态地调整人力资源供需平衡。应该讲，人力资源供需平衡是偶然状态，而人力资源供需失衡是常态。

二、人力资源规划的分类

在实践中，人力资源规划按照不同的分类标准划分为不同的类型，具体而言有以下几个分类标准。

1. 按照规划的性质划分

按照规划的性质划分可以将人力资源规划分为：战略性人力资源规划和战术性人力资源规划。战略性人力资源规划具有全局性和长远性，一般是人力资源战略的具体表现形式，强调为实现组织战略目标、人力资源战略目标而展开的整体性、全局性和长期性的人力资源规划；战术性人力资源规划是具体的、短期的、具有专门针对性的业务计划。

特别提示

战略、战术来源于战争术语，战略就是这一仗打还是不打、打谁的问题；而战术则是决定要打的前提下，如何打的问题。同样，战略性人力资源规划是指规划什么、为什么规划的问题，而战术性人力资源规划则是怎么规划的问题。

2. 按照规划的独立性划分

按照规划的独立性划分可以将人力资源规划分为：独立性人力资源规划和附属性人力资源规划。独立性人力资源规划是指将人力资源规划作为一项专门的职责来进行，最终结果体现为一份单独的规划报告，这就类似于市场、生产、研发、财务等职能部门的职能性战略计划；附属性人力资源规划则是指将人力资源规划作为组织整体战略计划的一部分，或者是作为其他职能性战略计划的辅助性战略计划(比如为了提升研发能力而引进技术人才)，其最终成果一般不单独出现。独立性人力资源规划一般比较具体全面，而附属性人力资源规划则比较简单，也不追求完整性。

3. 按照规划的范围大小划分

按照规划的范围大小划分可以将人力资源规划分为：整体人力资源规划和部门人力资源规划。整体人力资源规划是指在整个组织范围内进行的规划，涉及到组织的所有部门；而部门人力资源规划是指某一个或某几个部门范围内进行的规划。组织可以根据组织战略重心的转移而开展重点部门的独立人力资源规划。

特别提示

组织在实施部门规划时非常容易缺乏系统性思考而忽略大局观，从而导致忽略该部门与其他部门甚至整个组织的战略协调问题，甚至会导致人员引进重复，导致人力资源成本上升。所以，组织在制定部门人力资源规划的时候依然需要了解整个组织的战略规划，做到部门规划为整体规划服务。

4. 按照规划的时间长短划分

按照规划的时间长短划分可以将人力资源规划分为：短期人力资源规划、中期人力资源规划和长期人力资源规划。短期人力资源规划一般是指 1 年以及 1 年以内的规划，这种规划目的性很强，往往是问题导向性的，而且非常具体，突出操作性；中期人力资源规划介于长期和短期之间，一般是指 1 年以上 5 年以内的规划，中期规划是短期规划的指导，又是长期规划的落实，具有战术的特点；长期人力资源规划一般是指 5 年或者 5 年以上的规划，由于时间较长，人们对未来的预测准确性下降，所以长期规划往往比较粗略，具有指导性、战略性的特点。

三、人力资源规划的作用

在组织管理实践中，经常会出现对人力资源规划重视不足而流于形式的现象。事实上，一个组织的人力资源规划作用重大，具体体现在以下几个方面。

1. 确保组织在生存发展过程中对人力资源的需求

通过人力资源规划，组织能及时发现人力资源供需矛盾，提前采取措施，满足组织对人力资源的需求。

2. 有利于组织战略目标的制定和实现

组织战略目标能否实现最重要的决定因素就是人力资源状态。科学合理的人力资源规划可以帮助管理者全面、及时地了解组织人力资源状况，确保在实现组织战略目标的过程中有充足、优秀的人力资源做支撑。同时，组织战略目标是人力资源规划的宗旨，反过来，人力资源规划又是组织战略目标的保障条件之一。

3. 有助于调动员工的积极性和创造性

组织通过人力资源规划过程，不仅能了解员工的供给数量，更能了解每一个员工的素质结构、工作意愿等，在人力资源平衡策略中可以有针对性地对现有员工进行合理的调整，让合适的人干合适的事，这样员工的积极性就会被充分调动起来，在适合自己的岗位上为组织创造出更大的价值。

4. 可以降低人力资源成本

合理的人力资源规划可以做到每一个岗位、每一个部门的人员都配置合理，既没有岗位空缺，又没有人浮于事，每一个员工都能充分发挥自己的潜力，自然就减少了由于机构臃肿、人浮于事而造成的大量人力资源成本。同时，合理的人力资源规划可以预防非正常人员流失，从而减少了大量的人员重置成本。

 知识链接

人力资源重置成本

人力资源重置成本通常包括为取得和开发一个替代者而发生的成本和由于目前受雇的某一员工的流动而发生的成本。通常认为，就取得能在特定职位上提供相同服务的替代者的角度考虑问题比较重要。因此，人力资源重置成本具有职务重置成本和个人重置成本双重概念。就组织而言，主要关注的是职务的人力资源到底成本多大。所以我们主要探讨人力资源职务重置成本，如图 2.1 所示。

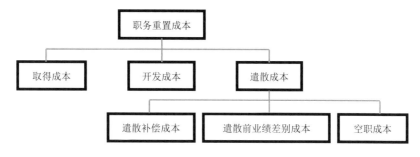

图 2.1 人力资源重置成本

所谓人力资源重置成本，是指目前重置人力资源而发生的成本。

所谓职务重置成本，是指重新配备一名能够胜任某一职务的员工现在必须发生的成本。

所谓个人重置成本，是指重新配备一名与原有员工各种能力基本相同或相似的员工现在必须发生的成本。

(资料来源：搜狗百科，http://baike.sogou.com/v5016444.htm)

5. 有利于人力资源管理活动的有序化

人力资源规划是后续人力资源管理职能的基础，有了科学的人力资源规划，组织的人员补充、员工培训、职位调整、薪酬调整等工作都会井然有序地开展，不至于因为缺乏规划而出现管理的随意性和混乱局面。

四、人力资源规划的过程

人力资源规划的过程，一般可分为以下几个步骤：收集有关信息资料、人力资源需求预测、人力资源供给预测、确定人力资源净需求、编制人力资源规划、实施人力资源规划、人力资源规划评估、人力资源规划的反馈与修正。

1. 收集有关信息资料

人力资源规划的信息包括组织内部信息和组织外部环境信息。

(1) 组织内部信息主要包括组织的战略计划、战术计划、行动方案、本组织各部门的计划、人力资源现状、组织结构图、技能清单、工作说明书等。

(2) 组织外部环境信息主要包括宏观经济形势和行业经济形势、技术的发展情况、行业的竞争性、劳动力市场、人口和社会发展趋势、政府的有关政策等。

2. 人力资源需求预测

人力资源需求预测包括短期预测和长期预测，总量预测和各个岗位需求预测。人力资源需求预测的典型步骤如下：步骤一，现实人力资源需求预测；步骤二，未来人力资源需求预测；步骤三，未来人力资源流失情况预测；步骤四，得出人力资源需求预测结果。

3. 人力资源供给预测

人力资源供给预测包括组织内部供给预测和外部供给预测。人力资源供给预测的典型步骤如下：步骤一，内部人力资源供给预测。步骤二，外部人力资源供给预测。步骤三，将组织内部人力资源供给预测数据和组织外部人力资源供给预测数据汇总，得出组织人力资源供给总体数据。

4. 确定人力资源净需求

在对员工未来的需求与供给预测数据的基础上，将本组织人力资源需求的预测数与在同期内组织本身可供给的人力资源预测数进行对比分析，从比较分析中可测算出各类人员的净需求数。这里所说的"净需求"既包括人员数量，又包括人员的质量、结构，既要确定"需要多少人"，又要确定"需要什么人"，数量和质量要对应起来。这样就可以有针对性地进行招聘或培训，就为组织制定有关人力资源的政策和措施提供了依据。

 管理寓言

黑羊救命：没有无能的员工

农夫家里养了三只小白羊和一只小黑羊。三只小白羊常常为自己雪白的皮毛而骄傲，而对小黑羊不屑一顾："你看看你身上像什么，黑不溜秋的，像锅底。""像穷人穿了几代的旧被褥，脏死了！"就连农夫也瞧不起小黑羊，常给它吃最差的草料，还时不时地抽它几鞭。小黑羊过着寄人篱下的日子，经常伤心落泪。

初春的一天，小白羊与小黑羊一起外出吃草，走出很远。不料突然下起了鹅毛大雪，它们只得躲在灌木丛中相互依偎。不一会儿，灌木丛周围全铺满了雪，因为雪太厚，小羊们只好等待农夫来救它们。

农夫上山寻找，起初因为四处雪白，根本看不清羊羔在哪里。突然，农夫看见远处有一个小黑点，跑过去一看，果然是他那濒临死亡的四只羊羔。

农夫抱起小黑羊，感慨地说："多亏这只小黑羊呀，不然，大家都要冻死在雪地里了！"

启示：

俗语说，十个指头有长短，荷花出水有高低。组织内部，各种类型的员工都会有。作为 HR 管理者，不能一叶障目，厚此薄彼，而应因人而异，最大限度地激发他们的潜能。比如让富有开拓创新精神者从事市场开发工作；把墨守成规、坚持原则者安排在质量监督岗位等。从这个意义上说，没有无能的员工，只有无能的 HR 管理者。

（资料来源：客道巴巴，http://www.doc88.com/p-998191273566.html）

5. 编制人力资源规划

根据组织战略目标及本组织员工的净需求量，编制人力资源规划，包括总体规划和各项业务计划。同时要注意总体规划和各项业务计划及各项业务计划之间的衔接和平衡，提出调整供给和需求的具体政策和措施。

一个典型的人力资源规划应包括：规划的时间段、计划达到的目标、情景分析、具体内容、规划制定者、规划制定时间。

1) 规划的时间段

确定规划时间的长短，要具体列出从何时开始，到何时结束。若是长期的人力资源规划，可以长达 5 年以上；若是短期人力资源规划，如年度人力资源规划，则为 1 年。

2) 规划达到的目标

确定规划目标要与组织的目标紧密联系起来，最好有具体的数据，同时要简明扼要。

3) 情景分析

目前情景分析：主要是在收集信息的基础上，分析组织目前人力资源的供需状况，进一步指出制订该计划的依据。未来情景分析：在收集信息的基础上，在计划的时间段内，预测组织未来的人力资源供需状况，进一步指出制订该计划的依据。

4) 具体内容

这是人力资源规划的核心部分，主要包括以下几个方面：①项目内容；②执行时间；③负责人；④检查人；⑤检查日期；⑥预算。

5) 规划制定者

规划制定者可以是一个人，也可以是一个部门，如果是一个部门应指出部门负责人。

6) 规划制定时间

规划制定时间主要指该规划正式确定的日期。

6. 实施人力资源规划

人力资源规划的实施，是人力资源规划的实际操作过程，要注意协调好各部门、各环节之间的关系，在实施过程中需要注意以下几点。

(1) 必须有专人负责既定方案的实施，要赋予负责人拥有保证人力资源规划方案实现的权利和资源。

(2) 要确保不折不扣地按规划执行。
(3) 在实施前要做好准备。
(4) 实施时要全力以赴。
(5) 要有关于实施进展状况的定期报告,以确保规划能够与环境、组织的目标保持一致。

7. 人力资源规划评估

在实施人力资源规划的同时,要进行定期与不定期的评估,从如下三个方面进行。
(1) 是否忠实地执行了本规划。
(2) 人力资源规划本身是否合理。
(3) 将实施的结果与人力资源规划进行比较,通过发现规划与现实之间的差距来指导以后的人力资源规划活动。

8. 人力资源规划的反馈与修正

对人力资源规划实施后的反馈与修正是人力资源规划过程中不可缺少的步骤。评估结果出来后,应进行及时反馈,进而对原规划的内容进行适时的修正,使其更符合实际,更好地促进组织目标的实现。

第二节　人力资源需求预测

人力资源需求预测是指根据组织的发展规划和组织的内外条件,选择适当的预测技术,对人力资源需求的数量、质量和结构进行预测。

人力资源需求预测中需要重点把握以下几点。

首先,预测要在内部条件和外部环境的基础上做出,必须符合现实情况。

其次,预测是为组织的发展规划服务,这是预测的目的。

再次,应该选择恰当的预测技术,预测要考虑科学性、经济性和可行性,综合各方面作出选择。

最后,预测的内容是未来人力资源的数量、质量和结构,应该在预测结果中体现。

一、人力资源需求预测的步骤

人力资源需求预测分为现实人力资源需求预测、未来人力资源需求预测和未来流失人力资源需求预测三部分,具体步骤如下。
(1) 根据工作分析的结果,来确定职务编制和人员配置。
(2) 进行人力资源盘点,统计出人员的缺编、超编及是否符合职务资格要求。
(3) 将上述统计结论与部门管理者进行讨论,修正统计结论。

(4) 该统计结论为现实人力资源需求。
(5) 根据组织发展规划，确定各部门的工作量。
(6) 根据工作量的增长情况，确定各部门还需增加的职务及人数，并进行汇总统计。
(7) 该统计结论为未来人力资源需求。
(8) 对预测期内退休的人员进行统计。
(9) 根据历史数据，对未来可能发生的离职情况进行预测。
(10) 将(8)、(9)统计和预测结果进行汇总，得出未来流失人力资源需求。
(11) 将现实人力资源需求、未来人力资源需求和未来流失人力资源需求汇总，即得组织整体人力资源需求预测。

二、人力资源需求预测的影响因素

人力资源需求预测本质上是对组织接下来要完成任务的预测。根据组织接下来要完成的任务，预测为了完成这些任务所需要设置的职位，根据职位的多少，来预测需要多少人员。通俗点讲，组织要干的事越多，需要的人就越多。组织在预测人力资源需求时，需要考虑外部因素和内部因素。

1. 外部因素

外部因素包括经济发展水平和经济形势、产业结构、技术水平、竞争对手和政府政策等因素。

1) 经济形势

经济形势的变化会影响组织经营的规模和经营方向，进而影响人力资源需求的数量、水平和结构。比如若宏观经济形势繁荣，大多数组织的人力资源需求都会增加；反之若经济萧条，大多数组织的人力资源需求都会减少。

2) 产业结构

产业结构和行业结构的变化会影响现有员工队伍的结构变化，进而影响组织未来人力资源需求的变化。比如一个城市由过去的重工业为主向服务业为主转变，则该城市服务业人力资源需求普遍会增加。

3) 行业技术水平

技术水平对人力资源需求的影响有两个方面：一方面，技术水平提高，会促进组织、行业甚至地区经济的发展，从而扩大对人力资源的需求；另一方面，技术水平提高会带来生产效率的提升，进而减少对低水平员工的需求。

4) 竞争对手

竞争对手主要是通过组织间人才争夺进而导致组织间人才流动来影响具体组织人力资源需求的。一般人才流出的组织就会产生新的人力资源需求。

5) 政府政策

政府政策主要是通过政策导向引导组织进入或者退出某一个区域或者行业来影响组织人力资源需求的。一般政府大力扶持的行业，组织的发展就会比较快，对人力资源的需求就会增加。

6) 产品和服务的需求

组织对人力资源的需求是一种派生需求，源自顾客对组织产品和服务的需求，这两种需求之间是一种正相关的关系。当产品和服务的需求增加时，组织对人力资源的需求就会增加，反之则会减少。

2. 内部因素

组织自身直接影响人力资源需求的因素主要有以下几个方面。

1) 组织的发展战略和经营规划

一般来说，当组织采取扩张战略时，对各种人力资源的需求就会增加。而当组织调整经营重点时，接下来组织中的重点领域对人力资源的需求就可能增加，而非重点领域就有可能对人力资源的需求减少。

2) 预期的员工流动比率

预期的员工流动比率是指组织对接下来员工辞职、辞退、退休等因素造成职位空缺的判断。如果预期流动比率比较高，则未来对人力资源的需求就可能会增加。

3) 组织生产效率的变化

生产效率的变化对人力资源需求的影响是两方面的。一方面，生产效率提升，完成同样的工作量需要更少的人力资源，会导致具体岗位对人力资源的需求减少；另一方面，生产效率提升，会让组织盈利能力提升，组织可能会扩大生产规模，进而导致组织整体对人力资源的需求总量增加。

4) 财务资源的约束

人力资源需求的增加一定会增加组织的人力资源成本，当一个组织财务资源压力比较大的时候，组织对人力资源的需求会适当控制，从而减少对人力资源的需求总量。

5) 职位的工作量

职位工作量不饱满时，组织会合并相关职位，进而导致对人力资源需求总量的减少。

 特别提示

需要特别强调的是，分析每一项人力资源需求影响因素的时候，都是在假设其他因素不变的前提下进行的，如果多个因素同时作用，产生的结果可能就会有所不同。比如，员工的生产效率提升，即便产品和服务的需求增加，职位的设置也不一定增加，进而对人力资源的需求也不一定增加。

三、人力资源需求预测的方法

人力资源需求预测的方法一般可以分为两大类，即定性分析法和定量分析法。

1. 定性分析法

常用的定性分析法有：管理人员判断法、德尔菲法、经验预测法。

1) 管理人员判断法

管理人员判断法就是由管理人员凭借自己以往的工作经验和直觉，对未来所需要的人力资源作出估计。在实际操作中，一般由各个部门的负责人根据本部门未来一定时期内工作量的多少，预测本部门的人力资源需求，然后再汇总到组织最高层进行平衡，以确定组织的最终需求。

这种方法适用于稳定环境中小组织的短期预测。这种方法对管理人员的要求比较高，必须是经验丰富、品德高尚的管理人员，否则预测结果会不准确。同时，这种方法经常会出现"帕金森定律"所指出的现象：各部门的负责人在预测本部门人力资源需求时一般都会夸大需求量。

 知识链接

帕金森定律

帕金森定律(Parkinson's Law)是官僚主义或官僚主义现象的一种别称。

帕金森定律表明：只要还有时间，工作就会不断扩展，直到用完所有的时间。帕金森定律是帕金森为揭露和嘲讽英国政治社会制度中官僚主义组织结构的弊端而提出的，是帕金森在对组织机构的无效活动进行调查和分析中提出的关于组织机构臃肿低效的形成原因的定律。

定律一

冗员增加原理：官员数量增加与工作量并无关系，而是由两个原因造成的。每一个官员都希望增加部属而不是对手；官员们彼此为对方制造工作(如行政审批、工商、税务、审计、公安，既得利益驱使)。

定律二

中间派决定原理：为了争取中间派的支持，双方颇费心机进行争取，特别是双方势均力敌的情况下。所以，不是竞争对手而是中间派成了主角——对决定的内容不十分清楚的人，意志薄弱的人，耳朵不大灵光的人。

定律三

鸡毛蒜皮定律：大部分官员由不懂得百万元、千万元而只懂得千元的人组成，以至于讨论各种财政议案所费的时间与涉及的金额呈反比，即涉及的金额越大，讨论的时间越短，反之时间则越长。鸡毛蒜皮的事情要花费很多时间。

定律四

办公场合的豪华程度与机关的事业和效率呈反比：事业处于成长期的机关一般没有足够的兴趣和时间设计完美无缺的总部。所以，"设计完美乃是凋零的象征""完美就是结局，结局就是死亡"。

定律五

鸡尾酒会公式：会议与鸡尾酒会(饭局)同在。把会场从左到右分为A～F六段，从进门处到最远端分为1～8八段，则可划分出48个区域；在假定酒会开始的时间为H，且最后一名客人离开的时间是最初一名客人进场后2小时20分钟，则重要人物都会在H+75至H+90的时间在E/7区域集合，最重要的人物自然会在其中。

定律六

嫉妒症(分三个时期)：在嫉妒症流行的机关里，高级主管辛苦而迟钝，中层干部钩心斗角，底层人员垂头丧气而不务正业。

第一阶段，出现了既无能又好嫉妒的人物，即患上了"庸妒症(平庸而嫉妒)"。

第二阶段，这些庸妒症患者不幸进入或原本就在高层，尽一切可能手段排斥比自己强的人，拒绝提升能力强的人；"愚蠢比赛"。

第三阶段，机关仿佛被喷了DDT，凡才智者一概不得入内，机关病入膏肓，此时的机关已经无药可救了。

定律七

退休混乱(59岁现象)：一般退休的年龄是R，在前3年(R-3)人的精力开始减退；问题在于如何挑选合适的接替者，工作表现越优秀，任职时间越长，越难寻得合适的接替者，而在位者总会设法阻止职位较低的人接近自己的职位，以致不得不延长自己的退休时间。

警示的道理

帕金森定律告诉我们这样一个道理：不称职的行政首长一旦占据领导岗位，庞杂的机构和过多的冗员便不可避免，庸人占据着高位的现象也不可避免，整个行政管理系统就会形成恶性膨胀，陷入难以自拔的泥潭。这样就会在官场中形成类似的"鲜花"插在"牛粪"上的现象，鲜花就好比是那些公司中的领导职位，牛粪就是那些公司中平庸的领导者，而这种"鲜花"插在"牛粪"上的危害是极其大的。

(资料来源：人民网，http://edu.people.com.cn/GB/79457/5507003.html)

名人堂

西里尔·诺斯古德·帕金森(Cyril Northcote Parkinson)，1909年7月30日生于英国杜伦郡。帕金森是家中最小的儿子，他年轻时就读于历史悠久、享有盛名的圣彼得中学(St. Peter's School, York)。1929年他进入剑桥大学伊曼纽尔学院(Emmanuel College)学习历史并于1932年获得学士学位。1934年他到伦敦国王学院继续研究生学习，是英国著名的历史学家。他一生著书60余本，最著名的是《帕金森定律》。这本书让他在公共管理领域也享有盛名。

(资料来源：360百科，https://baike.so.com/doc/144128-152303.html)

2) 德尔菲法

德尔菲法又名专家会议预测法，是 20 世纪 40 年代末在美国兰德公司的"思想库"中发展出来的一种主观预测方法。它是以匿名方式通过几轮函询征求专家们的意见，组织决策小组对每一轮的意见都进行汇总整理，作为参照资料再发给每一个专家，供他们分析判断，提出新的意见。如此反复，专家的意见渐趋一致，最后得出最终结论。德尔菲法的实施过程大致如下。

(1) 拟定决策提纲。先把决策的项目写成几个提问的问题，问题的含义必须提得十分明确，不论谁回答，对问题的理解都不应两样，而且最好只能以具体明确的形式回答。

(2) 选定决策专家。所选择的专家一般是指有名望的或从事该项工作多年的专家，最好包括多方面的有关专家，选定人数一般以 20～50 人为宜，一些重大问题的决策可选择 100 人以上。

(3) 征询专家意见。向专家邮寄第一次征询表，要求每位专家提出自己决策的意见和依据，并说明是否需要补充资料。

(4) 修改决策意见。决策的组织者将第一次决策的结果及资料进行综合整理、归纳，使其条理化，发出第二次征询表，同时把汇总的情况一同寄去，让每一位专家看到全体专家的意见倾向，据此对所征询的问题提出修改意见或重新做一次评价。

(5) 确定决策结果。征询、修改以及汇总反复进行三四轮，专家的意见就逐步集中和收敛，从而确定出专家们趋于一致的决策结果。

德尔菲法也可理解为组织集体思想交流的过程。这种方法有如下几个特点。

(1) 匿名性。征询和回答是用书信的形式"背靠背"进行的，应答者彼此不知道具体是谁，这就可以避免相互的消极影响。

(2) 反馈性。征得的意见经过统计整理，重新反馈给参加应答者。每个人可以知道全体的意见倾向以及持与众不同意见者的理由。每一个应答者都有机会修改自己的见解，而且无损自己的威信。

(3) 收敛性。征询意见过程经过几轮(一般为四轮)重复，参加应答者就能够达到大致的共识，甚至比较协调一致。也就是说，统计归纳的结果是收敛的，而不是发散的。

3) 经验预测法

经验预测法就是组织根据以往的经验对人力资源进行预测的方法，简便易行。采用经验预测法是根据以往的经验进行预测，预测的效果受经验的影响较大。

2. 定量分析法

常用的定量分析法有转换比率法、劳动定额法、趋势外推法、回归分析法等。

1) 转换比率法

这是基于对员工个人生产效率的分析来进行的一种预测方法。

进行预测时，首先要计算出人均的生产效率，然后再根据组织未来的业务量预测出人力资源的需求，即所需的人力资源=未来的业务量/人均的生产效率。

例如，对于一个学校来说，一名老师能够承担 40 名学生的工作量，如果下一年学校准备使在校生达到 4000 人，就需要 100 名老师。

使用这种方法进行预测时，需要对未来的业务量，人均生产效率及其变化作出准确的估计，这样对人力资源需求的预测才会比较符合实际，而这往往是比较难做到的。

2) 劳动定额法

劳动定额，是对劳动者在单位时间内应完成的工作量的规定。劳动定额法是根据员工在单位时间内应完成的工作量和组织计划的工作任务总量推测出所需要的人力资源数量。其具体公式如下：

$$N=W/Q(1+R)$$

式中：

N——组织人力资源需求量；

W——计划期任务总量；

Q——组织制定的劳动定额；

R——部门计划期内生产率变动系数。

$$R=R_1+R_2+R_3$$

其中，R_1 为组织技术进步引起的劳动生产率提高系数，R_2 为由经验积累导致的劳动生产率提高系数，R_3 为由于员工年龄增大以及某些社会因素导致的劳动生产率下降系数。

3) 趋势外推法

趋势外推法是利用组织的历史资料，根据某些因素的变化趋势，预测相应的某段时期人力资源的需求。在使用趋势外推法时一般都要假设其他的一切因素保持不变或者变化的幅度保持一致，往往忽略了循环波动、季节波动和随机波动等因素。

应用趋势外推法进行预测，主要包括以下六个步骤。

(1) 选择预测参数。

(2) 收集必要的数据。

(3) 拟合曲线。

(4) 趋势外推。

(5) 预测说明。

(6) 研究预测结果在制定规划和决策中的应用。

常用的方法如下。

(1) 散点图分析法。

该方法首先收集组织在过去几年内人员数量的数据，并根据这些数据做出散点图，把组织经济活动中的某种变量与人数间的关系和变化趋势表示出来，如果两者之间存在相关关系，则可以根据组织未来业务活动量的估计值来预测相关的人员需求量，同时，可以用数学方法对其进行修正,使其成为一条平滑的曲线,从该曲线可以估计出未来的变化趋势。

(2) 幂函数预测模型。

该模型主要考虑人员变动与时间之间的关系,其具体公式为 $R(t)=at^b$,式中,$R(t)$ 为 t 年的员工人数,a、b 为模型参数。a、b 的值由员工人数历史数据确定,用非线性最小二乘法拟合幂函数曲线模型算出。

4) 回归分析法

所谓回归分析法,是在掌握大量观察数据的基础上,利用数理统计方法建立因变量与自变量之间的回归关系函数表达式(称回归方程式)。由于人力资源的需求总是受到某些因素的影响,回归分析法的基本思路就是要找出那些与人力资源需求关系密切的因素,并依据过去的相关资料确定它们之间的数量关系,建立一个回归方程,然后再根据这些因素的变化以及确定的回归方程预测未来的人力资源需求。

根据回归方程中变量的多少,可以将回归分析法分为一元线性回归分析法和多元回归分析法。

(1) 一元线性回归分析法。

一元线性回归分析是指成对的两个变量数据的散点图呈现出直线趋势时,采用最小二乘法,找到两者之间的经验公式,即一元线性回归分析模型。根据自变量的变化,来估计因变量变化的预测方法。

一元线性回归分析法是分析一个因变量与一个自变量之间的线性关系的预测方法。常用统计指标:平均数、增减量、平均增减量。

(2) 多元回归分析法。

多元回归分析法是指通过对两个或两个以上的自变量与一个因变量的相关分析,建立预测模型进行预测的方法。当自变量与因变量之间存在线性关系时,称为多元线性回归分析。

采用回归分析法一般包括五个步骤。

第一步,确定适当的、与人力资源需求量有关的组织因素,组织因素应与组织的基本特征直接相关,而且这些因素的变化必须与所需的人力资源需求量的变化成比例。

第二步,利用这些组织因素与员工数量的历史记录,找出二者之间的关系。

第三步,计算每年每人的平均产量(劳动生产率)。

第四步,确定劳动生产率的趋势以及对趋势进行必要的调整。

第五步,对预测年度人力资源需求量进行预测。

多元回归分析法的数学模型为

$$y_t = a_0 + a_1 X_1 + a_2 X_2 + \cdots + a_n X_n$$

式中,y_t 表示需要预测的人力资源数量;a_0、a_1、a_2、$\cdots$、a_n 表示常数项和各个自变量的相应系数,可根据组织相关的历史数据求得。

该模型表示了人力资源需求量和决定人力资源需求量的多个变量之间的定量关系，这种方法得到的预测结果相对准确，但使用起来比较复杂，通常要用计算机系统来完成。

第三节　人力资源供给预测

人力资源供给预测是人力资源规划中的核心内容，是预测在某一未来时期，组织内部所能供应的(或经由培训可能补充的)及外部劳动力市场所提供的一定数量、质量和结构的人员，以满足组织为达成目标而产生的人员需求。

可见，人力资源供给预测是对将来组织从内部和外部能得到的人力资源的数量和质量进行预测，其功能主要表现在以下几个方面。

(1) 分析组织的人力资源状况，如部门分布、技术知识水平、工种、年龄构成等。
(2) 分析组织人力资源流动的情况及其原因，预测将来流动的态势。
(3) 掌握组织人力资源提拔和内部调动的情况，保证工作和职务的连续性。
(4) 分析工作条件如休息制度、轮班制度的改变和出勤率的变动对人力资源供给的影响。
(5) 掌握组织人力资源的供给来源和渠道。

一、人力资源供给预测的步骤

人力资源供给预测分为内部供给预测和外部供给预测两部分。其具体步骤如下。
(1) 进行人力资源盘点，了解组织员工现状。
(2) 分析组织的职务调整政策和历史员工调整数据，统计出员工调整的比例。
(3) 向各部门的人力资源决策者了解可能出现的人力资源调整情况。
(4) 将(2)、(3)的情况汇总，得出组织内部人力资源供给预测。
(5) 分析影响外部人力资源供给的地域性因素，包括以下几方面。
① 组织所在地的人力资源整体现状。
② 组织所在地的有效人力资源的供求现状。
③ 组织所在地对人才的吸引程度。
④ 组织薪酬对所在地人才的吸引程度。
⑤ 组织能够提供的各种福利对当地人才的吸引程度。
⑥ 组织本身对人才的吸引程度。
(6) 分析影响外部人力资源供给的全国性因素，包括以下几方面。
① 全国相关专业的大学生毕业人数及分配情况。
② 国家在就业方面的法规和政策。
③ 该行业全国范围内的人才供需状况。

④ 全国范围从业人员的薪酬水平和差异。

(7) 根据(5)、(6)的分析，得出组织外部人力资源供给预测。

(8) 将组织内部人力资源供给预测和外部人力资源供给预测汇总，得出组织人力资源供给预测。

二、人力资源供给预测的影响因素

如果说对人力资源需求的预测更多关注的是"事"的多少，那么对人力资源供给预测则应该更多关注"人"的问题。由于人力资源供给来源于组织内部和外部两个方面，所以组织在预测人力资源供给时，必须全面考虑内外两方面的影响因素，方可作出相对准确的预测。

1. 外部供给影响因素

外部供给影响因素主要考虑以下几个方面。

1) 本地区的人口总量与人力资源供给率

一般情况下，一个地区人口总量大，外部供给就会多。而人力资源供给率高，那么同样数量的人口，人力资源供给就会多。

2) 本地区的人力资源总体构成包括本地区人力资源在年龄、性别、教育、技能、经验等方面的结构，可以为具体组织提供不同类型的人力资源。

3) 宏观经济形势和失业率预期

一般情况下，宏观经济发展迅速，失业率下降，人力资源供给就会相对紧张，组织招聘难度就会增加。但是，一个地区经济发展迅速可以发挥集聚效应吸引其他地区的优秀人才进入本地区，又增加了人力资源的供给，缓解了组织招聘压力。

相反，一个地区宏观经济低迷，失业率上升，人力资源供给就会比较充足，组织招聘就比较容易。但是，经济低迷背景下的高失业率又使得大量人力资源逃离该区域，相对而言又使得外部人力资源供给减少。

4) 当地劳动力市场的供求状况

当地劳动力市场供不应求，则外部供给就会相对减少，反之会增加。需要注意的是，同一时期、同一地区劳动力市场的供求状况可能存在结构性差别，比如某一类人才供不应求，而另一类人才供过于求。

5) 行业劳动力市场供求状况

由于物价水平、国家政策导向、国家产业布局等因素，会导致某一具体区域不同行业劳动力供求状况不同，供不应求的行业，组织外部人力资源供给就相对紧张，反之则供给充分。需要注意的是，人力资源供不应求的行业短期内外部供给会相对紧张，但随着时间的推移，该行业巨大的人才需求会吸引其他行业的人才进入该行业，又能缓解外部人力资源供给的压力。

6) 职业市场状况

对具体组织而言，预测外部人力资源供给还需要考虑所需人力资源所在的职业市场状况。职业市场中人力资源的择业心态、工作价值观、同行业其他组织对人力资源的争夺等因素，都会影响该组织人力资源的外部供给。

2. 内部供给影响因素

内部供给的影响因素主要表现在以下几个方面。

1) 组织现有人力资源状况

预测内部人力资源供给，不仅要预测人数，更要分析内部人力资源的年龄、性别、身体状况、工作年限、工作意愿等状况，因为这些状况会直接影响内部人力资源供给量。比如年龄偏大的职工比例比较大，接下来几年会陆续有人退休，直接造成内部供给减少。

2) 组织人员流动情况

人员流动包括人员流出组织和组织内部流动。某一时期内，流出组织的人员越多，组织内部人力资源供给就越少。而组织内部流动主要影响的是不同部门人力资源供给结构的变化，流出部门内部供给会减少，而流入部门内部供给则会增加。内部流动还有一种情况是纵向流动，比如职务提升，这种情况下，上级职位的人力资源供给就会增加，而下级职位人力资源供给就会相对减少。

3) 组织人员质量状况

人员质量对内部人力资源供给的影响主要是通过生产效率的变化来起作用的。任务量不变的前提下，人员质量越高，生产效率就越高，需要的人力资源数量就越少，那么富余的人力资源就越多，内部供给就越多；反之，则越少。

 特别提示

需要特别强调的是，同人力资源需求预测影响因素分析一样，分析人力资源供给预测时也要假设其他因素不变，如果几个因素同时作用，结果就不一定。比如流出部门的人员增多会导致该部门内部供给减少，但是通过培训让该部门员工能力提升，生产效率提升，会导致内部供给增多。

三、人力资源供给预测的方法

人力资源供给预测的方法主要是指内部供给的预测方法。常用的内部供给预测方法有技能清单法、管理人员替换图法、人员接替模型法、马尔科夫模型分析法。

1. 技能清单法

技能清单法也叫人员核查法，技能清单是一张雇员表，该表列出了与雇员从事不同职业的能力相关的特征，包括所接受的培训课程、以前的经验、持有的证书、通过的考试、监督判断能力，甚至包括对其实力或耐心的测试情况。技能清单能体现各种关键能力，可以帮助计划制定者按雇员的职业兴趣预测其从事新职业的可能性。

技能清单是对员工竞争力的一个反映，可以用来帮助预测潜在的人力资源供给。人力资源规划的目的不仅是要保证为组织的空缺岗位提供相当数量的员工，还要保证这些员工的质量，因此就有必要建立员工能力的记录。技能清单主要服务于晋升人选的确定、职位调动的决策、对特殊项目的工作分配、培训以及职业生涯规划等。技能清单可以包括所有的员工，也可以只包括部分员工。

一份正式的技能清单必须借助人力资源信息系统和人力资源管理系统来完成。通过人力资源信息系统和人力资源管理系统的使用，所有资料都被量化、编码，并包括在技能清单中。表2.1所示是技能清单的一个例子。

表2.1 技能清单范例

姓名：		职位：		部门：	
出生年月：		婚姻状况：		到职日期：	
教育背景	类别	学校	毕业日期	主修科目	
	大学				
	研究生				
技能	技能种类		所获证书		
训练背景	训练主题		训练机构		训练时间
志向	是否愿意从事其他类型的工作？		是		否
	是否愿意到其他部门工作？		是		否
	是否愿意接受工作轮换以丰富工作经验？		是		否
	你最喜欢从事哪种工作？				
你认为自己需要接受何种训练？		改善目前技能和绩效的训练			
		晋升所需的经验和技能训练			
你认为自己可以接受何种工作？					

一般来说，技能清单应包括七大类信息。
(1) 个人数据：年龄、性别、婚姻状况等。
(2) 技能：教育经历、工作经验、培训经历等。
(3) 特殊资格：专业团体成员、特殊成就等。
(4) 薪酬和工作历史：现在和过去的薪酬水平、加薪日期、承担的各种工作等。
(5) 公司数据：福利计划数据、退休信息、资历等。

(6) 个人能力：在心理或其他测试中的测试成绩、健康信息等。

(7) 个人特殊爱好：地理位置、工作类型等。

由于技能清单的建立很费时间，因此组织常常同时用它来为其他人力资源管理活动建立数据库。

2. 管理人员替换图法

管理人员替换图也称职位置换卡，即对现有管理人员的状况作出评价，然后对其晋升或者调动的可能性作出判断，以此来预测组织潜在的内部供给。这样，当某一职位出现空缺时，就可以及时进行补充。

该方法通过一张管理人员替换图来预测组织内部人力资源供给的情况。其具体操作如下。

(1) 确定人力资源规划所涉及的工作职能范围。

(2) 确定每个管理职位上的接替人选，所有可能的接替人选都应该考虑到。

(3) 评价接替人选的工作业绩以及晋升潜力，判断是否达到被提拔的要求。

(4) 了解本人的职业发展需要以及原任职部门与其的关系，引导其将个人的职业目标与组织目标相结合。

图2.2是常用的管理人员替换图。

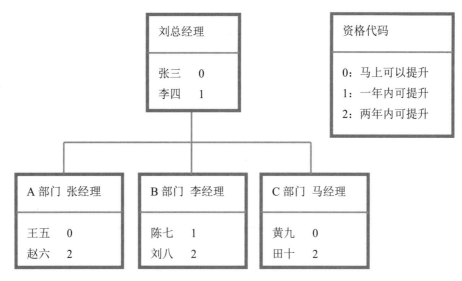

图2.2 管理人员替换图

图2.2中，目前总经理的承担者是刘总经理，A部门经理的承担者是张经理，B部门经理的承担者是李经理，C部门经理的承担者是马经理。总经理的接任者有张三(即A部门张经理)和李四(即B部门李经理)，A部门接任者有王五、赵六，B部门接任者有陈七、刘八，

C 部门的接任者有黄九、田十。

每一个接任者后面的资格代码解释如下。

0：马上可以提升

1：一年内可提升

2：两年内可提升

就图 2.2 而言，如果刘总经理退休，根据接替图，张三可以马上接任总经理的职位，而张经理升迁后，王五可以马上接任 A 部门经理的职位。

3. 人员接替模型法

对于某一个具体岗位的供给预测，可以采用人员接替模型法。其具体步骤如下。

(1) 通过技能清单等文件收集各个岗位年初人数。

(2) 统计一年中从该岗位流出的人数总量。

流出总量=辞职数+开除数+降职数+退休数+晋升数等。

(3) 统计一年中流入该岗位的人数总量。

流入总量=晋升进入数+外部招聘数+降职进入数等。

(4) 计算该岗位内部供给量。

内部供给量=现有员工数量－流出总量+流入总量。

各种人员变动关系如图 2.3 所示。

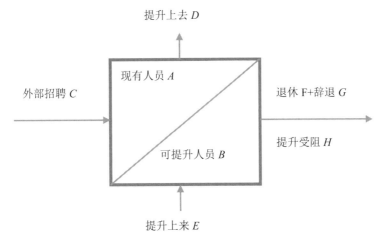

图 2.3 人员接替模型

这样，下一年度年初，该岗位内部人力资源供给量的计算公式如下。

$$A_2=A_1+C_1+E_1-D_1-F_1-G_1$$

或者

$$A_2=A_1+C_1+E_1-B_1+H_1-F_1-G_1$$

式中：A_2——下一年初该岗位内部人力资源供给量；

A_1——本年度年初该岗位人员数量；

C_1——本年度该岗位外部招聘人数；

E_1——本年度从下级岗位提升到该岗位的人数；

D_1——本年度从该岗位提升到更高级别岗位的人数；

F_1——本年度从该岗位退休的人数；

G_1——本年度从该岗位辞退的人数；

B_1——本年度该岗位具备提升资格的人数；

H_1——本年度具备提升资格，但没有被提升，仍然留在该岗位的人数。

$B=D+H$。

借助组织人员接替模型，每一职位从外部招聘的人数、提升上来的人数、提升上去的人数、退休和辞职的人数、提升受阻的人数等一目了然，人员接替模型给我们提供了相当简单实用的方法。

特别提示

管理人员替换图法适用于管理岗位，而人员接替模型对所有岗位都适用。

4. 马尔科夫模型分析法

马尔科夫模型是一种内部人力资源供给的统计预测技术方法。

名人堂

安德烈·马尔科夫(Andrey Markov)

马尔科夫是彼得堡数学学派的代表人物，以数论和概率论方面的工作著称，他的主要著作有《概率演算》等。在数论方面，他研究了连分数和二次不定式理论，解决了许多难题。在马尔科夫概率论中，他发展了矩法，扩大了大数律和中心极限定理的应用范围。马尔科夫最重要的工作是在1906—1912年间，提出并研究了一种能用数学分析方法研究自然过程的一般图式——马尔科夫链。同时开创了对一种无后效性的随机过程——马尔科夫过程的研究。马尔科夫经多次观察试验发现，一个系统的状态转换过程中第 n 次转换获得的状态常决定于前一次(第 $n-1$ 次)试验的结果。马尔科夫进行深入研究后指出：对于一个系统，由一个状态转至另一个状态的转换过程中，存在着转移概率，并且这种转移概率可以依据其紧接的前一种状态推算出来，与该系统的原始状态和此次转移前的马尔科夫过程无关。马尔科夫链理论与方法已经被广泛应用于自然科学、工程技术和公共事业中。

(资料来源：360 百科, https://baike.so.com/doc/5591116-5803713.html)

其基本思路是通过具体历史数据的收集，找出组织过去人事变动的规律，由此推测未来的人事变动趋势。

马尔科夫模型方法实际上是一种转换概率矩阵，使用统计技术预测未来的人力资源变化。

这种方法描述组织中员工流入、流出和内部流动的整体形式，可以作为预测内部劳动力供给的基础。

采用马尔科夫模型预测方法组织内部人力资源供给的步骤如下。

(1) 根据组织的历史资料，计算出每一类的每一级别流向另一类或另一级别的平均概率。

(2) 根据每一类职员的每一级别流向其他类或级别的概率，建立一个人员变动矩阵表。

(3) 根据组织年底的各类人数和步骤(2)中的人员变动矩阵表预测第二年组织可供给的人数。

例如，某组织在 1996 年到 2000 年五年中，技术人员从第三级别提升到第二级别的人数分别为 23 人、19 人、22 人、21 人和 20 人，而这五年中技术人员第三级别的人数分别为 106 人、103 人、107 人、104 人和 105 人。那这个组织技术人员从第三级别提升到第二级别的概率为

$$P=(23+19+22+21+20)/(106+103+107+104+105)=20\%$$

表 2.2 以一个会计公司人事变动为例来加以说明。

表 2.2 马尔科夫模型

I		人员调动的概率					
		A	B	C	D	离职	备注
职位层次	财务经理(A)	0.80				0.20	
	会计主管(B)	0.10	0.70			0.20	
	高级会计师(C)		0.05	0.80	0.05	0.10	
	会计员(D)			0.15	0.65	0.20	

II		期初人数	A	B	C	D	离职
职位层次	财务经理(A)	40	32				8
	会计主管(B)	80	8	56			16
	高级会计师(C)	120		6	96	6	12
	会计员(D)	160			24	104	32
	预计的人员供给量		40	62	120	110	68

表 2.2 由两部分组成,上半部分是人员调动矩阵,每一个数字代表行所在的岗位一年中向列所在的岗位调动人员的概率。比如第三行第二列的 0.05(C,B)是指,一年中,高级会计师岗位向会计主管岗位调动人员的概率是 0.05;第三行第三列的 0.80(C,C)是指一年中,原来在高级会计师岗位,依然留在高级会计师岗位人员的概率为 0.80;第三行第四列的 0.05(C,D)是指,一年中,高级会计师向会计员岗位调动人员的概率为 0.05;第三行第五列的 0.10(C,离职)是指,一年中从高级会计师岗位离职的人员概率为 0.10。

下半部分是在期初人数的基础上,根据上半部分"调动概率"计算出来的,一年中各岗位之间实际调动的人员数量。

最后一行是期末各个岗位实际的人力资源供给数量以及一年中各个岗位离职总人数。A 岗位(财务经理)期末供给量为 40 人;B 岗位(会计主管)期末供给量为 62 人;C 岗位(高级会计师)期末供给量为 120 人;D 岗位(会计员)期末供给量为 110 人;一年中四个岗位一共离职 68 人。

特别提示

需要特别注意的是,马尔科夫模型只能预测每一个岗位人力资源供给数量。需要部门主管、人力资源管理专业人员重点分析人员的结构变化,以及这种变化对接下来工作的影响。比如表 2.2 中高级会计师期初人数为 120 人,期末人数也为 120 人,但此 120 非彼 120,人数虽然一样,结构却发生了很大的变化:其中有 24 个员工是从会计员岗位提拔上来的,对这部分员工接下来的培训任务可能会加重。

第四节　人力资源供需平衡

经过人力资源供给与需求预测,结合组织的发展实际,了解现有人力资源状况,明确组织目前人力资源是富足还是短缺,是供不应求还是供过于求,并通过平衡分析,获得组织人员的净需求量,进而采取有效措施,以达到组织人力资源供需的相对平衡。

一、人力资源供需平衡分析

组织在整个发展过程中,人力资源状况始终不可能自然地处于供求平衡状态,而总是处于一种动态的供需失衡的状态。实际上,组织处于不同发展阶段,人力资源供需状况是不同的,如表 2.3 所示。

特别提示

绝对的供需平衡实际上是不存在的,由于内外部环境的变化,一个组织要么是供不应求,要么是供过于求,有时会出现数量上的供需平衡,但一般会存在结构失衡。

表 2.3 人力资源供需状况

组织发展阶段	人力资源供需状况描述	人力资源平衡状态
扩张时期	人力资源需求旺盛，人力资源供给不足	供不应求
稳定时期	组织人力资源在表面上可能会达到稳定，但组织局部仍然同时存在着退休、离职、晋升、降职、补充空缺、不胜任岗位、职务调整等	结构失衡
萧条时期	大量人员闲置	供过于求

二、人力资源失衡调整

在整个组织的发展过程中，组织的人力资源状况始终不可能自然地处于平衡状态。人力资源部门的重要工作之一就是不断地调整人力资源结构，使组织的人力资源始终趋于供需平衡状态。只有这样，才能有效地提高人力资源利用率，降低组织人力资源成本。

组织的人力资源供需调整分为人力资源缺乏调整和人力资源过剩调整两部分。

1. 人力资源缺乏调整方法

1) 外部招聘

外部招聘是最常用的人力缺乏调整方法，当人力资源总量缺乏时，采用这种方法比较有效。但如果组织有内部调整、内部晋升等计划，则应该先实施这些计划，将外部招聘放在最后使用。

2) 内部招聘

内部招聘是指当组织出现岗位空缺时，优先由组织内部员工调整到该岗位的方法。它的优点首先是丰富了员工的工作，提高了员工的工作兴趣和积极性；其次，它还节省了外部招聘成本。利用"内部招聘"的方式可以有效地实施内部调整计划。在人力资源部发布招聘需求信息时，先在组织内部发布，欢迎组织内部员工积极应聘，任职资格要求与选择程序和外部招聘相同。当组织内部员工应聘成功后，对员工的岗位进行正式调整，员工空出的岗位还可以继续进行内部招聘。当内部招聘无人能胜任时，进行外部招聘。

3) 内部晋升

当较高层次的岗位出现空缺时，优先提拔组织内部的员工。在许多组织里，内部晋升是员工职业生涯规划的重要内容。对员工的提升是对员工工作的肯定，也是对员工的激励。由于内部员工更加了解组织的情况，会比外部招聘人员更快地适应工作环境，提高了工作效率，同时节省了外部招聘成本。

4) 继任计划

继任计划在国外比较流行。其具体做法是，人力资源部门对组织的每位管理人员进行详细的调查，并与决策组确定哪些人有机会升以更高层次的位置。然后制订相应的"职业计划储备组织评价图"，列出岗位可以替换的人选。当然上述所有内容均属于组织的机密。

5) 技能培训

对组织现有员工进行必要的技能培训，使之不仅能适应当前的工作，还能适应更高层次的工作。这样，就为内部晋升政策的有效实施提供了保障。如果组织即将出现经营转型，组织应该及时向员工培训新的工作知识和工作技能，以保证组织在转型后，原有的员工能够符合岗位任职资格的要求。这样做的最大好处是防止了组织的冗员现象。

2. 人力资源过剩调整方法

1) 提前退休

组织可以适当地放宽退休的年龄和条件限制，促使更多的员工提前退休。如果将退休的条件修改得足够有吸引力，会有更多的员工愿意接受提前退休。

2) 减少人员补充

当出现员工退休、离职等情况时，对空闲的岗位不进行人员补充。

3) 增加无薪假期

当组织出现短期人力过剩的情况时，采取增加无薪假期的方法比较适合。比如规定员工有一个月的无薪假期，在这一个月没有薪水，但下个月可以照常上班。

4) 裁员

裁员是一种最无奈，但最有效的方式。在进行裁员时，首先制订优厚的裁员政策，比如为被裁减者发放优厚的失业金等；然后，裁减那些主动希望离职的员工；最后，裁减工作考评成绩低下的员工。

5) 开拓新业务

开拓新的组织业务方向，从而扩大对人力资源的需求。

6) 组织结构整合

撤销、合并臃肿的机构，减少冗员，提高人力资源的利用率。

3. 结构失衡调整方法

人力资源结构失衡的调整方法通常是上述两种调整方法的综合运用。实际上，在制订人力资源平衡措施的过程中，不可能是单一的供不应求或者供过于求，组织人力资源往往出现结构失衡，可能是高层次人员供不应求，而低层次人员供过于求。组织要根据组织的具体情况，对供不应求和供过于求的部门采取不同的调整方法，制订出相应的人力资源部门或业务规划，使各部门人力资源在数量和结构等方面协调平衡。关键在于各部门对人力资源要有准确的需求分析。

第五节　人力资源规划的编制

在人力资源供需预测的基础上，最后需要编制人力资源规划文档。人力资源规划分为人力资源总体规划和人力资源业务规划。

一、人力资源总体规划的编制

1. 规划的内容

人力资源总体规划的内容包括以下几个方面。

1) 战略规划

战略规划是根据组织总体发展战略的目标，对组织人力资源开发和利用的总原则、总方针、总目标进行规划。

2) 组织规划

组织规划是对整体框架的设计，主要包括组织信息的采集、处理和应用，组织结构图的绘制，组织调查、诊断和评价，组织设计与调整，以及组织机构的设置、职务描述和任职资格要求等。

3) 制度规划

人力资源管理制度是人力资源总规划目标实现的重要保证，包括人力资源管理制度体系建设的程序，制度化管理等内容。

4) 人员规划

人员规划是人员总量、构成、流动的整体规划，包括人力资源现状分析、组织定员、人员需求和供给预测以及人员供需平衡等。

5) 教育培训规划

教育培训规划包括教育培训需求分析、培训内容、培训形式、培训考核等。

6) 费用规划

费用规划是对组织人工成本、人力资源管理费用的整体规划，包括人力资源费用的预算、核算、结算以及人力资源费用控制等。

2. 规划的具体项目

人力资源规划是组织人力资源管理工作的重要内容。每一个组织的人力资源规划各不相同，但一份典型的人力资源规划至少应该包括以下几个方面的内容。

(1) 规划的时间段。即具体写出规划的制订是从什么时候开始，什么时候结束。
(2) 规划达到的目标。规划要与组织战略目标紧密联系起来，要真实具体、简明扼要。
(3) 现状分析。即在人力资源战略制订分析的基础上，分析目前组织人力资源供需状况，以此作为人力资源规划的依据。

(4) 未来情况分析。主要是预测组织未来的人力资源供需状况，进一步指出制订规划的依据。

(5) 规划的具体内容。这部分是人力资源规划的核心，在每个具体的计划方面，都要落实具体内容，而且还要指定具体的负责人、检查人员，以及具体的检查时间和预算等。

(6) 规划的制订者。规划的制订者涉及到责任的落实以及奖惩问题，所以必须明确注明。可以是组织的各职能部门的负责人，也可以是人力资源部门的专业人员，还可以是组织外部的顾问或咨询专家。

(7) 规划制订的时间。主要是正式确定的时间。

二、人力资源业务规划的编制

人力资源业务规划涉及人力资源职能的方方面面，具体包括：补充计划、招聘计划、晋升计划、培训计划、裁员计划、薪酬计划等。

1. 补充计划

补充计划是指根据组织的实际运转情况，合理地预测职位的空缺情况，并制订出必要的政策和措施，确保组织能及时地获得所需的人力资源。

2. 招聘计划

招聘计划是人力资源部门根据用人部门的增员申请，结合组织的人力资源规划和工作说明书，明确一定时期内需招聘的职位、人员数量、资质要求等因素，并制订具体的招聘活动的执行方案。

通过定期或不定期地招聘录用组织所需要的各类人才，为组织人力资源系统充实新生力量，实现组织内部人力资源的合理配置，为组织扩大生产规模和调整生产结构提供人力资源的可靠保证，同时弥补人力资源的不足，避免人员招聘中的盲目性和随意性。

招聘计划一般包括以下内容。

(1) 人员需求清单，包括招聘的职务名称、人数、任职资格要求等内容。
(2) 招聘信息发布的时间和渠道。
(3) 招聘小组人选，包括小组人员姓名、职务、各自的职责。
(4) 应聘者的考核方案，包括考核的场所、大致时间、题目设计者的姓名等。
(5) 招聘的截止日期。
(6) 新员工的上岗时间。
(7) 招聘费用预算，包括资料费、广告费、人才交流会费用等。
(8) 招聘工作时间表，尽可能详细，以便于他人配合。
(9) 招聘广告样稿。

3. 晋升计划

晋升计划是员工职业生涯管理中重要的一个内容，好的晋升计划可以让员工充满希望，从而能充分调动员工的工作积极性。制订晋升计划时需要考虑以下问题：①晋升比率、平均年资、晋升时间；②现有员工能否晋升；③现有员工经过培训后是否适合晋升；④过去组织内的晋升渠道与模式；⑤过去组织内的晋升渠道与模式的评价，以及对员工进取心、组织管理方针政策的影响。

4. 培训计划

培训计划是按照一定的逻辑顺序排列的记录，它是从组织的战略出发，在全面、客观的培训需求分析基础上做出的对培训内容、培训时间、培训地点、培训者、培训对象、培训方式和培训费用等的预先系统设定。

5. 裁员计划

裁员计划是指在经济不景气、组织转型、人员过剩等情况下，组织采取提前退休、解聘等特殊手段裁减人员，从而降低人力资源成本，提高组织生产效率。裁员计划包括：①裁员的对象、时间、地点；②经过培训是否可以避免裁员；③帮助被裁员工组织外就业的具体措施；④裁员补偿；⑤其他有关问题。

6. 薪酬计划

薪酬计划是组织预计要实施的员工薪酬支付水平、支付结构及薪酬管理重点等内容，是组织薪酬政策的具体化。

薪酬计划的内容包括：①绩效标准及其衡量方法；②薪酬结构、工资总额；③工资关系、福利项目等；④薪酬调整方案等。

 阅读材料

人力资源规划怎么做

接近年底年初，组织在人力资源管理方面有一项非常重要、不得不做却通常很难做好的工作——人力资源规划。相当多的组织知道，人力资源规划对组织确保及时满足人力资源数量和质量的双重需求至关重要，也是组织战略在人力资源管理领域的体现。但只有极少数的组织能够编制出一份符合实际、能够充分体现组织战略需求的人力资源规划，大部分人力资源规划要么空泛无物，不能指导人力资源管理实际，要么只注重了人力资源数量的分析，而不能满足人力资源质量的需求。那么，人力资源规划究竟应该怎么做呢？以下笔者将通过一家企业的实例说明应该如何编制一份实用的人力资源规划。

企业背景：

S公司是一家由国有企业改制而来的民营公司，历经10余年的发展已经成为国内蓄电池行

业举足轻重的一员，年销售收入在 5 亿～10 亿元。公司在面临经营规模向 10 亿元突破、经营业务多元化、下属企业异地化的巨大变革时，出现了如下问题。

(1) 人手经常不足，人力资源部经常需要突击招聘。

(2) 关键人才储备不足，很多岗位都发现需要岗位任职者到一个新岗位工作时没有可替代者。

(3) 管理人员管理技能不足，但从外部引进又担心与企业文化不能融合。

(4) 员工对自己的职业发展不明朗，很多人才尤其是年轻骨干渴望变革，甚至离职。

(5) 人力资源管理能力较弱，不清楚应做哪些工作支撑公司发展，不能满足公司业务需求。

在此情况下，企业决定聘请专业公司制定三年期人力资源规划。

一、从企业战略出发

人力资源规划是落实公司战略的工具，是公司战略→人力资源战略→人力资源规划→人力资源工作计划这一战略传导链的关键一环，因此人力资源规划必须源于公司战略并与战略相匹配，支撑公司战略的落地。

由于该企业与合易公司是长达 10 年的合作伙伴，而且刚刚做过人力资源管理基础平台的再造，我们对其内部情况比较熟悉，因此重点收集了以下这些信息。

(1) 请董事长就未来三年的企业战略目标、战略方针、实现战略目标的关键举措、实现战略目标的关键障碍以及对人力资源战略的要求进行深入访谈。

(2) 收集企业外部环境信息，包括国家政策、行业动向、关键原材料市场动向、主要市场动向、关键技术动向等。

(3) 选取行业标杆进行分析、研究。

通过收集以上信息并针对企业内外部环境进行 SWOT 分析，我们提出了"保增长、扩规模、拓领域、求变革"十二字方针，并据此确定人力资源工作的重点在于"引进、提升、培养和变革"，为人力资源规划明确了方向和指导原则。

如果对企业情况不是特别熟悉，那么一般还需要重点了解企业的经营模式、主业务流程、市场情况、核心技术水平和发展趋势、组织结构变化趋势、信息化建设计划等。

二、立足于企业现状

了解企业战略和战略对人力资源的要求后，需要针对企业人力资源管理现状进行盘点、评价和诊断，一方面可以摸清企业人力资源的家底，另一方面可以了解人力资源现状和战略要求的差距。这是人力资源规划的关键一步，盘点人力资源现状能够让人力资源规划贴合企业经营实际，很多企业人力资源规划空洞无物的主要原因就是没有做好现状的盘点和分析。

在这一阶段，主要有如下工作。

(1) 分层次、分序列盘点现存各类人员数量。

(2) 评估员工的胜任程度和绩效表现，从而发现技能差距。

(3) 对人力资源现状进行总体和分类、分层分析，从而发现人力资源总量和结构差距。

(4) 对人力资源管理现状进行分析，从而发现人力资源管理制度与战略需求的差距。

我们在 S 公司进行了大量的数据调研，收集了过去三年的经营数据、人力资源数据，由于对 S 公司非常熟悉，所以人力资源管理现状的分析对我们而言相对比较简单。

三、分清关键人才与一般人员

在了解企业战略和人力资源现状的时候，需要注意分清关键人才和一般人员的区别。这里所说的关键人才是指：拥有对企业未来发展至关重要的技能的人才、掌握企业关键信息的人才、在企业运营流程关键节点上的人才、中层以上管理者、对企业非常重要但目前欠缺的人才、行业内的热门人才等。关键人才与一般人员的区别在于，关键人才难以通过人才市场短期内、大量地获取，也难以被替代；而一般人员则可以容易地获得，并且容易被替代。

之所以要分清关键人才和一般人员，是因为相对于一般人员而言，关键人才如果不能及时补充会给企业造成更大的困扰，所以有必要把资源和关注重心投向关键人才。这一阶段主要做了如下工作。

(1) 请各业务部门列出本部门内不可替代的岗位。
(2) 请各业务部门根据公司战略明确本部门在未来发展所欠缺的人才。
(3) 公司统一盘点确定掌握关键信息的人才。
(4) 公司统一确定行业内的热门人才。

四、人力资源政策和制度要跟上

除了对人力资源数量和质量进行盘点、分析之外，人力资源政策和制度也要同步改变，并根据公司战略需求和人力资源工作重点设定人力资源政策和制度需要如何改进。在 S 公司，根据"引进、提升、培养和变革"的要点，我们重点针对如下方面进行了规划。

(1) 招聘制度：包括丰富招聘渠道、健全招聘方法和加强试用期考核等内容。
(2) 人均劳效提升：包括编制管理、薪酬与业绩联动、推进以业绩为导向的绩效管理体系等内容。
(3) 人才培养机制：包括管理者骨干、关键后备人才、企业内训师、基层班长的培养方法和相应激励机制。
(4) 人才成长机制：主要包括技术等级建立和应用。
(5) 集团化管控机制：包括人力资源集团化管控、组织变革、薪酬制度集团化、绩效制度集团化、监控机制建立、人才选拔机制、组织文化传承机制等。

五、定期修正，滚动发展

最后，人力资源规划一般是中长期规划，像我们为 S 公司所设计的人力资源规划就是三年期的。随着内外部环境的变化，不确定因素逐渐明朗，企业战略也需随之调整，所以人力资源规划需要在每年年初进行定期修正。比较合适的做法是滚动编制三年规划，并针对当年工作进行细化，形成人力资源工作计划。这是人力资源规划落到实处的关键。

需要注意的是，以上内容中并没有包括关于如何盘点现有人力资源、如何预测企业人力资源需求和人力资源供给以及如何平衡人力资源供需等一般性的内容，因为这些方法很容易掌握。但这并不代表其他内容就不重要，它们仍然是完成人力资源规划的重要内容，只不过文章重点阐述的是容易被忽略的环节。相信通过重点关注文章中提到的环节，您一定可以制订出一份实用的人力资源规划。

(资料来源：陈明，中国人力资源网， http://blog.hr.com.cn/html/30/n-78730.html)

本 章 小 结

　　人力资源规划是指根据组织的战略目标，科学预测组织在未来环境变化中人力资源的供给与需求状况，制订必要的人力资源获取、利用、保持和开发策略，确保组织对人力资源在数量上和质量上的需求，使组织和个人获得长远利益。

　　人力资源需求预测是指根据组织的发展规划和组织的内外条件，选择适当的预测技术，对人力资源需求的数量、质量和结构进行预测。常用的定性分析法有：管理人员判断法、德尔菲法、经验预测法。常用的定量分析法有转换比率法、劳动定额法、趋势外推法、回归分析法等。

　　人力资源供给预测是人力资源规划中的核心内容，是预测在某一未来时期，组织内部所能供应的(或经由培训可能补充的)及外部劳动力市场所提供的一定数量、质量和结构的人员，以满足组织为达成目标而产生的人员需求。常用的内部供给预测方法有技能清单法、管理人员替换图法、人员接替模型法、马尔科夫模型分析法。

　　组织人力资源失衡是常态，要么供不应求，要么供过于求，要么结构失衡。

　　人力资源规划分为人力资源总体规划和人力资源业务规划。

 名人名言

　　1. 良好的开端是成功的一半。——柏拉图

　　2. 凡事预则立，不预则废。——《礼记·中庸》

　　3. 让你生活惨不忍睹的，不是那些开除你的人，而是你没开除的人。——哈维·马馈(Harvey Mackay)

　　4. 人员流动的过程中，假如该留的没留，该走的没走，将会使组织的经营每况愈下。(不要让组织成为庸才集中营，没有比这样更糟糕的事情)　——网络

(扫一扫，获取自测题)

(扫一扫，获取扩展阅读资料)

第三章 工作分析

【教学要求】

知识要点	能力要求	相关知识
工作分析概述	(1)理解并表述工作分析及相关概念的含义。 (2)会分析工作分析的作用。 (3)会设计工作分析程序	(1)工作分析的含义。 (2)工作分析的相关概念。 (3)工作分析的作用。 (4)工作分析的程序
工作分析的方法	会使用工作分析方法进行资料收集	(1)定性分析方法。 (2)定量分析方法
工作说明书	会设计工作说明书	(1)工作说明书的含义和内容。 (2)工作说明书的编写。 (3)工作说明书范例

【关键概念】

工作分析　工作描述　工作规范　工作说明书

导入案例

A公司的工作分析

　　A公司是一家大型的家用电器集团公司。由于近年来公司发展过于迅速，人员也飞速增长，因此许多问题也逐渐暴露出来。表现比较突出的问题就是岗位职责不清，有的事情没有人管，有的事情大家都在管，但又发生推诿扯皮的现象。现在公司中使用的岗位职责说明已经是几年前的版本了，可实际情况却发生了很大变化，因此根本就无法起到指导工作的作用。由于没有清晰的岗位职责，因此各个岗位上的用人标准也比较模糊。这样人员的招聘选拔、提升方法就全凭领导的主观意见了；公司的薪酬激励体系也无法与岗位的价值相对等。员工在这些方面意见很大，士气也有所下降。最近，公司进行了一系列重组工作，年轻有为的新的高层团队也开始发挥作用，他们看到公司目前面临的问题，决定请专业的咨询顾问进行一次系统的人力资源管理诊断和设计工作。由于工作分析是各项人力资源管理工作的基础，因此专家建议首先从工作分析入手。

　　（资料来源：中国人力资源开发网，http://bbs.chinahrd.net/forum.php?mod=viewthread&tid=313221）

思考：

工作分析是所有人力资源管理职能得以开展的基础和依据。

第一节 工作分析概述

一、工作分析的含义

工作分析是组织人力资源规划和其他所有人力资源职能的基础，是所有其他人力资源管理职能得以开展的标准和依据。

1. 工作分析的概念

工作分析(Job Analysis)又称职务分析，是对组织中所有为实现组织目标而存在的各类工作(岗位)进行系统分析和研究，全面了解、获取与工作有关的工作内容、职责与权限、工作条件和环境，以及岗位承担者所需的技能、能力、知识和其他资格条件等的详细信息，并形成工作描述(Job Description)和工作规范(Job Specification)的系统过程。

可见，工作分析的最终成果是工作描述和工作规范，也有的组织将二者合二为一，形成工作说明书。即工作说明书由两部分组成，一部分是与工作本身相关的工作描述，另一部分是与岗位承担者资格相关的工作规范。

2. 工作分析的内容

工作分析的内容包含三个部分：对工作内容及岗位需求的分析；对岗位、部门和组织结构的分析；对工作主体员工的分析。

对工作内容的分析是指对产品(或服务)实现全过程及重要的辅助过程的分析，包括工作步骤、工作流程、工作规则、工作环境、工作设备、辅助手段等相关内容的分析。

由于工作的复杂性、多样性和劳动分工使岗位、部门和组织结构成为必然，不同的行业和不同的业务都影响着岗位、部门和组织结构的设置，对岗位、部门和组织结构的分析包括对岗位名称、岗位内容、部门名称、部门职能、工作量及相互关系等内容的分析。

对工作主体员工的分析包括对员工年龄、性别、爱好、经验、知识和技能等各方面的分析，通过分析有助于把握和了解员工的知识结构、兴趣爱好和职业倾向等内容。在此基础上，企业可以根据员工特点将其安排到最适合他的工作岗位，达到人尽其才的目的。

具体而言，工作分析的主要内容可以概括为"6W1H"，即：

(1) 工作目的(Why)：为什么要设置岗位；该岗位工作任务的完成对其他岗位甚至组织有什么影响等。

(2) 工作内容(What)：岗位的工作内容是什么；是管理工作还是一般工作，是技术岗位还是操作岗位；岗位的工作职责和义务是什么；每项工作的时间和相对重要性；工作任务的复杂程度；某项工作对其他工作、组织财务、资金的影响等。

(3) 责任者(Who)：岗位承担者具体需要哪些知识和技能，包括经验、教育程度、所受培训、身体条件、心理素质、性格、社会技能等。

(4) 工作地点(Where)：工作岗位的场所在哪儿；是否需要经常出差；该岗位的工作场所与相关岗位有没有联系；工作岗位的物理条件如何等。

(5) 工作时间(When)：工作岗位的时间如何安排，作息时间如何；是否需要经常加班；什么时间节点应该达到什么样的工作要求；该岗位的工作时间与相关岗位的工作时间是否有关系等。

(6) 如何操作(How)：该岗位有哪些具体的工作任务；岗位的基本职能是什么；工作流程是什么；需要使用何种工具和技术；工作任务与其他相关岗位有没有联系等。

(7) 工作对象是谁(for Whom)：该岗位为谁服务；受谁的指挥；指挥谁等。

二、工作分析的相关概念

在工作分析中，会涉及一些常用术语，但这些术语又常被人们混淆，因此掌握和了解这些术语对工作分析是十分必要的。

(1) 工作要素。工作要素是工作活动中不能再继续分解的最小单位，如开机、拿电话、敲门。

(2) 工作任务。工作任务是工作活动中为达到某一目的而由相关行动直接组成的集合，是对一个人从事的事情所做的具体描述，如把报纸送给总经理。

(3) 职责。职责是由某人在某一方面承担的一项或多项任务组成的相关任务集合，如报纸的收发。

(4) 职位。职位是某一时间内一个人完成一项或多项相关职责组成的集合，又称岗位，是一系列职责的组合，如经理、秘书、财务总监等。

 特别提示

应该注意的是，职位是以事为中心确定的，它强调的是人所担任的岗位，而不是担任这个岗位的人。职位是确定的，而职位的任职者是可以更换的。

(5) 职务。职务是主要职责在重要性和数量上相当的一组职位的统称，类似职位的组合，如财务副总、销售副总都是副总经理这一职务。

 知识链接

不同的组织中根据不同的工作性质，一种职务可以有一个或多个职位。例如，处长这一职务，在不同的部门都设有这个职位。职务具有职务地位和职务位置的双重含义。即在同一职位，职务可以不同，如同是副厂级干部，却分为第一副厂长、第二副厂长等。虽然都是副厂级，但其职务地位却不同。一个职务也可以有多个职位。如办公室需要两个秘书，即一个职务有两个职位或需要更多的人来承担这一工作。而对于科长，则由一人担当，它既表示职位，又表示职务。一般情况，职务与职位是不加以区别的。但是，职务与职位在内涵上是不同的，职位意味着要承担任务和责任，它是人与事的有机结合体；而职务是指同类职位的集合体，是职位的统称。如行政管理部门的处级干部，职务都是处级干部，但是职位却相当多。职位又称为编制。所以职位的数量是有限的。一个人担当的职务不是终身制，但对这一职务他可以是专任，也可以是兼任，可以是长设，也可以是临时的，所以职务是经常变化的。但是职位是不随人员的变动而变动的，它是相对稳定的。职位可以进行分类，而职务一般不进行分类。

(资料来源：精品学习网，http://www.51edu.com/guanli/glsj/404097.html)

(6) 工作。工作是一个或一组职责类似、关联的职位所形成的组合。如财务工作涉及到会计、出纳等。

(7) 工作族。工作族是企业内部具有非常广泛的相似内容的相关工作群，又称为职位族、工作群，如技术工作族、销售工作族。

(8) 职业。职业是不同组织中的相似工作组成的跨组织工作的集合，是一个横向的概念，如教师、律师、医生等。

(9) 职业生涯。职业生涯是一个人在其工作生活中所经历的一系列职位、工作或职业，是一个纵向的概念。比如一个人的职业生涯可能是十年销售工作，十五年教师工作，十年管理咨询工作等。

 知识链接

职位分类

职位分类是指将所有的工作岗位(职位)，按其业务性质分为若干职系、职组(横向)，然后按责任大小、工作的难易程度和技术高低又分为若干个职级、职业等。对每一职位给予准确的定义和描述，制成职务说明书，以此作为对聘用人员管理的依据。①职系。职系是指一些工作性质相同，而责任轻重和困难程度不同的工作。②职组。职组是指工作性质相近的若干职系的总和。③职级。职级是分类结构中最重要的概念，是指将工作内容、难易程度、责任大小、所需资格皆很相似的职位划为同一职级，实行同样的使用和报酬。④职业。职业是一个更广泛的概念，它是指在不同的组织中从事相似活动的一系列职务。职业的概念有较大的时间跨度，处在不同时期，从事相似工作活动的人都可以被认为具有相同的职业。例如，教师、工程师、工人、服务员等都属于职业。

(资料来源：搜狗百科，http://baike.sogou.com/v7694274.htm)

三、工作分析的作用

工作分析是所有后续人力资源管理职能的基础和依据。其主要作用表现在以下几个方面。

1. 工作分析为组织职能的实现奠定基础

(1) 通过工作分析,有助于员工本人反省和审查自己的工作内容和工作行为,以帮助员工自觉主动地寻找工作中存在的问题,圆满实现职位对于组织的贡献。

(2) 在工作分析过程中,人力资源管理人员能够充分地了解组织经营的各个重要业务环节和业务流程,从而有助于人力资源管理职能真正上升到战略地位。

(3) 借助于工作分析,组织的最高经营管理层能够充分了解每一个工作岗位上的人目前所做的工作,可以发现职位之间的职责交叉和职责空缺现象,并通过职位及时调整,提高组织的协同效应。

2. 工作分析对绩效考核的作用

这一作用主要体现在两个方面:一是岗位说明书的必备项目中有"岗位关键业绩指标"这一内容,这些指标指明了对该岗位任职人员应从哪些角度进行考核,也指出了岗位上人员的努力方向,而绩效考核方案的起点就是部门和岗位考核指标的选择,广义的工作分析甚至可以提供部门的关键绩效指标;二是岗位说明书如果包含"沟通关系"这一项目,就可以清晰地指明绩效考核的主体与考核层级关系,因为沟通关系中明确了汇报、指导与监督关系。

3. 工作分析对人员招聘与录用的作用

岗位说明书的另一项必备内容就是岗位任职资格条件,这些条件既是岗位评价的重要参考要素,又天然地成为该岗位人员空缺时设计招聘要求的基础。招聘广告中一般有空缺岗位承担者的学历、工作经验、专业技术水平、能力方向、人格特征等要求,而这些内容在岗位说明书的任职资格条件项目中均可找到。

王强到底需要什么样的工人

背景资料:"王强,我一直想象不出你究竟需要什么样的操作工人。"江山机械公司人力资源部负责人李进说,"我已经给你提供了四位面试人选,他们好像都还满足工作说明书中规定的要求,但你一个也没有录用。""什么工作说明书?"王强答道,"我所关心的是找到一个能胜任那项工作的人。但是你给我提供的人都无法胜任,而且,我从来就没有见过什么工作说明书。"李进递给王强一份工作说明书,并逐条解释给他听。他们发现,要么是工作说明书与实际工作不相符,要么是规定了以后,实际工作又有了很大变化。例如,工作说明书中说明了有关老式钻床的使用经验,但实际中所使用的是一种新型数字式钻床。为了有效地使用这种新机器,工人们必须掌握更多的数字知识。听了王强对操作工人必须具备的条件及应当履行职责的描述后,李进说:"我想我们现在可以写一份准确的工作说明书,以其为指导,我们就能找到适合这项工作的人。让我们今后加强工作联系,这种状况就再也不会发生了。"

讨论问题:王强认为人力资源部找来的四位面试人选都无法胜任,根本原因在哪里?

参考答案:工作说明是人员选拔和任用的依据。从本案例中看到实际工作发生了变化,"工作分析"这项工作没有跟上去,致使工作说明书没有做相应的调整,对操作工人的任用条件与实际要求不符,直接导致来应聘的员工都无法胜任工作,招聘失败,间接导致新机器闲置,成本加大。

(资料来源:豆丁网,http://www.docin.com/p-996559044.html)

4. 工作分析对员工培训与职业生涯设计的作用

组织员工培训的一个重要特点是具有强烈的导向性,这个导向的重要依据之一就是岗位说明书所规定的内容,尤其是岗位职责要求、考核指标要求、能力要求等内容。在新员工培训中,新员工本岗位的说明书甚至能成为其必修教材之一。另外在对员工进行职业生涯设计时,岗位分析还可以提供职业发展的路径与具体要求。

5. 工作分析对人力资源规划的作用

人力资源规划的核心工作是人力需求与供给的预测,在运用技能清单法、管理人员置换图、人员接替计划、马尔科夫矩阵法进行供给预测时,都离不开清晰的岗位层级关系和晋升、岗位转换关系,这些都是岗位说明书所应该规定的。在需求预测时,除了需要对人力资源数量预测外,还需要对其质量要求进行预测,说明书中的任职资格条件就成为重要的参考。

6. 工作分析对薪酬设计与管理的作用

工作评估是合理制订薪酬标准的基础,正确的工作评估要求深入地理解各种工作的要求,这样才能根据它们对组织的价值大小进行排序。工作分析通过了解各项工作的内容、工作所需要的技能、学历背景、工作的危险程度等因素确定工作相对于组织目标的价值,也可以作为决定合理薪酬的依据。工作分析为薪酬管理提供相关的工作信息,通过工作差别确定薪酬差别,使薪酬结构与工作相挂钩,从而制定公平合理的薪资政策。

7. 工作分析对组织分析的作用

工作分析详细地说明了各个岗位的特点及要求,界定了工作的权责关系,明确了工作群之间的内在联系,从而奠定了组织结构设计的基础。通过工作分析,尤其是广义的工作分析,可以全面揭示组织结构、层级关系对岗位工作的支持和影响,为组织结构的优化和再设计提供决策依据。另外,工作分析还与劳动定编和定员工作有着非常紧密的联系。定编是指按照一定的人力资源管理程序,采用科学规范的方法,从组织经营战略目标出发,合理确定组织机构的结构、形式、规模以及人员数量的一种管理方法。定员是在定编的基础上,严格按照组织编制和岗位的要求,为组织每个岗位配备合适人选的过程。在现代企业管理中，只有不断地加强定编定员工作，组织才能实现组织机构的精简与统一，才能避免人力资源的浪费，最终实现组织的经营战略目标。如果组织的定编定员工作没有实际的成效，组织就很有可能出现机构臃肿、人员膨胀、效率低下、人浮于事的现象。

8. 工作分析对直线管理者的作用

工作分析对人力资源管理者的作用显然是非常重要的，对于直线管理者的作用也是不容忽视的。首先，它有利于直线管理者加深对工作流程的理解，及时发现工作中的不足，并可以及时针对工作流程进行改造创新，从而提高工作的效率或有效性。其次，工作分析可以使直线管理者更深入地明确工作中完成某项任务所应具备的技能，这有助于直线管理者在辅助人力资源部门进行人员招聘时真正发挥它的效能。最后，直线管理者还担负着对每一位雇员进行绩效评估，及时反馈并督促其改进绩效的职责，而绩效的评定标准以及绩效目标的设定是离不开每种工作所需完成的任务内容的，这也是与工作分析休戚相关的。

四、工作分析的程序

工作分析是对工作进行全面评价的过程，这个过程可以分为准备阶段、调查阶段、分析阶段和总结及完成阶段四个阶段。

1. 准备阶段

准备阶段的任务是了解有关情况，建立与各种信息渠道的联系，设计全盘的调查方案，确定调查的范围、对象与方法。具体工作如下。

(1) 确定工作分析的意义、目的、方法与步骤。

(2) 组成由工作分析专家、岗位在职人员、上级主管参加的工作小组，以精简、高效为原则。

特别提示

工作分析要求不影响正常的工作，所以要穿插在正常工作之中进行，其中沟通协调显得特别重要，所以工作分析小组的成员构成也就显得特别重要。一般工作分析小组至少有三类人参加：工作分析专家、岗位在职人员、上级主管。工作分析专家掌握专业的技能，从技术的角度把关；岗位在职人员是被分析岗位的代表，是主要的岗位信息提供者，也必须要参加；而上级主管的主要作用就是负责在整个工作分析过程中的沟通协调工作。当然上级主管对被分析岗位也非常了解，能够提供有价值的岗位信息。

(3) 确定调查和分析对象的样本，同时考虑样本的代表性。

(4) 根据工作分析的任务、程序，将工作分析分解成若干工作单元和环节，以便逐项完成。

(5) 做好其他必要的准备工作。在进行工作分析之前，应由管理者向有关人员介绍并解释，使有关人员对分析人员消除不必要的误解和恐惧心理，帮助两者建立起相互信任的关系。

2. 调查阶段

调查阶段的主要工作是对整个工作过程、工作环境、工作内容和工作人员等主要方面做一个全面的调查。具体工作如下。

(1) 编制各种调查问卷和提纲。
(2) 在调查中，灵活运用面谈法、问卷法、观察法、参与法、实验法、关键事件法、工作日志法等不同的调查方法。
(3) 根据工作分析的目的，有针对性地搜集有关工作的特征及所需要的各种数据。
(4) 重点收集工作人员必要的特征信息。
(5) 要求被调查人员对各种工作特征和人员特征的问题发生频率和重要性作出等级评定。

 特别提示

需要特别注意的是，各种调查方法应该配合使用，每一种方法都各有优劣，互相配合使用可以从不同角度挖掘岗位更全面的信息。同时，选择具体的调查方法还应该充分考虑被调查对象和被调查岗位特殊性。比如脑力劳动用观察法效果就不好，文化程度不高的调查对象用关键事件、工作日志法效果也不好。

3. 分析阶段

分析阶段是对调查阶段所获得的信息进行分类、分析、整理和综合的过程，也是整个分析活动的核心阶段。具体工作如下。

(1) 整理分析资料。将有关工作性质与功能调查所得资料，进行加工整理分析，分门别类，编入工作描述与工作规范的项目内。
(2) 创造性地分析、揭示各职位的主要成分和关键因素。
(3) 归纳、总结出工作分析的必需材料和要素等工作。

4. 总结及完成阶段

总结及完成阶段的主要任务是：在深入分析和总结的基础上，编制工作描述和工作规范，也可将二者合并，编制工作说明书。具体工作如下。

(1) 将信息处理结果写成工作描述和工作规范，或者合并为工作说明书，并对其内容进行检验。
(2) 召开工作描述和工作规范的检验会时，将工作描述和工作规范初稿复印，分发给到会的每一位人员。

(3) 将草拟的工作描述和工作规范与实际工作对比,以决定是否需要进行再次调查。

(4) 修正工作描述与工作规范,对特别重要的岗位,还应按前面的要求进行再修订。

(5) 将工作描述与工作规范应用于实际工作中,并注意收集应用的反馈信息,不断完善这两份文件。

(6) 对工作分析过程进行总结评估,并以文件形式将工作说明书确定下来并归档保存,为今后的工作分析提供经验与信息基础。

工作说明书要定期进行评审,看看是否符合实际的工作变化,同时要让员工参与工作分析的每个过程。一起探讨每个阶段的结果,共同分析原因,遇到需要调整的内容时,也让员工加入调整工作。只有亲身体验才能加强员工对工作分析的充分认识和认同,从而在实践中被有效实施。

第二节 工作分析的方法

改善与提高工作分析的效果与效率的思路是建立工作分析的目标导向,即明确规定工作分析的具体目标及其成果的具体用途,以此作为构建整体工作分析系统的依据。不同目标导向的工作分析,其强调的重点有所不同,所收集的资料也有所不同,而不同的资料需要用不同的方法来收集,如表 3.1 所示。

表 3.1 不同目标工作分析的重点

目标导向	工作分析的重点
以组织优化为导向	强调对工作职责、权限的明确界定;强调将工作置于流程与战略分解体系中重新思考职位的定位;强调职位边界的明晰化
以人才甄选为导向	强调对工作所需教育程度、工作经验、知识、技能与能力的界定,并确定各项任职资格要求的具体等级或水平
以薪酬管理为导向	强调与薪酬决策相关的评价性分析,包括职位在组织中的地位以及对组织战略的贡献,工作所需要的知识、技能与能力水平,工作职责与任务的复杂性与难度,工作环境条件,工作负荷与强度的大小等
以绩效管理为导向	强调对工作职责以及责任的准确界定,并收集有关各项职责与任务的重要程度、过失损害的信息,为考核指标的提取以及权重的确定提供基础
以培训开发为导向	强调对工作典型样本、工作难点的识别,强调对工作中常见错误的分析,强调任职资格当中可培训部分的界定

常用的工作分析方法其实是工作分析所需信息的收集方法。通常有两大类:定性分析的方法和定量分析的方法。

一、定性分析的方法

常用的定性分析法有观察法、工作实践法、工作日志法、问卷调查法、访谈法、资料分析法、关键事件法等。

1. 观察法

观察法是一种传统的工作分析方法,指的是工作分析人员直接到工作现场,针对特定对象(一个或多个任职者)的作业活动进行观察,收集、记录有关工作的内容、工作间的相互关系、人与工作的关系以及工作环境、条件等信息,并用文字或图标形式记录下来,然后进行分析与归纳总结的方法。

观察法操作较灵活、简单易行、直观、真实,能给岗位分析人员直接的感受,因而所获得的信息资料也较准确。可以了解广泛的信息,如工作活动内容、工作中的正式行为和非正式行为、工作人员的士气等。

采用观察法需要注意以下几点。

(1) 被观察者的工作应相对稳定、工作场所也应相对固定,这样便于观察。

(2) 适用于大量标准化的、周期较短的、以体力活动为主的工作(如组装线工人、会计员),而不适用于以脑力活动为主的工作(如律师、设计工程师等)。

(3) 观察者尽可能不要引起被观察者的注意,也不要干扰被观察者的工作,否则可能引起霍桑效应。

(4) 对于不能通过观察法得到的信息,应辅以其他形式(如访谈法)来获得。

(5) 观察前要有详细的观察提纲。

(6) 可以采用瞬间观察,也可以采用定时观察。

 知识链接

霍桑效应

霍桑效应(Hawthorne Effect)或称霍索恩效应,起源于1924年开始的一系列实验研究,其后,从1927年到1932年,乔治·埃尔顿·梅奥(George Elton Mayo)教授持续多年对霍桑实验结果进行研究、分析。所谓"霍桑效应",是指那些意识到自己正在被别人观察的个人具有改变自己行为的倾向,属于心理学上的一种实验者效应。20世纪二三十年代,美国研究人员在芝加哥西方电力公司霍桑工厂进行的工作条件、社会因素和生产效益关系实验中发现了实验者效应,称为霍桑效应。比如让员工将自己心中的不满发泄出来;由于受到额外的关注而引起绩效或努力上升。霍桑效应的基本条件是,重要的工作环境属性能够被大量捕获,没有暗藏的或隐晦的信息。

(资料来源:360百科,https://baike.so.com/doc/5616666-5829280.html)

2. 工作实践法

工作实践法也可以理解为亲验法。顾名思义,就是工作分析人员到被分析的岗位中实际体验岗位工作特点,获得岗位信息的一种方法。

工作实践法能准确了解工作的实际任务和在体力、环境、社会方面的要求,直接、直观,信息的可靠性高,可以弥补不善表达的员工对岗位信息提供的不足,可以收集到观察法所不能体会到的内容。其特点是时间成本很高,效率低下;对于工作分析人员的专业性要求太高,许多岗位根本无法亲验;体验周期和时间都不易确定。因而这是一种用得很少的方法,经常作为其他方法的一种补充,对难以用语言表达的一些特殊岗位或验证一些信息时才使用。

采用工作实践法需要注意以下几点。

(1) 亲验的岗位是岗位分析人员能够理解和从事的。
(2) 在岗位亲验时不能给实际工作造成障碍。
(3) 较危险的岗位不适合亲验。
(4) 对岗位的体验要保证一定的周期,以对岗位的相关信息有完整的认识。

3. 工作日志法

工作日志法又称工作写实法,是指任职者按时间顺序详细记录自己的工作内容与工作过程,然后经过归纳、分析,达到工作分析的目的的一种方法。

由于工作日志是员工对工作状态的忠实记录,所以工作日志法能获得大量的、更为准确的信息,前期直接成本小。但收集信息可能较凌乱,整理工作复杂,加大了员工工作的负担,也存在夸大自己工作重要性的倾向;需要积累的周期较长,时间成本高;资料口径可能与工作分析的要求有出入,因而整理的工作量较大。

 知识链接

表 3.2 为工作日志表范例。

表 3.2 工作日志表范例

姓名: 职位: 所属部门:
填写期限:自 年 月 日至 年 月 日
说明:
1. 每天工作开始前将工作日志放在手边,按工作活动发生的顺序及时填写,切勿在一天结束后一并填写。
2. 要严格按照表格要求填写,不要遗漏任何细小的工作活动。
3. 请您提供真实的信息,以免损害您的利益。
4. 请您注意保管,防止遗失。

日期 序号	工作活动名称	工作开始时间 工作活动内容	工作活动结果	工作结束时间 时间消耗	备注
1	复印	文件	40 页	5 分钟	存档
2	起草公文	代理委托书	1200 字	1 小时	报上级
3	参加会议	上级布置任务	1 次	30 分钟	参与
4	请示	贷款数额	1 次	20 分钟	报批
5	……	……	……	……	……

(资料来源:颜爱民,方勤敏. 人力资源管理[M]. 北京:北京大学出版社,2012)

4. 问卷调查法

问卷调查法是工作分析中最常用的一种方法，具体来说，由有关人员事先设计出一套工作分析的问卷，再由具体承担工作的员工来填写问卷，也可由工作分析人员填写，最后再将问卷加以归纳分析，做好详细的记录，并据此写出工作说明书。

其优点是：能够从众多员工处迅速得到信息，节省时间和人力，费用低；员工填写工作信息的时间较为宽裕，不会影响工作时间；适用于在短时间内对大量人员进行调查的情形；结构化问卷所得到的结果可由计算机处理。

其缺点是：问卷的设计需要花费时间、人力和物力，费用较高；单向沟通方式，所提问题可能部分地不为员工所理解；可能造成填写者不认真填写，影响调查的质量。

5. 访谈法

访谈法又称面谈法，是一种应用最为广泛的工作分析方法，是指工作分析人员就某一职务或者职位面对面地询问任职者、主管、专家等人对工作的意见和看法。在一般情况下，应用访谈法时可以以标准化访谈格式记录，目的是便于控制访谈内容及对同一职务不同任职者的回答相互比较。

常用的访谈法有个别访谈法(Individual Interview)、集体访谈法(Group Interview)、主管访谈法(Supervisor Interview)。

1) 访谈原则及标准
(1) 所提问题和工作分析的目的有关。
(2) 工作分析人员语言表达要清楚、含义准确。
(3) 所提问题必须清晰、明确，不能太含蓄。
(4) 所提问题和谈话内容不能超出被谈话人的知识和信息范围。
(5) 所提问题和谈话内容不能引起被谈话人的不满或涉及被谈话人的隐私。

2) 成功访谈要点
(1) 预先准备访谈提纲。
(2) 与主管密切配合，找到最了解工作内容、最能客观描述工作职责的员工。
(3) 尽快与被访谈者建立融洽的感情氛围(知道对方姓名、明确访谈目的及选择对方的原因)。
(4) 访谈中应该避免使用生僻的专业词汇。
(5) 访谈者应只能被动地接受信息。
(6) 就工作问题与员工有不同意见，不要与员工争论。
(7) 员工对组织或主管有抱怨，也不要介入。
(8) 不要流露出对某一岗位薪酬的特殊兴趣。
(9) 不要对工作方法与组织的改进提出任何批评与建议。

（10）请员工将工作活动与职责按照时间顺序或重要程度顺序排列，这样就能够避免一些重要的事情被忽略。

（11）访谈结束后，将收集到的信息请任职者和主管阅读，以便修正。

3）访谈法的优缺点

优点：

（1）一种被广泛采用、相对简单、便捷的搜集信息的方法，而且适用面较广，尤其是用来达到编制工作说明书的目的。

（2）经常被作为其他信息收集方法的辅助，如当问卷填写不清楚、观察员工工作时存在问题等。

（3）通过访谈能探察到一些不为管理层知晓的内容，如工作态度、工作动机等较深层次的东西或一些管理问题。

（4）方式亲切，能拉近访谈者与员工的关系。

缺点：

（1）对访谈者技巧要求高，如运用不当可能影响信息收集的质量，不能作为工作分析的唯一方法。

（2）由于被访谈者害怕效率革命而带来薪酬变化，从而导致信息失真。

（3）打断被访问人员的正常工作，有可能造成生产效率的损失。

（4）可能会因问题不够明确或不够准确而造成双方误解或信息失真。

 知识链接

访谈法的典型提问方式

尽管访谈法有其不足，但还是被广泛地使用着。下面是一些在访谈时所运用的典型提问方法。

- 你所做的是一种什么样的工作？
- 你所在职位的主要工作职责是什么？你又是如何处理的呢？
- 你的工作环境与别人的有什么不同呢？
- 做这项工作所需具备的教育程度、工作经历、技能是怎样的？它要你必须具有什么样的文凭或工作许可证？
- 你都参加些什么活动？
- 这种工作的职责和任务是什么？你所从事的工作的基本职责是什么？说明你工作绩效的标准有哪些？
- 你真正参与的活动都包括哪些？
- 你的责任是什么？你的工作环境和工作条件是怎样的？
- 工作对身体的要求是怎样的？工作对情绪和脑力的要求又是怎样的？

- 工作对安全和健康的影响如何?
- 在工作中你有可能会受到身体伤害吗?你在工作时会暴露于非正常工作条件下吗?

运用访谈法进行工作分析时可以提出的问题还远远不止这些。一般认为,富有成效的访谈是根据一张结构合理或可以加以核正、对比的问卷来进行的。这种工作分析问卷包括一系列与以下内容有关的信息:工作的总体目的;监督职责;工作责任;对教育、经历、技能等的要求等。工作分析人员在运用这种问卷表格来搜集信息时,既可以通过观察工作的实际进行情况来自行填写,也可以先由承担工作的人填写,然后由工作分析人员加以整理。

(资料来源:经管百科,http://wiki.pinggu.org/doc-view-13598.html)

6. 资料分析法

为降低工作分析的成本,应当尽量利用原有资料,例如以前的工作说明书,相关的人力资源制度等,以对每项工作的任务、责任、权利、工作负荷、任职资格等有一个大致的了解,为进一步调查、分析奠定基础。

7. 关键事件法

关键事件法是由美国学者福莱·诺格(Flanagan)和伯恩斯(Baras)在1954年共同创立的,它是由上级主管者记录员工平时工作中的关键事件:一种是做得特别好的,一种是做得不好的。

1) 对每一件关键事件的记录内容
(1) 导致事件发生的原因和背景。
(2) 员工的特别有效或多余的行为。
(3) 关键行为的后果。
(4) 员工自己能否支配或控制上述后果。

2) 关键事件法的优点
(1) 为管理者向下属人员解释绩效评价结果提供了一些确切的事实证据。
(2) 确保管理者在对下属人员的绩效进行考察时,所依据的是员工在整个年度中的表现,而不是员工在最近一段时间的表现。
(3) 保存一种动态的关键事件记录还可以让管理者获得一份关于下属人员是通过何种途径消除不良绩效的具体实例。

3) 关键事件法的缺点
(1) 费时,需要花费大量的时间去收集关键事件,并加以概括和分类。
(2) 关键事件的定义是显著的对工作绩效有效或无效的事件,但是,这就遗漏了平均绩效水平。而对工作来说,最重要的一点就是要描述"平均"的职务绩效。利用关键事件法,对中等绩效的员工就难以涉及,因而全面的工作分析就不能完成。

二、定量分析的方法

目前,国际上较常用的定量分析方法有两种:职位分析问卷法(Position Analysis Questionnaire,PAQ)和职能工作分析法(Functional Job Analysis,FJA)。

1. 职位分析问卷法

职位分析问卷法是一种结构严谨的工作分析问卷,是目前最普遍和流行的人员导向工作分析系统。它是 1972 年由普渡大学教授麦考密克(E.J. McCormick)、詹纳雷特(P. R. Jeanneret)和米查姆(R.C. Mecham) 设计开发的。设计者的初衷在于开发一种通用的、以统计分析为基础的方法来建立某职位的能力模型,同时运用统计推理进行职位间的比较以确定相对报酬。目前,国外已将其应用范围拓展到职业生涯规划、培训等领域,以建立组织的职位信息库。

1) 职位分析问卷的项目

PAQ 包含 194 个项目,其中 187 项被用来分析完成工作过程中员工活动特征的工作元素,另外七项涉及薪酬问题。

所有的项目被划分为信息输入、思考过程、工作产出、人际关系、工作环境、其他特征六个类别,PAQ 给出了每一个项目的定义和相应的等级代码。

信息输入——包括工人在完成任务过程中使用的信息来源方面的项目。

思考过程——工作中所需的心理过程。

工作产出——识别工作的"产出"。

人际关系——工作与其他人的关系。

工作环境——完成工作的自然和社会环境。

其他特征——其他工作的特征。

2) 职位分析问卷的评分标准

PAQ 给出了六个评分标准:信息使用度、耗费时间、适用性、对工作的重要程度、发生的可能性以及特殊计分。

表 3.3 所示是 PAQ 问卷工作元素的分类。

表 3.3 PAQ 问卷工作元素分类表

类 别	内 容	例 子	工作元素数目
信息输入	员工在工作中从何处得到信息,如何得到	如何获得文字和视觉信息	35
思考过程	在工作中如何推理、决策、规划,信息如何处理	解决问题的推理难度	14

续表

类别	内容	例子	工作元素数目
工作产出	工作需要哪些体力活动，需要哪些工具和仪器设备	使用键盘式仪器、装配线	49
人际关系	工作中与哪些有关人员有关系	指导他人或与公众、顾客接触	36
工作环境	工作中自然环境与社会环境是什么	是否在高温或与内部其他人员冲突的环境下工作	19
其他特征	与工作相关的其他的活动、条件或特征是什么	工作时间安排、报酬方法、职务要求	41

3) 职位分析问卷(PAQ)的使用

(1) 计分方法。在应用这种方法时，职位分析人员要依据六个计分标准对每个工作要素进行衡量，给出评分。这六个计分标准是：信息使用程度、工作所需时间、对各个部门以及各部门内各个单元的适用性、工作的重要程度、发生的可能性，以及特殊计分。

(2) 使用 PAQ 时，用六个评估因素对所需要分析的职务一一进行核查。核查每项因素时，都应对照这一因素细分的各项要求，按照 PAQ 给出的计分标准，确定职务在职务要素上的得分(具体示例见表 3.4)。

表 3.4　职位分析问卷范例

使用程度：NA：不曾使用；1：极少；2：少；3：中等；4：重要；5：非常重要
资料投入
工作资料来源(请根据任职者使用的程度，审核下列项目中各种来源的资料)
工作资料的可见来源
　　4　书面资料(书籍、报告、文章、说明书等)
　　2　计量性资料(与数量有关的资料，如图表、报表、清单等)
　　1　画图性资料(如图形、设计图、X 光片、地图、描图等)
　　1　模型及相关器具(如模板、钢板、模型等)
　　2　可见陈列物(计量表、速度计、钟表、划线工具等)
　　5　测量器具(尺、天平、温度计、量杯等)
　　4　机械器具(工具、机械、设备等)
　　3　使用中的物料(工作中、修理中和使用中的零件、材料和物体等)
　　4　尚未使用的物料(未经过处理的零件、植物等)
　　3　大自然特色(风景、田野、地质样品、植物等)
　　2　人为环境特色(建筑物、水库、公路等)

从表 3.4 中可见，测量器具被评定为五等级，说明测量器具的使用在工作中扮演着重要的角色。这样，对被分析岗位的每一个维度进行评定后，就大概掌握了该岗位的数量性剖面的分数，职位与职位之间可以相互比较和划分工作簇的等级，也就是说，PAQ 可以使工作分析人员对每一项工作测量出一个量化的分数。于是管理者就可以运用 PAQ 所给出的结果对工作进行对比，以确定哪一种工作更富有挑战性，然后依据这一信息来确定每一种工作的奖金或工资等级。应当注意，PAQ 并非工作说明书的替代品，但前者有助于后者的编制。

2. 职能工作分析法

职能工作分析法的主要分析方向集中于工作本身，是一种以工作为导向的工作分析方法。FJA 最早起源于美国培训与职业服务中心的职业分类系统。职能工作分析方法以工作者应发挥的职能为核心，对工作的每项任务要求进行详细分析，对工作内容的描述非常全面具体，一般能覆盖全部工作内容的 95% 以上。

FJA 依据共同的人与工作关系理论。简而言之，这一理论认为所有的工作都涉及工作执行者与信息、人、事三者的关系。通过工作执行者与信息、人、事发生关系时的工作行为，可以反映工作的特征、工作的任务和人员的职能。信息、人、事三个关键性要素，是这样定义的：

信息：即与人、事相关的信息、知识、概念，可以通过观察、调查、想象、思考分析获得，具体包括数字、符号、思想、概念、口语等。

人：指人或者有独立意义的动作，这些动作在工作中的作用相当于人。

事：指人控制无生命物质的活动特征，这些活动的性质可以以物本身的特征反映出来。

FJA 法有以下几个基本假设。

(1) 完成什么事与员工应完成什么事应有明确的界限。

(2) 每个工作均在一定程度上与信息、人、事相关。

(3) 事件需要用体能完成，信息需要思考才能处理，而对于人则需要运用人际关系方法。

(4) 尽管员工的行为或他们所执行的任务有非常多的方式方法，但所要完成的职能是非常有限的。

(5) 与信息、人、事相关的职能根据从复杂到简单的顺序按等级排列，复杂的职能包含了简单的职能。

第三节　工作说明书

工作分析的最后成果是形成工作说明书，工作说明书由两部分组成：工作描述和工规范。工作描述是针对工作本身而言即与工作相关的内容,包括工作目的、工作职责等。工作规范是针对任职资格即岗位承担者的要求,包括知识、技能、能力等。

一、工作说明书的含义和内容

工作说明书是组织对各类岗位的性质和特征、工作任务、职责权限、岗位关系、劳动条件和环境,以及本岗位承担者的资格条件等事项所作的统一规定,并最终形成的工具性文件。

工作说明书无固定模式,可以根据工作分析的目的和实际需要确定有关内容和格式。

1. 工作描述

工作描述是有关工作本身的文件,主要包括工作目的、工作任务、工作内容与特征、工作职责与权利、工作标准与要求、工作时间与地点、工作流程与规范、工作环境与条件等问题。工作描述没有标准的格式,但一份完整的工作描述应该包括以下内容。

1) 职位基本情况

职位基本情况包括工作名称、工作代号、所属部门、工作关系等。工作名称应简明扼要,力求反映工作的内容与责任。工作代号(或工号)是组织对各种工作进行分类并赋予的编号,以便于对工作的识别、等级、分类等管理工作。所属部门,是指管辖内的办公室以及所在部门。工作关系,即该项工作活动接受的监督、所施予的监督的性质与内容,或者该工作活动结果对组织的影响,通常是描述该工作接受的直接上级、直接下级或者直接服务对象。

 **管理故事**

华为的工号文化

华为自建立之初就有个工号制度,每个进入公司的人都会有自己的号码。即使离职了,这个号码也不会再次启用。2011年公司有8万左右员工,工号排到了16万的样子,也就是说在公司成立的20多年里,已经陆续有8万多人离开。从华为员工的工号上能看出这位员工什么时候进的公司,如果是老员工,大家经常会非常注意,指不定就是个领导。大家经常会讨论,×××工号多少,来公司××年了之类的话题。虽然公司后来采取了工作8年换工号的政策(据说是为了应对新的《劳动合同法》),但系统里面还是有个 bug,可以查到以前的工号。于是乎,对于新兵蛋子来说,查老员工工号成为了一种乐趣,每次一个邮件过来,大家都会仔细看看邮件里面抄送给了谁,然后去电话本里查查这几位都是干啥的……

(资料来源:中国教育网,http://career.eol.cn/dianzitongxun_11757/20110729/t20110729_657493_9.shtml)

2) 工作条件

工作条件主要涉及三项内容:工作地点、工作环境和设备工具。工作地点是指任职者工作的物理环境，比如是室内还是室外，是否为高空作业等。工作环境是指任职者的自然环境，如温度、湿度、粉尘、噪声、气味等。设备工具是指任职者工作中所需要的设备名称。

3) 职位关系

职位关系主要描述本职位的晋升路线及相应条件，职位关系的描述可以让员工明确自己将来的发展，也可以帮助管理者对员工的职业生涯进行规划设计。职位关系一般包括四个方面：可晋升的岗位、可由何岗位转升到本岗位、可调动的岗位、降级岗位。

4) 工作职责

工作职责是指在工作中所负责的范围和所承担的相应责任。

工作职责的描述一般包括以下内容。

(1) 目标：指岗位工作应该达到的程度，应该简明扼要，尽可能量化。比如销售主管的年销售目标是 100 万元。

(2) 职责：围绕目标而确定的，岗位承担者要负责的范围以及要承担的相应责任。

(3) 任务：要具体列出岗位承担者需要完成的工作内容以及达到的水平。比如秘书的重要任务之一是按时收发报纸。

(4) 考核指标：指用什么标准可以衡量该岗位的结果。考核指标必须明确、具体、可量化，比如车间工人的产品合格率必须达到 98%等。

 特别提示

需要特别强调的是，设置岗位职责时需要考虑职责权利的对等。其中"职"是指职位，"责"是指责任，"权"是指权力，"利"是指利益。职责权利对等的核心是职位，围绕着职位，职位承担者应该承担与职位相匹配的责任，需要赋予岗位承担者与职位相匹配的权力，需要给予岗位承担者与岗位相匹配的报酬。其中任何一个都不能太多或者太少。比如与职位和责任相比，权力太大，就会导致滥用权力；与职位与责任相比，权力太小，就无法有效调动资源，无法顺利完成岗位任务。

2. 工作规范

工作规范又称岗位规范或任职资格，是指任职者要胜任该项工作必须具备的资格与条件。工作规范说明了一项工作对任职者在教育程度、工作经验、知识、技能、体能和个性特征方面的最低要求。工作规范是工作说明书的重要组成部分。

工作规范涉及的内容多，覆盖范围广，大致包括以下几个方面。

1) 岗位劳动规则

岗位劳动规则即组织依法制定的要求员工在劳动过程中必须遵守的各种行为规范，包括以下几方面。

(1) 时间规则。对作息时间、考勤办法、请假程序、交接要求等方面所作的规定。

(2) 组织规则。组织对各个职能、业务部门以及各层组织机构的权责关系，指挥命令系统，所受监督和所施监督，保守组织机密等各项内容所作的规定。

(3) 岗位规则，亦称岗位劳动规范。它是对岗位的职责、劳动任务、劳动手段和工作对象的特点、操作程序、职业道德等提出的各种具体要求，包括岗位名称、技术要求、上岗标准等各项具体内容。

(4) 协作规则。组织对各个工种、工序、岗位之间的关系，上下级之间的连接配合等方面所作的规定。

(5) 行为规则。对员工的行为举止、工作用语、着装、礼貌礼节等所作的规定。这些规则的制定和贯彻执行，将有利于维护组织正常的生产、工作秩序，监督劳动者严格按照统一的规则和要求履行自己的劳动义务，按时保质保量地完成本岗位的工作任务。

2) 定员定额标准

定员定额标准即对组织劳动定员定额的制定、贯彻执行、统一分析以及修订等各个环节所作的统一规定。包括编制定员标准、各类岗位人员标准、时间定额标准、产量定额标准或双重定额标准等。

3) 岗位培训规范

岗位培训规范即根据岗位的性质、特点和任务要求，对本岗位员工的职业技能培训与开发所作的具体规定。

4) 岗位员工规范

岗位员工规范即在岗位系统分析的基础上，对某类岗位员工任职资格以及知识水平、工作经验、文化程度、专业技能、心理品质、胜任能力等方面素质要求所作的统一规定。

 知识链接

工作描述与工作规范的区别

工作描述与工作规范最大的不同，在于工作描述是以"工作"为主角，而工作规范是以担任某工作的"员工"为主角。或者说，工作描述是在描述工作，而工作规范则是在描述工作所需人员的资格。也有组织将工作描述与工作规范合二为一，形成"工作说明书"，那么，工作说明书就由两部分组成：与工作相关的工作描述，与岗位承担者相关的工作规范。

(资料来源：360百科，https://baike.so.com/doc/6784216-7000819.html)

二、工作说明书编写注意事项

工作说明书是后续人力资源管理职能的依据和基础，是组织重要的人力资源管理文档。编写工作说明书的时候，需要注意以下几个方面的问题。

1. 清晰

工作说明书的语言要清晰,避免使用原则性的评价,也应该避免使用一些专业性很强、难懂的词汇,如果必须要用专业性词汇,一定要进行解释。判断是否清晰的标准是岗位承担者看到工作说明书能否很容易地了解工作内容和任职资格。

2. 具体

工作说明书的措辞应多用具有具体含义的动词,比如"安装""加工""传递""设计"等来指出工作的种类、复杂程度,任职者的资格要求等。一般来说,越是基层的岗位,应该越具体、详细。

3. 精确

文字要力求精确,不能有歧义和模棱两可。

三、工作说明书范例

工作说明书没有标准的格式,不同的组织可以根据自己的特点设计具体的内容。

 知识链接

"招聘主管"工作描述

工作名称:招聘主管
所属部门:人力资源部
直接上级:人力资源部经理
工作代码:XL——HR——021
工资等级:9——13
工作目的:为企业招聘合适的人才。
工作要点:
1. 制订和执行企业的招聘计划。
2. 制订、完善和监督执行企业的招聘制度。
3. 安排应聘人员的面试工作。
工作要求:
认真负责、有计划性、热情周到。
工作责任:
1. 根据企业的发展情况,提出人员招聘计划。
2. 执行企业招聘计划。
3. 制订、完善和监督执行企业的招聘制度。
4. 制订面试工作流程。

5. 安排面试人员的面试工作。
6. 应聘人员的材料管理，应聘人员材料、证件的鉴别。
7. 负责建立企业人才库。
8. 完善直接上级交办的所有工作任务。

衡量标准：
1. 上交的报表和报告的时效性和建设性。
2. 工作档案的完整性。
3. 应聘人员材料的完整性。

工作难点：
如何提供详尽的工作报告。

工作禁忌：
工作粗心，留有首尾，不能有效地向应聘者介绍企业情况。

职业发展道路：
招聘经理、人力资源部经理。

"招聘主管"工作规范

工作名称： 招聘主管
所属部门： 人力资源部
直接上级： 人力资源部经理
工作代码： XL——HR——021
工资等级： 9——13

(一)生理要求

年龄：23～35 岁

性别：不限

身高：女性 1.55～1.70 米；男性 1.60～1.85 米。

体重：与身高成比例，在合理范围内均可。

听力：正常。

视力：矫正视力正常。

健康状况：无残疾、无传染病。

外貌：无畸形，出众更佳。

声音：普通话发音标准，语音语速正常。

(二)知识和技能要求

1. 学历要求：本科，大专以上需从事相关专业工作 3 年以上。
2. 工作经验：3 年以上大型企业工作经验。
3. 专业背景要求：曾从事人事招聘工作 2 年以上。
4. 英语水平：达到国家四级水平。
5. 计算机：熟练使用 Windows MS Office 系列软件。

(三)特殊才能要求

1. 语言表达能力：能够准确、清晰、生动地向应聘者介绍企业情况，并准确、巧妙地解答应聘者提出的各种问题。

2. 文字表达能力：能够正确、快速地将希望表达的内容用文字表达出来，对文字描述很敏感。

3. 观察能力：能够很快地把握应聘者的心理。

4. 逻辑处理能力：能够将相并行的事务安排得井井有条。

(四)综合素质

1. 有良好的职业道德，能够保守企业秘密。

2. 独立工作能力强，能够独立完成布置招聘会场、接待应聘人员，对应聘者非智力因素进行评价等工作。

3. 工作认真细心，能认真保管好各类招聘相关材料。

4. 有较好的公关能力，能准确地把握同行业的招聘情况。

(五)其他要求

1. 能够随时准备出差。

2. 不可请一个月以上的假期。

(资料来源：客道巴巴，http://www.doc88.com/p-9169380227580.html)

阅读材料

HI 信息服务公司的工作分析

赵珍大学刚毕业就顺利进入了 HI 信息服务公司(以下简称 HI)。赵珍学的是国际企业管理专业，因此公司将她安排在人力资源部工作。在应聘和面谈过程中，她了解到这是一家中外合资企业，主要的经营业务是为企业和个人提供软件和硬件。公司自 1994 年创办以来，发展迅速，通过灵活的经营手段、高质量的产品、优良的售后服务，在激烈的竞争中保持了领先地位。HI 管理层深知，作为一个知识密集型企业，公司的发展将主要依赖于它所拥有的人力资源，企业间的竞争实质是对于高质量人力资源的竞争。因此，HI 非常注重通过提高员工的工作满意度来留住他们。至今，它的人员流动率接近行业的平均水平。赵珍为自己能进入这样一个充满活力的公司暗自高兴。

但是在听了人力资源部张经理的一番谈话后，赵珍原来乐观的想法改变了。张经理告诉她，尽管从表面上看，HI 有骄人的经营业绩和良好的发展势头，但是事实上公司内部的管理制度有很多不完善的地方，这些方面将严重阻碍 HI 的进一步发展。张经理举例说，作为人力资源管理基础工作之一的工作分析，在 HI 就没有得到很好的贯彻落实，随着公司规模的扩大，新的工作不断增加，但是相应的工作说明书却没有制订，原有的一些工作说明书的内容也与实际情况不完全匹配了。张经理交给赵珍一份旧的工作说明书(见下所示)。造成这种状况的原因在于，初创时期 HI 的员工较少，公司内部的局域网可以使上下级之间和同事之间非常顺畅地沟通，相对平坦的组织结构也使公司各个层次的员工很容易接近。同部门的工作经常由员工们共同协力完成，职位在 HI 被定义成是员工之间关于特定技术、专业能力和兴趣的竞赛。有超常能力和成就的员工常被录用，接着很快获得晋升。正因为如此，HI 并不注重为每个岗位制订工作说明书，因为从某种意义上来说，这只是一纸空文。

一个旧的工作说明书

职位：

助理程序员

基本目的：

在项目经理的监督下进行编码、测试、调试程序。

具体任务：

根据总体的程序设计，编码、测试、调试程序，开发程序的文件资料。

在使用系统时培训用户，为用户提供帮助，按要求向管理者汇报服务管理信息。

任职资格：

至少：

在相关领域里具有 BA/BC 学位或相当的经验和知识。

具备 FORTRAN 语言编程知识。

在经营和财务应用方面具有较好的工作知识。

希望：

具有在分时环境下计算机编程经验。

在 COBOL、PLI 或者装配语言方面受到培训或者教育。

但是这种忽视工作分析的做法，随着 HI 的规模日益扩大，显示出越来越多的对人力资源管理工作的负面影响。张经理坦率地告诉赵珍，在 HI，人力资源部被认为是一个低效率的团队。比如说本来通过绩效评估，发现员工绩效不符合标准的原因，并安排各种培训和锻炼机会以提高这部分员工的技能，增强他们的信心，这应该是人力资源部门的职责。但是由于缺乏准确的工作说明书，人力资源部门就没有确切的标准来衡量员工的工作绩效，因而也无从发现员工究竟哪些地方需要改进和提高，更别提为员工制订适宜的培训计划了。因此在 HI，没有部门认为人力资源部的员工有这方面的能力和经验。另外，公司主要的奖励系统也似乎和人力资源部没有太大关系。甚至公司的年度职工表彰会也被认为是来自外方总经理的奖赏而与人力资源部无关。而按惯例，员工的薪酬奖励计划应该是由人力资源部根据工作说明书，判断每个工作岗位的相对价值以后，再以此为依据制订的。

正是由于缺乏细致的工作分析，HI 的人力资源部在开展工作时显得力不从心。近期，HI 又将大规模招聘新员工，张经理决定先从工作分析这一环节抓起，彻底改变人力资源部以往在人们心中的形象。他将此重任交给赵珍，要求她在 6 个月的时间内修正所有的职位说明书。

讨论问题：

1. 如果你是赵珍，你如何看待工作分析在人力资源管理职能中的作用？
2. 为了修改旧的工作说明书，制订新的工作说明书，你将通过哪些具体步骤开展这一工作？

3. 你将采用哪些方法收集必要的工作分析信息？
4. 请尝试修改助理程序员的工作说明书。

(资料来源：客道巴巴，http://www.doc88.com/p-447547767062.html)

本 章 小 结

工作分析是组织人力资源规划和其他所有人力资源职能的基础，是所有其他人力资源管理职能得以开展的标准和依据。

工作分析对工作进行全面评价的过程，这个过程可以分为准备阶段、调查阶段、分析阶段和总结及完成阶段四个阶段。

常用的定性分析法有观察法、工作实践法、工作日志法、问卷调查法、访谈法、资料分析法、关键事件法等。

目前国际上较常用的定量分析的方法有两种：职位分析问卷法(Position Analysis Questionnaire，PAQ)和职能工作分析法(Functional Job Analysis, FJA)。

工作分析的最后成果是形成工作说明书，工作说明书由两部分组成：工作描述和工作规范。工作描述是针对工作本身而言即与工作相关的内容，包括工作目的、工作职责等。工作规范是针对任职资格即岗位承担者的要求，包括知识、技能、能力等。

编写工作说明书要注意：清晰、具体、精确。

 名人名言

1. 官职愈高，约束愈大；权力愈多，职责愈重；个性愈强，自我意识愈薄。——海塞
2. 每晋升一级，不是你有更多的自由，而是限制更多。——海塞
3. 教师的职务是"千教万教，教人求真"；学生的职务是"千学万学，学做真人"。——陶行知

(扫一扫，获取自测题)

(扫一扫，获取扩展阅读资料)

第四章 招聘管理

【教学要求】

知识要点	能力要求	相关知识
员工招聘概述	(1)理解并表述招聘的含义。 (2)会分析招聘的作用、原则及影响因素	(1)员工招聘的含义。 (2)员工招聘的作用。 (3)员工招聘的原则。 (4)影响招聘活动的因素
员工招聘的程序	(1)会设计招聘流程。 (2)会分析招聘需求。 (3)能根据不同岗位选择招聘来源、招聘渠道。 (4)会制订招聘计划。 (5)会收集并整理招聘资料。 (6)会进行招聘评估	(1)确定招聘需求。 (2)选择招聘来源。 (3)制订招聘计划。 (4)选择招聘渠道。 (5)回收应聘资料。 (6)评估招聘效果
员工招聘的来源	(1)熟练实施内部招聘。 (2)熟练实施外部招聘	(1)内部招聘。 (2)外部招聘
选拔录用	(1)理解并表述选拔录用的含义。 (2)会分析并表述选拔录用的意义。 (3)会设计选拔录用的程序	(1)选拔录用的含义。 (2)选拔录用的意义。 (3)选拔录用的程序
面试	(1)能分析并表述各种面试类型的优缺点。 (2)能组织实施面试的过程。 (3)能分析并避免面试偏差	(1)面试的类型。 (2)面试的过程。 (3)面试的常见偏差
选拔测试方法	能熟练使用各种选拔测试方法	(1)知识测试。 (2)智力测试。 (3)能力测试。 (4)人格和兴趣测试。 (5)评价中心测试
招聘评估	(1)理解并合理表述效度和信度。 (2)能组织实施招聘评估	(1)招聘评估的效度和信度。 (2)招聘评估的内容

【关键概念】

招聘管理　招聘渠道　招聘计划　选拔录用　面试　选拔测试　招聘评价

第四章　招聘管理

导入案例

一个招聘小故事

有一个农场，因捕鼠科科长离职而造成场内鼠患成灾，农场总经理命令人力资源部经理："五天之内要给我招一个捕鼠科科长回来，否则你也给我走人。"

人力资源部经理接到这个指示后，回去赶紧就写了一张小红纸条，贴在了农场的大门口，上面这样写道："本农场欲招捕鼠科科长一位，待遇优，福利好，有意者请来面试。"

第二天，农场门口来了这么七位应聘者——鸡、鸭、羊、狗、猪、猫、猫头鹰。好，现在开始筛选。

第一轮筛选是学历筛选。鸡、鸭都是北京大学的优秀毕业生，当然过关；羊和狗是大专毕业，也过关；猫和猫头鹰是高中毕业，人力资源部经理皱了皱眉头，也过关了，结果，第一关淘汰下来只有一位，那就是只读到小学二年级的猪先生。

第二轮是笔试。这当然难不倒大学本科毕业的鸡和鸭；羊因为平时勤勉，也勉强过关了；狗呢，上学的时候不太认真，碰到这些题目有些为难，可是它在这么短短的一点儿时间内，已经给主考官鞠了六个躬，点了九次头，所以也过关了；猫头鹰本来是不会做的，可是它眼力好，偷看到了，所以也就过了关。只有猫因为坚持原则，不会做就是不会做，所以，这一轮被淘汰的只有猫一个人。

第三轮是答辩，总经理、农场场主和人力资源部经理三个人坐在那里，应聘者一个接一个地进来。第一个是鸡，它一进来就说："我在学校时是学捕鼠专业的，曾经就如何掌握鼠的习性与行动方式写过一部著作。"三个人一碰头，这个好，留下了。

第二个进来的是鸭，它说："我没有发表过什么著作，但是在大学期间，我一共发表了18篇有关鼠的论文，对于鼠的各个种类，我是了如指掌。"这个也不错，也留下了。

第三个进来的是羊，羊说："我没有那么高的学历，也没有发表过什么论文、著作。但是我有一颗持之以恒的心和坚硬的蹄子。你们只要帮我找到老鼠洞口，然后我就站在那里，高举着我的前蹄，看到有老鼠出来我就踩下去，十次当中应该会有两三次可以踩死，只要我坚持下去，相信有一天我会消灭老鼠的！"三个主考官被羊的这种精神感动了，于是也录取了。

第四个进来的是狗，狗一进来就点头哈腰地说："瞧三位慈眉善目的，一定都是十分优秀的成功人士……"一顿马屁狂拍，三个人被拍得晕晕乎乎的，最终也录用了。

最后一个是猫头鹰，没有高学历，没有什么论文著作，唯一的成绩就是从事捕鼠一年多来抓了五六百只田鼠，但是既不会拍马屁，又长得恶形恶脸的，一点儿都不讨人喜欢，所以就被淘汰了。

为什么会导致这个失败的结果呢？

我想原因每一个做 HR 的人都应该很清楚，就是单纯的以学历、以外在的东西来招聘，而忽略了招聘的本质是什么。我们在选择一个人的时候，常常都会不经意地陷入这样的误区，"学历这么低，他能胜任吗？""这人怎么这么不讨人喜欢！"我相信每一个人都不会说出这样的话，

但是在做招聘的时候,却往往会受到这些因素的影响。所以,才会造成我们在招聘中效率不高的情况。

思考:

我们在招聘之前应该思考的是——我们需要什么样的人?它们应该具备什么样的能力、素质?如何在面试过程中去辨别这些能力?我们应当通过什么样的渠道去搜寻这样的人才?把这些事情都做好了以后,我们才有可能把招聘成功率提升到一定的程度。

(资料来源:三茅人力资源网,http://www.hrloo.com/rz/11500.html)

第一节 员工招聘概述

一、员工招聘的含义

员工招聘是指组织为了生存和发展的需要,根据人力资源规划和工作分析的数量与质量要求,从组织内部或外部发现和吸引有条件、有资格和有能力的人员来填补组织的职务空缺的活动过程。招聘过程实质上就是从候选人中选择最适合特定工作岗位要求的人员的过程。

组织为了适应经营环境的变化,会力求不断提高组织的竞争能力和发展新业务,而这些都相应要求组织在人力资源的数量和质量上提出新要求,这进而使得组织在发展中需要不断补充或更新员工。而招聘是组织补充人员的主要方法,也是保持组织生存与发展的重要手段,成功和有效的员工招聘意味着组织有更多(强)的人力资源优势,从而为组织带来竞争优势;否则组织将因人才危机而使生产经营受挫,因为毕竟组织间的竞争归根结底是人才的竞争。

广义的员工招聘包括招募、选拔、录用、招聘评估等一系列活动。而狭义的员工招聘主要是指人才吸引与选拔,它是人才聘用或聘任的前提性工作环节。

管理寓言

大象招聘

大象新办了一家饲养场。为了防止老鼠骚扰,大象贴出广告要聘请一只能干的猫来捉老鼠。来应聘的猫很多,都快把大象家的门挤破了。选哪一只呢?每只猫都很能干,它们期待的目光把大象的眼睛都刺疼了。正在大象犹豫不决时,一只花猫挤在了大象面前,只见它从皮包里掏出一张张花花绿绿的获奖证书,全都是它在钓鱼、歌咏、滚绣球等比赛中获得的。大象一见花猫有这么多获奖证书,不禁喜出望外,他想:这真是一只难得的、多才多艺的好猫啊!大象十分高兴地拍了拍花猫的肩膀，高兴地说："好吧，就录取你了。"

开始的时候，花猫非常勤奋，一天到晚忙个不停，到处寻找老鼠的踪迹。但由于大象是新开办的饲养场，没有多少老鼠，渐渐地，花猫变得懒洋洋的，整天把时间花在唱歌、钓鱼、滚绣球方面。慢慢地，老鼠多了起来。这时候，花猫的捉鼠技能已变得生疏了，碰到老鼠竟然一只也捉不住。大象看到到处都是老鼠，就责备花猫说："怎么搞的，饲养场的老鼠这么多！"花猫还有些不服气："我一天到晚可没闲着呀！"大象更生气了："你说你没闲着，可你捉的老鼠在哪儿呢？""捉老鼠？"花猫鼻子轻蔑地哼了一声，"那不过是普通的猫就会玩的把戏，你让我这只才华出众的猫去干，这不是大材小用吗？"

"如果不能捉老鼠，即使你的才华再超群，对我又有何用呢？我真后悔怎么会被你的一张张证书弄花了眼，而偏偏没有想到你不能胜任捉鼠这项工作。"大象回答说。

这时候，大象既后悔又生气，他毅然辞退了花猫。而花猫呢，依然不能认识到自己的问题，他还认为自己不是一个普通的猫。从这以后，就没有一家饲养场愿意聘请他这只"不平凡"的花猫了。而大象又开展了新一轮的招聘，忙得焦头烂额。

(资料来源：豆丁网，http://www.docin.com/p-805841773.html)

思考：

大象因为没有根据岗位的关键职责及任职人员的胜任能力来选聘员工，没有对聘进的员工进行有效的培训、考核、约束与激励，没有设计丰富多样的工作以做到"事业留人"，致使一位原本可能比较优秀的花猫先生逐渐变成一位目空一切、浮夸、高傲的花猫。

二、员工招聘的作用

招聘是人力资源管理的重要环节，对组织事业的发展起着非常重要的作用，主要表现在以下几个方面。

1. 招聘活动是其他人力资源管理职能的前提

招聘活动是所有其他人力资源管理职能的起点和前提。没有招聘就不会有员工，没有员工则培训、绩效管理、薪酬管理、劳动关系管理等都会成为无源之水、无本之木。

2. 招聘工作对组织发展的影响

组织之间的竞争归根结底是人才的竞争，拥有一支什么样的员工队伍决定了组织在激烈的市场竞争中处于什么样的地位——要么立于不败之地，要么被市场所淘汰。而人才的获得是通过员工招聘活动来实现的，因此，招聘活动是否有效，对提高组织的竞争力起着至关重要的作用。从这个角度来说，员工招聘是组织创造竞争优势的基础环节，是组织发展的原动力。

3. 招聘工作对组织形象的影响

人力资源管理实践表明，员工招聘的过程既是吸引、招聘人才的过程，又是向外界宣传组织形象、扩大组织影响力和提高组织知名度的一个窗口。应聘者可以通过应聘过程了解组织的结构、经营理念、管理特色、组织文化等。

4. 招聘工作对人员流动的影响

虽然较高的人才流失率会给组织带来较高的人才流失成本，但合理的人才流动却是对组织有利的。一个有效的招聘系统，能促进员工通过合理流动找到适合的岗位，并调动人才的积极性、主动性和创造性，使员工的潜能得以充分发挥，人员得以优化配置。

5. 招聘工作对管理费用的影响

招聘工作做得好坏，对招聘专项成本的影响是显而易见的，但对整个组织管理费用的影响远不止招聘费用本身。有瑕疵的招聘会导致接下来的培训成本、人员流失成本等大幅度上涨。

 知识链接

招聘活动的 6R 目标

- 恰当的时间(right time)
- 恰当的来源(right source)
- 恰当的成本(right cost)
- 恰当的人选(right people)
- 恰当的范围(right area)
- 恰当的信息(right information)

(资料来源：吴宝华. 人力资源管理实用教程[M]. 北京：北京大学出版社，2012.)

三、员工招聘的原则

员工招聘是一项重要的人力资源管理活动，关系到组织的生存与发展。为了使员工招聘工作健康顺利地进行，在招聘过程中，应遵循以下原则。

1. 公开招聘原则

将招聘单位、种类、数量、报考的资格、条件、考试的科目、方法、时间和地点，均以登报或其他方式向社会公布，公开进行。

2. 相互竞争原则

通过考试、考核等竞争手段，鉴别优劣，确定人选。

3. 平等对待原则

对所有应聘者一视同仁，不拘一格地选择、录用各方面的优秀人才。

4. 量才使用原则

根据应聘者的能力大小、本领高低，适应工作强度或难度、工种要求等，区别对待，做到人尽其才，用其所长，职得其人。

5. 全面考察原则

对应聘者从品德、知识、技能、智力、心理、工作经验和过往业绩等方面进行全面考试、考核和考察，以判断应聘者能否切实履行岗位工作职责，以及发展前途如何。

6. 择优录取原则

根据应聘者的考试和考核成绩，作出全面考核结论，并根据录用标准"优胜劣汰"，从中选择优秀者录取。

7. 注重效率原则

根据不同的招聘要求，灵活选用适当的招聘形式，用尽可能低的招聘成本录用高素质的员工。

8. 守法运作原则

员工招聘必须遵守《劳动法》《劳动合同法》等国家法律法规，避免歧视。

四、影响招聘活动的因素

根据系统理论，组织是环境这个大系统的一个子系统，组织的任何决策都会受到来自于环境的各种影响，招聘也不例外。影响招聘活动的因素包括外部因素和内部因素两大类。

1. 外部因素

外部因素包括外部劳动力市场、国家的法律法规、经济发展水平、教育发展水平、竞争对手状况等。

1) 外部劳动力市场

外部劳动力市场在三个层面影响组织的招聘活动。第一，外部劳动力市场的劳动力总量决定了组织招聘的可选范围。一般而言，如果供过于求，组织招聘可选择的余地就大。

第二，外部劳动力市场的劳动力质量影响着组织招聘的质量。在我国，基本状况是劳动力的数量庞大，但劳动力的质量并不乐观，特别是一些新兴行业所需要的高技能人才、跨国经营所需要的复合型高级人才国内供给非常稀缺，组织不得不花大价钱从国外引进。第三，劳动力市场的交易成本的高低以及交易的便利性决定组织招聘活动的成本和效率。

2) 国家的法律法规

政府通过相关法律法规对全社会的人力资源配置起着宏观调控的作用。比如美国的《公平就业机会法》规定，不同性别、年龄、种族、肤色的人在就业竞争中的机会平等，享有不受歧视的权利。在我国，影响组织招聘的相关法律主要是《劳动法》《劳动合同法》等以及与之配套的一些法规。

3) 经济发展水平

一个国家和地区的经济发展水平从根本上影响了总体人力资源供给的数量和质量，也直接影响着劳动力的质量和价格。一般而言，经济发展水平与劳动力的质量和价格是正相关的，即经济发展水平越高的地区，劳动力的质量和价格就越高。

4) 教育发展水平

一个国家或地区的教育发展水平高低，直接影响着劳动力资源供给的数量和质量。教育水平高的地区，能为该区域甚至相邻区域的组织提供大量高素质的人才。

 特别提示

需要特别注意的是，经济发展水平和教育发展水平对组织招聘的影响是双面的。高的经济发展水平能吸引更多更优秀的人才，有利于组织招聘到更多更优秀的人才；但是高的经济发展水平带来的高的人才价格会导致组织招聘成本急剧上升。同样，某个区域高的教育发展水平能给该区域的组织提供更多更优秀的人才，但如果教育发展水平远远超过该区域经济发展水平，会导致大量的优秀人才由于就业压力而选择外流，又使得该区域的人才外部供给减少。

5) 竞争对手状况

组织之间的竞争是全方位的，也体现在招聘活动中，优秀的人才是众多竞争对手争夺的对象。组织必须全面了解竞争对手在招聘方面的策略，采取有针对性的措施，以保证在人才争夺战中立于不败之地。

2. 内部因素

内部因素包括组织自身的形象、组织的招聘预算、组织的文化和政策等。

1) 组织自身的形象

组织的自身形象直接影响着组织对人才的吸引力。良好的组织形象会对求职者产生积极的影响，引发他们对空缺岗位的兴趣，从而提高招聘的成功率。当然组织的形象取决于很多方面，比如组织的发展趋势、薪酬待遇、工作机会、组织文化等。

2) 组织的招聘预算

为了提高组织的招聘效率和效果,组织不仅要对招聘渠道和方法进行科学的选择,对招聘流程进行合理设计,对招聘人员进行有效培训,还需要采取相关的战略举措以提高组织在人才市场上的吸引力。当然,所有这些措施都建立在组织可以承受的基础之上。

3) 组织的文化和政策

不同的组织文化和政策,往往会形成不同的招聘策略,在具体的招聘实践中也会形成不同的特点。比如有的组织喜欢招聘在校大学生,然后进行逐步培养,而有的组织喜欢直接招聘有工作经验的在职人员。有的组织喜欢更多的内部招聘和提拔,有的喜欢外来空降,特别是高层管理人员。有的依靠高薪吸引人才,有的依靠事业吸引人才等。

第二节　员工招聘的程序

为了提高招聘的效率,组织的招聘活动必须按照科学规范的招聘程序进行。一般来说,招聘程序包括以下几个步骤:确定招聘需求、制订招聘计划、选择招聘来源、选择招聘渠道、回收应聘资料、评估招聘效果。不同的组织可以根据不同的特点和需求进行增删。

一、确定招聘需求

招聘活动的开展,一般源于人才的需求,即所谓的招聘需求。招聘需求一般来源于两种情况:第一,人力资源规划中已经确认的需求;第二,突发的岗位空缺。招聘需求一般由用人单位负责人向人力资源部门提出,人力资源部门接到需求申请后,对组织人力资源现状进行综合分析,然后予以确认。

招聘需求一般包括人员需求的数量、类型、素质要求、岗位工作职责、需要时间、待遇水平等内容。有的组织还会对其他特殊要求进行确认,比如是否需要安置家属等。这些内容的确认,以人力资源规划和工作分析为基础。

 特别提示

需要特别注意的是,虽然这个步骤被称为"确定招聘需求",但并不意味着一旦产生岗位空缺,就一定采用招聘的形式来进行人员补充。事实上,很多组织在接到人员短缺报告后,往往会对现有人力资源的状况进行综合分析,尝试采取工作扩大化、岗位轮换、工作丰富化、岗位职责调整等方式来解决人员短缺问题。

二、制订招聘计划

在确定招聘需求之后,接下来的工作就是制订招聘计划。招聘计划一般是指外部招聘,因为内部招聘往往比较简单,很多工作可以省略。招聘计划主要包括招聘的规模、范围、时间、预算等内容。当然,组织可以根据不同的情况,对招聘计划的内容进行适当的调整。

1. 招聘规模

招聘规模是指组织期望通过招聘活动所吸引的求职者的数量。招聘规模并不是越多越好,当然也不能太少,要控制在一个合适的规模中。而规模大小又取决于以下因素。

1) 岗位性质

普通岗位规模可以小点,因为应聘者符合要求的比例会比较多,小规模也能满足招聘的需求。关键岗位规模可以适当大点,因为求职者符合岗位要求的比例会比较少,或者每一个环节淘汰的比例比较大。

2) 筛选流程

如果筛选流程环节多,则规模应该适当大一点;反之则可以小一点。

3) 各个环节的淘汰率

组织可以参考以往的数据和同类组织的经验来确定。淘汰率越高,规模应该越大。

 知识链接

招聘录用的金字塔模型

在确定招聘规模时,招聘录用金字塔模型是一个常用的工具。在使用招聘录用金字塔模型时,根据组织希望录用的人数、组织常用的筛选流程以及组织确定的筛选比例,自上而下来确定每一个阶段需要参加筛选的人数,直至最终确定需要参加第一轮筛选的人数,如图4.1所示。

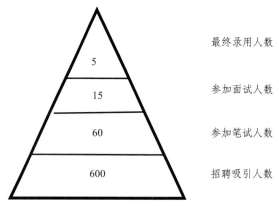

图 4.1 招聘录用金字塔模型

例如:某组织某岗位空缺为五个,面试与录用的比例为 3:1(通过率为 1/3),那么就需要 15 个人参加面试;笔试与面试的比例为 4:1,因此就需要有 60 人参加笔试;投递简历参加笔试的比例为 10:1,则需要吸引 600 个求职者投递简历,招聘规模就应该是 600 人。

(资料来源:文档网, http://www.wendangwang.com/doc/09b85f574387c8701961ce25)

2. 招聘范围

招聘范围是指组织要在多大的地域范围来进行招聘活动。一般来说，招聘范围要适度，不能太大也不能太小。范围太大可选择的人才太多，招聘成本会增加；相反范围太小成本虽然很低，但可选择的人才就少。所以组织需要在获得足够的可选人才和成本控制之间进行权衡。

组织在确定招聘范围的时候通常需要考虑以下两个方面的因素。

1) 岗位的特点

一般来说，层次较高、性质特殊的岗位，需要在更大的范围内进行招聘；而层次较低、普通的岗位，在较小的范围内进行招聘就可以满足组织需求。

2) 当地劳动力市场状况

如果当地劳动力市场供不应求，招聘的范围就应该适当扩大；反之，如果当地劳动力市场供应充足，在较小的范围进行招聘就可以满足组织的需求。

3. 招聘时间

招聘的目的之一就是确保职位不能有空缺，因为一旦职位有空缺就会影响组织正常运转。而招聘的每一个环节都需要耗费时间，所以招聘活动必须要有一定的提前量。在确定招聘时间时，通常需要考虑两个因素：招聘的所有环节和每一个环节所耗费的时间。

在实际操作中，组织一般用到岗时间倒推法来确定招聘开始时间。比如某组织招聘有如下几个环节：需求预测(6 天)、制订招聘计划(4 天)、制作招聘广告(3 天)、广告投放(4 天)、简历筛选(2 天)、笔试(1 天)、面试(2 天)、背景调查(6 天)、体检(3 天)、办理入职手续(3 天)，那么招聘工作提前时间就是 34 天。

4. 招聘预算

在招聘计划中，需要对招聘的费用作出预算，招聘费用一般包括以下几项。

1) 人工费用

人工费用包括参与招聘人员在招聘期间的工资、福利、津贴、补助、加班费等。

2) 业务费用

业务费用通常要考虑招聘期间所发生的通信费、咨询费、广告费、资料费、办公用品费等。

3) 一般管理费用

除了人工费用和业务费用外，还有临时租用的设备费、场地费等一般管理费用。

三、选择招聘来源

一般来说，组织的招聘来源有两个：组织内部招聘来源和组织外部招聘来源。

1. 组织内部招聘来源

从理论上讲，组织内部招聘来源于三个方面。

1) 下级职位人员

下级职位人员主要通过职位晋升来填补职位空缺。采取职位晋升来填补职位空缺有利于调动员工的工作积极性，但容易造成"近亲繁殖"。

2) 同级职位人员

组织也可以结合员工职业生涯发展，根据员工的素质、工作特长、工作兴趣来调整工作岗位，比如让辅导员来弥补教师岗位的空缺。也有的组织通过制度化的工作调换和工作轮换来弥补职位空缺。工作调换是临时的、偶发的职位调整，工作轮换是有计划、制度性的职位调整。这种方式有利于帮助员工开发职业锚，确定职业定位，有利于员工的职业生涯发展。但是操作不当会导致流于形式而不利于员工专业化发展。

3) 上级职位人员

有的组织文化强调人员能上能下，所以可以用降职人员来弥补下级职位空缺。这一做法与员工的职业价值观有关，有的员工适合做具体工作而不喜欢和不适合管理岗位，由于各种原因错误地被提拔以后，会造成少了一个优秀的操作者而多了一个焦头烂额平庸的管理者，此时，将平庸的管理者调整到具体的操作岗位，也许是最佳选择。

2. 组织外部招聘来源

组织外部招聘来源比较广泛，主要有以下几个来源：学校、竞争对手、失业人群、老年群体、复转军人、自由职业者等。

组织究竟选择内部招聘来源还是外部招聘来源，要综合考虑两种来源的利弊以及组织自身的特点，两种来源各有利弊，具体的内容将在第三节详细介绍。

四、选择招聘渠道

确定好招聘来源后需要选择具体的招聘渠道。随着社会的发展、媒体资源的发展，组织可选择的招聘渠道越来越丰富。常见的招聘渠道有传统媒体、专业中介机构、招聘会、网络招聘、校园招聘、猎头公司等。不同的招聘渠道各有优劣，组织应该结合自身需求合理选择合适的招聘渠道，通常多种渠道配合使用效果更佳。具体的渠道将在第三节详细介绍。

五、回收应聘资料

组织在合适的渠道发布招聘信息后，就坐等回收求职者投递的应聘资料。回收应聘资料的过程中要剔除明显有问题、不符合组织要求的求职资料，从而减少选拔的工作量。对有问题的简历可销毁，而对虽然不符合组织要求但是很优秀的求职者简历可归档保存，以便满足后续招聘的需要。

 特别提示

需要特别注意的是，招聘专员在剔除不符合组织要求的求职资料时用的是"减法"，即只挑毛病。要把明显有问题的简历剔除掉，比如弄虚作假、逻辑混乱、态度不端正、缺乏基本信息、缺乏联系方式、没有求职意向等。同时要把不符合组织要求的简历剔除掉，比如求职者虽然很优秀，但并不是组织所期望的人才，比如专业不对口、期望薪金太高、有特殊要求组织无法满足等。

六、评估招聘效果

招聘过程的最后一个环节是招聘效果评估。招聘效果评估的目的是发现招聘过程中存在的问题，以便改善后续招聘效果。具体内容将在第七节详细介绍。

 **管理案例**

宝洁公司的校园招聘程序

1. 前期的广告宣传
2. 邀请大学生参加其校园招聘介绍会
3. 网上申请

从 2002 年开始，宝洁公司将原来的填写邮寄申请表改为网上申请。毕业生通过访问宝洁中国的网站，点击"网上申请"来填写自传式申请表及回答相关问题。这实际上是宝洁的一次筛选考试。

4. 笔试

笔试主要包括三部分：解难能力测试、英文测试、专业技能测试。

（1）解难能力测试。这是宝洁对人才素质考察最基本的一关。在中国，使用的是宝洁全球通用试题的中文版本。试题分为 5 个部分，共 50 小题，限时 65 分钟，全为选择题，每题 5 个选项。

第一部分：读图题(约 12 题)。

第二和第五部分：阅读理解(约 15 题)。

第三部分：计算题 (约 12 题)。

第四部分：读表题(约 12 题)。

整套题主要考核申请者的以下素质：自信心(对每个做过的题目有绝对的信心，几乎没有时间检查改正)；效率(题多时间少)；思维灵活(题目种类繁多，需立即转换思维)；承压能力(解题强度较大，65 分钟内不可有丝毫松懈)；迅速进入状态 (考前无读题时间)；成功率(凡事可能只有一次机会)。考试结果采用电脑计分，如果没通过就被淘汰了。

(2) 英文测试。这个测试主要用于考核母语不是英语的人的英文能力。考试时间为2个小时。45分钟的100道听力题，75分钟的阅读题，以及用1个小时回答3道题，都是要用英文描述以往某个经历或者个人思想的变化。

(3) 专业技能测试。专业技能测试并不是申请任何部门的申请者都需经过该项测试，它主要是考核申请公司一些有专业限制的部门的同学。这些部门如研究开发部、信息技术部和财务部等。宝洁公司的研发部门招聘的程序之一是要求应聘者就某些专题进行学术报告，并请公司资深科研人员加以评审，用以考察其专业功底。对于申请公司其他部门的同学，则无须进行该项测试，如市场部、人力资源部等。

5. 面试

宝洁的面试分两轮。第一轮为初试，一位面试经理对一个求职者面试，一般都用中文进行。面试人通常是有一定经验并受过专门面试技能培训的公司部门高级经理。一般这个经理是被面试者所报部门的经理，面试时间为30~45分钟。

通过第一轮面试的学生，宝洁公司将出资请应聘学生来广州宝洁中国公司总部参加第二轮面试，也是最后一轮面试。为了表示宝洁对应聘学生的诚意，除免费的往返机票外，面试全过程在广州最好的酒店或宝洁中国总部进行。第二轮面试大约需要60分钟，面试官至少是3人，为确保招聘到的人才真正是用人单位(部门)所需要和经过亲自审核的，复试都是由各部门高层经理亲自来面试。如果面试官是外方经理，宝洁还会提供翻译。

(1) 宝洁的面试过程主要可以分为以下4大部分。

第一，相互介绍并创造轻松的交流气氛，为面试的实质阶段进行铺垫。

第二，交流信息。这是面试中的核心部分。一般面试人会按照既定的8个问题提问，要求每一位应试者能够对他们所提出的问题作出一个实例的分析，而实例必须是在过去亲自经历过的。这8个问题由宝洁公司的高级人力资源专家设计，无论您如实或编造回答，都能反映您某一方面的能力。宝洁希望得到每个问题回答的细节，高度的细节要求让个别应聘者感到不能适应，没有丰富实践经验的应聘者很难很好地回答这些问题。

第三，讨论的问题逐步减少或合适的时间一到，面试就引向结尾。这时面试官会给应聘者一定时间，由应聘者向主考人员提几个自己关心的问题。

第四，面试评价。面试结束后，面试人立即整理记录，根据求职者回答问题的情况及总体印象作评定。

(2) 宝洁的面试评价体系。

宝洁公司在中国高校招聘采用的面试评价测试方法主要是经历背景面谈法，即根据一些既定考察方面和问题来收集应聘者所提供的事例，从而来考核该应聘者的综合素质和能力。

6. 公司发出录用通知书给本人及学校

通常，宝洁公司在校园的招聘时间持续两周左右，而从应聘者参加校园招聘会到最后被通知录用大约需要1个月的时间。

(资料来源：爱问共享资料，http://ishare.iask.sina.com.cn/f/22703715.html)

第三节 员工招聘的来源

招聘的来源一般有两种，组织的内部招聘和外部招聘。

一、内部招聘

内部招聘是指在单位出现职务空缺后，从单位内部选择合适的人选来填补该位置。

1. 内部招聘的方法

1) 提拔晋升

选择可以胜任这项空缺工作的优秀人员。这种做法可以为员工提供升职的机会，会使员工感到有希望、有发展的机会，对于激励员工非常有利。从另一方面来讲，内部提拔的人员对本单位的业务工作比较熟悉，能够较快地适应新的工作。然而内部提拔也有一定的不利之处，如内部提拔的不一定是最优秀的；还有可能使少部分员工心理上产生"他还不如我"的思想。因为任何人都不是十全十美的。一个人在一个单位待的时间越长，别人看他的优点越少，而看他的缺点就越多，尤其是在他被提拔的时候。因此，许多单位在出现职务空缺后，往往同时采用两种方式，即从内部和外部同时寻找合适的人选。

2) 工作调换

工作调换也叫作"平调"，是在内部寻找合适人选的一种基本方法。这样做的目的是要填补空缺，但实际上它还能起到许多其他作用。如可以使内部员工了解单位内其他部门的工作，与本单位更多的人员有较深的接触、了解。这样，一方面有利于员工今后的提拔，另一方面可以使上级对下级的能力有更进一步的了解，也可以为今后的工作安排做好准备。

3) 工作轮换

工作轮换和工作调换有些相似，但又有些不同。如工作调换从时间上来讲往往较长，而工作轮换则通常是短期的、有时间界限的。另外，工作调换往往是单独的、临时的，而工作轮换往往是两个以上的、有计划进行的。工作轮换可以使单位内部的管理人员或普通人员有机会了解单位内部的不同工作，给那些有潜力的人员提供以后可能晋升的条件，同时也可以减少部分人员由于长期从事某项工作而带来的烦躁和厌倦等感觉。

4) 人员重聘

有些单位由于某些原因会有一批不在位的员工，如下岗人员、长期休假人员(如曾因病长期休假，现已康复但由于没位置还在休假)、已在其他地方工作但关系还在本单位的人员(如停薪留职)等。在这些人员中，有的恰好是内部空缺需要的人员。他们中有的人素质较好，对这些人员的重聘会使他们有再为单位尽力的机会。另外，单位使用这些人员可以使他们尽快上岗，同时减少了培训等方面的费用。

内部招聘的做法通常是组织在内部公开空缺职位，吸引员工来应聘。这种方法起到的另一个作用，就是使员工有一种公平合理、公开竞争的平等感觉，它会使员工更加努力奋斗，为自己的发展增加积极的因素。这无疑是人力资源开发与管理的目标之一。

2．内部招聘的优缺点

1) 内部招聘的优点

当一个职位出现空缺时，管理人员首先考虑的应该是从组织内部现有的人员中进行招聘。现有的员工通常是组织最大的招聘来源。资料显示，79%的美国公司采用以内部招聘为主的政策，而且组织中 90%以上的管理职位都是由组织内部提拔起来的人担任的。内部招聘的优点可以归纳如下。

(1) 能够简化招聘程序，减少招聘费用。人力资源部门对组织原有员工都有一定的了解，可通过多种渠道获取该员工是否适合招聘职位要求的相关信息，而且在内部发布招聘信息可以利用各种内部媒体，具有节省人力、物力、财力的优点。

(2) 降低招聘风险。尤其是招聘一些关键的管理人员时，组织可以通过选拔内部成员来降低由于对应聘者缺乏了解而给组织带来的风险。

(3) 减少组织对员工进行岗位培训的费用。由于内部招聘的人才来源于组织内部，他们对组织，特别是组织文化比较熟悉，已经具备了一定的工作能力和经验，对空缺职位的职责、要求等也比较了解，因此在对他们进行上岗前的培训时，可以在很大程度上简化培训程序和减少培训费用。

(4) 能够有效地激励员工。通过内部招聘来选拔人才，会使员工更加意识到工作绩效与提拔、晋升、加薪之间的关系，从而可以起到强有力的"鼓励先进、鞭策后进"的作用，激励员工奋发向上。

(5) 能为员工提供更好的成长、发展机会。内部招聘给员工提供了一个对自己职业发展更负责任的机会，内部招聘的对象是组织内部的员工，他们基于对组织的原有了解，认识到在组织中能够获得广阔的发展前景和更多的发展机会。

(6) 有助于提高组织的生产率。内部招聘的人员对原有职位和现有职位都比较熟悉，尤其是通过多次招聘的人员对组织内部的组织结构、生产过程、人员配置等都有较好的了解，因此能够有效地提高组织整体的劳动生产率，增加对现有员工的投资回报。

(7) 有利于培养员工的奉献精神。由于内部招聘为员工提供了更多提拔、晋升、培训、加薪的机会，因此能够使员工在组织中得到高度的认同感和归属感，同时也使得他们在不断开拓自己职业生涯的过程中获得自我实现的满足，从而让广大员工感到组织是自身发展的良好空间，在该组织里能够让自己的才华得到最大限度的发挥，进而愿意为组织贡献自己的全部才智和能力。

(8) 有效地进行内部沟通。内部招聘还是一个有效的内部沟通手段，它向员工传递了有关组织的发展目标、前景等信息，使员工对组织有更加深入的了解。

(9) 有助于组织文化的形成。一种组织文化的形成依赖于诸多因素，其中人的因素是最为重要的。一个善于从内部发现人才、知人善任的组织必定能够在其员工中形成良好的竞争氛围、学习风气与和谐的人际关系，并且在组织内部形成强大的凝聚力，形成完善、独特的组织文化。

 特别提示

需要特别注意的是，所谓的优点和缺点要辩证地分析，而且要根据不同组织、不同情况区别对待，比如，内部招聘可以有效地激励员工，但仅限于对被提拔人员的激励，而对落选的候选人甚至其他人可能是一种积极性的打击。

2) 内部招聘的缺点

当然，内部招聘也有不可避免的缺点，具体表现为以下几个方面。

(1) 招聘的可选择范围有限，可能造成职位的长期空缺。组织原有的员工毕竟是有限的，如果在短时期内招不到合适的人选，则会造成一定程度上的工作中断，影响整个组织的运行。

(2) 易受主观偏见的影响，不利于应聘者的公平竞争。招聘人员对应聘者先入为主的印象和看法，有可能造成对应聘者有利或不利的影响，从而使内部招聘偏离公平竞争的原则。此外，招聘人员在通过查阅应聘者的个人档案来获取相关信息时，也可能由于档案记录的偏差或失真而对应聘者产生不正确的评价。

(3) 易在组织内形成小团体和裙带关系，给管理带来困难。内部招聘特别是候选人由上级主管推荐时，极其容易产生"举人唯亲""任人唯亲"的情况，上级主管为了提拔自己的"亲信"而忽视推荐真正优秀的候选人，不仅使所选拔的人不能胜任实际工作，还会助长在组织内部拉帮结派、各自为政的不良倾向，这样将会给组织的管理带来很大的困难。

(4) 有可能影响员工的积极性。即使能够保证内部招聘的公平和公正，总会有落选的应聘者，他们通常都认为自己已经具备了担任该职位的能力，一旦落选，难免会产生挫折感和失落感，进而会降低员工的工作积极性，疏远组织。

(5) 内部不良竞争反而降低士气。内部招聘中的不良竞争不仅不能起到激励员工的作用，反而会降低士气，使员工感到工作能力的优劣、工作绩效的好坏、工作效率的高低等与所得到的报酬与评价并无必然的联系，从而不利于激起员工积极进取的工作热情。

(6) 不利于吸引优秀人才。内部招聘的对象仅限于组织原来的员工，阻断了吸收外界广大优秀人才的通道。在激烈的市场竞争中，不注重从外界引进和吸收优秀的人才，就无法保持组织的优势和竞争力。

(7) "近亲繁殖"阻碍新思想的引入，使组织缺少活力。内部招聘使人员流动仅仅发生在组织内部，容易形成组织自我封闭的局面。由于组织长期雇佣同一个员工群体工作，可能形成思维和行为定式，出现员工墨守成规，跳不出以前工作模式的圈子的情况，创新的意见容易被习惯性的做法所压制，使组织缺乏应有的活力。

(8) 不利于扩大组织在公众中的影响、塑造组织在市场中的形象。由于内部招聘的媒体宣传覆盖面仅限于组织内部，内部招聘的全过程是在外界公众毫不知情的情况下悄无声息地进行的，这样就使组织失去了向社会和公众宣传自己的大好机会，不利于在激烈的市场竞争中扩大组织影响、塑造良好的组织形象。

二、外部招聘

外部招聘是指从组织外部吸收申请人的方法。

1. 外部招聘的渠道

外部招聘常用的渠道有以下几种。

1) 校园招聘

校园招聘是组织选择基础人才或进行人才储备的理想场所。组织可以与有关院校挂钩，预定优秀毕业生，或设立奖学金，为自己培养人才。大多数组织每年春秋两季到校园开专场招聘会。应届毕业生的优点在于经历单纯、理论基础好、可塑性强，是组织一种持续的人才来源渠道。不足之处是缺乏实际工作经验，理论和实践存在一定的差距，上岗后需要一定的时间来适应工作环境。组织还可以通过校企联合办学，对学生进行订单培养，培养组织所需要的人才。这种渠道适用于招聘专业职位或专项技术岗位人员，如果组织将重点放在员工知识结构的更新和人力资源的长远开发，则校园招聘应该是理想的选择。

2) 专业机构推荐

社会上有各种各样的人才中介机构，如人事部门开办的各级人才交流中心、劳动部门开办的各级职业介绍机构，还有一些私营的职业介绍机构。这些人才中介机构都是用人单位和求职者之间的桥梁，为用人单位推荐人才，为求职者推荐工作岗位，同时定期不定期地举办各种形式的人才交流会、招聘会、洽谈会等。

人才中介机构服务的一般程序如下。

(1) 接待登记。接待有用人需求的用人单位和有就业需求的求职人员，将岗位信息和人才信息登记入库。

(2) 提供信息。根据信息库中人才与岗位的配对比较，如果需求互补，就为用人单位提供人才信息，为求职者提供岗位信息。

(3) 安排面谈。如果双方有意向，人才中介机构就提供机会让双方面谈，从而确定聘用意向，达成聘用合作。

(4) 职业指导。人才中介机构还会对求职者进行求职指导，对用人单位进行用人指导。

但用人单位从中介机构一般获得的都是初级人才，或有特殊技能的人才。由于中介机构有庞大的人才库，如果用人单位用人的时间压力很大，想尽快招到员工，可以选择人才中介机构。

3) 招聘洽谈会

各地每年都会有大量的各种各样的招聘洽谈会：春季大型人才洽谈会、秋季大型人才洽谈会、应届大学生专场招聘会、高级人才洽谈会、下岗职工招聘专场洽谈会、各种各样的专业招聘洽谈会等。人才招聘洽谈会是一种传统的招聘方式。人才招聘洽谈会由于能提供组织和人才直接交流的平台，节省了组织和求职者的时间，还可以为招聘负责人提供不少有价值的信息。随着人才交流市场的日益完善，洽谈会呈现出向专业化方向发展的趋势，比如各种专场招聘会。由于用人单位和求职者都比较集中，增加了双方的选择余地。同时，通过参加招聘洽谈会，组织不仅可以了解当地人力资源素质和走向，还可以了解同行业其他组织的人事政策和人才需求情况。但招聘洽谈会的组织者对应聘人才的人才数量和质量以及用人单位的数量和质量很难保证，因此，对于招聘普通管理、技术类人才，洽谈会是不错的选择，但要获得较高职位的求职者，通过一般的招聘洽谈会是很难实现的。

4) 传统媒体

在传统媒体(如电视、报纸、电台、杂志等)上刊登招聘广告是一种常用的外部招聘渠道。广告刊登后，用人单位可以在指定时间、指定地点接待上门求职者，或接受求职者投递的求职资料，这样便于掌握招聘工作的主动权，合理安排工作。传统媒体也各有利弊。电视形式可以很灵活，可以用多种形式来表达大量生动的组织信息，但费用较高，而且目标受众比较分散，不好控制；报纸广告可以较好地控制目标受众，费用也相对比较适中，而且保存时间比较长，但报纸广告特别是文字广告容易让求职者分散注意力，而且专门的招聘版面容易让组织的招聘信息隐藏在广告的海洋中而被忽视；电台费用很少，但效果相对差一点；杂志上刊登的招聘广告非常具有针对性，但周期太长，对于需要长期招聘的岗位比较合适。总的来说，和其他渠道相比，传统媒体渠道具有信息覆盖面广、受众多等优点，同时还有宣传组织的效果，并可以减少求职者的盲目性；但缺点是对求职者的真实性比较难以辨别，而且费用普遍相对比较高，同时对招聘广告的文案要求很高。

 知识链接

媒体广告的 AIDA 原则

A(attention)，引起人们的注意。

I(interest)，激发人们的兴趣。

D(desire)，唤起人们的愿望。

A(action)，促使人们的行动。

AIDA 模式也称"爱达"公式，是国际推销专家海英兹·姆·戈得曼(Heinz M. Goldman)总结的推销模式，是西方推销学中一个重要的公式，它的具体含义是指一个成功的推销员必须把顾客的注意力吸引或转移到产品上，使顾客对推销人员所推销的产品产生兴趣，这样顾客欲望也就随之产生，而后再促使其采取购买行为，达成交易。

(资料来源：互动百科，http://www.baike.com/wiki/AIDA%E6%A8%A1%E5%BC%8F)

5) 网络招聘

随着网络技术的发展，通过网络招聘员工越来越受到组织的重视。目前网络招聘有两大类。

(1) 由人才交流机构或专门机构代办完成网络招聘。在网上，如求职者对某个职位感兴趣，他将在屏幕上填写个人信息，之后就可以通过网络传递到用人单位指定的系统。或可以通过邮件、即时聊天等工具直接与用人单位交流，加深相互了解。

(2) 用人单位直接上网招聘。一些用人单位专门在自己的主页上开辟招聘栏目，介绍招聘岗位、工作性质、地域位置、招聘条件等图文并茂的信息，求职者可以直接上网联系，发送简历。

网上招募渠道在实际应用中表现出了三大特点：一是成本较低廉，据专业人士介绍，一次招聘会的费用可以做两个月的网上招聘；二是网络本身是一层屏障，通过网络的应聘者一般在计算机使用、网络，甚至英语方面都具备一定的水平；三是网上的招聘广告不受时空限制，受众时效强，招聘信息还可以发布到海外。同时值得一提的是，这种渠道对于招聘IT行业人才有着很好的效果，这也与IT人员经常使用网络的特点密切相关。

6) 猎头公司

猎头公司渠道是职业中介机构中比较特殊的一种，通过这一渠道招聘的多是组织中高层职位承担者。通过猎头公司招募的人员特点是工作经验比较丰富、在管理或专业技能上有着突出之处，在行业中和相应职位上是比较难得的人才。这个渠道在组织招聘中也存在一定的需求，因为组织的中高层岗位一般都有现职人员，在没有物色到更佳的替换对象前，调整决定尚掌握在组织领导层面，不适宜通过媒体大张旗鼓地进行公开招聘，以免影响现职人员的工作积极性；而另一方面能够胜任这些岗位的候选人也多已名花有主，薪水、地位相当有保障，不会轻易"跳槽"，即便有换单位的意向，也较倾向于暗箱操作，不愿在去向未定之前让领导、同事知道，他们投寄应聘材料和参加招聘会的可能性不大，所以猎头公司能在组织和个人需求之间进行较好的平衡。但通过猎头公司招聘员工的成本很高而且周期可能很长。按照惯例，用人单位支付的费用一般是员工年薪的20%～40%。

管理案例

英特尔聘人的独特渠道

我们的招聘渠道很多。其中包括委托专门的猎头公司帮我们物色合适的人选。另外，通过公司的网页，你可以随时浏览有哪些职位空缺，并通过网络直接发送简历。只要我们认为你的简历背景适合，你就有机会接到面试通知。

还有一个特殊的招聘渠道，就是员工推荐。它的好处首先在于，现有的员工对英特尔很熟悉，而对自己的朋友也有一定了解，基于这两方面的了解，他会有一个基本把握，那个人是否适合英特尔，在英特尔会不会成功。这比仅两个小时的面试要有效得多，相互的了解也要深得多。英特尔非常鼓励员工推荐优秀的人才给公司，如果推荐了非常优秀的人，这个员工还会收到公司的奖金。当然，进人的决策者是没有奖金的。如果因为个人情面招了不适合的人，决策者会负一定责任，所以决策者会紧紧把握招聘标准，绝不会出现裙带关系。

(资料来源：西部经理人，http://www.xbjlr.com/content/show_news.php?con_id=5052)

2. 外部招聘的优缺点

外部招聘的优缺点与内部招聘正好相反。

1) 外部招聘的优点

(1) 人员来源于四面八方，选择余地宽松、充分，有利于招聘到一定数量和能力的人才。

(2) 大量人员参与应聘并招聘成功，能给组织带来新思想、新方法，对组织陈旧的思想、方法产生巨大的冲击，能够激活组织不断向上的活力。

(3) 在某种程度上能够平息或缓和内部员工竞争者之间的矛盾。

2) 外部招聘的缺点

(1) 新员工不熟悉组织的情况，进入角色周期长，速度缓慢，影响组织的快速发展。

(2) 对新员工的培训、培养投资大，甚至得不到回报，增大组织的管理费，如新毕业的大学生在苦于择业的情况下，匆匆参与一些组织的招聘，组织一旦把他们培训、培养得羽毛稍微丰满时，他们就"跳槽"，组织成了人才的培训基地，这种情况在施工组织或条件相对差的组织表现得最为突出。

(3) 对应聘者的了解少，过程长，容易作出错误的招聘决策。

(4) 有可能影响内部员工的情绪和积极性，容易形成明显的"两派"，给组织员工队伍的团结和稳定带来阻力等。

第四节 选拔录用

狭义的员工招聘主要是指人才吸引与选拔，它是人才聘用或聘任的前提性工作环节；而广义的员工招聘包括招募、选拔、录用、招聘评估等一系列活动。选拔录用是保证招聘质量和效率至关重要的一个环节。

一、选拔录用的含义

选拔录用也叫人员甄选,是指通过运用一定的技术和方法对已经招募到的求职者进行鉴别和考察,区分他们的人格特点与知识技能水平、预测他们未来的工作绩效,从而最终挑选出组织所需要的、恰当的职位空缺填补者。

为了准确地理解该概念,需要把握以下几点。

(1) 在进行人员甄选时,应考察求职者两个方面的内容:一是能力、知识、个性等;二是预测求职者未来的工作绩效,这一点不仅与能力、知识、个性有关,更与求职者过去的业绩、求职动机有关。在现实中,很多组织往往重点考察第一方面内容而忽视第二方面内容,导致用人失误。

(2) 选拔录用的标准是空缺职位的工作说明书。工作分析是所有后续人力资源管理职能的依据和基础,员工选拔说白了就是用员工的实际情况与某一个标准比较,来判断员工是否符合录用要求。而这个标准就是工作分析的结果——"工作说明书"。同时需要注意,选拔录用应该使用的标准是"满意原则",即被录用者不一定是所有候选人中条件最好的,而应该是最适合岗位要求的。如果求职者的条件远远高于岗位要求,入职后不可能踏踏实实地工作,离职是迟早的事。

(3) 选拔录用是由人力资源部门和用人单位共同完成的,最终录用决策应当由用人单位作出。人力资源管理不是人力资源部一个部门的责任和任务,是需要用人单位高度配合才能完成的。特别是涉及很强的专业领域的环节,用人单位的高度介入更是至关重要的。

 特别提示

选拔录用时应注意的问题

1. 不是选最优秀的,而是选最合适的

选择最优秀的员工是很多组织在人员选拔过程中容易进入的一个误区。因为首先,由于种种原因限制,你不可能选拔到最优秀的员工;其次,员工只要能顺利完成组织的工作任务就可以,所以没必要选择所谓最优秀的员工;再次,越优秀的员工就意味着组织要支付越高的代价,如果组织付出的代价与员工给组织创造的价值不匹配,这种付出就不值得;最后,如果员工过于优秀,工作对他而言就会索然无味,就没有吸引力,总有一天他会离组织而去。

2. 要将候选人与评价标准进行比较,而不是在候选人之间进行比较

人员选拔之前,一定要根据工作说明书等文件以及组织内外要求来制订评价标准,将候选人与该标准进行比较,而不能在候选人之间进行比较,因为如果候选人中最优秀的也不能适合岗位要求,那么候选人之间进行比较可能就是一种误导。当然,如果符合岗位要求的候选人多于本次招聘人员数量,可以在候选人之间进行比较,淘汰相对较弱的候选人。

3. 尽量不要降低标准来录用人员

有些组织在招聘过程中,当发现候选人数量或质量上不能满足招聘计划要求时,往往会降低标准来委曲求全,这其实是非常错误的一种做法。因为降低标准至少会产生两个不良后果:第一,可能对员工不公平;第二,可能导致员工不能胜任岗位要求。

二、选拔录用的意义

1. 降低人员招聘的风险

通过各种人员测评方法对候选人进行选拔评价可以了解一个人的能力、个性特征、工作风格等与工作相关的各方面素质,得出一些诊断性的信息,从而分析该候选人是否能够胜任工作。通过选拔评价,可以让组织找到适合职位要求的人,有效地避免不符合岗位要求的人,也降低了由于雇佣不合格人员而带来的风险。

2. 是提高招聘效益的关键

招聘的效益体现在两个方面:一是招聘本身的效益,二是招聘的后续效益。招聘本身的效益体现为通过招聘活动,及时为空缺岗位找到适合岗位要求的岗位承担者。而招聘的后续效益体现为招聘进来的员工在后续的工作中能为组织创造更大的价值。是否符合岗位的要求、是否能为组织创造价值,通过选拔测试可以在一定程度上预测。

3. 有利于人员的安置和管理

通过人员的选拔评价可以得出一个人在素质的各方面指标上的高低,可以知道一个人在哪些方面比较强,哪些方面比较弱,这样在安置的时候就可以扬长避短。按照每个人的特点,将其安置在适宜的工作岗位上,有助于将个人特点与特定的职业要求结合起来,从而做到人尽其才、人事匹配。另外,主管人员在录用员工之前就了解了员工的特点,有助于在今后的管理过程中针对员工的特点实施管理。

4. 为人员的预测与发展奠定基础

组织招聘一个员工不仅仅要看他目前的特点和职位适应情况,由于人和环境都在不断地发生变化,我们还需要预测一个人未来发展的可能性。人员选拔评价不仅可以使我们了解候选人当前的素质状况,为目前的人事匹配提供信息,而且还可以为组织提供该员工未来发展可能性的相关信息。组织了解一个员工未来发展可能性,一方面可以为其制订职业发展规划,另一方面可以为其提供适当的培训与提高的机会。

5. 甄选是避免或降低劳动纠纷的前提

新的《劳动法》对员工的保护力度越来越大,同时对组织的限制也越来越多,组织必须合法用工,否则很容易被推向被告席。通过选拔录用环节可以让求职者和组织达成心理契约，避免潜在矛盾，减少未来合作中的各种纠纷。

6. 直接决定着组织的经营管理活动的开展

组织的经营管理活动的主体是符合岗位要求的员工，而选拔录用可以为经营管理活动选拔合适的人才，解决"有"和"好"的问题，即有人从事工作，同时能很好地完成工作。

7. 直接影响着人力资源管理的其他职能活动

选拔录用的好坏，直接影响着其他的人力资源管理职能。比如选拔录用可以预判求职者的素质是否符合岗位要求，决定了接下来技能培训的工作量；选拔阶段可以预测员工对薪酬的预期，避免或者减少薪酬纠纷等。

8. 选拔录用的效率和效果直接影响着组织的管理费用

如果选拔录用把关不严，把不符合岗位要求的求职者招聘进来，势必会给组织带来更大的管理费用。这一点至少表现在两个方面：一是对这些人员进行知识和技能培训，这样不仅增加了培训的开支，而且增加了培训开发的工作量；二是辞退这些人员，这样就会给组织造成非常大的人员替换成本，同时增加了辞退解雇的工作量，如果处理不当，甚至会给组织带来劳动纠纷。

三、选拔录用的程序

人员选拔录用一般要综合使用多种方法，如何把多种方法组合成完整的程序，首先要设计好操作的流程，这样可以提高效率；其次要安排好参加选拔评价的人员和时间以避免影响正常的业务运作。组织常用的选拔录用程序如图4.2所示。

1. 招聘申请表筛选

招聘申请表有两种含义，一是"部门招聘申请表"，指的是用人部门(单位)按照人才招聘计划向人力资源部门、上级主管部门、高级行政负责人申请开展员工招聘活动，申请批准的一个文件，其目的是获得批准，从而能够委托人力资源部门为本部门(单位)招聘所需要的人员。另一种是"岗位招聘申请表"(或者叫岗位应聘申请表)，指的是由用人单位设计，包含职位所需的基本信息并用标准化的格式表示出来的一种初级筛选表格，其目的是筛选出那些背景和潜质都与职务规范所需条件相当的候选人，并从合格的应聘人员中选择出参加后续选拔的人员。

"部门招聘申请表"，可以让组织人力资源部获得组织所有部门的员工需求数量和类型，以便于统一组织招聘活动和选择招聘渠道。

"岗位招聘申请表"可以起到以下作用：首先，可以节省时间，经过精心设计、恰当使用的申请表可以使选择过程节省很多时间，加快预选的速度，是几乎所有组织都使用的可以较快、较公正、准确地获得与候选人有关的资料的最好办法。其次，可以准确了解用人单位想获得的信息，因为申请表是由单位决定填写哪些信息，并且所有应聘者都要按照表上规定的项目、在规定的时间提供相应信息，因此信息相对比较准确。最后，可以提供后续选择的参考，岗位招聘申请表有助于在面试前设计具体的或有针对性的问题，有助于在面试过程中做交叉参考，看看有没有矛盾。

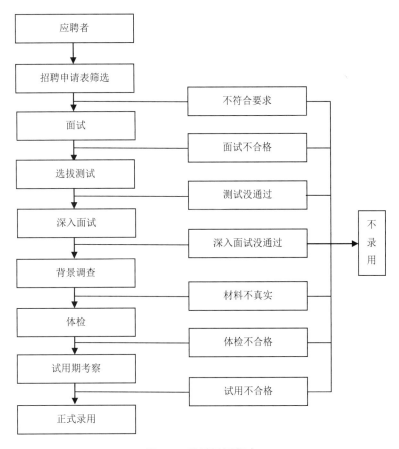

图 4.2　选拔录用程序

1)　部门招聘申请表

"部门招聘申请表"是面对本单位人力资源主管部门和上级主管部门的，是要表明本部门员工需求数量、类型、质量、时间的。所以设计申请表时要注意明确列出本次人才需求的详细信息，以便于人力资源部门和上级主管部门统一权衡、调配、组织实施。一般申请表至少应该包含以下内容：申请部门、申请原因、需求计划、聘用标准、薪酬标准等，而且应该有相关部门负责人的签字盖章。表4.1是某组织的"部门招聘申请表"范例。

表 4.1 部门招聘申请表

申请部门				部门经理(签字)			
申请原因	☐ 员工辞退		☐ 员工离职	☐ 业务增量		☐ 新增业务	☐ 新设部门
	说明：						
需求计划	使用时间			职务名称与人数			上岗时间
	临时使用(小于 30 天)☐			职务	1	人数	
	短期使用(小于 90 天)☐				2		
	长期使用(小于 180 天)☐				3		
聘用标准	利用现有《工作说明书》			☐ 可以利用　☐ 不能利用　☐ 局部更改			
				☐ 尚无《工作说明书》，需编写			
	工作内容	1					
		2					
		3					
	工作经验	1					
		2					
		3					
	专业知识	1					
		2					
		3					
	语言表达			性格要求			
	开拓能力			写作能力			
	电脑操作			外语能力			
其他标准							
薪酬标准	基本工资			其他收入		其他津贴	
中心总监批示				签字：			
				日期：			
行政中心批示				签字：			
				日期：			
总经理批示				签字：			
				日期：			

2) 岗位招聘申请表

"岗位招聘申请表(范例见表 4.2)"所反映的资料对单位的面试评定以及应聘者的能力、资历的判断都有极其重要的作用，所以申请表的设计一定要科学、认真，以便能全面反映所需要的有关信息。一张好的岗位招聘申请表可以帮助组织减少招聘成本，提高招聘效率，尽快招到理想的人选,所以申请表的设计至关重要。

表4.2 岗位招聘申请表

姓　名		性别		照片 (一寸近照)
生源地		民族		
身份证号		身高	cm	
外语语种及证书成绩				
现所在学校及专业				
是否打算考研	□是	□否	□不确定	
入学时间		预计毕业时间		
手机/固定电话		电子邮箱地址		
申请岗位	□销售顾问　　□销售支持　　□客户服务　　□内业工程师 □行政文员　　□财务会计　　□现场财务			
家庭基本情况	姓名　　　　年龄　　　　现工作单位及职务 父亲 母亲			
家庭住址				
请详细描述你的学习成绩,包括:学期或学年、班级或年级排名,主要科目成绩;有无挂科				
请列举一下到现在为止你最感自豪的三件事 (不超过100字)				
主要的非学习的课外活动(不超过150个字,三件事之内)				

续表

对毕业后三年内的职业规划及方向(不超过150个字,包括想进什么样的公司,做什么类型的工作等)	
请总结一下你的优点和缺点(不超过80个字)	

本人保证此申请表中所述之内容真实且完整。任何虚假均可能导致取消录用资格,由此造成一切后果均由本人承担。

岗位招聘申请表作为应聘者所填写的由单位提供的统一表格,其目的是要着眼于对应聘者初步的了解,主要收集关于应聘者背景和现在情况的信息,以评价求职者能否满足最起码的工作要求,通过对岗位招聘申请表的审核剔除一些明显的不合格者。

不同用人单位的岗位招聘申请表中使用的项目是不同的,而且不同职位因为工作说明书的差别,岗位招聘申请表内容的设计也有一定的区别,应根据工作说明书来定,并且每一栏目均有一定的目的。实践中,大多数组织都使用不止一种岗位招聘申请表。

但不管何种形式的申请表,都应该有一些最基本的信息:应聘者个人基本信息、应聘者受教育状况、应聘者过去的工作经验以及业绩、能力特长、职业兴趣等。

设计岗位招聘申请表时需要注意以下问题。

(1) 内容的设计都要根据工作说明书来确定,考虑本组织的招聘目标以及欲招聘的职位,按不同职位要求、不同应聘人员的层次分别进行设计。每一栏都有一定的目的,不要烦琐重复。

(2) 设计时还要注意符合当地有关法律和政策的要求,比如有些国家规定不能出现诸如种族、性别、年龄、肤色、宗教等信息,只能出现与工作有关的情况。

(3) 设计申请表时还要考虑申请表的存储和检索等问题,尤其是在计算机管理系统中。

(4) 审查已有的申请表。看原来的表格是否需要根据此次招聘活动进行修改。

一份完整的岗位招聘申请表至少应该包含以下内容。

(1) 个人基本情况:姓名、年龄、性别、住处、通信地址、电话、婚姻状况、健康状况等。

(2) 求职岗位情况:求职岗位、求职要求(收入待遇、到岗时间、住房等)。

(3) 工作经历和经验:以前的工作单位、职务、时间、工资、离职原因、证明人等。

(4) 教育与培训情况:学历、所获得学位、所接受过的培训等。

(5) 生活和家庭情况：家庭成员姓名、关系、兴趣、个性与态度。

(6) 其他：获奖情况、能力证明、未来的目标等。

上面所列的信息可能因各用人单位的不同而不同，甚至因组织中的工作职位不同而不同。要求应聘者所填写的内容要真实，这一说明要印制在表格上。

2. 选拔测试

对工作申请表筛选后，通过审核的求职者要接受选拔测试。选拔测试是指运用各种科学或经验的方法对求职者进行评价，从而挑选出那些符合岗位要求的人员的过程。具体选拔测试的方法在第六节详细介绍。

3. 面试

面试是现代人力资源管理中一种最常用的选拔测试技术，是发现人才、获取人才最重要的手段之一。面试中，主考官可以通过与求职者面对面沟通，察其言、观其色、听其声，深度了解求职者的素质特征、能力状况、求职动机等基本情况。这种方法与其他方法相比，更直观、灵活、深入，具体面试技术在第五节详细介绍。

4. 背景调查

背景调查是指通过从外部求职者提供的证明人或以前的工作单位处收集资料，核实求职者的个人资料的行为，是一种能直接证明求职者情况的有效方法。特别是对求职者的背景、个人品质、工作能力等能有一个真实的了解。除此之外，通过背景调查还可以了解求职者是否与老东家有未解决事宜，可以避免入职后的劳动纠纷。

5. 体检

通过背景调查，合格的求职者理论上就可以开始试用。但试用前一般组织会给员工提供体检服务。体检有两个目的，一是通过体检来了解求职者的健康状况，比如是否有传染病、是否有危重疾病，因为一些特殊行业比如餐饮、幼儿园等对员工的健康状况有非常高的要求；二是体检也是提供给员工的福利，让员工感觉到组织的关怀。

 特别提示

1. 由于岗前体检目前国家没有统一标准，所以不同的组织体检项目不一样，甚至差别会很大，这主要取决于组织的经济实力和文化理念。

2. 组织一定要慎重对待体检有疾病的求职者，否则会触犯法律。比如对乙肝病毒携带者不予录取其实是违反《劳动法》的。

6. 试用期考察

体检合格后的求职者将启动试用期考察。在试用期，组织和新员工之间已经建立起了劳动关系，但双方拥有以法定的方式和理由解除劳动关系的权力，是一个二次双向选择的过程，只有双方都互相认同的情况下，才会顺利进入正式签约的阶段。

 特别提示

试用期需要注意的问题

1. 试用期要给予员工适当的培训和支持

在新的环境中，即使员工拥有各方面的知识和技能，但对于组织环境、规章制度不熟悉，可能会影响员工的工作绩效，所以要给予适当的培训和支持，培训和支持的重点应该是组织文化、规章制度、必要的岗位技能。

2. 试用期重点考察员工的工作态度

不少组织判断试用期员工是否符合岗位要求的唯一标准是员工的工作业绩，殊不知短短的试用期员工可能没有机会完全展示自己的能力，甚至无法完成一个完整的工作任务，所以势必导致业绩不佳，很难通过业绩来判断员工的真实状况。所以试用期应该重点判断员工的工作态度和工作意愿，只要认可组织的价值观、融入组织文化，就应该具备转正的资格。至于说业务技能，在前面选拔测试环节已经基本了解。

3. 试用期不能随意解除劳动关系

虽然在试用期，《劳动法》依然规定，组织要解除劳动关系，必须要证明员工的确不符合录用条件。为了避免法律风险，组织应该在试用期内给员工分配明确的工作任务，确定明确的工作标准，事先明确告知新员工，并对其工作成果进行及时、客观的记录。

7. 正式录用

人员录用是人员招聘的一个环节，主要涉及选择之后的一系列有关录用的事宜，如决定录用人员、通知录用人员、试用期合同的签订、员工的初始安排、试用、正式录用等内容。

1) 通知录用者

(1) 公布录用名单。

此阶段的任务是按照人员录用的原则，避免主观武断和不正之风的干扰，把选择阶段多种考核和测试结果组合起来，进行综合评价，从中择优确定录用名单。录取名单确定后，张榜公布，公开录用，以提高透明度。这样做的好处是，一方面接受社会监督，切实落实招聘政策，另一方面可防止招聘中的不正之风，也可以纠正招聘过程中的弄虚作假。

(2) 办理录用手续。

单位招聘员工，应向当地劳动人事行政主管部门办理录用手续，证明录用职工具有合法性，受到国家有关部门的承认，并且使招聘工作接受劳动人事部门的业务监督。向劳动行政主管部门报送员工登记表，填写内容包括：职工姓名、年龄、性别、种族、籍贯、文化程度、政治面貌、个人简历、考核的结果、单位同意录用的意见等。报经劳动行政主管部门审查同意，在登记表上加盖同意录用的印章，录用手续即办理完毕。

① 通知应聘者。

通知应聘者是录用工作的一个重要部分。通知无非有两种，一种是录用通知，另一种是辞谢通知。两种通知是完全不一样的。写录用通知书相对更容易，因为无论如何措辞，这封信都是人们乐意读到的。而写辞谢信则相对比较难，因为无论如何措辞，读信人都很难高兴起来。

A. 通知被录用者。

在通知被录用者方面，最重要的原则是及时。由于单位的官僚作风，录用通知哪怕晚发一天，都有可能损失单位重要的人力资源。因此录用决策一旦做出，就应该马上通知被录用者。

在录用通知书中，应该讲清楚时间、地点；附加如何抵达报到地点的详细说明和其他应该说明的信息。当然，还不要忘记欢迎新员工加入单位。在通知中，让被录用人知道他们的到来对于组织提高生产率有很重要的意义。这对于被录用者是一个很好的吸引手段。对于所有被录用者来说，应该用相同的方法通知他们，表明组织管理正规、一视同仁。

B. 回绝应聘者。

在选择过程中的任一阶段，求职者都有可能被拒绝。如果初步面试表明求职者明显不符合要求时，对其伤害可能比较小。对大多数人来说，求职过程是最不愉快的经历之一。大多数组织都认识到了这一点，并努力使应聘者尽可能保持平静。但是，告诉人们他们未被录用仍然是一件很难的事。

一般而言，人们会选择写一封拒绝信的方法通知应聘者。当选择过程允许花在一个人身上的时间比较多时，单位代表可以与求职者坐下来解释为何录用了另一个人。但是，逐渐地由于时间限制，迫使组织采取了写一封拒绝信的做法。这样做的好处是，针对个人的信件通常会减少被拒绝的耻辱感及应聘者对单位产生否定情绪的机会。大多数人在经过一段时间后，都会接受没被录用的事实。

应该采用同样的方式通知所有没有录用的应聘者。比如都用电话通知、都用信件通知等。最好是用信件的方式来通知。一般来说，由用人组织人力资源部经理签名的辞谢信，比单纯加盖一个公章的辞谢信要让人好接受一些。

② 关注拒聘者。

无论组织如何努力吸引人才，都仍然会发生接到录用通知的人不能来单位报到的情况。对于这些单位看重的优秀应聘者，这是单位不期望看到的事情。此时，单位的人力资源部甚至最高主管应该主动打电话询问，并表示积极的争取态度。如果是候选人提出要更多的报酬，则必须与他进一步谈判。因此，打电话之前，对于组织在这方面还能够提供什么妥协，最好有所准备。如果在一次招聘中，组织被许多应聘者拒聘，就应该考虑自己的条件是否太低。了解应聘者为何拒聘，可以获得一些改进工作的有益信息。

2) 签订合同

(1) 员工安排与试用。

员工进入组织后，组织要为其安排合适的职位。一般来说，员工的职位均是按照招聘的要求和应聘者的应聘意愿来安排的。安置工作的原则是用人所长、人适其职，使人与事互相匹配。人员安排就是人员试用的开始。试用是对员工的能力与潜力、个人品质与心理素质的进一步考核。一般试用期为3~6个月。

员工还要与组织签订试用期合同，这对员工与单位双方都是有约束与保障的。试用合同应该包含以下内容：试用的职位、试用的期限、员工在试用期的报酬与福利、员工在试用期应该接受的培训、员工在试用期的工作绩效目标与应承担的义务和责任、员工试用期应该享受的权利、员工转正的条件、试用期组织解聘员工的条件与承担的义务和责任、员工辞职的条件与义务、员工试用期延长的条件等。

(2) 正式录用。

员工的正式录用就是所谓的"转正"，是指试用期满，且试用合格的员工正式成为组织成员的过程。员工能否被正式录用关键在于试用部门对其考核的结果如何。组织对试用员工应该坚持公平、择优的原则进行录用。

正式录用过程中用人部门与人力资源部门应完成以下主要工作：员工试用期的考核鉴定；根据考核情况进行正式录用决策；与员工签订正式的雇佣合同；给员工提供相应的待遇；制订员工发展计划；为员工提供必要的帮助与咨询服务等。

根据《劳动法》《劳动合同法》，与员工签订正式劳务合同，符合国家政策，便于维护用人单位和员工双方的合法权益。合同是组织与员工的契约，也是建立劳动关系的重要依据之一，并成为双方的行为准则。

第五节 面　　试

面试是指在特定的时间、地点所进行的，有着预先精心设计好的明确的目的和程序的谈话，通过面试者与候选人的面对面观察、交谈等双向沟通的方式，了解候选人的个性特征、能力状况以及求职动机等方面的情况的一种人员选拔评价方法。

一、面试的类型

按照不同的标准，可以将面试划分为不同的类型。

1. 按照面试的结构化程度划分

按照面试的结构化程度，可以将面试分为结构化面试、非结构化面试和半结构化面试三种类型。

1) 结构化面试

结构化面试的主要特点是按照同样的顺序对同一职位的候选人提出同样的一系列问题，并按照统一的标准评分。这种面试可以避免遗漏一些重要的问题，同时还可以对不同的求职者进行比较，但是缺乏灵活性，不利于对某一问题进行深入了解。

2) 非结构化面试

非结构化面试是根据实际情况随机进行提问的面试。面试时由主考官根据具体情况随时提问，再根据应聘者对问题的反应，考察他们是否具备某一职务的任职条件。尽管面试内容事前没有确定，但所有的提问必须与招聘和录用有关。对每个应聘者的提问内容可以不同。

3) 半结构化面试

半结构化面试在实际招聘面试中最为常用，也是最典型的一种面试方法。这种面试法将结构化面试和非结构化面试结合运用，即应聘者回答同样的问题，但同时根据他们的回答情况进一步提出问题，以求更加深入、细致地了解应聘者。

2. 按照面试的组织方式划分

按照面试的组织方式，可以将面试分为个人面试和小组面试两种类型。

1) 个人面试

个人面试是一个求职者的面试，根据面试考官的多少，又可以分为一对一面试和主试团面试两种方式。

一对一面试是一个求职者对一个面试考官的面试，多用于较小规模的组织或招聘较低职位员工，有时也可用于人员初选，另外当总经理或者部门经理对人员进行最后录用决策的时候也常采用这种方式。一对一面试能使应聘者的心态较为自然，话题往往能够深入，谈话过程容易控制。但其缺点是受主试官的知识面、个人偏好、个人价值观的影响，考察内容不够全面或者不够客观。

主试团面试是指由多名主试官组成主试团，分别对每位应聘者进行面试。采取这种方式时，主试团成员需要进行角色分配，各自扮演不同的角色并相互配合。一般来讲，主试团成员由人力资源部代表、用人单位代表、外聘人力资源专家组成。三人的分工不同，人力资源部代表侧重于应聘者的求职动机、工资要求、人际关系等方面的考察；用人单位代表侧重于与职位相关的专业知识、专业技能、工作业绩、工作经验等方面的考察；而外聘人力资源专家侧重于责任心、应变能力、领导能力等方面的考察。最后的决策权一般在人力资源部代表和外聘人力资源专家的参考意见之下，由用人单位代表作出。

2) 小组面试

小组面试是多人对多人的面试。当一个职位的应聘者人数较多时，为了节约时间，将多名应聘者组成一组，由数名面试考官轮流提问，着重考察应聘者的个性和协调性，可以提高面试结果的准确性。有时小组面试也可以顺便测试应聘者的个性特点，以判断其适合的岗位。比如总是积极发言并适时提出质疑的求职者可能更适合做市场开发工作；有争议总能出面居中协调的应聘者可能更适合做行政类工作；总是先认真倾听，然后按照提问者的提问来作出尽可能让提问者满意的回答者，可能更适合做售后服务等。

 管理案例

特殊面试

日产公司——请你吃饭

日产公司认为，那些吃饭迅速快捷的人，一方面说明其肠胃功能好，身强力壮，另一方面他们干事往往风风火火，富有魄力，而这正是公司所需要的。因此对每位来应聘的员工，日产公司都要进行一项专门的"用餐速度"考试——招待应聘者一顿难以下咽的饭菜，一般主考官会"好心"叮嘱你慢慢吃，吃好后再到办公室接受面试，那些慢腾腾吃完饭者得到的都是离开通知单。

壳牌石油——开鸡尾酒会

壳牌公司组织应聘者参加一个鸡尾酒会，公司高级员工都来参加，酒会上由这些应聘者与公司员工自由交谈，酒会后，由公司高级员工根据自己的观察和判断，推荐合适的应聘者参加下一轮面试。一般那些现场表现抢眼、气度不凡、有组织能力者会得到下一轮面试机会。

假日酒店——你会打篮球吗

假日酒店认为，那些喜爱打篮球的人，性格外向，身体健康，而且充满活力，富于激情，假日酒店作为以服务至上的公司，员工要有亲和力、饱满的干劲，朝气蓬勃，一个兴趣缺乏、死气沉沉的员工既是对公司的不负责，也是对客人的不尊重。

美电报电话公司——整理文件筐

先给应聘者一个文件筐，要求应聘者将所有杂乱无章的文件存放于文件筐中，规定在10分钟内完成，一般情况下不可能完成，公司只是借此观察员工是否具有应变处理能力，是否分得清轻重缓急，以及在办理具体事务时是否条理分明，那些临危不乱、作风干练者自然能获高分。

统一公司——先去扫厕所

统一公司要求员工有吃苦精神以及脚踏实地的作风，凡来公司应聘者公司会先给你一个拖把叫你去扫厕所，不接受此项工作或只把表面洗干净者均不予录用。他们认为一切利润都是从艰苦劳动中得来的，不敬业就是隐藏在公司内部的"敌人"。

(资料来源：客道巴巴，http://www.doc88.com/p-4127042410345.html)

二、面试的过程

不同组织的面试过程有可能不同，但总体来说，一次有效的面试必须要有下面几个环节：面试准备阶段、面试实施阶段和面试结果处理阶段。

1. 面试准备阶段

1) 选择和培训面试主考官

面试主考官的素质决定着面试的结果和质量。因为面试主考官对求职者的评价高低决定着求职者的录用情况，如果主考官带有偏见或者违反公正原则，组织就不可能从众多求职者中选择出最合适的人员。一般来说，主考官应该具备如下素质。

(1) 良好的个人品格和修养，为人正直、公正。

(2) 具备相关的专业知识。

(3) 了解组织机构、基本情况和空缺岗位情况。

(4) 良好的沟通能力。

(5) 掌握相关的人员测评知识，能对录用与否作出果断决定。

(6) 丰富的工作经验和社会阅历。

(7) 熟练运用各种面试技巧，能够控制全部面试过程。

对于不完全具备上述条件，又必须要作为面试考官的人员，要进行适当的培训。

2) 回顾工作说明书

工作说明书是招聘工作的依据，所以面试之前一定要认真回顾工作说明书。在回顾的时候，要侧重了解的信息是职位的主要职责，对任职者在知识、能力、经验、个性特征、兴趣取向等方面的要求，工作中的汇报关系、环境因素、晋升和发展机会、薪酬福利等。

3) 阅读应聘材料和简历

面试之前，一定要仔细阅读候选人的材料和简历。这样做的原因主要有两点：一是熟悉候选人的背景、经验和资格并将其与职位要求和工作职责相对照，对候选人的胜任程度作出初步的判断；二是发现候选人资料中存在的问题，供面试时核实与讨论。一般应该关注以下问题。

(1) 浏览外观与行文。看看简历是否整洁、是否有错别字、是否有内容组织方面的错误等，是否有逻辑错误，是否有条理等。一般来说，比较专业的简历都是一到两页，过长或过短都应引起注意。

(2) 注意材料中空白的内容或省略的内容。组织一般会给候选人提供现成的表格让其填写，这样所有候选人的简历看上去都会包含同样的内容，很容易发现候选人的简历中有哪些栏目是空白的或者有哪些内容被省略掉了，这些内容将需要在面试中进一步了解。

(3) 特别注意与其所应聘职位或行业相关的工作经历。在面试前就应该全面了解候选人过去曾经在哪些有关组织工作、任什么岗位等。

(4) 思考候选人工作变动的频率和可能的原因。在一个人的简历中最关键的部分可能就是他的工作经历了。要考察其过去工作变换的频率如何，如果过分频繁，可能就应该在面试时提出并讨论。另外，可以考虑每次工作变动的原因是否合乎情理，找出工作变化的动机，在面试中重点提问。

(5) 注意候选人工作经历中时间上的间断或重叠。间断或重叠都要在面试中进行询问或澄清。

　　(6) 审视候选人的教育背景及其与工作经历的相关性。大多数人的学习经历和工作经历是相关的。但也有些人不相关，这就需要在面试中询问其职业生涯发展方向和职业兴趣取向问题。

　　(7) 注意候选人对薪酬的要求。重点考察目前组织给他提供的薪酬是否能满足他的需求。

　　另外，浏览简历时，还应特别关注简历中前后不一致的地方和难以理解的地方，在面试中要重点询问。

　4) 电话筛选应聘者

　　在正式面试之前，最好花一些时间对候选人进行电话访谈。电话访谈主要解决两个问题：一是确认候选人的应聘材料和简历中的信息，初步了解应聘者的职业兴趣是否与应聘岗位相符；二是确定与应聘者正式面试的时间与地点。除了向候选人提问之外，也可以允许候选人提出一些自己关心的问题，以了解他的兴趣和对工作及组织的了解程度。需要注意的是，一定要明确电话访谈的目的不是要选出称职者，而是要去掉明显不称职的候选人。

　5) 准备一些基本的问题

　　针对工作说明书，可以准备一些用来判断候选人是否具备职位所要求的能力的问题。针对简历和应聘资料，可以准备一些有关候选人过去经历的问题。这些问题不宜太多，五六个就好，而且应是开放式问题，目的是能够从候选人的回答中找出更多问题。同时注意倾听候选人的回答，可以找到很多有价值的、值得进一步追问的问题。

　6) 设计面试流程

　　尽管面试的流程基本固定，但对于每个具体组织，事前设计面试流程仍然是必要的。这种流程在有的组织中是以面试提纲的形式体现的，这样更具体，和面试过程中所要提出的问题及其先后顺序也直接联系。结构化面试就是设计面试流程的一种有效方法。在面试流程的设计中，需要对各位面试主考官的分工进行确定，对其提问的基本内容和先后顺序进行安排。

　7) 设计面试评价表

　　为了更有效地对面试过程中所获得的信息进行记录和分析，面试之前必须设计"面试评价表"。面试评价表的主要内容涉及评价要素、评价等级、综合评语以及录用意见等。对每一个评价要素和评价等级最好要做要素解释和等级描述，即所谓的评价标准，以方便面试主考官能客观地对面试者进行评价、打分。表4.3是面试评价表范例。

表 4.3　面试评价表范例

面试人姓名：	申请职位：

人力资源部面试评估

外表：□优　　　□良好　　　□整洁干净　　　□需改进　　　□差
谈吐举止：□机灵、充满信心　□举止文雅大方　　□颇有自信　□不爱说话　　□粗鲁
学历：□拥有优良学历　　　□拥有职位所需学历　　　□缺少所需学历
理解力：□高度理解力　□反应迅速、分析力强　　□理解力一般　　□反应缓慢　　□迟钝
应聘动机：□对本行业有浓厚兴趣　　　□工作的安全感及薪酬　　　□看来没有任何动机
总评分：　　□优　　　□满意　　　□一般　　　□不合格
附加评语：
面试人签名：_____　　　年____月____日

业务部门面试评估

资历经验：□富有工作经验　　　□略有工作经验　　　□没有工作经验
发展潜能：□有领导潜能　　□能应付职员　　□平易近人、能使人信任　　□举止失态、容易使人烦
对应聘职位的认识：□有浓厚兴趣及深入认识　　□甚有认识　　□尚有认识　　□略有认识　　□毫无认识
外语运用技巧：□非常流畅、文法正确　　　□精通　　　□达到职位要求　　　□不能达到职位要求
面试结果：　□录取　　　□建议第二次面试　　　□不录取
面试人签名：_____　　　年____月____日

8) 准备面试的时间和场地

面试时间必须是双方都方便的时间，只有这样才能全身心地投入到面试中来。地点的选择会影响候选人的表现，所以应该选择安静的，没有太多打扰的环境，比如独立的办公室、小型会谈室等。

2. 面试实施阶段

1) 面试题目的类型

(1) 行为性问题。

行为性面试的技术就是在对目标职位进行充分深入分析的基础上，对职位所需要的关键胜任特质进行清晰的界定，然后在候选人过去的经历中探测与这些要求的关键胜任特质有关的行为样本，在胜任特质的层次上对候选人作出评价。

行为面试的几个要点：使用过去的行为预测未来的行为；识别关键性的工作要求；寻找候选人是否具有胜任工作要求的特质(关键胜任能力)。

行为面试法的理论基础很简单，一句话就可以概括：一个人过去的行为可以预测这个人将来的行为。行为面试法的目的也很直接，就是要对应聘者过去的行为进行全方位的了解，从而预测应聘者能否适合新的岗位。

具体操作很简单：一是研究应聘岗位的特点，提出影响候选人是否能胜任岗位的"关

键胜任能力"的行为性问题；二是让候选人讲述一些过去经历过的关键的行为事例；三是这些问题要直接围绕与工作岗位相关的"关键胜任能力"来提问；四是倾听、发现疑问或感兴趣的问题、追问。

(2) 开放性问题。

开放性问题是让候选人在回答中提供较多信息的面试题目，这种面试题目不是让候选人简单回答"是"或者"不是"，而是要求候选人用相对较多的语言来回答。开放性问题的好处是：第一，可以鼓励候选人说话，特别是有助于鼓励那些内向、腼腆的候选人；第二，候选人的回答往往能够让面试考官发现新的问题，从而引起进一步讨论的有关问题；第三，通过开放性问题可以很好地了解候选人的语言表达能力、沟通能力；第四，这类问题一般不会给候选人造成很大的压力。

开放性问题很容易让候选人回答"应该如何做"，而不是面试考官希望知道的"你实际怎么做的"，为了避免这类现象，可以把开放性问题具体化变成行为性问题。比如开放性问题可以问："请问你是如何处理尴尬场合的？"变成行为性问题："请描述你最尴尬的一次经历，你是如何处理的？"

另外，开放性问题内容宽泛，很容易跑题，面试考官应该注意把候选人拉回主题上来。

(3) 假设性问题。

假设性问题就是提供给候选人一个与未来的工作情境相关的假设性情境，让候选人回答如果他们在这种情境中会怎样做。多用"如果…""假如…""假设…"等句型。在候选人回答的过程中，面试考官可以考察其思维推理能力、价值取向、态度、创造性、工作风格等方面的判断。

假设性问题和行为性问题虽然都是考察在一个具体的情境中的表现，但前者使用的是虚构的情境，后者是让候选人描述一个已经发生的真实的情境。之所以要虚构情境，是因为未来应聘岗位中可能有一部分工作是候选人过去没有经历过的，没有办法用行为性问题来具体举例，只能虚构情境。

(4) 探索性问题。

探索性问题通常在候选人希望进一步挖掘某些信息时使用，一般是在其他类型的问题后面继续追问，以获得更多信息，或解释新发现的问题。探索性问题通常围绕"谁""什么""什么时候""怎样""为什么"等展开，从而得到有关这些内容的信息。比如"你为什么与这样的人一起工作感到困难？""那么……之后发生了什么？"等。

(5) 封闭性问题。

封闭性问题是指要求候选人用非常简单的语言，比如"是"或"不是"来回答的问题。封闭性问题的作用是可以使面试考官很好地控制面试场面，可以帮助考官澄清某些问题，可以用最简洁的方式得到最有效的、最肯定的信息，可以成为各种形式的问题之间的过渡。

很多情况下，封闭性问题本身的回答并不重要，重要的是由此引起的探索性问题和行为性问题。比如："你是个胆怯的人么？"无论回答"是"或"否"都可以追问一个探索性问题："何以见得？"或者追问一个行为性问题："举例说说你是(或不是)一个胆怯的人。"还可以追问一个假设性问题："假如让你去……你会胆怯么？"

管理案例

宝洁的面试评价体系

宝洁公司在中国高校招聘采用的面试评价测试方法主要是经历背景面谈法，即根据一些既定考察方面和问题来收集应聘者所提供的事例，从而来考核该应聘者的综合素质和能力。

宝洁的面试由八个核心问题组成。

第一，请你举一个具体的例子，说明你是如何设定一个目标然后达到它的。

第二，请举例说明你在一项团队活动中如何采取主动性，并且起到领导者的作用，最终获得你所希望的结果。

第三，请你描述一种情形，在这种情形中你必须去寻找相关的信息，发现关键的问题并且自己决定依照一些步骤来获得期望的结果。

第四，请你举一个例子说明你是怎样通过事实来履行你对他人的承诺的。

第五，请你举一个例子，说明在完成一项重要任务时，你是怎样和他人进行有效合作的。

第六，请你举一个例子，说明你的一个有创意的建议曾经对一项计划的成功起到了重要的作用。

第七，请你举一个具体的例子，说明你是怎样对你所处的环境进行一个评估，并且能将注意力集中于最重要的事情上以便获得你所期望的结果。

第八，请你举一个具体的例子，说明你是怎样学习一门技术并且怎样将它用于实际工作中的。

根据以上几个问题，面试时每一位面试官当场在各自的"面试评估表"上打分：打分分为三等：1～2(能力不足，不符合职位要求；缺乏技巧，能力及知识；3～5(普通至超乎一般水准；符合职位要求；技巧、能力及知识水平良好)、6～8(杰出应聘者，超乎职位要求；技巧、能力及知识水平出众)。具体项目评分包括说服力/毅力评分、组织/计划能力评分、群体合作能力评分等项目评分。在"面试评估表"的最后一页有一项"是否推荐栏"，有三个结论供面试官选择：拒绝、待选、接纳。在宝洁公司的招聘体制下，聘用一个人，须经所有面试经理一致通过方可。若是几位面试经理一起面试应聘人，在集体讨论之后，最后的评估多采取一票否决制。任何一位面试官选择了"拒绝"，该生都将从面试程序中被淘汰。

(资料来源：豆丁网，http://www.docin.com/p-905776684.html)

2) 面试的过程

大部分面试的过程都包括五个阶段：关系建立阶段、导入阶段、核心阶段、确认阶段和结束阶段。每一个阶段都有各自的不同任务。

(1) 关系建立阶段。这一阶段的主要任务是面试考官为候选人创造一个轻松、友好的氛围，多是讨论一些与工作无关的问题，如天气、交通等。

(2) 导入阶段。面试考官首先要问一些候选人一般都有所准备的比较熟悉的问题，以缓解候选人依然存在的紧张情绪。比如让候选人介绍一下自己的经历、介绍自己过去的工作等。

(3) 核心阶段。这一阶段是整个面试中最重要的阶段。在核心阶段，面试考官着重收集关于候选人核心胜任能力的信息。候选人将被要求讲述一些关于核心胜任力的事例，面试考官将基于这些事实作出基本的判断，对候选人的各项关键胜任能力作出评价，并主要依据这一阶段的信息在面试结束后对候选人作出录用与否的决定。

(4) 确认阶段。这一阶段，面试考官将进一步对核心阶段所获得的对候选人关键胜任能力的判断进行确认。这一阶段最好用开放性的问题。因为如果使用过多的封闭性问题，会对候选人的回答造成导向性，候选人会倾向于回答面试考官希望回答的答案。

(5) 结束阶段。结束阶段是面试考官检查自己是否遗漏了关于那些关键胜任能力的问题并加以追问的最后机会。而且，候选人可以借此机会最后推销自己，表现出组织所要求的关键胜任能力。

3) 面试的技巧

(1) 面试提问时应该避免的问题。

应该避免提出那些直接让候选人描述自己的能力、特点、个性的题目，因为即便问了也未必能得到想要到答案；应该避免问那些多项选择式的问题，这样候选人会猜测面试考官的意图来回答考官想要的答案。

(2) 如何积极有效地倾听。

要注意少说，多听；要善于提取要点；要善于进行阶段性的总结；要排除各种干扰；不要带有个人的偏见；在听的同时注意思考。

(3) 注意肢体语言。

从心理学的角度分析，人的肢体语言总是内在特征的外化，所以应该注意研究肢体语言的信号来获取更多的关于候选人的信息。

知识链接

常见肢体语言所表达的含义

眯着眼——不同意，厌恶，发怒或不欣赏

走动——发脾气或受挫

扭绞双手——紧张，不安或害怕

向前倾——注意或感兴趣

懒散地坐在椅中——无聊或轻松一下

抬头挺胸——自信，果断

坐在椅子边上——不安，厌烦，或提高警觉
坐不安稳——不安，厌烦，紧张或者是提高警觉
正视对方——友善，诚恳，外向，有安全感，自信，笃定等
避免目光接触——冷漠，逃避，不关心，没有安全感，消极，恐惧或紧张等
点头——同意或者表示明白了，听懂了
摇头——不同意，震惊或不相信
晃动拳头——愤怒或富有攻击性
鼓掌——赞成或高兴
打呵欠——厌烦
手指交叉——好运
轻拍肩背——鼓励，恭喜或安慰
搔头——迷惑或不相信
笑——同意或满意
咬嘴唇——紧张，害怕或焦虑
抖脚——紧张
双手放在背后——愤怒，不欣赏，不同意防御或攻击
环抱双臂——愤怒，不欣赏，不同意防御或攻击
眉毛上扬——不相信或惊讶

(资料来源：360百科，https://baike.so.com/doc/1227901-1298788.html)

4) 面试记录和面试评分表

在面试时，面试考官不但要积极地倾听，还要做一些笔记，因为人的记忆力总是有限的，尤其是当一天面试很多候选人的时候。注意记录时只需要记录要点就可以，而且不要让候选人看到。表4.4是一个面试评分表的格式。

表4.4 面试评分表范例

评价项目	评价等级		
	3	2	1
1.求职者的仪表和姿态是否符合本工作的要求？	非常符合	可能符合	不符合
2.求职者的自我表现能力(包括表情、语言、自信)如何？	好	一般	不好
3.求职者的态度及工作抱负与本组织的工作目标是否一致？	一致	一般	不一致
4.求职者的气质、性格类型是否符合本项工作的要求？	符合	一般	不符合
5.求职者的工作意愿能否在本单位得到满足？	可以	一般	不可以
6.求职者的专业特长是否符合所聘职位的工作要求？	符合	一般	不符合
7.求职者的工作经历是否符合所聘职位的要求？	符合	一般	不符合
8.求职者的教育程度是否符合所聘职位的要求？	符合	一般	不符合

续表

评价项目	评价等级		
	3	2	1
9.求职者所要求的待遇及其工作条件是否适合本组织所能提供的条件？	适合	一般	不适合
10.求职者的潜能是否有在本组织继续发展的可能？	有可能	一般	不可能
11.求职者的口头表达能力如何？	较强	一般	较弱
12.求职者的综合分析能力如何？	较高	一般	较低
13.求职者的随机应变能力如何？	较强	一般	较弱
14.求职者的想象力和创新意识如何？	较强	一般	较弱
15.求职者的工作热情和事业心如何？	较强	一般	较弱
16.求职者是否有足够的精力担当此项工作？	足够	一般	不够
17.求职者所表现出来的综合素质是否足以担当所要任命的工作职务？	足够	一般	不够

综合评语及录用建议：

　　主考官签字

主考官注意：请根据报考人的行为表现及回答问题的情况，用打√的方式选择一项评价等级。

3. 面试结果处理阶段

面试结束后，要立即整理面试记录，核对评价资料，汇总分析，得出求职者的最终评价结果。该阶段重点做两件事：面试结果的反馈、办理入职手续。

1) 面试结果的反馈

面试结果的反馈涉及两个方面：一是由人力资源部门将人员录用结果反馈到组织的上级和用人部门；二是将面试结果通知求职者本人，对被录用人员及时发放录用通知书，对没有被录用的求职者发放辞谢书。同时将面试资料归档备案，以备后用。

2) 办理入职手续

办理入职手续有狭义和广义两种理解，狭义就是安排试用，广义除了安排试用外，还包括试用结束后如果符合要求，办理正式入职手续。

管理案例

知名企业招聘后续工作

1. 招聘后期的沟通

宝洁认为他们竞争的人才类型大致上是一样的，在物质待遇大致相当的情况下，"感情投资"便是竞争重点了。一旦成为宝洁决定录用的毕业生，人力资源部会专门派一名人力资源部的员工去跟踪服务，定期与录用人保持沟通和联系，把他当成自己的同事来关怀照顾。

2. 建立人才库

朗讯公司有时会碰到这样一种情况：遇到一些非常优秀的人才，但是暂时还没有适合他们的位置，人力资源部会有一个自己的"红名单"，记录这些暂时没机会进入朗讯的优秀人才，他们会与"红名单"上的人建立联系，这是他们的一种习惯：建立自己的"人才小金库"，往往能在少量人才变动时及时补上。

3. 招聘效果考核

宝洁公司招聘结束后，公司也会对整个招聘过程进行一些可量化的考核和评估，考核的主要指标包括：是否按要求招聘到一定数量的优秀人才；招聘时间是否及时或录用人是否准时上岗；招聘人员素质是否符合标准，即通过所有招聘程序并达到标准；因招聘录用新员工而支付的费用，即每位新员工人均因招聘而引起的费用分摊是否在原计划之内。

(资料来源：客道巴巴，http://www.doc88.com/p-459276821509.html)

三、面试的常见偏差

面试过程中经常会出现一些偏差导致不能对应聘者作出客观公正的评价。面试中常见的偏差有以下几种。

1. 第一印象

第一印象也称首因效应，心理学家通过调查发现，第一印象在人的认知过程中起着非常重要的作用，容易造成先入为主的认知偏差。所以，主考官应该注意，在面试最初的5分钟之内不应该形成明显的倾向性结论，尽量克制自己的感觉，做到分析求职者的同时客观判断自己的感觉。由于很多偏差来源于主考官缺乏经验或技巧，因此对面试考官进行培训就能够有效地避免这些偏差。

2. 晕轮效应

晕轮效应是指事物某一方面的突出特点掩盖了其他方面的全部特点。在面试活动中，晕轮效应的具体表现是，求职者在测试过程中表现出的某一突出特点容易引起主考官的注意，而其他素质的信息则被忽视。例如，求职者面试开始前的一个愉快的微笑或者坚定的握手在主考官的心目中留下"此人不错"的印象，从而忽略了对他弱点的发现和分析；也可能一位奇装异服的求职者一开始就给人留下不好的印象而处处被挑剔。这也可以通过对面试主考官的培训而有效地避免掉。

3. 投射效应

投射效应是指在认知过程中，认知主体用自身的兴趣爱好评价认知客体的心理趋势。在面试实践中，表现为面试者在对求职者进行测评时，不自觉地把自己的个性特征投射于测评活动中。例如，有的主考官个性严谨，在面试测评中就会极为严格地考察求职者的每一个项目，对同样严谨的求职者有格外的好评，而对不太严谨的求职者评价不好，相反个性宽容的主考官则可能标准较松。可以通过科学的评价表，让主考官依据客观标准来评价应聘者，从而避免这一偏差。

4. 对比效应

在面试实践中，求职者的面试排序会影响面试主考官的评价。面试主考官往往以前一个或几个求职者的表现来评估当前正在接受测评的应聘者。例如，刚面试过一位非常优秀的应聘者，接下来的面试者虽然也很优秀，但只要与前面的应聘者对比比较差，很容易得低分；相反刚面试过一位非常差的应聘者，接下来的面试者虽然也很差，但和前面的比起来好很多，就非常容易得高分。同样可以通过客观的评价表来对应聘者进行客观的评价，而避免对比效应导致的误差。

5. 主考官支配与诱导

有时主考官利用面试做过分的宣传、自夸，或者以社会性的交谈代替面试。例如，花费绝大部分时间来告诉求职者有关组织的战略和薪酬福利，利用面试告诉求职者这种职位很重要等。也有些主考官利用诱导性问题向求职者透漏期望的回答，比如，"你能在巨大的压力下开展工作么？"等，这一偏差可以通过对面试主考官的培训而避免掉。

6. 个人好恶及偏见

由于各人的价值观不同，对同一应聘者，不同的主考官可能会给出截然不同的评价。这一偏差可以通过对主考官的培训以及量化的面试评价表来引导主考官对应聘者作客观的评价而避免掉。

第六节　选拔测试方法

常用的选拔测试方法有知识测试、智力测试、能力测试、人格和兴趣测试、评价中心测试等。

一、知识测试

知识测试主要是指通过纸笔测试的形式了解被测试者的知识广度、知识深度和知识结构的一种测试方法。这种测试主要用来衡量求职者是否具备完成岗位职责所要求的知识。不同的职位，知识测试的内容也不一样，一般偏重于专业知识。

 **特别提示**

知识测试的优缺点

知识测试的优点如下。
(1)公平；(2)费用低；(3)实施方便迅速。
知识测试的缺点如下。
(1)试题可能不科学；(2)过分强调记忆力；(3)阅卷不统一。

二、智力测试

智力测试主要测验一个人的思维能力、学习能力和适应环境的能力。智力的高低以智商 IQ 来表示，不同的智力理论或者智力量表用不同的分数来评估智商，比如，在韦氏量表中，正常人的智力是 IQ 在 90～109 之间；110～119 是中上水平；120～139 是优秀水平；140 以上是非常优秀水平；而 80～89 是中下水平；70～79 是临界状态水平；69 以下是智力缺陷。一般来说，智商比较高的人，学习能力比较强，但这两者之间不一定完全正相关。因为智商还包括社会适应能力，有些人学习能力强，但社会适应能力并不强。

组织在招聘时最常用的测验是集体测验。测验内容不多，所花时间少，可以对众多的人进行测验。但是在挑选高级人才时，一般用个人测验。组织在招聘中最常用的智力测验有以下几种。

1. 奥蒂斯独立管理心理测验

这种测验是挑选雇员时最常用的一种测验。测验集体进行，所花时间短，适用于筛选不需要很高智力的、级别较低的岗位的求职者，如职员、流水线操作工、计算机制表操作员、低级工头和监工等。对筛选级别较高的岗位的求职者不太适用。

2. 旺德利克人员测验

这种测验是奥蒂斯测验的减缩形式，在工业企业挑选雇员时使用特别普遍，因为这种测验只需 12 分钟，是一种非常经济的筛选手段。尽管测验很简单，但是该测验对测验求职者能否胜任某些低级工作，特别是文书类工作，还是很有用的。

3. 韦斯曼人员分类测验

这也是一种集体测验，大约 30 分钟做完。测验有语言部分分数、数字部分分数和总分，并且提供推销员、生产监工和培训生的常模。

测验的语言部分是一种类推形式。例如：
_____对夜晚的关系就像光亮对_____的关系一样。

每题中有若干选择答案供被测者选择后填入表格。数字部分由计算项目和理解分析文字项目组成。韦斯曼测验更适用于比上述两种测验较高级的一些人员的挑选。

4. 韦克斯勒成人智力测验(WAIS-IV)

这是一种很长的个别测验,在招聘时主要用于高级人员的挑选工作。主持这种测验,要求被测者训练有素、经验丰富。成人智力量表包括语言量表和操作量表两部分。前者包括常识、理解、算术、类似、记忆广度、词汇解释六个分测验,后者包括符号替代、图形补充、图形设计、连环图系、物形配置五个分测验。

三、能力测验

能力是指一个人顺利完成某种活动所必备的心理特征。能力测验一般包括:一般能力测验、能力倾向测验、特殊能力测验、创造力测验。

1. 一般能力测验

一般能力测验也就是我们通常所说的智力测验。智力测验是最早运用于人员的测评和选拔中的。在智力测验中,表示智力水平的高低采用的是"智商"即IQ这个概念。

2. 能力倾向测验

通常在招聘选拔中使用的能力测验多为能力倾向测验。能力倾向测验强调的是对能力的各个方面的测量,有些能力倾向是各种不同类型的工作都需要的,有些能力倾向只是在一些特定的工作中才需要。各种工作都需要一定的能力组合。能力倾向测验得到的不是一个IQ分数,而是被测者分别在各种不同能力上的得分。因此,通过能力倾向测验可以看出一个人在哪些能力上比较强,在哪些能力上比较弱,可以清楚地了解一个人在职位所需要的关键能力上的水平。

招聘中经常测量的一些能力倾向如下。

(1) 言语理解能力。言语理解能力是指运用语言文字进行表达、交流和思考的能力,包括理解字词、句子、段落的含义,正确运用语法等方面。

(2) 数量关系能力。数量关系能力是指对事物之间的数量关系作出分析、理解和判断的能力。这类题目与数学考试类似。

(3) 逻辑推理能力。逻辑推理能力是根据已有的信息发现和理解事物之间的关系,作出分析和判断的能力。逻辑推理能力是一个人智力的核心部分,它的强弱代表着人对事物的本质和事物之间关系认知能力的高低。

(4) 综合分析能力。综合分析能力主要是指一个人对各种形式的信息进行准确理解和综合分析与加工的能力。

(5) 知觉速度与准确性。知觉速度与准确性也是经常在能力测验中被测量的,它主要是针对各种视觉符号(包括数字、特殊符号、字母、文字等)快速而准确地觉察、比较、转换、加工的能力。该能力反映一个人思维和反映的敏捷程度,一般有以下六种题型:词表对照、字符替换、字符核对、同符查找、数字定位和数字核对。

3. 特殊能力测验

特殊能力测验,实际上也是能力倾向测验,只不过有些能力倾向是在一些特定的职业或职业群中所需要的,比如,空间关系测验、机械理解测验、操作能力测验等。

4. 创造力测验

创造力是一种特殊的能力,是人的一种高级能力,是指产生新的想法、发现和创造新的事物的能力或能力倾向。现在越来越多的工作中强调要有创新能力,因此创造力倾向测验也在人员招聘选拔中得到较多的应用。比如,微软对软件工程师的测验题:请你为比尔·盖茨设计浴室。比如,请你列举"吹风机"的用途,越多越好。

四、人格和兴趣测试

很多人的个性特征与人们在工作中的成功密切相关。所以现代招聘选拔中经常需要测验候选人的个性特征。测量个性的方法很多,最常用的是测试量表法。另外,投射性测验、情境性测验和职业兴趣测验也有一定的应用。

1. 测试量表法

测试量表主要包括以下几种。

一是自陈式量表。自陈式量表是问卷式量表的一种形式。自陈式量表是由被试者自己作答的,是将主观式的自我报告进行客观化和标准化,使其易于评分。自陈式量表的题目一般都是关于人格特征的具体行为和态度的描述。

二是评定量表。评定量表是问卷式量表的另一种形式。评定量表是以观察为基础的,由他人作出评价。一个人的人格特征可以从它所产生的社会效果上去观察,这样,通过他人的评价,也可以转换成对被试者的测试结果。

三是社会测量。社会测量就是通过测量团体中人与人之间的关系,来确定一个人在团体中的地位,评价其人格。

比如卡特尔的人格特征测试(16PF)就是常用的测试工具。

卡特尔及卡特尔 16PF 测试

卡特尔 16PF 测试由美国伊利诺伊州立大学人格及能力研究所雷蒙德·卡特尔教授编制。卡氏采用系统观察法、科学实验法以及因素分析统计法，经过三十年的研究确定了十六种人格特质，并据此编制了测验量表。卡特尔认为"根源特质"是人类潜在、稳定的人格特征，是人格测验应把握的实质。

卡特尔16PF又称卡特尔16PF测验，是世界上最完善的心理测量工具之一。16种个性因素在一个人身上的不同组合，就构成了一个人独特的人格，完整地反映了一个人个性的全貌。它用以测量人们16种基本的性格特质，这16种特质是影响人们学习生活的基本因素。

人格是稳定的、习惯化的思维方式和行为风格，它贯穿于人的整个心理，是人的独特性的整体写照。人格对于管理者来说是很重要的，它渗透到管理者的所有行为活动中，影响管理者的活动方式、风格和绩效。大量研究和实践表明：一些样式的人格类型和管理活动有着特定的关系，它们对团体的贡献不同，所适宜的管理环境也不同。利用成熟的人格测验方法对管理者或应聘人员的人格类型进行诊断，可为人事安置、调整和合理利用人力资源提供建议。这正是16PF测验的目的所在。16PF广泛用于人员的选拔和评定。

(资料来源：智库百科，http://wiki.mbalib.com/wiki/%E5%8D%A1%E7%89%B9%E5%B0%9416PF)

2. 投射测验

投射测验主要用于对人格、动机等内容的测试。投射测试要求被试者对一些模棱两可、模糊不清、结构不明确的刺激作出描述或反应，通过对这些描述或反应的分析来推断被试者的内在心理特点。被试者主要是进行主观评价和自我陈述，其回答并无正误之分。投射测试的逻辑假定是，人们对外在事物的看法实际上反映其内在的真实状态或特征。这种类型的测试通常用于临床鉴别。例如，可以设计一幅没有任何含义、模糊不清的墨迹图，要求被试者看了墨迹图之后再展开联想，并回答主试者提出的问题，据此可以分析被试者的人格特征。

常用的投射测验方法有：①罗夏墨迹测试；②主体理解测试；③成就测试；④诚实性测试等。

3. 情景测验

情景测验是将被测评者置于特定的情景中，由测评者观察其在此情景中的行为反应，从而判断其个性特点。情景测验是评价中心采用的代表性测评方式，后面会具体介绍。

4. 职业兴趣测验

职业兴趣测验是心理测试的一种方法，它可以表明一个人最感兴趣的并最可能从中得到满足的工作是什么，该测试是将个人兴趣与那些在某项工作中较成功的员工的兴趣进行比较。它是用于了解一个人的兴趣方向以及兴趣序列的一项测试。

常用的技术方法有斯特朗职业兴趣量表、库得兴趣记录和霍兰德职业兴趣测试。

名人堂

霍兰德及霍兰德职业兴趣测试

约翰·霍兰德(John Holland)是美国约翰·霍普金斯大学心理学教授，美国著名的职业指导专家。他于1959年提出了具有广泛社会影响的职业兴趣理论，认为人的人格类型、兴趣与职业密切相关，兴趣是人们活动的巨大动力，凡是具有职业兴趣的职业，都可以提高人们的积极性，促使人们积极地、愉快地从事该职业，且职业兴趣与人格之间存在很高的相关性。霍兰德认为人格可分为现实型、研究型、艺术型、社会型、企业型和常规型六种类型。霍兰德的职业兴趣理论，实质在于劳动者与职业的相互适应。霍兰德认为，同一类型的劳动与职业互相结合，便是达到适应状态，结果，劳动者找到适宜的职业岗位，其才能与积极性会得以很好的发挥。

(资料来源：360百科，https://baike.so.com/doc/5615707-5828318.html)

五、评价中心测试

评价中心是一种综合性的人员测评方法，综合使用了各种测评技术，其中也包括前面介绍的个性测验、能力测验等心理测验方法。这种方法通常是将被测评者置于一个模拟的工作情景中，采用多种评价技术，由多个评价者观察和评价被评价者在这种模拟工作情景中的行为表现。所以，该方法也称为情景模拟的方法。

评价中心是用来识别员工或候选人未来潜能的评价过程，采用的方式主要有文件筐测验、无领导小组讨论、角色扮演、根据所给的材料撰写报告、演讲辩论、案例分析、团队游戏等。下面重点介绍"无领导小组讨论"和"文件筐测验"两种。

1. 无领导小组讨论

无领导小组讨论是选拔人才中经常使用的一种方法，它有助于应试者较好地备考，并能提高各方面的能力。

1) 无领导小组讨论的含义

无领导小组讨论是面试中经常使用的一种测评技术，其采用情景模拟的方式对应聘者进行集体面试。它通过给一组应聘者一个与工作相关的问题，让应聘者们进行一定时间(一般是1小时左右)的讨论，来检测应聘者的组织协调能力、口头表达能力、辩论能力、说服能力、情绪稳定性、处理人际关系的技巧、非语言沟通能力(如面部表情、身体姿势、语调、语速和手势等)各个方面的能力和素质是否达到拟任岗位的团体协作的要求，由此来综合评价应聘者之间的优劣。

在无领导小组讨论中，评价者或者不给应聘者指定特别的角色(不定角色的无领导小组讨论),或者只给每个应聘者指定一个彼此平等的角色(定角色的无领导小组讨论),但都不指定谁是领导,也不指定每个应聘者应该坐在哪个位置,而是让所有应聘者自行安排、自行组织,评价者只是通过安排应聘者的活动,观察每个应聘者的表现,来对应聘者进行评价,这也就是无领导小组讨论名称的由来。

无领导小组讨论主要测试求职者的论辩能力。其中既包括对法律、法规、政策的理解和运用能力的测试,也包括对拟讨论问题的理解能力、发言提纲的写作能力、逻辑思维能力、语言说服能力、应变能力、组织协调能力的考评。

2) 无领导小组讨论的优缺点

(1) 优点。

能检测出笔试和单一面试法所不能检测出的能力或者素质。

可以依据应聘者的行为、言论来对应聘者进行更加全面、合理的评价。

能使应聘者在相对无意中显示自己各方面的特点。

使应聘者有平等的发挥机会,从而很快地表现出个体上的差异。

节省时间,并能对竞争同一岗位的应聘者的表现进行同时比较(横向对比),观察到应聘者之间的相互作用。

应用范围广,能应用于非技术领域、技术领域、管理领域等。

(2) 缺点。

编制题目的难度比较大,题目的质量会导致测评的质量受到影响。

对评价者的要求比较高。

被评价者的分组以及不同的测评情景都可能会使评价结果受到影响。

被评价者的行为仍然有伪装的可能性。

3) 无领导小组讨论的适用范围

该方法适合考察的能力和特征主要包括以下几方面。

(1) 被评价者在团队中工作与他人发生关系时所表现出来的能力。

(2) 被评价者在处理一个实际问题时的分析思维能力。

(3) 被评价者的个性特征和行为风格。

4) 无领导小组讨论题目类型

无领导小组讨论的试题从形式上而言,可以分为以下五种。

(1) 开放式问题。

其答案的范围可以很广、很宽,主要考查应聘者思考问题是否全面、是否有针对性,思路是否清晰,是否有新的观点和见解。例如,你认为什么样的领导是好领导?关于此问题,应聘者可以从很多方面,如领导的人格魅力、领导的才能、领导的亲和取向、领导的管理取向等来回答。对考官来讲,这种题容易出,但不容易对应聘者进行评价,因为此类问题不太容易引起应聘者之间的争辩,所测查应聘者的能力范围较为有限。

(2) 两难问题。

两难问题是让应聘者在两种互有利弊的答案中选择其中的一种。主要考查应聘者的分析能力、语言表达能力以及说服力等。例如，你认为以工作为取向的领导是好领导还是以人为取向的领导是好领导？此类问题对应聘者而言，既通俗易懂，又能够引起充分的辩论；对于考官而言，不但在编制题目方面比较方便，而且在评价应聘者方面也比较有效。但是，这种类型的题目需要注意的是，两种备选答案都具有同等程度的利弊，不存在其中一个答案比另一个答案有明显的选择性优势。

(3) 多项选择问题。

多项选择问题是让应聘者在多种备选答案中选择其中有效的几种或对备选答案的重要性进行排序。其主要考查应聘者分析问题、抓住问题本质等各方面的能力。

管理案例

无领导小组讨论之多项选择问题

1994年1月14日，你被调到某旅游饭店当总经理，上任后发现1993年第四季度没有完成上级下达的利润指标，其原因是该饭店存在着许多影响利润指标完成的问题。

1. 食堂伙食差、职工意见大，餐饮部饮食缺乏特色，服务又不好，对外宾缺乏吸引力，造成外宾到其他饭店就餐。

2. 分管组织人事工作的党委副书记调离一月有余，人事安排无专人负责，不能调动职工积极性。

3. 客房、餐厅服务人员不懂外语，接待国外旅游者靠翻译。

4. 服务效率低，客房挂出"尽快打扫"门牌后，仍不能及时把房间整理干净，旅游外宾意见很大，纷纷投宿其他饭店。

5. 商品进货不当，造成有的商品脱销，有的商品积压。

6. 总服务台不能把市场信息、客房销售信息、财务收支信息、客人需求和意见等及时地传给总经理及客房部等有关部门。

7. 旅游旺季不敢超额订房，生怕发生纠纷而影响饭店声誉。

8. 饭店对上级的报告中有弄虚作假、夸大成绩、掩盖缺点的现象，而实际上确定的利润指标根本不符合本饭店实际情况。

9. 仓库管理混乱，吃大锅饭，物资堆放不规则，失窃严重。

10. 任人唯亲，有些局、公司干部的无能子女被安排到重要的工作岗位上。

请问：上述10项因素中，哪三项是造成去年第四季度利润指标不能完成的主要原因(只准列举三项)？请陈述你的理由。

(资料来源：新浪教育，http://edu.sina.com.cn/exam/2006-01-16/163626810.html)

这种类型的题目对于评价者来说，出题难度较大，但有利于揭示应聘者各个方面的能力和人格特点。

(4) 操作性问题。

这是提供材料、工具或道具，让应聘者利用所给的材料制造出一个或一些考官指定的物体。它主要考查应聘者的能动性、合作能力以及在一项实际操作任务中所充当的角色特点。

此类问题，考查应聘者的操作行为比其他类型的问题要多一些，情景模拟的程度要大一些，但考查语言方面的能力则较少，必须充分地准备需要用到的一切材料，对考官和题目的要求都比较高。

(5) 资源争夺问题。

此类问题适用于指定角色的无领导小组讨论，是让处于同等地位的应聘者就有限的资源进行分配，从而考查应聘者的语言表达能力、概括或总结能力、发言的积极性和反应的灵敏性等。如让应聘者担当各个分部门的经理并就一定数量的资金进行分配。因为要想获得更多的资源，自己必须要有理有据，必须能说服他人，所以此类问题能引起应聘者的充分辩论，也有利于考官对应聘者的评价，只是对试题的要求较高。

2. 文件筐测验

1) 文件筐测验的含义

文件筐测验，通常又叫公文处理测验，是评价中心最常用和最核心的技术之一。文件筐测验是情景模拟测试的一项，通常用于管理人员的选拔，考查授权、计划、组织、控制和判断等能力素质的测评方式。一般做法是让应聘者在限定时间(通常为 1～3 小时)内处理事务记录、函电、报告、声明、请示及有关材料等文件，内容涉及人事、资金、财务、工作程序等方面。一般只给日历、背景介绍、测验提示和纸笔，被测者在没有旁人协助的情况下回复函电、拟写指示、作出决定，以及安排会议。评分除了看书面结果外，还要求应聘者对其问题处理方式作出解释，根据其思维过程予以评分。

文件筐测验具有考查内容范围广、效率高的特点，因而非常受欢迎。

2) 文件筐测验的优缺点

(1) 优点。

文件筐测验非常适合对管理人员，尤其是中层管理人员进行评价。

相对于其他测评方法来说，实施操作非常简单便捷，对实施者和场地的要求低。

表面效度高，所采用的形式易为被评价者所理解和接受。

已有研究证实文件筐具有良好的内容效度。

已有的许多研究都表明，文件筐测验中的成绩与实际工作中的表现有很大的相关性，对被评价者的未来工作绩效有很好的预测能力。

(2) 缺点。

编制文件筐的成本很高。

评分比较困难，评价的客观性难以保证。

被评价者在单独作答,很难看到他们与人交往合作的能力。

不同的评价者之间对此也会有不同的认识,尤其是专业人员和实际工作者之间的认识有较大的差异。

鉴于此,公文筐测验结果的评价应有专家指导,否则会由于评价尺度把握不准而无法取得好的效果,而在具体实践中专家并不容易请到,因此这就使得公文筐测验很难大规模推广使用。

3) 文件筐测验的适用范围

由于公文筐测验可以将管理情境中可能遇到的各种典型问题抽取出来,以书面的形式让被试者来处理,所以它可以考察被试者多方面的管理能力,特别是计划能力、分析和判断问题的能力、给下属布置工作并进行指导和监督的能力、决策能力等。归纳起来,主要有以下两类。

(1) 与事有关的能力。

公文筐的各种公文都会涉及组织中的各种事件,被试者搜集和利用信息的(洞察问题)能力首先会体现在其中,另外有的事情是需要被试者作出分析、综合、判断的,有的事情需要作出决策,有的事情需要组织、计划、协调,有的还需要分派任务(授权),而且在纷繁复杂的事情中需要分清轻重缓急,因此这些能力都可以在公文筐测验中得到反映。同时由于与其他测评方法相比,此法提供给被试者的测验材料和作答都是以书面形式来实现的,所以还能有效地测试被试者的文字与写作能力。

(2) 与人有关的能力。

在公文中会提到各种各样的人物以及它们之间的关系,这些文件也是来自不同的人,设计得很好的公文筐测验会把人物的特点勾勒得淋漓尽致。被试者除了善于处理公文中的事情之外,还要对文件有关的人非常敏感,而且很多情况下,事情处理得是否得当就取决于是否能够正确理解人的意图、愿望、性格特点和人物之间的关系。因此,在公文筐测验中也能很好地测量与人打交道的能力,尽管这种能力是通过书面的形式间接表现出来的。

第七节 招聘评估

招聘评估主要指对招聘的结果、招聘的成本和招聘的方法等方面进行评估。一般在一次招聘工作结束之后,要对整个招聘工作做一个总结和评价,目的是进一步提高下次招聘工作的效率。

招聘评估是招聘中最重要的组成部分,是通过对流程的效益和成本进行核算进而了解在招聘过程中相应的费用支出,并且可以有针对性地确定应支出项目和不应支出项目。通过这种方式的审核,可以相应地控制支出的成本。但前提必须是保证质量和效率,之后尽可能减少不必要的开支,并为以后的招聘提供丰富的参考资料以及经验。招聘评估时需要进行录用员工的绩效审核，分析其能力以及工作潜力，并在此基础上分析招聘工作和方法的时效性，进而可以改变招聘的策略和方法，或者对其招聘资源进行优势重组。

一、招聘评估的作用

招聘评估的作用，具体体现在以下几方面。

1. 有利于组织节省开支

招聘评估包括招聘结果的成效评估(具体又包括招聘成本与效益评估、录用员工数量与质量评估)和招聘方法的成效评估(具体又包括招聘的信度与效度评估)，因而通过招聘评估中的成本与效益核算，就能够使招聘人员清楚费用支出情况，对于其中非应支项目，在今后招聘中加以去除，因而有利于节约将来的招聘支出。

2. 检验招聘工作的有效性

通过招聘评估中的录用员工数量评估，可以分析招聘数量是否满足原定的招聘要求，及时总结经验(当能满足时)和找出原因(当不能满足时)，从而有利于改进今后的招聘工作和为人力资源规划修订提供依据。

3. 检验招聘工作成果与方法的有效性程度

通过对录用员工质量评估，可以了解员工的工作绩效、行为、实际能力、工作潜力与招聘岗位要求之符合程度，从而为改进招聘方法、实施员工培训和为绩效评估提供必要的、有用的信息。

4. 有利于提高招聘工作质量

通过招聘评估中招聘信度和效度的评估，可以了解招聘过程中所使用的方法的正确性与有效性，从而不断地积累招聘工作的经验与修正不足，提高招聘工作质量。

二、招聘评估的信度和效度

对于招聘的评估，一般用信度和效度来衡量。

1. 信度

1) 信度的含义

测评工具的可靠性称为测评的信度。信度是指测试方法不受随机误差干扰的程度，简单地说即指测试方法得到的测试结果的稳定性和一致性程度。稳定性和一致性程度越高，说明测试方法的信度越高；否则，就意味着测试方法的信度越低。

2) 信度检测的方法

检测信度的方法一般有以下几种。

(1) 再测信度法。

再测信度法是对某一求职者进行测试后,隔一段时间用这种方法再对他进行测试,两次测试结果的相关程度越高,说明这种测试方法的信度越高。这种检测方法的问题在于:第一,成本比较高,要进行两次测试;第二,求职者可能会记住第一次测试的题目,第二次测试的结果可能会不真实。

(2) 平行检测法。

用两种内容相当的测试方法对同一位求职者进行测试,两种测试结果的相关程度越高,说明测试方法信度越高。这种方法虽然可以避免再测信度法的第二个问题,但是实施的成本依然比较高。

(3) 半分检测法。

半分检测法即把一种测试方法分成两部分进行考察,两部分的结果相关程度越高,说明测试方法的信度越高。

2. 效度

1) 效度的含义

效度是指测量的正确性,即用测试方法测量出的所要测量的内容的程度,或者说在多大程度上能测量出要测量的内容。

效度的主要指标有下面两种。

(1) 效标效度。

效标效度指通过测试分数与工作绩效的相关性来证明测试是否有效。效标效度要证明那些测试中表现好的人,在实际工作中也能表现好。因此,当测试中分数高的人,如果在工作中的绩效水平也高,说明测试是有效的。

(2) 内容效度。

内容效度指测试的内容能否更好地代表实际工作。也就是说,招聘所测试的内容一定要是能代表实际工作绩效的内容。所以招聘专员应该尽可能选取那些对工作绩效密切相关的工作行为作为测试内容,但是测试发生的环境与实际工作环境的差异,会导致内容效度受影响。

2) 效度检测的方法

检测效度的方法一般有三种。

(1) 预测检验法。

将求职者在被雇佣之前的测试分数与被雇佣之后的实际工作绩效进行比较,两者的相关性越高,说明测试方法的效度越高。比如,组织用某一种测试方法对甲和乙进行测试,结果甲得分比乙高,录用后同样的情况下,甲的绩效水平比乙高,则说明这种测试方法是有效的。

(2) 同步检验法。

用某种测试方法对现有员工进行测试，然后将测试结果和这些员工的实际工作绩效进行比较，两者的相关程度越高，说明这种测试方法的效度越高。例如，用某种测试方法测出甲比乙得分高，而实际绩效考核的结果也是甲比乙的绩效水平要高，说明这种测试方法是有效的。

(3) 内容检验法。

将测试内容与实际工作绩效进行比较，两者的相关程度越高，说明这种测试方法的效度越高。例如，用驾驶技术考核来测试驾校教练是有效的，而用绘画技巧来测试驾校教练就是无效的。

 **管理故事**

我的一个老同学开创了一个软件公司，开发了一系列软件，生意越做越大。

他来到我居住的城市后马上打电话给我："是我啊！听出来了吗？是这样的，我到这儿的大学招毕业生，要在这儿待上五天，咱哥们趁这个时间好好聚一聚。我做东！"

既然他要做东，我理所当然顺水推舟。人家是老板，不吃白不吃！

我来到他下榻的宾馆，看见一个大学生模样的人站在他面前接受面试。

"这样吧，"我的老同学说，"我这里有个魔方，你能不能把它弄成六面六种颜色呢？你看清楚，我给你做个示范。"说着，他扳起了魔方。不一会儿，那个魔方就扳好了。

"看到了吗？"他说，"你也来做一遍吧。"

那个大学生拿着魔方，面有难色。

我的老同学看了看我，便对大学生说："如果你没考虑好，可以把魔方拿回去考虑。我直到星期五才走。"

等那个大学生走了后，我问老同学："怎么，这就是你独创的考题？"

"咳！这个人有后台，我不好意思不要他。所以给他出个题考考他，以便到时候给他安排合适的职务。"

"要是我，"我说，"我可没有你那么聪明，我会把魔方拆开，然后一个个安上去。"

"如果他这样做就好了。这就说明他敢作敢为，就可以从事开拓市场方面的工作。"

"那其他的做法呢？"

"现在的孩子都不玩魔方了，所以我不相信他能马上扳好。

如果他拿漆把六面刷出来，就说明他很有创意，可以从事软件开发部的工作。

如果他今天下午就把魔方拿回来，就说明他非常聪明，领悟能力强，做我的助理最合适了。

如果他星期三之前把魔方拿回来，说明他请教了人，也就是说他很有人缘，可以让他去客户服务部工作。

如果他在我走之前拿回来，说明他勤劳肯干，从事低级程序员的工作没问题。

如果他最终拿回来说他还是不会，那说明他人很老实，可以从事保管和财务的工作。

可是如果他不拿回来，那我就爱莫能助了。"

原来如此！

第二天晚上，我的老同学请我吃饭。在饭桌上，我又问起了魔方的事。

这一回，我的老同学有些得意扬扬。"那个大学生我要定了。他今天早上把魔方还给了我。你猜怎么的？他新做了一个魔方给我！他说：'你的魔方我扳来扳去都无法还原。所以我新做了一个，它比你的那个更大、更灵活！'"

"这说明什么？"我问。

我的老同学压低了声音："他绝对是个做软件开发的好材料！"

(资料来源：爱问共享资料，http://ishare.iask.sina.com.cn/f/34777619.html)

三、招聘评估的内容

招聘评估主要集中在以下几个方面：招聘成本效益评估、录用人员评估、招聘工作评估。

1. 招聘成本效益评估

招聘成本效益评估是指对招聘中的费用进行调查、核实，并对照预算进行评价的过程。它是鉴定招聘效率的一个重要指标。

$$招聘单价 = 总经费(元)/录用人数(人)$$

做招聘成本评估之前，应该制订招聘预算。每年的招聘预算应该是全年人力资源开发与管理的总预算的一部分。招聘预算中主要包括：招聘广告预算、招聘测试预算、体格检查预算、其他预算，其中招聘广告预算占据相当大的比例，一般来说按4∶3∶2∶1比例分配预算较为合理。

2. 录用人员评估

录用人员评估是指根据招聘计划对录用人员的质量和数量进行评价的过程。

录用人员的数量可用以下几个数据来表示。

1) 录用比公式

$$录用比 = (录用人数/应聘人数) \times 100\%$$

如果录用比越小，相对来说，录用者的素质越高；反之，则可能录用者的素质较低。

2) 招聘完成比公式

$$招聘完成比 = (录用人数/计划招聘人数) \times 100\%$$

如果招聘完成比等于或大于100%，则说明在数量上全面或超额完成招聘计划。

3) 应聘比公式

$$应聘比 = 应聘人数/计划招聘人数$$

如果应聘比越大，说明发布招聘信息效果越好，同时说明录用人员可能素质较高。

录用人员的质量：除了运用录用比和应聘比这两个数据来反映录用人员的质量外，也可以根据招聘的要求或工作分析中的要求对录用人员进行等级排列来确定其质量。

3. 招聘工作评估

1) 平均职位空缺时间

平均职位空缺时间计算公式为

$$平均职位空缺时间=职位空缺总时间/补充职位数\times100\%$$

该指标反映平均每个职位空缺多长时间能够有新员工补缺到位，能够反映招聘人员的工作效率。该指标越小，说明招聘效率越高。

2) 招聘合格率

该指标反映招聘工作的质量，这里的合格招聘人数是指顺利通过岗位适应性培训、试用期考核最终转正的员工。

3) 新员工对招聘人员工作满意度

新员工对招聘人员的良好建议可提高招聘人员的工作水平。

4) 新员工对组织的满意度

该项评估一定程度上反映了新员工对组织的认可程度。

5) 用人单位对招聘工作的满意度

用人单位对招聘工作的满意度包括：对新录用员工的数量、质量的满意度，对招聘过程的满意度，对所录用人员绩效的满意度等。

6) 招聘渠道的吸引力

评估招聘渠道吸引力的主要指标为所吸引的有效候选人的数量。对网上招聘而言，还可对职位信息的点击数量、提交职位申请的人数进行评估；对于传统纸媒的广告效果则可用收到的电话咨询数量、简历总量以及有效简历的数量等来评估。

阅读材料

丰田的全面招聘体系

丰田公司著名的"看板生产系统"和"全面质量管理体系"名扬天下，但是其行之有效的"全面招聘体系"鲜为人知，正如许多日本公司一样，丰田公司花费大量的人力物力寻求企业需要的人才，用精挑细选来形容一点儿也不过分。

丰田公司全面招聘体系的目的就是招聘最优秀的有责任感的员工，为此公司做出了极大的努力。丰田公司全面招聘体系大体上可以分成六大阶段，前五个阶段招聘要持续5~6天。

第一阶段丰田公司通常会委托专业的职业招聘机构，进行初步的甄选。应聘人员一般会观看丰田公司的工作环境和工作内容的录像资料，同时了解丰田公司的全面招聘体系，随后填写工作申请表。1个小时的录像可以使应聘人员对丰田公司的具体工作情况有个概括了解，初步感受工作岗位的要求，同时也是应聘人员自我评估和选择的过程，许多应聘人员知难而退。专业招聘机构也会根据应聘人员的工作申请表和具体的能力和经验做初步筛选。

第二阶段是评估员工的技术知识和工作潜能。通常会要求员工进行基本能力和职业态度心理测试，评估员工解决问题的能力、学习能力和潜能以及职业兴趣爱好。如果是技术岗位工作的应聘人员，更加需要进行6个小时的现场实际机器和工具操作测试。通过1~2阶段的应聘者的有关资料转入丰田公司。

第三阶段丰田公司接手有关的招聘工作。本阶段主要是评价员工的人际关系能力和决策能力。应聘人员在公司的评估中心参加一个4小时的小组讨论，讨论的过程由丰田公司的招聘专家即时观察评估，比较典型的小组讨论可能是应聘人员组成一个小组，讨论未来几年汽车的主要特征是什么。实际问题的解决可以考察应聘者的洞察力、灵活性和创造力。同样在第三阶段应聘者需要参加5个小时的实际汽车生产线的模拟操作。在模拟过程中，应聘人员需要组成项目小组，负担起计划和管理的职能，比如如何生产一种零配件，人员分工、材料采购、资金运用、计划管理、生产过程等一系列生产考虑因素的有效运用。

第四阶段应聘人员需要参加一个1小时的集体面试，分别向丰田的招聘专家谈论自己取得过的成就，这样可以使丰田的招聘专家更加全面地了解应聘人员的兴趣和爱好，他们以什么为荣，什么样的事业才能使应聘员工兴奋，更好地作出工作岗位安排和职业生涯计划。在此阶段也可以进一步了解员工的小组互动能力。

通过以上四个阶段，员工基本上被丰田公司录用，但是员工需要参加第五阶段一个25小时的全面身体检查。了解员工的身体一般状况和特别的情况，如酗酒、药物滥用的问题。

最后在第六阶段，新员工需要接受6个月的工作表现和发展潜能评估，新员工会接受监控、观察、督导等方面严密的关注和培训。

丰田的全面招聘体系使我们理解了如何把招聘工作与未来员工的工作表现紧密结合起来。从全面招聘体系中我们可以看出，首先，丰田公司招聘的是具有良好人际关系的员工，因为公司非常注重团队精神。其次，丰田公司生产体系的中心点就是品质，因此需要员工对于高品质的工作进行承诺。再次，公司强调工作的持续改善，这也是为什么丰田公司需要招收聪明和有过良好教育的员工，基本能力和职业态度心理测试以及解决问题能力模拟测试都有助于良好的员工队伍形成。正如丰田公司的高层经理所说：受过良好教育的员工，必然在模拟考核中取得优异成绩。

(资料来源：客道巴巴，http://www.doc88.com/p-994345463660.html)

本 章 小 结

员工招聘是指组织为了生存和发展的需要，根据人力资源规划和工作分析的数量与质量要求，从组织内部或外部发现和吸引有条件、有资格和有能力的人员来填补组织的职务空缺的活动过程。招聘过程实质上就是从候选人中选择最适合特定工作岗位要求的人员的过程。

员工招聘应遵循以下原则：公开、相互竞争、平等对待、量才使用、全面考察、择优录取、注重效率、守法运作。

影响招聘活动的因素包括外部因素和内部因素两大类。

招聘程序包括：确定招聘需求、制订招聘计划、选择招聘来源、选择招聘渠道、回收应聘资料、评估招聘效果。

招聘来源一般有内部和外部。内部招聘常用的方法有：提拔晋升、工作调换、工作轮换、人员重聘等。外部招聘的渠道一般有：校园招聘、专业机构推荐、招聘洽谈会、传统媒体、网络招聘、猎头公司等。

选拔录用也叫人员甄选，是指通过运用一定的技术和方法对已经招募到的求职者进行鉴别和考察，区分他们的人格特点与知识技能水平、预测他们未来的工作绩效，从而最终挑选出组织所需要的、恰当的职位空缺填补者。

面试是指在特定的时间、地点所进行的，有着预先精心设计好的明确的目的和程序的谈话，通过面试者与候选人的面对面观察、交谈等双向沟通的方式，了解候选人的个性特征、能力状况以及求职动机等方面的情况的一种人员选拔评价方法。

有效面试的环节有：面试准备阶段、面试实施阶段、面试结果处理阶段。

常用选拔测试的方法有：知识测试、智力测试、能力测试、人格和兴趣测试、评价中心测试。招聘评估主要集中在以下几个方面：招聘成本效益评估、录用人员评估、招聘工作评估。

 名人名言

1. 天下没有免费的午餐。——杜兰
2. 天生我材必有用。——李白
3. 身处逆境的人们总是怨天尤人。——乔治·萧伯纳
4. 换人不含糊，用人不皱眉。——杰克·韦尔奇
5. 剔除没有激情的人。——杰克·韦尔奇

（扫一扫，获取自测题）

（扫一扫，获取扩展阅读资料）

第五章　人力资源培训与开发

【教学要求】

知识要点	能力要求	相关知识
人力资源培训	(1)区分可以通过培训解决的问题和不能通过培训解决的问题，并能分析如何确定培训需求。 (2)能够描述基本的培训流程。 (3)能够描述主要的培训方法。 (4)会设计培训效果评价指标，会实施培训评估	(1)人力资源培训需求分析。 (2)人力资源培训程序。 (3)人力资源培训主要方法。 (4)培训效果评估
人力资源开发	(1)描述管理人员开发的基本过程。 (2)描述在职培训和脱岗开发的内容。 (3)懂得晋升与调动管理的几种决策	(1)人力资源开发内容。 (2)员工职业管理

【关键概念】

人力资源培训　　人力资源开发　　员工职业管理

 导入案例

可口可乐：员工培训是圣经

风行全球 110 多年的可口可乐公司是全世界最大的饮料公司，也是软饮料销售市场的领袖和先锋。产品通过全球最大的分销系统，畅销世界超过 200 个国家及地区，每日饮用量达 10 亿杯，占全世界软饮料市场的 48%。

而重视员工培训，正是这家传统饮料公司之所以能够长盛不衰的一个重要原因。可口可乐人事部 Claudia 说："可口可乐是一家培养人才的公司，生产碳酸饮料不过是我们的副业。"

在可口可乐公司，培训也分为高、中、低三级。高层员工的培训主要是以总部培训发展组提供的培训项目为主，如每年挑选一些高级经理去清华大学接受外国教授一个月的培训。对中层员工的培训则主要侧重于他们掌握新的管理知识、新的技能，优秀者去厦门大学培训一个月。至于一般员工则侧重于本职岗位的专业技能培训，在培训中主要抓住潜力好、能力强的员工进

行重点培训，这些培训主要是多提供给他们一些新领域的知识与技能，以达到升职后工作岗位的需求。而企业中层的重点员工与基层的重点员工，一般来说是企业培训的重点，公司会集中资源对他们进行强化培训。

思考：

培训永远是企业发展的新动力。由于当今时代正处于知识爆炸和科技高速发展阶段，社会环境以及市场不断地发生变化，使每个人的知识和技能都在快速老化，而一个企业要使自己的员工不断地适应新形势的发展要求，提高企业员工素质尤为重要。要不断地提高企业经营管理效益，以及要使自己的企业能在国内外激烈的市场竞争中始终保持人力资源的优势，使自己立于不败之地，就必须十分重视对本企业员工的培训和开发。

(资料来源：客道巴巴，http://www.doc88.com/p-3406764501431.html)

第一节 人力资源培训

一、人力资源培训概述

1. 培训的内涵

培训(training)是给新员工或现有员工传授其完成本职工作所必需的正确思维认知、基本知识和技能的过程。因此，培训可以是给一个机械工演示如何操作他的新机器，也可以是给一个推销员示范怎么样卖出公司的产品，或者是向一个新的主管讲授如何与雇员面谈，或者是为雇员提供完成其目前工作所必需的技能。

培训是当今最大的业务。例如，一项调查推断，在某一年中，订阅《人事杂志》的公司投资53.3亿多美元进行培训与开发，比过去两年增长了38%。此外，今天培训的目的比以往也要广泛得多。在过去，大多数公司习惯于将培训作为一项相当狭小的日常事务，其目的通常是传授从事工作所必需的技术技能，典型的如培训装配工焊接线路；培训销售人员洽谈生意；教师制订一堂课的计划。

2. 培训的内容

在组织中，员工培训的内容是围绕工作需要和提高工作绩效展开的。具体来说可以分为三个方面的内容。

知识培训：培训与工作有关的各方面知识：经济学、企业文化、生产管理等方面知识。
技能培训：培训员工从事本职工作需要掌握的业务、组织沟通等技能。
态度培训：培训员工的工作态度、精神状态、对组织的忠诚度、奉献精神等。

3. 培训的作用

而今，越来越多的企业将培训用于实现两个新的目的：一个是向本企业雇员传授其他更加广泛的技能，包括解决问题的技能、沟通技能以及团队建设技能等；另一个是公司利用培训来强化员工的献身精神。只有不断地提供改进自我的机会，才能使企业雇员建立对企业的献身精神。所以，培训有助于塑造雇员的献身精神。

培训作用的扩展也反映出某些专家所说的"经济竞争游戏有新规则"这一事实。在今天的社会，仅仅能胜任工作是不够的。在当今世界中生存和发展的企业需要速度和灵活性，要能满足顾客在质量、品种、专门定制、方便、省时方面的需求。而要适应这些新的标准，需要有一支不仅仅是接受过技术培训的雇员队伍，而且要求雇员们能够分析和解决与工作有关的问题，卓有成效地在团队中工作，灵活善变，迅速适应工作转换。

遗憾的是，存在着一种"培训差距"，并且这种差距可能还在扩大。虽然某些公司，如IBM公司、施乐公司、德克萨斯设备公司、摩托罗拉公司将其雇员工资总额的5%~10%用于雇员培训活动，但美国企业平均培训投资不足工资总额的2%。专家估算，42%~90%的美国工人需要接受进一步培训才能跟上发展的速度。无论如何，培训正在作为改进雇员工作能力的一种手段走上舞台中心。

知识链接

具体而言，培训的作用表现在以下几个方面。
1. 有助于改善组织的绩效。
2. 有助于增进组织的竞争优势。
3. 有助于提高员工对组织的认同感和归属感。
4. 有助于培育组织文化。

(资料来源：客道巴巴，http://www.doc88.com/p-3867503181883.html)

管理寓言

老鼠与米缸

在一个青黄不接的初夏，一只在农家仓库里觅食的老鼠意外地掉进一个盛得半满的米缸里。这意外使老鼠喜出望外，它先是警惕地环顾了一下四周，确定没有危险之后，接下来便是一通猛吃，吃完倒头便睡。

老鼠就这样在米缸里吃了睡、睡了吃。日子在衣食无忧的休闲中过去了。有时，老鼠也曾为是否要跳出米缸进行过思想斗争与痛苦抉择，但终究未能摆脱白花花大米的诱惑。直到有一天它发现米缸见了底，才觉得以米缸现在的高度，自己就是想跳出去，也无能为力了。

对于老鼠而言，这半缸米就是一块试金石。如果它想全部据为己有，其代价就是自己的生命。因此，管理学家把老鼠能跳出缸外的高度称为"生命的高度"。而这高度就掌握在老鼠自己的手里，它多留恋一天，多贪吃一粒，就离死亡近了一步。

在现实生活中，多数人都能做到在明显有危险的地方止步，但是能够清楚地认识潜在的危机，并及时跨越"生命的高度"，就没有那么容易了。

比如，企业员工的培训在公司管理中的重要性，是任何一个公司都明白的道理，但通过本公司内训或外出学习等手段来提高员工尤其是中坚员工的专业素质，毕竟要付出人力、物力、财力以及时间，并且经常会与公司各项工作有一定的冲突。于是员工培训对于公司来说也就变成了"说起来重要，办起来次要，忙起来不要"的口号，致使许多员工无法系统地接触到新事物、新方法、新观念。其实，公司眼前的利益不就是那半缸米吗？

(资料来源：客道巴巴，http://www.doc88.com/p-5028177283698.html)

二、人力资源培训需求分析

1. 什么是培训需求

社会、企业和个人从不同方面认定的员工的"现实状态"，与社会、企业或个人要求员工达到的"理想状态"之间的差距就是培训需求。

木桶理论

该理论认为在每一个企业机构中，决定该企业整体效益水平的，不是其中最优秀的部门，而是最薄弱的部门。每个企业都存在着相对的短板，只有从改善最薄弱的环节做起，及时修补最短的木板，才会达到短板变长、长板更长的效果。

- 寻找培训需求，通常是从找自身素质差距的"短板"开始。
- 培训管理者应该具备在诸多木板中，精确寻找"短板"的能力，从而及时开展"补短"培训。

案例分析

某公司电焊工小王所处的岗位每班定额为 200 件，因为小王进入公司后没有参加过系统的职业培训，对焊接基础知识了解甚少，导致焊接动作不规范，每班只能完成 190 件。因完不成生产定额，小王屡屡受班长批评，并扣发奖金。小王很委屈，不服气，从此脱岗现象更加频繁。

请用对小王存在的差距进行分析。

知识差距：焊接基础知识了解不多。

技能差距：焊接动作不规范。

态度差距：脱岗现象频繁。

绩效差距：200-190=10。

(资料来源：360 百科，https://baike.so.com/doc/5414364-5652506.html)

2. 培训需求分析

培训需求分析是指在规划与设计培训活动之前收集组织及成员现有绩效的有关信息，确定现有绩效水平与应有绩效水平的差距，从而进一步找出组织和成员在知识、技术和能力等方面的差距，为培训活动提供依据。

培训不是万能的，有些问题可以通过培训解决，有些则不能。下面列举了一些培训无法解决的问题。

- 人员配置的问题。
- 工作步骤或程序问题。
- 运营、机制、机构组织或企业管理模式和风格的问题。
- 资源、设备、人员、器材或时间不足。
- 无法控制的外在因素。

因此培训需求分析第一要素就是明确培训是否是解决问题的手段。

培训需求分析可以分为三个层次来进行：组织分析、任务分析、个人分析。

1) 组织层面培训需求分析

组织层面需求分析包括组织目标分析、组织环境分析以及组织资源分析三个方面。组织分析需要结合组织的目标和环境准确找出组织中存在的问题与问题产生的根源，以确定培训是否是解决这类问题的有效方法，确定在整个组织中哪个部门、哪些业务需要实施培训，哪些人需要加强培训。

组织层面的培训需求分析需要的信息如下。

- 组织目标
- 组织的资源状况
- 人力资源储备
- 技能储备
- 组织氛围
- 管理层的指示
- 工作报告

……

2) 任务层面的培训需求分析

对于较低层次工作而言，组织通常可能雇佣那些没有经验的人员并且对他们进行培训。培训的目标是教给这些员工完成工作所需的技能和知识。通常使用任务分析的方法来决定新员工的培训需求。

任务分析(task analysis)是对工作细节进行研究，以决定该工作需要哪些特定的技能，例如，Java 技术(对于网络开发人员来说)或者面谈技能(对于管理者来说)。工作描述和工作规范在这里很有用处，他们列出了工作的详细职责和技能，从而为培训需求提供了参考。可以通过查看绩效标准、执行工作任务以及访谈现有工作人员和他们的主管等方法来进行培训需求分析。

知识链接

任务分析记录表

  有些雇主还使用任务分析记录表。将有关某项工作的任务及必需的技能集中在一张表上，这特别有助于确定培训需求。任务分析记录表包括六种信息。

  第一栏，列出某项工作的主要任务和子任务。例如，如果某一项主要任务是"操纵切纸机"，其子任务可能为"开机""设定切纸距离""将切纸放到切纸台上""将纸提起推进切纸机""用左手抓住安全释放装置"。

  第二栏，说明执行任务和子任务的频率。例如，只是在刚上班时做一次，还是做多次，或是要每小时做一次。

  第三栏，说明每项任务和子任务的完成标准。说明受培训者要达到的水平，应尽可能具体，应当用可量度的术语来表达，如"+、-公差在0.007以内""每小时12个单位""接受订货两天之内"等。

  第四栏，说明在什么条件下可以完成任务和子任务。如果情境对于这项培训非常关键的话，这一栏就非常重要。例如，空中交通管理员得在混乱而紧张的条件下工作，那么对他们而言，情境培训就非常重要。

  第五栏，这是任务分析记录表的核心，在此列出每项任务和子任务所必需的技能和知识。在这里，你要准确说明必须教受训者什么知识或者技能。例如，针对子任务"设定切纸距离"，就必须教操作员如何阅读标准规格。

  第六栏，说明最好是在岗学习还是脱产学习。你的决定要根据几个重点来考虑，安全就是其中之一。例如，喷气式飞机预备驾驶员在实际操纵控制器之前必须脱产，通过一个模拟装置学习有关飞机的知识。

（资料来源：豆丁网，http://www.docin.com/p-677133465.html）

  3）个人层面培训需求分析

  个人分析是从培训对象的角度来分析培训的需求，将员工目前的实际绩效与组织员工绩效标准要求进行比较，找出员工现状与标准之间的差距，确定"谁应该需要培训"及"需要什么培训"。因此，个人分析又叫工作绩效分析。

  个人分析第一步是要评价雇员的工作绩效。换句话说，就是要改进雇员的工作绩效。你必须先确定你希望这个雇员的工作绩效是什么样的，而目前他的工作绩效又是什么样的。以下是关于工作绩效差距的具体范例。

  我希望每个推销员每周能够签10份新合同，但李琼平均每周才签了6份。

  其他与我们相同规模的工厂平均每月不到两起事故，而我们却平均每月五起。

 **特别提示**

注：培训需求=理想工作绩效－实际工作绩效。

个人分析(工作绩效分析)的核心是要区分不能做和不愿意做的问题。首先，确定是否为不能做。如果是不能做，就要了解具体原因，包括：雇员不知道要做什么或者不知道你的标准是什么；系统中的障碍，如缺乏工具或者原料；需要工作辅助设备，如彩色编码电线，其可使装配工知道哪条线走向哪里；人员选拔失误导致雇用是不具备所需技能的人；或者培训不够。其次，也可能是不愿意做的问题，这是指如果雇员想做的话他们可以把工作做好；如果是不愿意做，可能就得改变奖励制度，也可能要建立一种激励制度。

 案例分析

赵先生是某酒店的行政主管，本来做得不错。但是因为来了一位颇有能力的副手，所以他感到很有压力。他开始考虑充电，参加各种培训学习，以图增强个人竞争优势。他学习各种电脑知识包括编程，还学习法语。结果当他成为初级程序员，法语也有感觉的时候，那位副手却已经取代了他的位置。

请你谈谈你对这个案例的体会。如果你是赵先生，你会怎样做？

 案例启示：

从培训需求分析来看，赵先生最大的失败就在于没有能够对组织、工作和自我进行深刻的调查分析，没有能够正确地选择培训的内容，而导致了他虽付出了努力，但仍被对手击倒的悲惨结局。

从组织层面的需求分析来看，赵先生进行充电没有充分考虑自己所处的组织环境和自我工作的需要，他是在为一个酒店工作，而不是一个关于计算机的企业；酒店需要的是一个优秀的行政主管，而不是一个优秀的计算机程序员。从组织的视角来看，赵先生作为该酒店的行政主管，应该从酒店的需要出发，为酒店解决实际的问题。

从工作层面的需求分析来看，赵先生选择学习更高深的计算机和学习法语并没有考虑自己的工作性质和工作实际的需要，即使自己能够精通这方面的知识，但这些知识在实际工作上也不太用得上。赵先生作为该酒店的行政主管，他应该加强管理知识方面的学习，而不是与自己工作没多大关联性的知识。

从员工个人的需求分析来看，赵先生决定进行自我充电，是从实际出发的，但是他选择的学习内容却与他的工作绩效没有太大的关联性，选择的培训课程不恰当。如果赵先生希望获得职业上的发展和获得竞争优势，他应该选择能够解决工作中实际问题、提高绩效水平的课程。

(资料来源：豆丁网，http://www.docin.com/p-684954093.html)

三、人力资源培训程序

一般来说,一个完整的培训计划都是由四个步骤构成的,如图 5.1 所示。培训需求分析的目的在于确定谁需要培训,什么时间需要培训,需要什么内容的培训等;明确培训需求后,需要制订详细的培训计划,包括培训的目标、培训主体选择、培训方法选择、培训对象确定、培训内容确定、培训时间、培训地点、培训流程等内容;在第三步培训实施中,要选择培训技术,然后实际开展培训;最后,在整个培训计划实施后,需要对培训效果进行评估,这部分涉及到两方面内容:培训对象的培训效果,培训本身的效果。

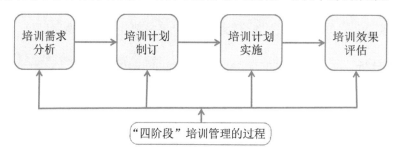

图 5.1 "四阶段"培训管理的过程

因为第一步培训需求分析和最后一步培训效果评估我们前后文都具体讲到,因此我们在这里主要来看一下培训计划的制订与实施。

制订培训计划是对培训目标(根据培训需求得出的目标)的具体化与操作化。根据既定培训目标,制订科学、有效的和可操作的培训实施计划。这一实施计划主要包括:选定合适的培训项目和内容;科学合理地设计培训课程;选择适当的培训场地和设施;制定培训经费的预算,并筹措到资金;制订教学计划,包括课程设置、课程大纲、教材和参考资料、作息时间、辅导方法、参观考察、座谈等;物色恰当的、有水平的任课老师;还必须考虑一些住宿饮食等后勤方面的问题。

培训计划制订后,就要组织计划实施。培训活动的具体组织者与企业的规模和结构关系很大,培训计划的落实与操作可分为以下几个步骤。

1. 选择培训项目的负责人

负责人选择的好坏决定着培训结果的好坏,大型企业往往设有专门的培训中心或者学校乃至员工大学,配有整套专职老师与教学行政负责人。在课程设置上,可包括从个别简单的低层技工培训到高层的学历教育培训。培训部门的负责人及其人员或者专家需要分析调查培训需要、确定目标、编写考核标准以及评估各培训项目。因此,在制订好培训计划之后,要认真地选择,尽量选择有经验有能力的培训负责人包括培训辅导人员,并确定各自的职责。

2. 选择师资

培训师资队伍的水平，直接决定员工培训的效果，并且企业培训是针对工作需要而进行的培训，它要求师资必须具备一定的专业理论知识和实践操作能力。21 世纪的员工培训，教师已不再仅仅是传授知识和技能，更重要的是成为受训者独立探索的帮助者。大企业培训机构，师资一般是专职与兼职结合，他们有来自企业内部的技术人员或者骨干专家，有的来自科研单位、大专院校的讲师教授，也有来自生产一线的优秀技术人员和管理人员。

3. 选择接受培训人员

接受培训的人员必须具备需要性和可能性，要根据培训的要求与内容选择好接受培训的人员。如加强员工基本技能的培训，因为基本技能是员工做好本职工作的基础，是员工在工作上不断取得进步的工具。又如适应性培训，许多企业引进世界先进的技术和设备，在引进的同时，这些企业就需要规划实施适应性培训。

4. 选择培训教材

培训的教材一般由培训教师确定。教材有公开出版的、企业内部的、培训公司的以及教师自编的四种。培训的教材应该是对教学内容的概括与总结，包括教学目标、练习、图表、数据以及参考书等。

5. 确定培训时间

适应员工培训的特点，应确定合适的培训时间，包括何时开始、何时结束、每个培训周期培训的时间等。

也有的学者把培训的程序划分为五个阶段，增加一个培训计划确认阶段，如图 5.2 所示。第一，当然还是培训需求分析，识别特定工作需要的技能，评估将要受训员工的技能，根据他们的不足之处制定具体的、可测量的知识和绩效目标；第二，制度设计，编写和制定培训内容，包括工作手册、练习和活动，这里可以使用本章所讨论的一些技术，如在职培训、电脑辅助培训；第三，确认阶段，通过把培训计划介绍给一小批代表听众，可以发现计划中的一些问题；第四，实施计划，对目标员工群体进行培训；第五，评估阶段，评估计划的成功与失败之处。

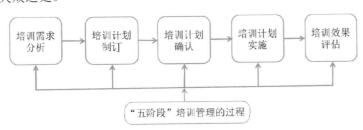

图 5.2 "五阶段"培训管理的过程

四、人力资源培训的主要方法

当决定对员工进行培训并且已经识别出培训需求和目标时,就应当开始设计培训计划。可以自己设计培训的内容和步骤,网站上也有很多内容可供选择。可以从网站上数以万计的供应商那里找到现成的、几乎包含各个主题的、正在被使用的培训方案。

常见的培训方法有在职培训、讲座、工作指导培训、读写能力培训技术、视听化培训、程序化教学、新雇员培训或模拟培训、计算机辅助培训、远程网络培训等。

1. 在职培训

在职培训(on the job training, OJT)是指让一个人通过实际做某项工作来学会做这项工作。事实上,从收发室办事员到公司总裁,从进入公司开始就得到某种在职培训。在许多组织中,OJT 都是雇员们唯一能够得到的培训,通常表现为安排新雇员跟着有经验的雇员或主管人员学做工作,由这些有经验的工人或主管人员来实施培训。

在职培训的方法中,我们最熟悉的一种类型就是指导与学习。一个经验丰富的工人或者受训者的主管对受训者进行培训。在较低层次上,受训者可以通过对上司的观察来获取技能。在高级管理层次上,这种技术也被广泛使用,例如,一个未来的 CEO 可能要给目前的 CEO 做一年的助手。工作轮换是另一种在职培训,在这种培训中,雇员(通常是管理人员受训者)按照计划好的时间从一个工作岗位转换到另一个工作岗位。与此类似,特殊任务指派是让那些较低等级的主管人员在解决实际问题过程中获得直接经验。The Men's Wearhouse 在全美有 455 家店,它充分利用了在职培训。该公司几乎没有全职培训人员,但是却有一套正规的层级式责任培训体系。每个经理都要对他直接下属的发展负责。

OJT 有很多优点:通常能够节省资金。受训者边工作边学习;不需要昂贵的设施,如教室、程序化的学习设备。这种方法很适合学习,受训者在实践中学习,而且他们的表现可以迅速得到反馈,但是在进行在职培训时需要注意几个问题。

最重要的是,不要以为在职培训一定能够成功。培训者自身要经历训练(通常是雇员的上司),并且要提供一些必要的培训材料。培训者应当了解学习的基本原则以及之后的四步骤工作指导技术。培训者如果期望很低的话,受训者的表现也不会太好,因此,培训者应当强调他们对受训者有很高的期望。

以下几个步骤可以帮助在职培训获得成功。

1) 受训者做好准备

(1) 使受训者尽量放松,缓解他们的紧张情绪。

(2) 解释受训者来参加培训的原因。

(3) 启发他们的兴趣,鼓励大家提问,看看受训者对于这项工作或者其他工作已经知道些什么。

(4) 向受训者讲解整个工作，并把该工作与他已经了解的一些工作联系起来。

(5) 尽量使受训者接近日常工作岗位。

(6) 使工人熟悉设备、材料、工具和行业术语。

2) 操作过程演示

(1) 说明数量与质量要求。

(2) 按照正常的速度演示工作。

(3) 用较慢的速度反复演示几次，并且对每个步骤加以说明。在操作过程中，解释工作中的难点或者是那些容易出错的地方。

(4) 再慢速演示几次，并解释要点。

(5) 在你慢速演示的同时，让员工解释每个步骤。

3) 尝试

(1) 让受训者慢速操作几次，并解释每个步骤。纠正他们的错误，必要的话，在前几次演示中示范一下复杂的步骤。

(2) 按照正常的速度进行操作。

(3) 让受训者自己完成工作，逐渐培养他们的技能和速度。

(4) 当受训者显示出做这种工作的能力时，让他们开始工作，但是不要因此就不再管他们了。

4) 检查与强化

(1) 指派受训者可以寻求帮助的对象。

(2) 逐渐减少指导，不时地检查工作的质量和数量。

(3) 指出他们错误的工作方式，不让他们养成坏习惯。告诉他们为什么他们所学习的工作方法更好。

(4) 对好的工作表现进行表扬；不断鼓励工人直到他们能够达到工作质量和数量的标准。

2. 讲座

讲座可以快速简单地向一大群受训者传递知识，如销售人员学习一种新产品的特点，也可以用文字材料来代替讲座，但是可能需要花费更多的制作成本，而且也不像讲座那样，可以鼓励即时提问。

下面是一些关于讲座的有用的指导原则。

(1) 给听众一些信号，以帮助他们跟上你的思路。例如，如果你要讲一系列问题，不妨这样开始："有四个理由可以说明为什么销售报告非常必要……首先……第二……"

(2) 不要一开始就犯错误。比如，不要以一个不相干的笑话或者故事或者"我真的不知道为什么今天我被邀请来到这里讲话"这类话开始你的演讲。

(3) 让你的结论尽可能短一些。要用一两句很简洁的话总结你的主要观点。

(4) 关注听众的表现。注意一些消极的肢体语言，如坐立不安或者交叉手臂。

(5) 与听众保持眼神交流。至少在演讲过程中要看一看每个方位的听众。

(6) 确保房间内的每个人都能听见你的演讲。如果有需要的话，可以使用麦克风。在回答听众问题前先重复一遍你听到的问题。

(7) 控制你的手。养成把手自然放在身体两侧的习惯，不要随便摆动你的手。

(8) 根据提纲来演讲，而不是照着原稿读。在大卡片上或者幻灯片上写出清晰易懂的几点作为一个提纲，而不是背诵你的演讲稿。

(9) 把一个长的演讲分解成若干个五分钟的讲话。通常情况下，演讲者先给出一个简短的介绍，然后用剩下的一个小时一点一点地解释材料里的内容。不幸的是，大多数人很快就失去兴趣了。专家建议把长的演讲分解成一系列五分钟的讲话，每个讲话都有一个单独的介绍，每个介绍要突出你所讨论的问题，为什么它对听众很重要，为什么他们要听你的演讲。

(10) 练习。如果有可能的话，在与你要演讲的地方类似的环境中演练。

有些人认为讲座是一种无聊且没有效率的培训方式，然而研究表明，在实际情况中讲座可能非常有效。

3. 工作指导培训

许多工作都是由一系列有逻辑顺序的步骤组成的，那么最好是一步一步地来教。这种逐步渐进的过程被称作工作指导培训(job instruction training，JIT)。它包括依照适当的逻辑顺序列出某项工作中必需的所有步骤。同时，还要在每个步骤旁列出相应的"要点"(如果有的话)。这些步骤说明要做些什么，而这些要点则说明怎样完成这些步骤以及原因。表 5.1 所示是一份教受训人如何操作一台大型机械化切纸机的工作指导培训范例单。

表 5.1 工作指导培训范例

步　骤	要　点
(1)开机	无
(2)设定切距	仔细阅读尺度，以防弄错切纸尺码
(3)将纸放在切纸台上	确定纸是平的，以防切歪
(4)将纸推进切纸机	确定纸是紧的，以防切歪
(5)用左手抓住安全释放装置	不要松开左手，以免手被机器夹住
(6)用右手抓住切刀释放装置	不要松开右手，以免手被机器夹住
(7)同步拉动切刀和安全释放装置	保持双手都在相应的释放装置上，不要将手放在切纸台上
(8)等候切刀缩进	保持双手都在相应的释放装置上，不要将手放在切纸台上
(9)将纸撤下	确定切刀已经缩进，保证双手离开释放装置
(10)关机	无

4. 读写能力培训技术

功能性读写障碍(缺乏基本的读写和数学技能)是工作中一个很严重的问题。一项调查显示，50%的美国人的阅读能力低于八级水平，大约9000万的成人是功能性文盲。例如，一项对361位雇员的调查指出，约43%的新员工和37%的老员工需要改进基本技能。

雇主的反应主要有两种。第一种，公司对竞聘者进行基本技能测试。在1085家对美国管理协会(AMA)工作测试调查回复的公司中，39%的公司指出它们要进行基本技能测试，85%拒绝雇佣缺乏基本技能的员工，大约3%的公司会根据员工的读写能力测试的得分考虑员工的晋升。

第二种反应是建立基本技能和读写能力培训项目。例如，史密斯和韦森设置了一套全面的培训计划。一项读写能力审计显示，在676名工人中，大部分工人达不到所要求的读写八级水平。因此，企业建立了正规的课程，以帮助雇员提高数学和阅读技能，70%参加课程的员工的技能确实提高了。

由于少数民族是美国劳动力中增长最快的一部分，因此，语言培训不再是单向的。在很多行业(如博彩业)和场所，顾客说各种各样的语言，如果一个公司想要发展，他的员工就需要会两种或者多种语言。例如，位于加州布鲁克斯的 Cash Greek Casino 最近分别用英语和西班牙语对员工进行客户服务培训。

那些读写和数学能力差的员工可能不愿意承认这一点，因此，上司要注意观察那些员工回避某个特殊工作或者不愿意使用某种特殊工具；不按照书面的说明或者指导来做事；不用笔记记录电话留言；把表格带回家完成；或者重复犯同一个错误。有时，如同"新职场"专栏所指出的，读写能力训练是知识多样性培训的一个方面。

5. 视听化培训

视听化培训技术包括电影、幻灯片、视频会议、录音磁带等，其中录像带很有效，并且被广泛使用。例如，福特汽车公司在经销商培训会议中使用录像带模拟问题，把面对顾客投诉的各种反应作为案例。

视听化设备要比传统的讲座花费更多，但是也有很多优点，当然也更有趣味。除此之外，考虑在以下场合中使用视听化设备。

(1) 需要说明按照时间的先后顺序做事，如修理传真机。视听设备的暂停、及时重放，或者是快进功能在这里都很有用。

(2) 需要向受训者讲述一般讲座难以说明的事情，如参观工厂或者心脏外科手术。

(3) 当整个组织的所有人员都需要培训时，让培训者到每个地方去讲，成本太高。

6. 程序化教学

程序化教学(programmed learning)是指传授工作技能的系统方法，包括提出疑问或者事实,让学习者回答,对其准确地回答及时给予反馈。无论使用教科书还是计算机作为程序化教学手段,程序化教学都有三种功能。

(1) 向学习者提出疑问、事实或者问题。

(2) 让学习者回答。

(3) 对学习者的正确回答给予反馈。

程序化教学的主要优点在于它减少将近 1/3 的培训时间。根据前面列举的学习管理,程序化教学也可能有助于学习,因为它让学习者按自定进度学习,提供及时反馈,减少出错的风险。但另一方面,学习者通过程序化教学学到的东西,不比其通过教科书学到得多。因此,要根据程序化教学是加速学习面而不是改进学习的事实,来权衡制作程序化教学手册和软件的成本。

7. 新雇员培训或模拟培训

新雇员培训或者模拟培训(vestibule or simulated training)是以脱产方式让受训者用其在工作中将要使用的设备或者模拟设备学习的一种培训,如飞行员培训。利用这种技术开展培训可以减少培训开支和危险性。所以说新雇员培训是让受训者不在实际工作岗位上,但能取得在岗培训之长的一种培训技术。新雇员培训能适应那些需要在岗培训但让雇员在实际工作岗位上接受培训太危险或成本太高的培训要求,这种方法对培训流水线新雇员很有效,因为直接将这些雇员安排在工作中培训可能降低生产率。同样,在岗培训存在严重的安全问题时,例如飞行员培训,这种培训方法可能是唯一可行的选择。

有时,新雇员培训可能只需要在不同的房间安装受训者在实际工作中将要使用的设备,但是很多时候,这种培训都需要使用模拟设备。例如,在飞行员培训中,模拟飞行器就有以下优点。

(1) 安全。机组人员可以在安全、有把握的环境中演习危险的飞行动作。

(2) 学习效率。没有实际飞行环境中存在的空中交通冲突和无线电干扰,可以使受训者高度集中注意力学习如何驾驶飞机。

(3) 经费。操纵一个模拟飞行器的成本只相当于驾驶一架真飞机的成本的很小一部分,这包括节省了维修费、飞行教练费、燃料费以及如果用真飞机培训而使该飞机不能用于正常服务的损失。

8. 计算机辅助培训

在计算机辅助培训中,受训者利用电脑或者 DVD 系统互动式地提高知识水平和技能。例如,雇主利用计算机辅助方法(CBT)培训面试官进行正确、符合法律规定的面试。受训者从电脑屏幕上显示的求职者填写的申请表以及工作相关信息开始,通过提出问题进行模拟面试,然后录像带会播放一段回答,该回答是根据电脑中已有答案编制的,有些问题还需要追问。所有问题回答完后,受训者对求职者的答案进行评价,以决定该求职者是否都适合这个职位。在整个过程结束后，电脑会告诉受训者在哪里出错了(比如，可能问了一些带有歧视性的问题)，并且进一步指导他改正错误。麦当劳为其代理商的员工设计了大约11种不同的课程，并且把他们录制在DVD上，包括图片支持的课程，并且要求受训者作出选择，以显示他们的理解程度。

计算机辅助培训有很多现实优点。互动式技术(通过该技术，受训者可以得到迅速的反馈)将学习时间平均缩短了50%，并且一旦设计和生产后，成本效益也提高。还有一些优点，例如，这种指导具有前后一致性(因为是计算机而不是人为的指导，所以没有心情好或者不好之分)，可以掌握学习情况(如果受训者没有学会上一个步骤，通常不能进行下一个步骤的学习)，增强学习效果，提高受训者的积极性(因为有应答式的反馈机制)。很多专业的多媒体软件公司都会设计类似计算机辅助培训内容。他们既可以为企业量身定制，也可以制作通用的软件，如价值999美元的教授工作场所安全的软件包。

智能指导系统主要是指那些高级的程序化指导方案。除了给受训者提供指导使其进入下一个指导环节之外，智能指导系统还知道哪些问题和方法已经得到了解决而哪些还没有，因此，它可以根据员工的个人需要调整建议的指导顺序。

计算机辅助培训越来越具有互动性和现实性。例如，互动多媒体培训"综合运用文本、录像、图片、照片、动画以及声音，创造出一种复杂的培训环境，从而实现互动"。例如，如果培训一名内科医生，互动多媒体培训系统会让一名医学院的学生假设一种病人的病史，对病人进行检查，分析检验结果，然后(点一下"胸腔检查"按钮)选择一种胸腔检查技术，甚至还可以听到病人的心跳。接下来，医学院学生对这种心跳声音作出解释，得出结论，从而形成诊断结果。虚拟仿真培训"将这种现实性又向前推进了一步，它能够模拟工作中可能遇到的事件或者场景，创造出一种三维环境"，让受训者置身其中，使用一些传感器传递受训者在电脑前的反应，借助特殊眼镜、听觉和感觉装置，受训者可以看到、听到、感觉到正在发生的事情。

美国空军也开始越来越多地使用模拟培训技术来训练士兵和军官。例如，空军开发了两种类似光盘游戏的培训计划，以培训部队的作战能力。有人描述，这两种游戏都具有很强的现实特点，强调了实时领导力和决策力。

9. 远程网络培训

现在有很多组织利用各种形式的远程教育对员工进行培训。远程教育包括传统的函授课程，也包括电视教学、视频会议以及网络课程。

1) 电视教学

电视教学是指通过电视传播，培训者在一个中心地点远距离培训雇员的一种方法。本田汽车(美国)最初利用卫星电视技术培训工程师，现在则利用这种技术进行各类的员工培训。例如，它在俄亥俄州的分公司从国立技术大学购买了课程，该大学是卫星教学的供应商，其课程来自各高校和专业教学组织。其课程的价格不同，平均每人每课程200~250美元。公司的一位培训经理说:"让员工在家里学习比让他们出差到外面学习要划算得多。"

2) 视频会议

组织利用视频会议对那些彼此在地理位置相隔很远或者远离培训者的员工进行培训。视频会议允许人们通过视频和音频设备与另一个城市或者国家的人或者多个城市的人群实时交流。视频系统中允许观众互相交流,例如,在得州仪器公司(Texas Instruments)的培训中,视频系统使得指导者与员工进行对话,并让他们作出反应。在镜头前讲话之前要牢记几个问题。例如,因为培训是远程的,所以,预先准备一本培训指导非常重要,受训者可以准备一个手册,以跟上培训者的要点,培训者自己也要准备一个提纲。此外还需要注意的是,不要佩戴很闪亮的首饰或者穿着样式过于统一的套装;提前20分钟到场,检查一下要用到的设备;让所有参与者介绍自己;避免一直盯着摄像头或者是在房间里讲话,要记住过多的动作会使视频画面传送不连续而发生扭曲。

3) 网络培训

网络培训越来越流行。很多组织让员工参加网络课程供应商提供的在线课程。还有一些组织利用他们的局域网为网络培训提供便利。例如,Silicon Graphics 把很多培训资料传到了内部网上。"现在员工可以根据他们的时间随时进行学习。这种分派没有成本,而且如果组织想要对培训项目做一些改动,只需要在中心调整即可。"

同样,位于佐治亚州沃尔多斯塔的 Park Avenue 银行安装了电子化培训程序,受训者可以在任何时间、任何电脑上使用。该银行还开发了很多公司范围内的电子培训,包括一套学习管理系统,它维护着一个数据库以记录雇员完成课程后所取得的进步。

把培训内容传到网络上符合成本效益分析。例如,德尔塔航空公司的客户服务人员每年的 FAA 培训70%是通过网络进行的。因为是一种互动式的学习,所以雇员反映很喜欢这种方式。公司也很喜欢这种方式,因为在"网络培训实施之前,员工需要到外面五个培训中心之一去学习,至少那一整天就不能工作了"。很多雇主创造了成熟的"培训门户",以满足员工的培训需求。

网络培训非常流行,但是在实践中,培训通常不是在一种或者另一种方式之间的选择。混合的培训方式成为一种趋势,受训者利用多种方式(例如,各种手册、课程讲座、电子化自学方法以及网络会议)进行学习。

五、培训效果评估

在受训者完成其培训计划后,应对该培训计划进行评价,看计划目标完成得如何。例如,如果目标是使装配工能够在30秒内焊接一个接口,或者是复印机技术员能在30分钟内修好一台复印机,那么就应根据是否实现了这些目标来衡量该计划的效益。遗憾的是,在实际当中大多数经理没有用很多时间去评价他们培训计划的效果。例如,你的受训者是不是学到了他们可以学到的那么多的东西?他们的学习进度是不是像他们可以做到的那样快？是否还有更好的培训方法？这些都是通过对你的培训效果进行适当评价能够回答的一些问题。

1. 进行控制实验

理想地说，在评价培训计划时使用的最佳方法是控制组实验法(experimentation)。这是检测培训计划效益的正规方法。最好用一个控制组进行培训前后测试。在控制组试验中要用一个培训组和一个控制组(非培训)应采集接受培训组和控制组在培训前、后相应时期的有关数据(如生产产量，焊接接口的质量)。用这种方法就可能确定培训组雇员的工作绩效是由培训而不是由整个组织的某些变化，如涨工资等发生了多大程度的变化引起的。因为像涨工资这样整个组织的变化对培训组和控制组的雇员都会发生影响。但是，调查表明，目前的实际情况是，接受调查的组织中，运用控制实验的组织数更是微乎其微。一位专家建议，起码应该用如图 5.3 所示那样的评价表对培训计划进行评价。

```
                对在企业外实施的管理人员开发计划的评价
姓名：_____ 职务：_____ 日期：_____
参加的计划：_____
计划名称：_____                         日期：_____
地点：_____                             费用：_____
实施计划的单位：_____
1. 该计划宣传广告中对计划实际内容的介绍的准确性如何？
      非常准确    准备    不准备
2. 主题内容与你的需要及兴趣相符程度如何？
      很符合    比较符合    基本不符合
3. 讲课人及会议主持人水平如何？
      优秀    很好    良好    一般    不好
4. 设施、饮食等如何？
      极好    很好    一般    不好
5. 你觉得自己得到了哪些收益？
      _____有关其他公司业务的知识
      _____有关的新理论和原理
      _____可用于本人工作的概念和技术
      _____其他（请说明）
6. 根据时间和成本你如何评价这个计划？
      极好    很好    良好    一般    不好
7. 以后你还愿参加这个单位实施的教学吗？
      愿意    可能    不愿意
8. 你是否会介绍你公司的其他人参加由这个单位提供的计划？
      会    不会    说不准
      如果你会，那你会介绍谁来参加？
9. 其他意见：
      _____
```

图 5.3　企业的外培训评价表样本

(资料来源：《有效的主管人员培训与开发》三部分；《企业外计划》，载《人事杂志》，1985(2)，美国管理协会版权所有，经许可采用。)

2. 衡量什么培训效果

培训效果一般从以下四个方面来衡量。

(1) 反应。评价受训者对培训计划的反应如何。他们是否喜欢这个培训计划？他们认为这个计划是否有价值？

(2) 知识。可以对受训者进行测试，确定他们是否学到了预期应学到的原理、技能和事实。

(3) 行为。了解一下由于这个培训计划受训者工作行为是否发生了变化。例如，商店投诉部门的雇员对待来投诉的顾客是否比过去更友善一些了？

(4) 成效。可能最重要的是问一问："根据预先设定的培训目标衡量计划所取得的最终成果是什么？顾客对雇员的投诉是否减少？废次品率是否得以改进？废品成本是否降低？人员流动是否减少？现在是否能完成生产定额？"等。当然，成效提高尤其重要。根据受训者的反应，知识的增长以及工作行为变化，可以判定这个培训计划是否是成功的。但是如果没有取得这种成效，那么最终分析就说明该培训计划没有实现目标。如果是这样，问题可能就在培训计划之中。不过也要记住：这种成效可能也不足以说明培训效果，因为要解决的问题可能不是首先用培训就能解决的。

扩展阅读

柯克帕特里克(Kirkpatrick)培训评估的标准四个层次

1. 反应层——受训人员对培训本身是否满意。
2. 学习层——受训人员对培训内容的掌握程度。
3. 行为层——受训后工作行为的改变。
4. 结果层——受训人员或组织的绩效的改善。

(资料来源：豆丁网，http://www.docin.com/p-1348635948.html)

第二节 人力资源开发

一、人力资源开发概述

人力资源开发主要是指管理人员开发。管理人员开发(management development)是指一切通过传授知识、转变观念或者提高技能来改善当前或后来管理工作绩效的活动。它包括组织内教学计划，如授课、辅导和轮流作业；专业教学计划，如大学开设的经营管理人员MBA教学计划。

当然，这种开发活动的最终目的是提高组织的未来工作绩效。由这个最终目的所决定，管理人员开发过程要：①评估和满足本组织的需要(例如，为管理职位空缺充实人员，或使组织更善于应变)；②评价特定管理人员的工作绩效和需求；③开发这些管理人员。

管理人员开发是一项很重大的业务。管理人员开发之所以重要有几个原因。其中一个重要的原因就是：内部提升已经成为管理人才的主要来源。一项对 84 位雇主的调查表明，有 90%的主管人员，73%的中层管理人员，51%的高层管理人员是从内部提升的。反过来说，事实上这些管理人员都需要经过某种开发活动以具备承担新工作或未来可能的工作的能力。同样，通过帮助雇员或者现任管理人员顺利胜任更高职务，管理开发可加强组织的连续性；通过让接受管理培训的人树立为本企业工作的正确价值观和态度，管理开发可帮助这些个人完成社会化过程。

相较于上一节所说的人员培训，管理人员开发的特点是什么呢？管理人员开发可以看作一种比较长期的培训，其目的是为组织发展或者解决某些组织问题(如部门间沟通不畅)而可能出现的某些未来的工作，开发现在的或者将来的管理人员。

从管理角度看，培训关注的是现在；开发着眼于具有战略意义的长期目标，旨在挖掘和激励员工潜在能力和素质。培训与开发的具体比较如表 5.2 所示。

表 5.2　员工培训与开发的比较

项目	侧重点	时间	内涵	参与	阶段性
培训	当前工作	较短	较小	强制	较清晰
开发	未来发展	较长	较大	自愿	较模糊

二、人力资源开发的内容

1. 管理人员开发的过程

组织管理人员开发的目的要满足管理人员开发的需求。管理人员开发过程包括两项基本任务。

(1) 人员(管理人员)规划与预测。

(2) 管理人员需求分析与开发。

人员规划过程包括确定要充实的人员的职位，将预计的职位空缺与组织内部及外部可能的候选人相比较。然后制订整个组织的管理人员开发计划和适应个别需要的管理人员开发计划，以保证在组织需要的时候得到经过适当培训和开发的管理人员。

管理人员开发计划可能是全组织性的。这种计划为组织所有或者大多数新的或者潜在的管理人员招募活动服务。例如，某个新毕业的大学生可能是刚进入 Enormous 公司就成为一个全公司性管理人员开发计划的参与者(与数十位同事一起)。在实施这个计划的过程中，他可能要完成一系列事先设计好的部门工作任务及教育活动。所有这些任务和活动的目的均在确定(为她,也为公司)她的管理潜能,使她拥有较广泛的工作经验(比如说,生产和财务方面的经验),这些经验将使她在担任第一项"实际"工作任务——任生产小组组长时能更有效地工作。在这个过程中,可能将优秀的候选人置于"破格提拔"之列,通过实施开发计划使这些人更快地担任高级职务。

另一方面,管理人员开发计划也可能是个别化的。这一计划直接为某一具体的职务(如CEO)配置人员(也许是从两个候选人中挑一个)的目的服务。在为经营管理职务配备人员的情况下,设定高级职位空缺并最终为之配备人员的活动的过程被称作接班计划(succession planning)。接班计划活动包括:①进行个人预测,制订个人计划;②为设定的、最终要配备人员的高级职位进行管理人员需求分析和开发。

职业兴趣与志向以及工作绩效评价在管理人员开发中具有相当重要的作用。人在从事自己喜爱的并适合自己的特点的工作时,工作绩效最佳。因此,在管理人员开发计划中,应给参与者以评价个人兴趣的机会,包括进行一些正规的职业兴趣测试。同时,工作绩效评价可用以了解一个人的进步和潜力,说明可能需要开展哪些开发活动去纠正或者修正这个人的不足之处。

一般来说,一个管理人员开发计划包括以下几个步骤。

(1) 制作一个组织设计图,在这里需要根据业务扩展、压缩等因素来设计部门的管理人员需求。

(2) 由人事管理部门盘点本组织管理人才库,以确定当前聘用的管理人才状况。具体参考"技能清单"相关内容。

(3) 画出管理人员安置图。用这种图概括每个管理职位可能的候选人,以及每个人的开发需求。具体参考"管理人员替换图"。

2. 管理人员的在职培训

在职培训是运用最普遍的开发方法之一。在这方面比较重要的技术包括工作轮换、辅导/实习、初级董事会以及行动学习。

1) 工作轮换

工作轮换是管理人员培训技术之一,包括让受训者到各部门去丰富工作经验,确定其长处和弱点。利用工作轮换方法,可以让接受管理培训的人去各个部门学习以扩大他们对整个组织各环节工作的了解。受训者(通常是新毕业的大学生)可在每个部门工作学习几个月,这不仅有助于丰富他们的经验,又有助于他们找到自己所喜爱的工作。受训者可以只是在每个部门做观察员,但更常见的是实际介入所在部门的工作。这样,他们通过实际去做来了解所在部门的业务,无论是销售业务、生产业务、财务业务还是其他业务。

工作轮换方法还有几个别的优点。除了为每个人提供经过周密计划的培训体验外,它还有助于避免由于不断介绍每个部门的新情况而造成的呆板。它还能对受训者进行测试,帮助确定他们的长处和弱点。定期改变工作还可以改善部门之间的合作,使经理人员能够更好地理解相互间的关系。同时，工作轮换也能使受训者更多地与管理人员相识。

工作轮换也有不足之处。它鼓励人们"通才化"，比较适合开发一般的直线管理人员而非职能专家。同时，还得非常小心，切不可疏忽了在某个被人遗忘岗位上的受训者。

为了提高工作轮换计划的成功率，可以做以下努力：应当根据每个受训人的需求和能力特制工作轮换计划，而不是让所有受训人员遵循统一标准的步骤和程序；应当将组织的需求和受训人的兴趣、能力倾向和职业爱好结合起来考虑；受训者从事一项工作的时间长短，应依其学习进度的快慢而定。此外，为受训人安排任务的管理人员本人应该经过专门训练，能够热情而有效地提供反馈，控制工作绩效。

2) 辅导与实习

在采用辅导与实习方法时，受训者直接与他或她要取代的人一起工作，而这个人就负责对受训者进行辅导。一般来说，这种实习不承担一定的经营管理责任，这样便为受训者提供了学习工作的机会。这有助于保证在现任管理人员因退休、提升、调动、辞职等离开现工作岗位而出现职位空缺时，组织能有训练有素的人员来顶替；这也有助于保证组织自己培养的高层管理人才的长期开发。

为使这种活动有效，现任管理人员必须是良好的教练和教师。而且，这个人去训练顶替他的人的动力，将取决于他们之间关系的好坏。有些管理人员比较善于下放职权、提供帮助和进行沟通，而有些则不然，这些也会影响活动的效果。

3) 初级董事会

初级董事会(junior boards)是指通过请中级管理受训者组成一个初级董事会，并让他们对整个组织的政策提出建议，为他们提供分析组织问题经验的一种方法。与工作轮换不同(工作轮换的目的在于使受训者熟悉每个部门的问题)，初级董事会的目的在于为有发展前途的中层管理人员提供分析整个组织问题的经验。初级董事会(有时候也称之为多层次参与管理)就是让 10~12 位受训者组成一个初级董事会，给他们以分析高层次问题以及决策的经验。这种董事会的成员来自各个部门，他们就高层次管理问题，如组织结构、经营管理、人员报酬以及部门之间的冲突等提出自己的建议，将这些建议提交给正式的董事会。这种方法为中级管理受训者提供处理全组织范围问题的在职培训和经验。

4) 行动学习

行动学习(action learning)是指让受训者将全部时间用于分析和解决其他部门而非本部门问题的一种培训技术。这些受训者定期开会，4~5 人一组，在会上就各自的研究结果及进展情况进行讨论和辩论。

行动学习方法始于英国，它与较早期的开发技术相似(并以那些技术为基础)。除受训者通常要将全部时间都用于他们的项目，而不是组成一个初级董事会来分析一个问题之外，这种方法与前面我们讨论的初级董事会方法一样，也类似于只给一个受训者一项具体的任务或者项目。但是，用行动学习方法，受训者每周作为项目小组开一次会，共同讨论各自的项目,比较工作笔记。行动学习通常涉及几个雇主之间的合作。例如,一位来自通用电气公司的雇员可能被派到一个政府机构去做他的研究项目;同时,这个政府机构可能派一位管理人员去通用电气公司做他的研究项目。

这个方法用实际问题给受训者以真实体验,在一定程度上能开发其分析、解决问题以及制订计划的技能。而且,受训者(与其他人在一个小组里一起工作)的确能够找到解决重要问题的办法。其主要的不足之处在于其放任受训者去组织外从事项目工作,在某种意义上,本组织损失了一位称职的管理人员的服务。

3. 管理人员的脱岗开发

有许多可用于脱岗开发管理人员的方法,如组织总部的会议室学习,或者离开组织到大学或者专门研究班去学习。常见的管理人员脱岗开发方法有案例研究法、管理游戏、外部研讨会、大学项目、角色扮演、行为示范、企业内部开发中心等。

1) 案例研究法

很多人都知道,案例研究方法(case study method)使用文字给受训者描述一个组织的问题,然后,这个人分析案例,诊断问题,并与其他受训者一起讨论他的发现和解决办法。

综合案例情景扩大了案例分析的概念,创建了一种长期、复杂的案例环境。例如,FBI协会创建了一种综合案例情景,它是以"一位担忧的市民打来电话"开始的,14周后以模拟审判结束,中间是真实的调查过程,包括在真实的犯罪调查中容易出错的情景。想要创建这种情景,编剧(通常是组织培训组的员工)要自己写剧本,包括主题、背景故事、详细的人物故事以及角色扮演指导。在 FBI 案例中,这种情景案例主要是为了开发特殊技能,比如,采访目击证人或者分析犯罪现场。

2) 管理游戏

在计算机管理游戏(management games)中,五六个受训者被分成一组,每一组都与其他各组在一个模拟市场中竞赛。每个组都要作出一些决策,如:要在广告上花费多少;要生产多少商品;要保持多少存货;需要多少原材料。通常情况下,游戏把本身为两三年的时间缩短成几天、几周或者几个月。与现实世界一样,每个组织的团队看不到其他组织作出的决定(如加大广告力度),尽管这些决定会影响他们自己的销售。

管理游戏是一种很好的开发工作。人们在亲身参与中可以很好地学习,这种游戏可以使受训者积极参与,帮助他们开发解决问题的技能,并且使他们更多地关注对未来的规划而不是仅仅对过去的补救。各个团队通常会选出他们的领导,构建组织,然后开发他们的领导能力,培养合作与团队精神。管理游戏法适用于中低层管理人员掌握管理的基本原理、知识,提高管理能力。

3) 外部研讨会

很多组织和大学都会提供网络和传统的管理开发研讨会和论坛。例如,美国管理协会提供多种课程,从会计与成本控制到自信心训练、基本财务技能、信息系统、项目管理、采购管理以及全面质量管理。一些专业协会，如人力资源管理协会，为其会员提供更加专业的研讨会。

4) 大学项目

很多大学都有关于领导、管理等方面的经理人假期与继续教育课程，从一至四天的课程到一至四个月的经理人开发课程都有，并且有越来越多的课程通过网络提供。哈佛大学工商管理学院研究生院提供的高级管理课程就是一种传统的方式。该课程的参与者都是全球资深的经理人员。通过案例和讲座的方式，利用最新的管理技能和实践分析复杂的组织问题，为学员提供最高水平的管理才能。视频课程也是一种选择。例如，连接着加州大学工商与公共管理学院(位于萨克拉曼多)和惠普的视频课程，使惠普的员工可以在自己的机器上学习。

5) 角色扮演

角色扮演(role playing)的目的是为了创建一种真实的环境，让受训者在这个环境中扮演某个特定的角色。下文描述了"新卡车困境"的经典角色扮演练习中的一个角色。经过一般的指导以及其他角色的配合，角色扮演可以激发受训者激烈的讨论。角色扮演的目的是开发受训者的领导力、执行力等技能。例如，管理者既可以尝试细致周到的领导风格，也可以尝试独裁的领导风格，而在现实世界里这个人不可能一一去实验。同时，角色扮演可以使一个人更了解他人的感受，变得更加敏感。

扩展阅读

沃尔特·马歇尔——维修队主管

你是电话维修队的领导，每个维修工人自己开一辆小型服务货车来往于各个工作之间。有时你需要更换新的卡车，同时要决定把新卡车分给维修队的哪个人。通常，你会感到很难作出公平的判断，因为每个人似乎都应该得到新卡车。事实上，不论你怎么决定，多数的维修队工人都会认为你的决定有误。现在你又要面临这个难题，由你来分配一辆新的卡车——一辆雪佛兰。

你决定把决定权交给维修队的工人，告诉他们关于新卡车的事情，以此找到最公平的分配方式。你自己不要参与进来，因为你希望按照他们认为最公平的方式来处理。

(资料来源：Normal R. F. Maier and Gertrude Casselman Verser, Psychology in Industrial Organizations, 5th ed., p.190.Copyright 1982 by Houghton Mifflin Company. Used by permission of the publishers.)

6) 行为示范

行为示范(behavior modeling)包括：告诉受训者正确的(或者模范的)做事方法；让受训者按照这个方式练习；对受训者的表现进行反馈。基本的行为示范包括以下几个步骤。

(1) 示范。首先，受训者观看电影或者录像带，观察其中某一问题环境中的有效行为示范。如果该培训是要教受训者如何管理下属，那么录像带中可能会演示一个管理者是怎样有效训练下属的。

(2) 角色扮演。下一步，受训者在模拟环境中被赋予角色；他们需要反复练习录像带中展示的有效行为方式。

(3) 社会强化。培训者就角色扮演中受训者的表现给予表扬或者建设性的反馈。

(4) 培训结果转化。最终，要鼓励受训者把他们学到的这些新技能运用到今后的工作中。

行为示范很有效果。在一项研究中，参与者是来自密西西比格夫波特海军建设军队的160名成员，他们需要学习使用新的计算机工作站。培训使用了三种方法：传统的指导(主要是讲座和幻灯片演示)；计算机辅助(学员在培训开始时会收到一份学习手册和需要在新工作站中不断练习的课程光盘)以及行为示范。行为示范对于学习和技能的开发最有效果，其次是计算机辅助培训，最后是传统的指导。

7) 企业内部开发中心

有些企业已经建立了以企业为基地，让有发展前途的管理人员去做实际练习以进一步开发管理技能的方法，称为内部开发中心(in-house development centers)。这些中心通常将课堂教学(例如讲座和研修)与评价中心、文件框练习、角色扮演等其他技术相结合来帮助开发管理人员。

例如 CBS 管理学校，其建在纽约老 Westbury 乡村俱乐部环境之中。它的基本目的是为年轻的经理们提供进行决策的直接经验。

为了实现这个目的，其综合管理计划(面向高层管理人员)和专业管理计划(面向初级管理人员)都强调通过与人们共同工作来解决具体的业务问题。这些计划运用各种教学方法，但都重视计算机化的案例练习。例如，在一个练习中，每个学员都充当地区销售经理并必须就如何处理一个想离职的杰出的女推销员的问题作出决定。在受训者作决定(如是否增加该推销员的薪水以挽留她)的同时，计算机显示出每种决定可能的后果。例如。如果给她增加工资，其他人可能也想增加工资。在每天练习结束时，计算机就建立目标、组织工作、管理时间以及监督下属等方面情况对受训者的决定作出评价并打印出评价结果。《幸福》杂志称通用电器公司的管理开发学院为美国企业的哈佛。该学院由一位前哈佛商学院教授经营，其 160 页之多的目录中，列出了数量众多、范围广泛的管理开发课程，从生产、销售方面的初级教学计划，名为"你总想了解的有关财务的所有知识"的英语专业课程，到高级管理培训计划一应俱全。许多计划都强调调用电器公司作为行动学习的内容。这种开发方法与许多商学院采用的一般案例研究方法大不相同。正如一位参加者所概括的那样："它是一种游戏。我们大都互不认识，被分成六个小组，得到的任务是着手解决公司的实际问题。我们到企业去，与关键任务面谈，设计实际的解决办法，将这些办法提交给公司管理人员并得到他们真诚的反馈……通过这种方式，我们的小组成为团队。"

三、员工职业管理

1. 员工职业管理概述

筛选、培训以及绩效评价等诸如此类的人事活动在组织中实际上扮演着两种角色。首先,从传统意义上来讲,他们的重要作用在于为组织找到合适的工作人员,即用能够达到既定的兴趣、能力和技术等方面要求的雇员来填补工作岗位。然而,人事活动还越来越多地在扮演着另外一个角色,这就是确保雇员的长期兴趣受到组织的保护,其作用尤其表现在鼓励雇员不断成长,使他们能够争取发挥出自己的全部潜力。我们之所以把人事或者人事管理称为人力资源管理,正是为了反映人事活动的这个第二种角色。人力资源管理的一个基本假设就是,组织最大限度地利用雇员的能力,并且为每一位雇员都提供一个不断成长以及挖掘个人最大潜力和建立成功职业的机会。这种趋势得到强化的一个信号是,许多组织在越来越多地强调重视职业规划与职业发展(career planning and development)。换言之,许多组织越来越多地强调为雇员提供帮助并提供机会,以使他们不仅能够形成较为现实的职业目标,而且能够实现这一目标。

在职业发展的过程中,像人事计划、筛选和培训等一类人事活动起着十分重要的作用。比如,人事计划不仅可以预测组织中的职位空缺情况,而且能够发现潜在的内部候选人,并能够弄清楚为了使他们适应新职位的需要,应当对他们进行哪些培训。类似地,组织不仅能够运用定期的对雇员作绩效评价来确定工资和薪金,而且可以通过它去发现某一位雇员的发展需要并设法确保这些需要能够得到满足。换句话说,所有的人事活动都可以不仅能够满足组织的需要,而且能够满足个人的需要,这是因为双方都可以通过以下途径获利:组织从更具有献身精神的雇员所带来的绩效改善中获利,雇员则从工作内容更为丰富、更具有挑战性的职业中获益。

2. 影响职业选择的因素

进行职业规划的第一步是尽可能多地学习一些有关个人的兴趣、资质和技能方面的知识。

1) 一个人职业发展阶段的界定

每个人的职业都需要经历几个阶段,因此,必须了解这种职业周期(career circle)的重要性。职业周期之所以重要,是因为一个人所处的职业阶段将会影响他的知识水平以及他对于各种职业的偏好程度。一个人可能经历的主要职业阶段大体可以总结如下。

成长阶段:成长阶段大体上可以界定在从一个人出生到14岁这一年龄段上。在这一阶段,个人通过对家庭成员、朋友、老师的认同以及他们之间的相互作用,逐渐建立起自我的概念,在这一阶段,角色扮演是非常重要的,在这时期,儿童将尝试各种不同的行为方式,而使得他们形成人们如何对不同的行为作出反应的印象。

探索阶段：探索阶段发生于一个人的 15～24 岁的年龄段。在这一时期中，个人将认真地探索各种可能的职业选择。他们试图将自己的职业选择与他们对职业的了解以及通过学校教育、休闲活动和业余工作等途径中所获得个人兴趣和能力匹配起来。在这一阶段的开始时期，他们往往作出一些带有实验性质的较为宽泛的职业选择。

确立阶段：确立阶段发生在一个人的 24～44 岁的年龄段，这一阶段是大多数人工作生命周期的核心部分。有些时候，个人在这期间能够找到合适的职业并随之全力以赴投入到有助于自己在此职业中取得永久发展的各种活动中。人们愿意早早地将自己锁定在某一已经选定的职业上。然而，大多数情况下，在这一阶段人们仍然在不断尝试与自己最初的职业选择所不同的各种领域。

维持阶段：到了 45～65 岁的年龄段，许多人就很简单地进入了维持阶段。在这一职业的后期阶段，人们一般都已经在自己的工作领域中为自己创立了一席之地，因而他们的大多数精力主要就放在保有这一位置上了。

下降阶段：当退休临近的时候，人们就不得不面临职业生涯中的下降阶段。再接下去就是几乎每个人都要面对的退休，这时，人们所面临的选择就是如何去打发原来用在工作上的时间。

2) 职业性向的确定

职业咨询专家约翰·霍兰德认为，人格是决定一个人选择何种职业的另外一个重要因素。他提到决定个人选择何种职业的六种"人格性向"：现实型、研究型、艺术型、社会型、企业型和常规型。霍兰德表示，如果某人有两种性向，当它们挨着的时候那么这个人会很容易选择一种职业，若两种性向是相互对立的(比如同时拥有现实型和社会型)，那么他在选择职业的时候会面临较多的犹豫不决的情况。

 知识链接

约翰·霍兰德与职业兴趣

约翰·霍兰德(John Holland)是美国约翰·霍普金斯大学心理学教授，美国著名的职业指导专家。他于 1959 年提出了具有广泛社会影响的职业兴趣理论。认为人的人格类型、兴趣与职业密切相关，兴趣是人们活动的巨大动力，凡是具有职业兴趣的职业，都可以提高人们的积极性，促使人们积极地、愉快地从事该职业，且职业兴趣与人格之间存在很高的相关性。Holland 认为人格可分为社会型、企业型、常规型、实际型、研究型和艺术型六种类型。

一、六种类型的职业兴趣

1. 社会型：(S) 共同特征：喜欢与人交往、不断结交新朋友、善言谈、愿意教导别人。关心社会问题、渴望发挥自己的社会作用。寻求广泛的人际关系，比较看重社会义务和社会道德。

典型职业：喜欢要求与人打交道的工作，能够不断结交新的朋友，从事提供信息、启迪、帮助、培训、开发或治疗等事务，并具备相应的能力。如：教育工作者(教师、教育行政人员)、社会工作者(咨询人员、公关人员)。

2. 企业型：(E)

共同特征：追求权力、权威和物质财富，具有领导才能。喜欢竞争、敢冒风险、有野心、抱负。为人务实，习惯以利益得失、权利、地位、金钱等来衡量做事的价值，做事有较强的目的性。

典型职业：喜欢要求具备经营、管理、劝服、监督和领导才能，以实现机构、政治、社会及经济目标的工作，并具备相应的能力。如项目经理、销售人员、营销管理人员、政府官员、企业领导、法官、律师。

3. 常规型：(C)

共同特点：尊重权威和规章制度，喜欢按计划办事，细心、有条理，习惯接受他人的指挥和领导，自己不谋求领导职务。喜欢关注实际和细节情况，通常较为谨慎和保守，缺乏创造性，不喜欢冒险和竞争，富有自我牺牲精神。

典型职业：喜欢要求注意细节、精确度、有系统有条理，具有记录、归档、据特定要求或程序组织数据和文字信息的职业，并具备相应能力。如：秘书、办公室人员、记事员、会计、行政助理、图书馆管理员、出纳员、打字员、投资分析员。

4. 实际型：(R)

共同特点：愿意使用工具从事操作性工作，动手能力强，做事手脚灵活，动作协调。偏好于具体任务，不善言辞，做事保守，较为谦虚。缺乏社交能力，通常喜欢独立做事。

典型职业：喜欢使用工具、机器，需要基本操作技能的工作。对要求具备机械方面才能、体力或从事与物件、机器、工具、运动器材、植物、动物相关的职业有兴趣，并具备相应能力。如：技术性职业(计算机硬件人员、摄影师、制图员、机械装配工)，技能性职业(木匠、厨师、技工、修理工、农民、一般劳动)。

5. 研究型：(I)

共同特点：思想家而非实干家，抽象思维能力强，求知欲强，肯动脑，善思考，不愿动手。喜欢独立的和富有创造性的工作。知识渊博，有学识才能，不善于领导他人。考虑问题理性，做事喜欢精确，喜欢逻辑分析和推理，不断探讨未知的领域。

典型职业：喜欢智力的、抽象的、分析的、独立的定向任务，要求具备智力或分析才能，并将其用于观察、估测、衡量、形成理论、最终解决问题的工作，并具备相应的能力。如科学研究人员、教师、工程师、电脑编程人员、医生、系统分析员。

6. 艺术型：(A)

共同特点：有创造力，乐于创造新颖、与众不同的成果，渴望表现自己的个性，实现自身的价值。做事理想化，追求完美，不重实际。具有一定的艺术才能和个性。善于表达、怀旧、心态较为复杂。

典型职业：喜欢的工作要求具备艺术修养、创造力、表达能力和直觉，并将其用于语言、行为、声音、颜色和形式的审美、思索和感受，具备相应的能力。不善于事务性工作。如艺方面(演员、导演、艺术设计师、雕刻家、建筑师、摄影家、广告制作人)，音乐方面(歌唱家、作曲家、乐队指挥)，文学方面(小说家、诗人、剧作家)。

然而，大多数人都并非只有一种性向(比如，一个人的性向中很可能是同时包含着社会性向、实际性向和调研性向这三种)。霍兰德认为，这些性向越相似，相容性越强，则一个人在选择职业时所面临的内在冲突和犹豫就会越少。为了帮助描述这种情况，霍兰德建议将这六种性向分别放在一个正六角形的每一角。

二、六种职业兴趣的内在关系

霍兰德所划分的六大类型，并非是并列的、有着明晰的边界的。他以六边形标示出六大类型的关系。

下图中可以看出：每一种类型与其他类型之间存在不同程度的关系，大体可描述为三类。

（1）相邻关系，如RI、IR、IA、AI、AS、SA、SE、ES、EC、CE、RC及CR。属于这种关系的两种类型的个体之间共同点较多，现实型R、研究型I的人就都不太偏好人际交往，这两种职业环境中也都较少有机会与人接触。

（2）相隔关系，如RA、RE、IC、IS、AR、AE、SI、SC、EA、ER、CI及CS，属于这种关系的两种类型个体之间共同点较相邻关系少。

（3）相对关系，在六边形上处于对角位置的类型之间即为相对关系，如RS、IE、AC、SR、EI及CA即是，相对关系的人格类型共同点少，因此，一个人同时对处于相对关系的两种职业环境都兴趣很浓的情况较为少见。

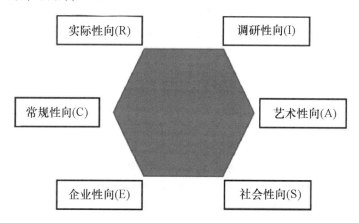

人们通常倾向选择与自我兴趣类型匹配的职业环境，如具有现实型兴趣的人希望在现实型的职业环境中工作，可以最好地发挥个人的潜能。但职业选择中，个体并非一定要选择与自己兴趣完全对应的职业环境。一则因为个体本身常是多种兴趣类型的综合体，单一类型显著突出的情况不多，因此评价个体的兴趣类型时也时常以其在六大类型中得分居前三位的类型组合而成，组合时根据分数的高低依次排列字母，构成其兴趣组型，如RCA、AIS等；二则因为影响职业选择的因素是多方面的，不完全依据兴趣类型，还要参照社会的职业需求及获得职业的现实可能性。因此，职业选择时会不断妥协，寻求与相邻职业环境甚至相隔职业环境，在这种环境中，个体需要逐渐适应工作环境。但如果个体寻找的是相对的职业环境，意味着所进入的是与自我兴趣完全不同的职业环境,则我们工作起来可能难以适应,或者难以做到工作时觉得很快乐,相反,甚至可能会每天工作得很痛苦。

(资料来源:360百科,https://baike.so.com/doc/5615707-5828318.html)

3) 技能的认定

成功地完成任何一种工作不仅仅需要动力,还需要一定的能力。比如具有一种常规性向的人,那么,最终是否会选择去做一名会计还取决于这个人是否具备这种职业能力,因此一个人必须弄清楚自己到底具备何种技能,或者说企业的雇员具备何种能力。

4) 职业锚的确认

职业锚是指人们选择和发展自己的职业所围绕的中心,是人们进行职业选择时无论如何都不会放弃的至关重要的东西或价值观。

 知识链接

职业锚的功能

1. 识别个人职业抱负模式和职业成功标准。
2. 促进预期心理契约发展,有利于个人和组织稳固地相互接纳。
3. 增长职业工作经验,增强个人职业技能,提高劳动生产率和工作效率。
4. 早期职业锚可为员工做好中后期的职业工作奠定基础。

职业锚的类型

技术型职业锚:人们追求在技术性领域的成长,希望不断提高自己的专业技术能力,喜欢面对来自专业领域的挑战。通常,他们不喜欢从事管理工作。

管理型职业锚:人们喜欢管理工作,追求工作晋升,希望独自负责一个部门或团队。

自助型职业锚:人们希望自由地选择自己的工作和生活方式,追求施展个人能力的工作环境,最大限度地摆脱外在的限制和制约。

安全型职业锚:人们追求安全和稳定感、他们关心经济方面的安全,例如足够的工资和退休金。他们对组织忠诚,愿意尽职尽责地完成上级交代的工作。

创业型职业锚:人们希望充分发挥自己的能力,创建属于自己的公司,而且愿意冒风险,并克服面临的各种困难。他们可能正在别人的公司工作,但同时在努力学习,不断评估将来的机会,一旦感觉时机到了,便会去创建自己的事业。

服务型职业锚:人们追求为他人提供服务,例如帮助他人,改善人们的生活质量或者通过新的产品消除他人的痛苦等。

挑战型职业锚:人们喜欢解决富有挑战性的问题,战胜强硬的对手,克服难以克服的困难和障碍。对他们而言,挑战、变化和困难是他们所追求的最终目标。如果任务太容易,他们马上会感到厌烦。

生活型职业锚:人们希望平衡生活和工作之间的关系,偏爱同时满足个人、家庭需要与职业需要的工作环境。正因为如此，他们需要一个能够比较灵活的职业环境，为此甚至可以牺牲职业的某些方面，如晋升机会。

(资料来源：360百科，https://baike.so.com/doc/8655058-8976455.html)

埃德加·施恩认为，职业规划实际上是一个持续不断的探索过程。在这一过程中，每个人都在根据自己的天资、能力、动机、需要、态度和价值观等慢慢形成较为明晰的与职业有关的自我概念。所谓职业锚，就是指当一个人不得不作出选择的时候，他或者她无论如何都不会放弃职业中的那种至关重要的东西或者价值观。

3. 职业管理与第一次职业选择

1) 职业管理指南

了解雇员的职业兴趣、职业锚以及他们的技能，然后将他们放到最合适的职业轨道上去，这种做法是运用"人事"功能来帮助雇员实现个人成长和自我发展需要的途径之一。

2) 避免现实的冲击

在一个人的整个职业生涯中，再也没有哪个阶段像他们初次进入组织时那样更需要组织将他们的职业发展情况考虑在内。在这一阶段，雇员们被招募、雇佣并第一次被分配工作和认识上级。对于雇员来说，在这个阶段上，他或她必须建立一种自信的感觉、必须学会与第一个上级以及同事们相处；必须学会接受责任，然后最重要的还是对自己的才能、需要以及价值观是否与最初的职业目标相吻合进行审视和判断。换言之，对于新雇员来说，这是一个(也应当是一个)现实测试时期，在这期间，他或她的最初期望或目标第一次面对组织生活的现实，并且第一次与自己的能力和需要面对面碰在一起。

对于许多第一次参加工作的人来说，这可能是一个比较痛苦的时期，因为他们天真地期望第一次要面对现实的组织生活的冲击。比如，年轻的工商管理硕士们和注册会计师们可能满怀希望去寻找第一份富有挑战性的、激动人心的工作，他们希望这种工作能为他们发挥自己在学校所学的新技术、证明自己的能力以及获得提升提供大量机会。然而，在现实社会中，他们常常会苦恼地发现，自己被委派到一种并不重要的低风险工作岗位上，在这里，他或她"在刚刚开始工作的时候就根本不会遇到任何麻烦"；或者遇到更严酷的现实，马上陷入错综复杂的部门间冲突和政治斗争；或者是遇到一位使人感到丧气的上级，这个上级可能既不值得你为他工作，而且本人也从未受过任何关于如何成为新雇员的良师益友的技能方面的特殊培训，而这种技能在监督指导新雇员时恰恰是十分重要的。现实冲击(reality shock)是指通常发生于一个人开始职业的最初时期的一种阶段性的结果，在这一时期，新雇员的较高工作期望所面对的却是枯燥无味和毫无挑战性可言的工作现实。

3) 提供一个富有挑战性的最初工作

大多数专家都认为，组织能够做的最重要的事情之一就是争取做到为新雇员提供的第一份工作是富有挑战性的。比如，在一项以美国电报电话公司(AT&T)的年轻管理人员为对象的研究中，研究者发现，这些人在公司的第一年所承担的工作越富有挑战性，他们的工作也就越显得有效率、越成功，即使是到了五六年之后，这种情况依然存在。霍尔根据自己的研究指出，提供富有挑战性的起步工作是"帮助新雇员取得职业发展的最有力的然而并不复杂的途径之一"。然而在大多数组织中，提供富有挑战性的工作似乎并不是一种普遍的事实，反倒更像是一种例外情况。比如，在以研究开发性公司为对象的调查发现，在22个公司中，只有1家公司有正式的向新雇员提供富有挑战性工作的政策。而这正如一位专家所指出的，如果考虑到在招募、雇佣和培训新雇员过程中所花费的大量精力和金钱，我们将不难看出，这是一个多么"巨大的管理失误"。

4) 在招募时提供较为现实的未来工作展望

最大程度地降低现实冲击并提高新雇员的长期工作绩效的有效途径之一是在招募时就已经向被招募者提供较为现实的关于未来工作的描述，使他明白，如果自己到组织中来工作，估计能够得到哪些方面的利益。施恩指出，新雇员(以及组织)在初进组织阶段所面临的一个最大问题就是在一种"双向买卖关系"中获得(关于对方的)精确信息。在面试阶段(急于网罗到高素质候选人)，招募者和求职者往往都会发出不真实的信息(急于将自己优秀的一面表现给招募者)。很自然地，在发出不真实信息的同时，他们也都会接收到对方所提供的不真实信息。其结果是，面试主考人员对求职者的职业目标可能形成较为不真实的印象，而求职者对组织也形成了一种较好的但也许是不现实的印象。

对未来的工作进行较为现实的展示能起到的重要作用表现在，它能够显著地提高那些被雇佣来从事相对较为复杂工作的雇员(比如见习管理人员、销售人员、人寿保险代理人员等)长期留在组织中的比例。这种做法已经被丰田公司和萨顿公司等一批企业成功地加以使用，这些企业坚持向被招募来从事装配工作的新雇员展示他们未来的工作是什么样子以及在企业中工作所接触的环境条件是怎样的。

5) 对新雇员严格要求

在新雇员与其上级之间往往存在一种"皮革马利翁效益(Pygmalion effect)"。换言之，你的期望越高，你对自己的新雇员越信任、越支持，那么你的雇员干得就越好。因此，"不要将一位新雇员安排到一位陈腐的、要求不高的或者不愿提供支持的主管人员那里。"相反，在一位新雇员开始探索性工作的第一年中，应当为他或她找到一位受过特殊训练、具有较高工作绩效并且能够通过建立较高工作标准而对自己的新雇员提供必要支持的主管人员。

6) 以职业发展为导向的工作绩效评价

埃德加·施恩说，主管人员必须明白，从长期来看，向上级提供关于自己所属雇员工的工作绩效评价的有效信息是十分重要的，不能因为保护直接下属的短期利益而提供不实的信息。因此，他说，主管人员需要将有关被评价者的潜在职业通路的信息加以具体化——换句话说，主管人员需要弄清楚自己正在依据何种未来工作性质来对下属人员的工作绩效进行评价，以及下属雇员的需要是什么。

7) 鼓励进行职业规划活动

组织还应当采取步骤,加强雇员们对他们自己的职业规划和开发活动的参与。比如,有些组织正在尝试开展一些活动来使雇员意识到对自己的职业加以规划以及改善自己的职业决策的必要性。在这些活动中,雇员可以学到职业规划的基本知识、一个人的职业生涯可以划分为哪几个基本阶段,并有机会参与各种以明确自己的职业锚为目的的活动以及形成较为现实的职业目标等。类似的,组织还越来越多地举行一些职业咨询会议,在这种会议上,雇员和他们的主管人员将根据每一位雇员的职业目标分别来评价他们的职业进步情况,同时确认他们还需要在哪些方面开展职业开发活动。

4. 晋升与调动的管理

1) 晋升决策

组织要求作出的与晋升有关的决策一共有三种,作出这些决策的方式将影响雇员的工作动力、工作绩效以及献身精神的强弱。

(1) 以资历为依据还是以能力为依据。

在做出是否提升某人的决定时所遇到的最重要决策也许是:是以资历为依据还是以能力为依据,或者是以两者某种程度的结合为依据。从激励的角度来说,以能力为晋升依据是最好的。然而,能否将能力作为唯一的晋升依据将取决于多种因素,其中最需要注意的是,以美国为例,组织中是否有工会以及组织是否受联邦公务员委员会基本管理原则的限制。工会合同中通常包含有在晋升时强调资历的条款,比如:"在需要提升雇员到工资更高的工作岗位上时,如果雇员的工作能力、工作绩效以及合格性是相同的时候,应当优先考虑具有较深资历的雇员。"尽管这看上去为那些资历较浅(但是能力稍强)的人提供了一个晋升到高工资岗位的机会,但是劳动争议仲裁人员却通常会说,在有这种条款制约的情况下,只有当两位雇员在能力上有显著差别的情况下,组织才能考虑优先晋升资历浅者。比如,在一个劳动争议案件中,仲裁者判定,只有当一位资历较浅的雇员在能力上比资历较深的雇员"高出一头"时,组织才能忽略资历因素。

(2) 如何对能力进行衡量。

当晋升是以能力为依据的时候,组织还必须决定如何对能力加以界定和衡量。对过去的工作绩效进行界定和衡量是一件很容易的事情:工作本身的界定是清楚的,工作目标也已经确定下来,只要运用一两种评价工具来对雇员的工作绩效加以记录就可以了。但是,在进行晋升决策时,还要求对雇员的潜力作出评价,这样,组织就必须制定一些有效的程序来预测候选人的未来工作绩效。

许多组织只是运用过去的工作绩效作为标准来简单地推断或者假定他或她在新的工作岗位上仍然能够顺利完成各项工作任务。这是可以应用的一种最简单的做法。另一方面,一些组织运用测试的方法来评价雇员的可提升性,判断这些雇员在管理方面的发展潜力。还有一些组织则运用评价中心技术来评价候选人的管理潜力。

(3) 晋升过程正规化或者非正规化。

当组织决定以能力为晋升依据时，还必须决定晋升过程应当是一个正规的过程，还是一个非正规的过程。许多组织仍然依靠非正规渠道来提升雇员。在这些组织中，是否存在空缺职位以及空缺职位的要求是什么往往是保密的。于是，晋升决策往往是由组织的主要管理人员从他们所认识的雇员中或者是从某些给他们留下过印象的雇员中挑选出来。但这种做法的问题在于，在组织不能让雇员知道组织还有什么样的职位空缺、晋升的标准是什么，以及晋升决策如何作出的情况下，工作绩效和晋升之间的关系就被卡断了。晋升作为一种奖励的绩效就大大降低了。

因此，许多组织制定并发布了正规的晋升政策和晋升程序。在这种情况下，组织通常向雇员提供正式的晋升政策解释，详细说明雇员获得晋升的资格是什么。这表示，空缺职位及其对从业者的要求都将公布出来被传达到每一位雇员。对于需要保持有成百上千雇员在内的人才库的组织来说，计算机化的信息系统显然是非常有用的。这种做法的净效应是两方面的：组织确保在出现空缺职位时，所有合格的雇员都能被考虑到；在雇员的脑子里，晋升成为一种与工作绩效紧密相连的奖励。

2) 调动的管理

(1) 调动的原因。

调动通常意味着在不改变薪资或者薪资等级的情况下从一种工作换到另一种工作。发生工作调动的原因有几种。雇员个人可能会从以下几个方面的愿望出发要求调动工作：丰富个人的工作内容、从事自己更感兴趣的工作、从事能够为个人提供更大便利条件的工作或者追求能够提供更大发展潜力的工作等。从组织这方面来说，也有可能因以下几种情况而调动雇员的工作：将员工从一个不需要人手的工作上调往需要人手的工作上、留住资深雇员(将在另外一个部门中资历较浅的某一位雇员调来)或者是在组织内为某一位雇员找到更为适合的工作。最后，许多组织还热心于通过减少管理层级来提高生产率。调动就越来越成为许多组织为那些在组织中无法得到晋升的雇员提供工作多样化的机会，从而实现自我成长的机会。

(2) 对家庭生活的影响。

要么是为了使雇员获得工作范围更宽的职位，要么是为了满足组织填补空缺职位的需要，许多组织都有按常规将雇员从一地调往另一地的政策。然而，这种简单化的调动政策常常是雇员们所不愿的。这一方面是因为地理上的迁移往往会给雇员带来一些成本，另一方面是因为人们一般认为频繁地调动工作对雇员的家庭生活会产生不良的影响。

尽管研究结果表明，对于流动家庭和稳定家庭的人来说，在一些主要的方面都并未出现太大的差别。但是在流动工作群体中几乎没有哪一个家庭认为流动是一件容易的事。不过这些家庭几乎在所有的方面都与稳定家庭表现出同样的满意感，除了社会关系这方面。但是，一个很显然的事实是，即使是与几年前相比，在今天，对地理上的迁移加以抵制的人是越来越多了。

5. 培养雇员的献身精神

1) 帮助雇员自我实现

当你试图自问:根据自己的技能、天资以及梦想,我是否已经完全实现了自己所能达到的成就的时候以及开始痛恨阻止自己达成个人目标的组织的时候,你就已经到了一个非常关键的时刻。很少有哪种需要能够比实现自己的梦想、充分发挥才能,取得与他们的能力相称的成就这种需求更为强烈。那些未能满足雇员这方面需要的组织,往往会失去他们最优秀的雇员,或者会导致雇员越来越愤懑、越来越不满,献身精神越来越差。心理学家亚伯拉罕·马斯洛提出,人的最终需要就是"越来越接近自己希望的那个样子,越来越变成自己能够成为的那种人"。赢得雇员的献身精神的一个关键因素就是帮助他们完成自我实现——使他们都充分发挥自己的潜能并且获得成功。

然而遗憾的是,许多组织不仅不努力帮助雇员满足他们的这种需要,反而对雇员的这种需要横加干涉。克里斯·阿基里斯认为(Chris Argyris)认为,正如一个健康的人必然要逐渐成熟并变成一个大人一样,他们也同样要逐渐地向一种越来越活跃、越来越独立、兴趣越来越强烈的境界演化。随着一个人从具有孩子特征的服从角色逐渐演变成具有成熟的成人特点的平等角色或者监督角色,他们对自己的行为也会越来越有所意识,同时对自己行为的控制力也越来越强。阿基里斯说,一般组织的典型做法是提供短期的工作、实行独断的监督、只给予雇员相对较少的发展机会,而这种做法实际上是通过迫使雇员成为一个具有依赖性的、消极的、服从的角色来阻碍雇员完成上述成熟过程。

2) 退休

对于大多数雇员来说,退休是一个苦乐参半的经历。对于某些人来说,退休是他们职业生涯的顶点,退休意味着他们能够放松下来,享受自己的劳动果实,同时又不需要再为工作上的问题操心着急。然而,对于另一些人来说,退休也可能是一种痛苦,因为忙碌了一生的雇员在突然之间不得不面对每天无所事事地待在家中这种陌生的、"没有生产率"的生活。

事实上,对于许多退休者来说,在不从事全日工作的情况下维护一种归属感和自我价值感是他们需要面对的一项最为重要的任务。因此,许多组织越来越注重帮助自己的退休雇员来对付这一问题,因为这是职业管理过程在逻辑上的最后一个步骤。

阅读材料

苹果公司是如何培训员工的

问:何为"天才"的工作职责?
答:教导(Educates)。

苹果公司(Apple Inc.)是美国一家高科技公司，由美国苹果电脑公司(Apple Computer Inc.)于2007年更名为苹果公司，总部位于美国加利福尼亚州库比蒂诺。下面一起看下苹果公司是如何培训员工的？

苹果公司培训方式：天才训练营

一个人从入职新人到成为一名身着蓝衣的"天才吧"天才，要先参加为时两周的"天才训练营"。训练营内，新职员要经历一系列严厉的考验，包括大量杂碎的训练项目。有"诊断设备的使用(Using Diagnostic Services)""组件绝缘(Component Isolation)"和"同理心的神奇力量(The Power of Empathy)"等。没错，苹果就是要在这样一个项目内为新员工搭建起自助性小组，以完成对员工的技术性与心理学教育。在"天才培训手册"的第七页，记载着一大堆"什么是(What)"和"怎么样(How)"。比如：

问：如何教导(顾客)呢？

答：要温文尔雅、要有主人翁思想、要有同理心、要为顾客提出建议、说话要有说服力、争取让顾客点头。

总而言之，就是与顾客产生共鸣，把产品推介出去，把交易拿下。

我们可以发现苹果在给每一个即将走进"天才吧"的员工做心理培训，这和Apple Store的环境有着紧密的联系。与其他的零售店相比，Apple Store员工的一大工作职责就是让每一个顾客过得开心。当然，作为一个以买卖为主的消费场所，顾客的好心情自然会转化为苹果在零售上的成功。

苹果公司培训方式：主导销售

在"天才培训手册"的第39页上用极为浅显的方式记载着"天才"在销售过程中的职责，并对其应有的技能、行为以及价值观进行了详述。苹果将销售行为总结进五个关键词：接触(Approach)、了解情况(Probe)、展示(Present)、倾听(Listen)以及完成销售(End)。

直观地说，"天才"的职责是通过沟通让顾客打开心扉，说出内心的需求，从而把适合顾客的产品和服务推介出去，对此再继续倾听顾客的反馈，直到顾客决定购买。手册上清晰写着："我们引导每次交流""我们强化与顾客的情感联结""我们帮助顾客探索对产品的需求""我们丰富顾客的生活""我们凭着自己的主观能动性确保一切进展顺利"。

苹果公司培训方式：同理心(Empathy)

同理心一词在这本培训手册中无数次地出现，它的重要性早就被无数销售人员知晓，并且被应用在几乎所有与人接触的岗位上。苹果就这点对"天才"的鼓励是"把自己当作顾客，让他们向前走一英里"。当然，一英里的尽头是他们的POS机。手册上用黑体加粗写着："同理心是让顾客感到你能体会他们内心的感受。"苹果要求自己的员工在遭遇顾客的不满时不要去直接地表示道歉，培训手册里给出了标准答案："你的遭遇真是太不幸了""你现在心里不好过我很明白，对此我也很不好受。"

当然，这些小伎俩也可以被应用到哄女朋友身上。当你的女朋友因为某事和你闹不愉快时，不要说"我错了"，这样只会让事情更糟。你应该学学秘籍里教的："我知道你很难过，我也很难过。"

面对顾客的不满，书里甚至给出了标准的应答模式，归纳为"3F"：感觉(Feel)，以前也觉得(Felt)和后来我发现(Found)。

举例如下：

顾客：Mac 怎么这么贵啊？

"天才"：我知道你为何会有这样的"感觉"，我"以前也觉得"这玩意太贵了。不过"后来我发现"，就这配置，就这内置的软件，这个价格真是杠杠的，买一台赚半台。

这种策略是同理心在对话中标准的应用，销售人员与顾客完全互换了位置。无论 Mac 的价格是高是低，至少"天才"以消费者的身份发现了"买一台赚半台"。

苹果公司培训方式：察言观色

在手册的第 45 页详尽记载着每一个语言动作所代表的用户心理(看过 Lie to me 吧？)。有了它，即使是喵星人也能知道主人现在的心情如何。在洞悉客户心理之余，这些信息还能帮助"天才"们在交流时保持优雅的个人姿态，保证交谈的良好气氛。手册内将情感分为"积极"和"消极"两类并列举出具体体态动作。当顾客"两眼放空"时表明他有些无聊烦闷；当顾客表现出微笑时表明他是开放乐观的；如果顾客背抵着椅子，交叉脚踝或是握紧拳头就表明他有些防备。还有一些不那么尽然的判断，比如用舌头发出咯咯声(cluck sound)代表自信，解开外套纽扣代表开发，揉鼻子代表质疑和逃避感，手放臀部代表进攻性强，斜视代表疑心重。(大家可以去 Apple Store 试试反应)

苹果公司培训方式：注意言辞

手册内要求员工不允许使用任何与同理心相悖的词汇，并且在第 80 页内明确标明哪些词汇是"不予使用"的，哪些词汇是"尽量不要使用的"，而哪些词汇是"推荐使用"的。注意措辞的一大好处是能够转移客户对实质问题的注意力，同时还可以稳定顾客不安或焦躁的情绪。苹果认为面对因操作失当顾客而找上门的顾客时，"发现(turns out)"是最好的应答语。册中 82 页给出了例子：

顾客：你看这个操作系统根本就不兼容！

"天才"：您稍等，我看看。我们可以"发现"换个版本问题就解决了。

这个细节是苹果关注顾客体验的一个非常好的截面。苹果让顾客感到自己永远不存在犯错的情况，自己只是"还没有发现"罢了。手册还在第三十页给出了很多与顾客交流时忌讳使用的词语，"崩溃(crash)""故障(bug)"都难逃其列。

电脑崩溃了吗？不能这样说，电脑只是停止响应了。软件是不是有故障？不能这样说，软件只是遭遇了一些麻烦，或是碰到了一些情况。苹果的产品会发热发烫吗？不能这样说，某款产品最多是比较温暖罢了。

这样的规定似乎带有粉饰太平的性质，但的确能够帮助稳定顾客的情绪。当然，问题要能得到解决才是最关键的。

苹果公司培训方式：同事之间大胆提出意见

在手册的第 58 页，苹果将这种对话模式定义为"同事间积极的日常谈话模式"，这种言语模式被认为是同理心和主观能动性的表现。手册第 60 页给出了一个活生生的例子。当然，你看完后也会有些质疑。

员工甲："亲，你刚才在处理顾客问题的时候我有幸围观了。我有一些想法，不知道你有没有这个闲工夫听一听？"

员工乙："恩，正好现在不忙。"

员工甲："你刚才处理那个 iPhone 问题顾客时做得很不错，不过我觉得你好像有些敷衍了，顾客似乎还有些没有解决的问题。"

(对话持续了数分钟)

员工甲："很感谢你听取了我的意见！如果你以后这方面的事还是处理不好可以向我咨询，当然，有其他问题我也乐意帮助！"

员工乙："你能提出意见我真是太感谢了！"

当然，这种形式的对话放在工作中似乎也并不恰当，也有"天才"表示这样的对话模式在现实之中并不常出现。"这让人感觉很不爽，怎么他是老板吗？"

虽然这套对话模式并不现实，但苹果依旧坚持以此为模板培训自己的员工。苹果认为，如此的对话模式是苹果零售系统文化的一个很好的体现。

(资料来源：客道巴巴，http://www.doc88.com/p-311765763758.html)

本 章 小 结

培训(training)就是给新雇员或者现有雇员传授其完成本职工作所必需的基本技能的过程。在组织中，员工培训的内容是围绕工作需要和提高工作绩效展开的。

培训需求分析第一要素是明确培训是否是解决问题的手段。有些问题可以通过培训解决，有些则不能。培训需求分析可分为三个层次：组织分析、任务分析和个人分析。

培训计划一般由四个步骤构成：培训需求分析、培训计划制订、培训计划实施、培训效果评估。更具体一些也可以把培训的程序划分为五个阶段：培训需求分析、培训计划制订、培训计划确认、培训计划实施以及培训效果评估。

培训的主要方法有：在职培训法、讲座、工作指导培训、读写能力培训技术、视听化培训、程序化教学、新雇员培训或模拟培训、计算机辅助培训以及远程培训等。

培训计划效果评价要确定两个基本问题：一个是关于评价研究的设计，特别是是否要采用控制组实验；二是要评估什么培训效果。

管理人员开发旨在为组织未来的工作或者解决有关整个组织的问题，如部门间沟通不足问题而配置雇员。管理人员开发过程包括两项基本任务：(1)人员(管理人员)规划与预测；(2)管理人员需求分析与开发。

管理人员的在职培训包括工作轮换、辅导与实习、初级董事会、行动学习。脱岗开发的基本方法包括案例研究法、管理游戏、外部研讨会、大学项目、角色扮演、行为示范、企业内部开发中心。

职业管理的关键在于弄清楚员工到底希望从职业中得到什么；员工的优势与局限是什么；员工的价值观是什么；以及它们与员工正在考虑的备选职业是否匹配。

在员工职业管理过程中，若要进行晋升决策，组织必须选择是以资历为依据晋升还是以能力为依据晋升，是制定正式的晋升制度还是采取非正式的晋升办法，以能力为依据晋升该如何对能力进行衡量。

名人名言

1. 在新经济时代，知识不仅仅是与土地、人力及资本这些传统资源并存的另一类资源，而且是当今唯一有意义的资源。——彼得·杜拉克

2. 你可以拒绝学习，但你的竞争对手不会。—— 杰克·韦尔奇

3. 打败竞争对手最有效的手段就是比对手学得更快！——松下幸之助

4. 培训很贵，但不培训更贵。——松下幸之助

5. 有教养的头脑的第一个标志就是善于提问。——普列汉诺夫

6. 培训是最大的福利。企业最重要的事就是培训，如果不能把你的员工培训到你想达到的标准，你就难以达成目标。——牛根生

7. 培训，就是培养在前，训练在后。培养是内在的、长久的、观念的，训练是外在的、一时的、技巧的。只培不训如纸上谈兵，只训不培如无本之木。——马丁

(扫一扫，获取自测题)

(扫一扫，获取扩展阅读资料)

第六章 激 励

【教学要求】

知识要点	能力要求	相关知识
激励概述	(1) 理解激励的含义。 (2) 运用激励过程、作用分析激励原理的能力	(1) 激励的概念。 (2) 激励的过程。 (3) 激励的作用
人性的假设	运用人性假设分析管理问题	(1) 经济人假设。 (2) 社会人假设。 (3) 自我实现人假设。 (4) 复杂人假设
内容型激励理论	(1) 理解理论的内涵。 (2) 结合实际运用理论分析管理问题	(1) 马斯洛的需要层次理论。 (2) 赫茨伯格的双因素理论。 (3) 奥尔德弗的 ERG 理论。 (4) 麦克利兰的成就需要理论
过程型激励理论	(1) 理解理论内涵。 (2) 结合实际运用理论分析管理问题	(1) 弗鲁姆的期望理论。 (2) 亚当斯的公平理论
行为修正型激励理论	(1) 理解理论内涵。 (2) 结合实际运用理论分析管理问题	(1) 斯金纳的强化理论。 (2) 亚当斯的挫折理论。 (3) 韦纳等人的归因理论
当代激励理论的综合	(1) 运用波特-劳拉综合激励模式分析管理现实问题。 (2) 理解各种激励理论之间的关系	波特-劳拉综合激励模式

【关键概念】

激励 经济人假设 社会人假设 自我实现人假设 复杂人假设 需要层次理论 X-Y 理论 双因素理论 ERG 理论 成就需要理论 期望理论 公平理论 强化理论 归因理论 挫折理论

导入案例

驴子与胡萝卜

农夫既想节省胡萝卜而又想让驴子行进,于是,就想了一个办法:把胡萝卜绑在一根棍子上,再把绑着胡萝卜的棍子捆在驴子身上,让胡萝卜摇摇晃晃地挂在驴子的鼻子前,引诱驴子。

驴子为了吃到胡萝卜，就往前跨进一步，但是因为棍子是捆在驴子身上的，于是驴子前进一步，胡萝卜也就前移一步，嘴越要咬，脚越会赶，不知不觉中就往前走了。

 思考：

每个员工都有自己想要的东西，要让员工努力工作，管理者就得研究员工的需要，给其想要的东西，这样才能调动员工的积极性。

(资料来源：姜洪洲科学网博客，http://blog.sciencenet.cn/blog-333510-435871.html)

第一节　激　励　概　述

组织是由人组成的，组织之间的竞争归根结底是人才之间的竞争。如何通过激励手段激发人的潜能以加强组织的竞争力，成为所有管理者每天必须思考的问题。然而美国学者研究却发现，按时计酬的职工一般仅发挥20%～30%的能力，即可保住职业而不被解雇。如果能受到充分的激励，职工的能力则可发挥到80%～90%。这巨大的差距就是激励的作用。

 特别提示

激励属于心理学和行为科学领域，为了更好地理解和运用激励原理，需要课外更多地涉猎心理学及行为科学方面的知识。

一、激励的内涵

激励来源于拉丁文的动词 movere，其含义是移动。管理学中所讲的激励是激发和鼓励之意，激发是对人的动机而言，鼓励则是对人的行为趋向加以控制。激励实际上是一个针对所激励对象的需要，采取外部诱因对其进行刺激，并使被激励对象按激励实施者的要求行动的心理过程。通俗地讲，激励就是调动员工积极性的过程。

管理学中的激励属于心理学和行为科学领域。激励作为一种内在的心理活动过程或状态，是没有直接观察的外部形态的。但是，由于激励对人的行为具有驱动和导向作用，因此又可以通过行为的表现及效果对激励的程度进行推测。

综上所述，所谓激励，就是管理者通过各种内部和外部的管理手段，刺激人的需要，激发人的动机，使人产生一种内在的驱动力，从而调动其积极性、智慧和创造力，努力朝着管理者所期望的目标前进的心理活动过程。

二、激励的过程

根据心理学所揭示的规律，人的一切行动都是由某种动机引起的，动机是人类的一种精神状态，它对人的行动起激发、推动、加强的作用。而动机又产生于人们未满足的需要，所谓需要，是指人们对某种目标的渴求和欲望。每个人总有自己未满足的需要，这种未满足的需要是产生行为的原动力。当人们的需要未得到满足时，内心就会产生不安与紧张状态，这种心理紧张就成为一种内在的驱动力，即动机。当动机积累到一定程度，人们就会采取行动以消除这种紧张的心理。这种行为就是组织所希望的工作，行为的结束会产生双重效应：一是组织目标的实现，组织会支付报酬，这种报酬会更加强化人们的动机，从而促进组织希望的行为继续出现；二是个人需要的满足，当个人需要得到满足后，心理紧张消除，在内外部刺激下会产生新的未满足的需要，开始新一轮的激励。这样周而复始，使人们不断地向组织所希望的目标前进。激励过程如图6.1所示。

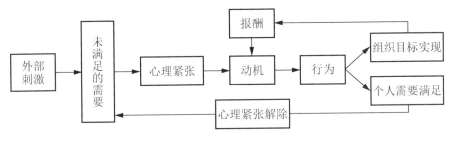

图 6.1 激励过程

从图 6.1 中可以看出，一个完整的激励过程包括以下几个要素。

1. 需要

需要是指人们在生存与发展的过程中，感到欠缺某种条件而又力求满足时的心理状态，如饥饿会促使人们寻找食物、孤独会使人寻求关心等。未满足的需要是形成人的行为动机的根本原因。对需要的含义，可以从以下几个方面理解。

(1) 需要是客观需求在主观上的反应。人们通过社会比较，意识到自己缺乏某种东西，同时主观上又迫切地想得到它，就形成了需要。如果只是感到缺乏，而没有力求满足的愿望，也不能形成需要。

(2) 需要都是有客观对象的。需要的对象不外乎两大类：物质需要、精神需要。

(3) 人的需要受环境的影响。需要是社会比较的结果，必然受到社会环境的影响，在不同的社会环境中，人的需要是不一样的。例如，某人的同事都喜欢周末结伴骑车出游，他就有买自行车的需要；某人的同学都考上了研究生，他就有了继续深造的需要。

(4) 需要是人类行为的心理基础，是行为的内动力源泉。人们之所以付出艰辛的努力采取某些行动，是为了追求需要的满足。内心的需要越强烈，所采取的行动就越坚决、越持久。

(5) 人的需要是多样而复杂的。人的需要是多种多样的，既有物质的也有精神的，既有经济的也有社会的，既有主导需要也有次要需要。

(6) 人的需要是变化的。人的需要是因人而异、因时而异、因事而异的，是随时随地处于变化中的,这一特点既使通过引导改变人的需要成为可能,又给判断人的需要提出了难题。

2. 动机

动机是建立在需要的基础上的。动机是鼓励和引导一个人为实现某一目标而行动的内在力量,是一个人产生某种行为的直接原因。动机产生的根源是人为了满足某种需要而产生的紧张的状态。当人们产生某种需要而未能满足时,就会引起人们的欲望,这种欲望会使人处于一种不安和紧张状态,从而成为某种行为的内驱力。心理学上把这种内驱力称为动机。一个人是否愿意从事某项工作及工作积极性的高低,完全取决于他是否具有从事这项工作的动机及动机的强弱。

动机产生有两个原因:驱力、诱因。驱力是指人的内在需要和愿望,诱因是指外部刺激。其中驱力是产生动机的根本原因,诱因是产生动机的外部条件。

3. 外部刺激

外部刺激是指在激励过程中,人们所处的外部环境中各种影响需要的条件和因素,是产生需要的外部诱因。在组织管理中,外部刺激主要是管理者为实现组织目标而对被管理者所采取的各种管理手段和所营造的各种管理环境。

4. 行为

管理学中的行为是指人的机体在环境影响下所引起的内在生理和心理变化的外在反应。如前所述,人的行为是建立在需要和动机的基础上的,即需要产生动机,动机促成行为。动机对于行为意义重大,表现在三个方面:一是始发功能,即动机是推动行为的原动力;二是选择功能,即动机决定个体的行为方向;三是维持和协调功能,当行为达成目标时,相应的动机会强化,促使行为持续下去,相反,目标没有达成,动机就会减弱,行为的积极性就会降低甚至停止。

需要注意的是,并不是每个动机都必然会引起行为,这取决于两个方面:一是动机的多少,在多种动机下,只有优势动机才会引发行为;二是动机的强弱,动机必须积累到足够的强度才能引发行为。管理者需要做的是想方设法引导、开发、迎合员工的需要,强化员工的动机,刺激员工产生有利于组织的行为。

三、激励的作用

激励的作用体现在以下四个方面。

1. 有利于组织目标的实现

组织目标的实现需要包括资金、设备和技术等多种因素的支持,但最关键的是人,组织的目标是由人的行为来实现的，而人的行为则是由积极性推动的。若没有人的积极性或积极性不高，再雄厚的资金、再先进的技术都无法保证组织目标的真正实现。那么积极性从何而来呢？又如何使已有的积极性继续保持呢？答案是激励。著名的美国通用食品公司总裁 C. 弗朗克斯曾说："你可以买到一个人的时间，你可以雇用一个人到指定的岗位工作，你甚至可以买到按时或按日计划的技术操作，但你买不到热情，你买不到主动性，你买不到全身心的投入……"而激励却能做到这些，从而有利于组织目标的实现。

2. 有利于开发人的巨大潜能

除了日常所表现的能力之外，人的身上还存在着许多尚未表现出来或发掘出来的能力，这就是潜能。人的潜能是惊人的。根据美国哈佛大学詹姆斯教授的一项研究发现：一般情况下，人们只需要发挥 20%～30% 的能力就能应付自己的工作，但如果给予他们充分的激励，其能力就能发挥到 80%～90%，甚至更高，并能在工作中始终保持高昂的热情。从而可以看出，平时状态中的能力只相当于激励状态下的 1/3 或 1/4，或者说，激励能激发人的 3～4 倍于平时能力的潜能，由此可见激励的重要性。

3. 有利于引导组织中个人目标与组织目标的统一

组织中的个人都有其个人目标和个人需要，这是保持其行为的基本动力。个人目标和组织目标之间既有一致性又存在许多差异，这就产生了矛盾。当个人目标与组织目标一致时，个人目标有利于组织目标，但当两者发生背离时，个人目标往往会干扰甚至阻碍组织目标的实现。这时组织可以通过激励强化那些符合组织要求的行为，惩罚那些不符合组织要求的行为。以个人利益和需要的满足为基本作用力促使个人原有行为方向或方式的调整和转变，从而引导组织中的人把个人目标统一于组织目标之中。

4. 有利于提高组织成员的社会责任感和自身素质

通过对优秀人物和先进事件的表扬及奖励、对不良行为的批评和惩罚，激励能起到一种示范作用，引导组织成员提高自己对社会要求和组织要求的认识，树立正确的人生观、是非观、价值观等，并用于监督和约束自己的思想和行为。激励还具有激发成员荣誉感和羞耻感、培养成员积极的进取心和坚强意志的作用。这些有利于提高成员的社会责任感和自身素质。

第二节 人性的假设

在日常管理实践中，管理者采取什么样的激励手段，与管理者对下属的人性假设有很大的关系，所以在研究激励理论之前，有必要先介绍一下有关人性假设的相关内容。

美国管理学家埃德加·沙因综合了梅奥的人际关系学说、麦格雷戈的 X-Y 理论和马斯洛的需要层次理论，加上自己的观点，提出以下四种关于人的本性的假设：经济人假设、社会人假设、自我实现人假设和复杂人假设。

 知识链接

埃德加·沙因是美国麻省理工学院斯隆商学院的教授，1947年毕业于芝加哥大学教育系，1949年在斯坦福大学取得社会心理学硕士学位，1952年在哈佛大学取得博士学位，此后一直任职于麻省理工学院斯隆商学院。在组织文化领域中，他率先提出了关于文化本质的概念，对文化的构成因素进行了分析，并对文化的形成、文化的变化过程提出了独创的见解。埃德加·沙因是在国际上享有盛誉的实战派管理咨询专家，"企业文化"一词被业界公认为是由他"发明"的。

(资料来源：搜狗百科，http://baike.sogou.com/v5921943.htm)

一、经济人假设

1. 经济人假设的含义

经济人假设起源于英国经济学家亚当·斯密的关于劳动交换的经济理论。亚当·斯密认为，人的本性是懒惰的，必须加以鞭策；人的行为动机源于由经济和权力维持的员工的效力和服从。

美国工业心理学家麦格雷戈在他的《企业中人的方面》(1960)一书中，提出了两种对立的管理理论：X理论和Y理论。其中X理论就是对经济人假设的概括。

经济人假设认为，人是经济人，经济人就是以完全追求物质利益为目的而进行经济活动的主体，人都希望以尽可能少的付出，获得最大限度的收获，并为此可不择手段。经济人的意思为理性经济人，也可称实利人。这是古典管理理论对人的看法，即把人当做经济动物来看待，认为人的一切行为都是为了最大限度地满足自己的私利，工作的目的只是为了获得经济报酬。

2. 相应的管理措施

根据经济人假设，管理者必然会采取相应的管理措施，可以归纳为以下三点。

(1) 管理工作的重点在于提高生产率、完成生产任务，而对于人的感情和道义上应负的责任，则是无关紧要的。简单地说，就是重视完成任务，而不考虑人的情感、需要、动机、人际交往等社会心理因素。从这种观点来看，管理就是计划、组织、经营、指导、监督。这种管理方式称为任务管理。

(2) 管理工作只是少数人的事，与广大工人群众无关。工人的主要任务是听从管理者的指挥。

(3) 在奖励制度方面，主要是用金钱来刺激工人的生产积极性，同时对消极怠工者采用严厉的惩罚措施,即"胡萝卜加大棒"的政策。

3. 对经济人假设的评价

经济人假设曾盛行于 20 世纪初到 30 年代的欧美企业管理界。这种理论改变了当时放任自流的管理状态,加强了社会对消除浪费和提高效率的关心,促进了科学管理体制的建立。这对我国目前的管理实践有一定借鉴作用。但经济人假设也有很大的局限性。

(1) 经济人假设是以享乐主义哲学为基础的,它把人看成完全理性的、天生懒惰而不喜欢工作的自然人。这是 20 世纪初个人主义价值观点统治思想的反映,泰勒从企业家与工人都有的赢利心来寻求提高效率的根源,把人看成机器。这与马克思主义的人是社会的人、人的本质就是社会关系的总和的观点是相对立的。

(2) 经济人假设的管理是以金钱为主的机械的管理模式,否认人的主人翁精神,否认人的自觉性、主动性、创造性与责任心。经济人假设认为,由于人是天性懒惰的,因而必须采用强迫、控制、奖励与惩罚等措施,以便促使人们达到组织目标。

(3) 经济人假设认为,大多数人缺少雄心壮志,只有少数人起统治作用,因而把管理者与被管理者绝对对立起来,反对工人参与管理,否认工人在生产中的地位与作用,其人性观是完全错误的。

二、社会人假设

1. 社会人假设的含义

社会人假设的理论基础是人际关系学说,社会人又称社交人。社会人假设最早来自于梅奥主持的霍桑实验(1924—1932)。梅奥认为,人是有思想、有感情、有人格的活生生的社会人,人不是机器和动物。作为一个复杂的社会成员,金钱和物质虽然对其积极性的产生具有重要影响,但是起决定因素的不是物质报酬,而是职工在工作中发展起来的人际关系,之后又经英国塔维斯托克学院煤矿研究所再度验证。后者发现,在煤矿采用长壁开采法先进技术后,生产力理应提高,但由于破坏了原来的工人之间的社会组合,生产力反而下降了。后者吸收了社会科学的知识,重新调整了生产组织,生产力就上升了。这两项研究的共同结论是人除了物质需要外,还有社会需要,人们要从社会关系中寻找乐趣。

 **知识链接**

乔治·埃尔顿·梅奥于 1880 年出生于澳大利亚的阿德莱德,20 岁时在澳大利亚阿德莱德大学取得逻辑学和哲学硕士学位,应聘至昆士兰大学讲授逻辑学、伦理学和哲学,后赴苏格兰爱丁堡研究精神病理学,对精神上的不正常现象进行分析,从而成为澳大利亚心理疗法的创始人。

1922 年梅奥在洛克菲勒基金会的资助下移居美国,在宾夕法尼亚大学沃

顿管理学院任教。期间，梅奥曾从心理学角度解释产业工人的行为，认为影响因素是多重的，没有一个单独的要素能够起决定性作用，这成为他后来将组织归纳为社会系统的理论基础。1923年梅奥在费城附近一家纺织厂就车间工作条件对工人的流动率、生产率的影响进行了实验研究。1926年他进入哈佛大学工商管理学院专事工业研究，以后一直在哈佛大学工作直到退休。梅奥代表著作有《工业文明的人类问题》《工业文明的社会问题》。

(资料来源：百度百科，http://baike.baidu.com/item/%E6%A2%85%E5%A5%A5/13348636)

社会人假设认为，在社会上活动的员工不是各自孤立存在的，而是作为某一个群体的一员有所归属的社会人，是社会存在。人具有社会性的需求，人与人之间的关系和组织的归属感比经济报酬更能激励人的行为。社会人不仅有追求收入的动机和需求，他在生活、工作中还需要得到友谊、安全、尊重和归属等。因此，社会人假设为管理实践开辟了新的方向。社会人假设的管理理论的代表人物主要有梅奥、马斯洛、赫茨伯格和麦格雷戈等。

2．相应的管理措施

根据社会人假设，管理者必然会采取相应的管理措施，可以归纳为以下几点。

(1) 管理人员不应只注重完成生产任务，而应把重点放在关心人和满足人的需要上。

(2) 管理人员不能只注重指挥、监督、计划、控制和组织等，而更应重视职工之间的关系，培养和形成职工的归属感和整体感。

(3) 在实际奖励时，提倡集体的奖励制度，而不主张个人奖励制度。

(4) 管理人员的职能也应有所改变，不应只限于制订计划、组织工序、检验产品，而应在职工与上级之间起联络人的作用。一方面，要倾听职工的意见和了解职工的思想感情；另一方面，要向上级呼吁、反映。

(5) 提出参与管理的新型管理方式，即让职工和下级不同程度地参加组织决策的研究和讨论。

(6) 重视和发挥非正式组织的积极作用，使员工的目标和组织的目标一致。

3．对社会人假设的评价

(1) 随着社会生产力的发展、组织之间竞争的加剧和企业劳资关系的紧张，管理者开始重新认识"人性"问题。从经济人假设到社会人假设、从以工作任务中心的管理到以职工为中心的管理无疑是在管理思想与管理方法上进了一步。资本家实行参与管理，满足工人一些需要，在企业中确实起到了缓和劳资矛盾的效果。在这方面，西方许多企业都收到了显著的效果。同时，社会人假设的出现开辟了管理和管理理论的一个新领域，并且弥补了古典管理理论的不足，为以后行为科学的发展奠定了基础。尽管如此，社会人假设也存在不可摆脱的局限性。

(2) 社会人假设中的人际关系并未改变资本主义社会的雇佣关系、剥削关系，也没涉及社会生产关系的改变，因而它不能解决资本主义社会的阶级矛盾与冲突。例如，我国企业实行民主管理的目的是发展生产力，不断提高人民群众的物质和文化生活水平；资本主义企业让职工参与管理的目的是提高企业效益，追求资本利润；我国国有企业普遍有职工代表大会，保证工人行使民主权利，企业领导和工人在政治、经济地位上是平等的同志式的关系，而资本主义社会的职工参与管理并不能保证劳动者的合法权益，资本家和劳动者之间是剥削与被剥削的雇佣关系。

(3) 社会人假设认为，人与人之间的关系对于激发动机、调动职工积极性是比物质奖励更为重要的，这一点对于企业制定奖励制度有一定参考意义。但社会人假设过于偏重非正式组织的作用，对正式组织有放松研究的趋向。这是一种依赖性的人性假设，对人的积极主动性及其动机研究还缺乏深度。

三、自我实现人假设

1. 自我实现人假设的含义

自我实现人假设是 20 世纪 50 年代末由马斯洛、阿吉里斯、麦格雷戈等人提出的。所谓自我实现，是指人都需要发挥自己的潜力，表现自己的才能，只有人的潜力充分发挥出来，人的才能充分表现出来，人才会感到最大的满意。这种假设认为，人有好逸恶劳的天性，人的潜力需要充分挖掘，才能得以发挥。这就要求组织应把人作为宝贵的资源，通过富有挑战性的工作以激发员工的成就感，使其得到内在激励。

自我实现人假设认为，人是有自我价值、自我激励和自我控制的需要的，人都要求提高和发展自己的能力并充分发挥个人的潜能。它把人的精神和利益上的需要都提到空前的高度，认为组织要想得到发展，就要使个人的利益得到最大限度的满足，为个人发挥潜能提供富有挑战性的工作，建立良好的激励机制，并通过充分的授权来实现个人能力。这种假设认为，只要组织工作富有吸引力和创造力，能够满足员工的成就感，个人就会具有内在的激励，通过自我激励来实现目标。这种假设对人的价值作出了充分的肯定，但忽略了外部环境的作用和影响。

2. 相应的管理措施

根据自我实现人假设，管理者必然会采取相应的管理措施，可以归纳为以下几点。

(1) 经济人假设把管理重点放在生产管理上，重物轻人；社会人假设则将满足人的社会和心理需要作为管理重点，重视人的作用和人际关系，把物质因素置于次要地位；而自我实现人假设的专注点却转移至工作环境上，即创造一个适宜的工作环境和工作条件，以利于人们充分发挥自己的潜力和能力，实现自我。

(2) 管理者的职责在于排除使人的才智难以充分发挥的障碍，创造适宜的工作环境，根据不同人的不同需求，分配其富有意义和挑战性的工作。

(3) 关于如何调动人的积极性，经济人假设的管理是运用物质刺激；社会人假设的管理是满足人的社会需要，搞好人际关系，这些均是外在激励；自我实现人假设的管理，则采用更深刻、更持久的内在激励。近些年，西方国家的工作重新设计(即工作扩大化、丰富化)、企业内的民主参与制度、自我培训计划、提高工作和生活质量、满足员工高层次需要等，均是激发员工内在积极性的管理方法。

(4) 以自我实现人假设为基础的管理意图，是保证员工充分发挥自己的才能，充分发挥积极性、创造性的管理制度，实施管理权力下放，建立决策参与制度、提案制度、劳资会议制度及制订发展计划，将个人需要与组织目标相结合。

(5) 制订组织和员工个人的发展计划，把个人目标和组织目标结合起来。

3. 对自我实现人假设的评价

(1) 自我实现人假设是资本主义高度发展的产物。在机械化生产条件下，工人的工作日益专业化，特别是传送带工艺的普遍运用，把工人束缚在狭窄的工作范围内。工人只是重复简单、单调的动作，看不到自己的工作与整个组织任务的联系，员工的"士气"很低，影响产量和质量的提高。正是在这种情况下，才提出了自我实现人假设和 Y 理论，并采取了相应的管理措施，如工作重新设计等。

(2) 从理论上来看，自我实现人的理论基础是错误的。人既不是天生懒惰的，也不是天生勤奋的，此外，人的发展也不是自然成熟的过程。自我实现人假设认为人的自我实现是一个自然发展过程，人之所以不能充分地自我实现(马斯洛自己也承认，现实社会中真正达到自我实现的人是极少数)，是由于受到环境的束缚和限制。实际上，人的发展主要是社会影响，特别是社会关系影响的结果。

(3) 在批判其错误观点的同时，其中一些管理措施也值得借鉴。例如，如何在不违反集体利益的原则下为职工和技术人员创造较适当的客观条件，以利于充分发挥个人的才能。又如，把奖励划分为外在奖励和内在奖励，与人们所说的物质奖励和精神奖励有一定的类似，可以吸取其中对人们有用的奖励形式。再如，自我实现人假设中包含企业领导人要相信职工的独立性、创造性的含义，这对提高管理效率是有积极作用的等。

四、复杂人假设

1. 复杂人假设的含义

复杂人假设是 20 世纪 60 年代末至 70 年代初由沙因提出的。根据这一假设，提出了一种新的管理理论，与之相应的是超 Y 理论。

超 Y 理论具有权变理论的性质，是由摩尔斯、洛斯奇分别对 X 理论和 Y 理论的真实性进行实验研究后提出来的。

他们认为，X 理论并非一无用处，Y 理论也不是普遍适用，应该针对不同的情况，选择或交替使用 X 理论、Y 理论，这就是超 Y 理论。

复杂人假设认为，组织中存在着各种各样的人，不能把所有的人都简单化、一般化地归为前述某一种假设之下，而应看到不同的人甚至同一个人在不同情况下会有不同的动机和需要。因此，激励的措施也应因人而异、灵活机动。

复杂人假设的主要内容如下。

(1) 每个人都有许多不同的需求和动机。人的工作动机是复杂而且多变的，许多动机安排在多种多样的需要层次中。这种动机层次的构成不仅因人而异，而且同一个人也会因时、因地而异。各种动机之间交互作用、交互影响从而形成复杂的动机模式。

(2) 人在组织中可以获得新的需求和动机。因此，一个人在组织中所表现出来的动机模式是其原有的动机与组织经验相互作用的结果。

(3) 人在不同的组织和部门中可能表现出不同的动机。在正式组织中不能合群的人，在非正式组织中很可能满足其社会需要和自我实现的需要。因此，在某些复杂的组织中，可以利用成员的不同动机来达到组织的目标。

(4) 一个人在组织中是否感到满意，是否愿意为组织尽力，取决于其本身的动机结构和同组织之间的相互关系。工作的性质、自身的工作能力和技术水平、动机的强弱及与同事之间的相处状况，都可能对此产生影响。

2. 相应的管理措施

根据复杂人假设，要求管理人员根据具体的人的不同，灵活地采取不同的管理措施，即因人、因事而异，不能千篇一律。根据复杂人的观点，产生了权变理论。权变理论认为，不存在对任何时代、任何组织或任何人都普遍适用的管理模式，管理应强调因地制宜、随机应变，即管理方法必须要富有弹性。

3. 对复杂人假设的评价

复杂人假设强调根据不同的具体情况，针对不同的人采取灵活机动的管理措施，对于管理工作是有一定的启发意义的。但复杂人假设只强调人们之间差异性的一面，而在某种程度上忽视了人们共性的一面，是片面的。在阶级社会中，人们的共性首先是由在生产关系中所处的地位所决定的阶级性，对于人的阶级性，复杂人假设避而不谈，这说明，复杂人假设并未摆脱历史唯心主义观点。

综上所述，可以看到，在西方管理心理学中，从经济人假设，提出 X 理论；从社会人假设，提出人际关系理论；从自我实现人假设，提出 Y 理论；从复杂人假设，提出权变理论。这些人性假设的介绍，不仅能让人们了解西方管理心理学中关于人性观点的演变过程，更重要的是促使人们思考一个问题：如何看待组织中的职工，并以此来确定管理原则。这也是学术界和企业界需要深入研究的一个重要问题。

第三节 激励理论

随着经济与社会的发展，出现了劳动分工与交易，而激励问题就是伴随着劳动分工与交易而出现的。激励理论是行为科学中用于处理需要、动机、目标和行为四者之间关系的核心理论。行为科学认为，人的动机来自需要，由需要确定人的行为目标，激励则作用于人的内心活动，激发、驱动和强化人的行为。

主要的激励理论有三大类，分别为内容型激励理论、过程型激励理论和行为修正型激励理论。

一、内容型激励理论

内容型激励理论属于心理学范畴，主要研究激励的原因与满足人们需要的内容，即人们需要什么就满足什么，从而激发人们的动机。通俗地讲，就是研究给人们什么东西，才能调动人们工作积极性的问题。下面主要介绍需要层次理论、双因素理论、ERG 理论、成就需要理论。

1. 马斯洛的需要层次理论

马斯洛(1908—1970)于 1943 年初次提出了需要层次理论，他把人类纷繁复杂的需要分为生理的需要、安全的需要、社交的需要、尊重的需要和自我实现的需要五个层次，如图 6.2 所示。

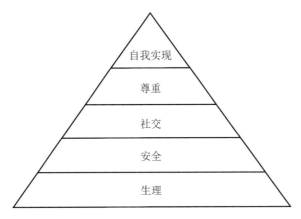

图 6.2 马斯洛的需要层次

知识链接

1954 年，马斯洛在《激励与个性》一书中又把人的需要层次发展为七个，由低到高的七个层次：生理的需要、安全的需要、社交的需要、尊重的需要、求知的需要、求美的需要和自我实现的需要。

(资料来源：亚伯拉罕·马斯洛，激励与个性，东方烟草报社，2002.11.4)

生理的需要——人们最原始、最基本的需要，如空气、水、吃饭、穿衣、性欲、住宅、医疗等。若不满足，则有生命危险。这就是说，生理的需要是最强烈的不可避免的最低层次需要，也是推动人们行动的最基本的动力。

安全的需要——包括两种：人身财产安全需要和工作安全需要。人身财产安全需要是指所有人都不希望自己人身受到伤害，都希望自己的财产不被侵害。工作安全需要是希望自己劳动安全、职业安全、未来有保障等。安全需要比生理需要较高一级，当生理需要得到满足以后就要保障这种需要。

社交的需要——也称友爱与归属的需要，是指个人渴望得到家庭、团体、朋友、同事的关怀、爱护、理解，是对友情、信任、温暖、爱情的需要。社交的需要比生理和安全的需要更细微、更难捉摸，其与个人性格、经历、生活区域、民族、生活习惯、宗教信仰等都有关系，这种需要是难以察悟、无法度量的。

尊重的需要——一般人会理解为别人对自己的尊重，但问题是如何获得别人对自己的尊重？要求人们首先要学会自尊，然后尊重别人，这样才可能换来别人对自己的尊重，没有自尊的人即便他一味地尊重对方，也未必能换来别人对他的尊重。

 管理故事

有自尊的人才有尊严

几十年前，挪威一位青年男子漂洋到法国，他要报考著名的巴黎音乐学院。考试的时候，尽管他竭力将自己的水平发挥到最佳状态，但主考官还是没能看中他。身无分文的青年男子来到学院外不远处一条繁华的街上，勒紧裤腰带在一棵榕树下拉起了手中的琴。他拉了一曲又一曲，吸引了无数人的驻足聆听。饥饿的青年男子最终捧起自己的琴盒，围观的人们纷纷掏钱放入琴盒。一个无赖鄙夷地将钱扔在青年男子的脚下，青年男子看了看无赖，最终弯下腰拾起地上的钱递给无赖说："先生，您的钱丢在了地上。"无赖接过钱，重新扔在青年男子的脚下，再次傲慢地说："这钱已经是你的了，你必须收下！" 青年男子再次看了看无赖，深深地对他鞠了个躬说："先生，谢谢您的资助！刚才您掉了钱，我弯腰为您捡起。现在我的钱掉在了地上，麻烦您也为我捡起！"无赖被青年出乎意料的举动震撼了，最终捡起地上的钱放入青年男子的琴盒，然后灰溜溜地走了。围观的人群中有双眼睛一直默默关注着青年男子，是刚才的那位主考官。他将青年男子带回学院，最终录取了他。这位青年男子叫比尔撒丁，后来成为挪威小有名气的音乐家，他的代表作是《挺起你的胸膛》。

当我们陷入生活最低谷的时候，往往会招致许多无端的蔑视；当我们处在为生存苦苦挣扎的关头，往往又会遭肆意践踏你尊严的人。针锋相对的反抗是我们的本能，但往往会让那些缺知少德者更加暴虐。因此，不如理智应对，以一种宽容的心态展示并维护我们的尊严。那时你会发现,任何邪恶在正义面前都无法站稳脚跟。弯弯腰,拾起你的尊严!

(资料来源:精英家教网,http://www.1010jiajiao.com/czyw/shiti_id_139c2fbb7b0738404308589ec348d54d/)

自我实现的需要——最高等级的需要。满足这种需要就要求完成与自己能力相称的工作,充分地发挥自己的潜在能力,成为所期望的人物。这是一种创造的需要。有自我实现的需要的人,竭尽所能使自己趋于完美。自我实现意味着充分地、活跃地、忘我地、集中全力地、全神贯注地体验生活、实现理想。

 知识链接

亚伯拉罕·马斯洛(1908—1970)出生于纽约市布鲁克林区,智商高达194,是美国社会心理学家、人格理论家和比较心理学家,人本主义心理学的主要发起者和理论家,心理学第三势力的领导人。马斯洛于1926年进入康奈尔大学,三年后转至威斯康星大学攻读心理学,在著名心理学家哈洛的指导下,1934年获得博士学位,之后,留校任教。1935年在哥伦比亚大学任桑代克学习心理研究工作助理。1937年任纽约布鲁克林学院副教授。1951年被聘为布兰迪斯大学心理学教授兼系主任。1969年离任,成为加利福尼亚劳格林慈善基金会第一任常驻评议员。第二次世界大战后转到布兰迪斯大学任心理学教授兼系主任,开始对健康人格或自我实现者的心理特征进行研究。1967—1970年曾任美国心理学学会主席。他是《人本主义心理学》和《超个人心理学》两个杂志的首任编辑。

(资料来源:360百科,https://baike.so.com/doc/1268725-1341616.html)

1) 需要层次理论的内涵

(1) 肯定了人是有需要的,而且人的需要有多种,分别是生理的需要、安全的需要、社交的需要、尊重的需要、自我实现的需要。

(2) 人存在主导需要,不同的人在不同的时期其主导需要是不一样的,只有满足人们的主导需要,对人的激励作用才最大。或者人最大的内在驱动力来自于其主导需要的追求与满足。

(3) 这五种需要不是并列的,是从低到高排列的,排列顺序如图6.2所示。当较低层次的需要得到满足以后人们才会去追求较高层次的需要。

(4) 人们在追求较高层次的需要时,较低层次的需要并没消失,只是不再成为主导需要。

2) 需要层次理论的启示

(1) 需要层次理论把人的需要分为五个层次,揭示了人类有多种需要的特征,有其刻意的因素,对研究人的需要有一定的参考价值。

(2) 需要层次理论提出人的需要有一个从低到高的过程,在一定程度上反映了人类需要发展的一般规律。

(3) 需要层次理论的精华在于重视人的需要，强调尊重人、关心人。对了解和关心员工的需要，并根据不同情况采取不同措施，合理地予以满足，以调动员工的积极性，有启发意义。

(4) 需要层次理论指出在某一时期，只有一种需要占主导地位，其他需要则处于从属地位。这告诉人们，要提高对员工的激励效果，除了要一般性地了解员工的需要以外，更要研究员工某一时刻的主导需要。因为满足员工的主导需要，对员工的激励作用最大。

3) 需要层次理论的不足

(1) 五种需要层次的划分过于机械，或者说，需要归类有重叠倾向，如一个人需要工作，不仅是安全的需要，也有社交、尊重的需要。

(2) 需要并不一定按照等级层次递增，如革命时期，仁人志士的生理的需要都不能得到满足，但他们依然在追求自我价值的实现——为革命理想而奋斗。

(3) 人的动机是行为的原因，但需要层次理论强调人的动机是由人的需要决定的。

(4) 一个人的人生观、价值观等会影响需要层次理论对人的激励作用。人的较低层次的需要满足以后，未必一定追求更高层次的需要。

(5) 需要满足的标准和程度是模糊的。一个人甚至自己都无法准确判断自己的某种需要是否已经被完全满足。更何况，在不同时空下，人们对某种需要的满足标准是不一样的。

2. 赫茨伯格的双因素理论

美国心理学家赫茨伯格等人，采用"关键事件法"对 200 多名工程师和会计师进行了调查访问，于1959 年提出了双因素理论，又称保健-激励因素理论。

 知识链接

弗雷德里克·赫茨伯格(1923—2000)，曾获得纽约市立学院的学士学位和匹兹堡大学的博士学位，以后在美国和其他 30 多个国家从事管理教育和管理咨询工作，是犹他大学的特级管理教授，曾任美国凯斯大学心理系主任。在激励因素取得成功以后，经过一段时间的间歇，赫茨伯格回到了与他于1968 年在《哈佛商业评论》杂志上发表过的一篇论文的争论上，这篇论文的题目是"再问一次，你如何激励员工？"重印后共售出 100 万份的成绩使其成为该刊有史以来最受欢迎的文章。赫茨伯格还在各种学术刊物上发表了《再论如何激励员工》等 100 多篇论文。在美国和其他 30 多个国家，他多次被聘为高级咨询人员和管理教育专家。赫茨伯格在管理学界的巨大声望，是因为他提出了著名的双因素理论。双因素理论是他最主要的成就，在工作丰富化方面，他也进行了开创性的研究。

(资料来源：360 百科，https://baike.so.com/doc/5615160-5827770.html)

1) 双因素理论内涵

(1) 激励因素。

赫茨伯格认为，引起员工满意和不满意的因素是不一样的。引起员工满意的因素是与工作本身有关的，如工作富有成就感、自豪感，工作成绩能得到承认，工作本身具有挑战性，工作中负有重大责任，所从事的工作能促使员工在职业上发展成长，由于工作出色而额外得到的奖励、职务晋升、国外进修机会等。这些因素都是员工由于工作出色，在基本劳动付出得到补偿以后而"额外"得到的"奖励"。这类因素具有这样的特点：如果得到改善，员工就会非常满意(即员工会感到意外的惊喜)，就会被激励从而更加努力地工作；但相反，如果这些因素没有得到改善，员工未必就不满意(引起员工不满意的因素是其他方面)，只是没有满意(即没有意外惊喜)而已。赫茨伯格把这类因素称为激励因素。

(2) 保健因素。

引起员工不满意的因素是与工作条件和工作环境有关的，如物质工作条件、办公设施设备、基本工资、福利、安全措施、政策、工作监督、人际关系、管理措施等。这些因素都是员工开展正常工作所必须要具备的条件，和由于前期的劳动付出而理所当然应该得到的补偿。如果没有提供这些因素，员工的前期劳动付出不能得到及时、足额的补偿，工作不能正常开展。这些因素的特点是：如果不能够提供这些因素，员工会非常不满意，积极性会受到极大打击，会意志消沉，连最基本的工作状态都没法保证；但相反，如果提供了这些因素，员工也不会因此而被激励，从而更加努力地额外工作，只是没有不满意，即没有抱怨而已。赫茨伯格把这类因素称为保健因素。

(3) 满意与不满意的关系。

基于以上分析，赫茨伯格认为，传统的观点——满意的对立面是不满意是不确定的。满意的对立面应该是没有满意，不满意的对立面应该是没有不满意，如图 6.3 所示。保健因素的作用是尽量消除不满意，保持没有不满意的基本、正常工作状态；激励因素的作用是让员工感到满意，从而受到激励，额外努力地工作。

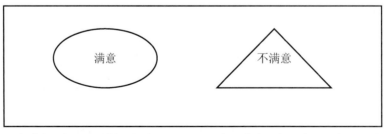

没有满意：矩形中非椭圆部分　　　没有不满意：矩形中非三角形部分

图 6.3　没有满意与没有不满意图示

2) 双因素理论对管理的重要启示

(1) 管理者要善于区分保健因素和激励因素。究竟哪些是保健因素哪些是激励因素，必须是员工自己认为是，而不是管理者想当然地认为是。

(2) 要通过保健因素保持基本的工作状态。管理者要意识到，保健因素是必须要提供给员工的，如果没有，势必会导致正常的工作都无法开展，但即便有了，也未必能起到激励作用。

(3) 要通过激励因素激励员工的工作积极性。管理者要意识到，要调动员工的工作积极性，在保障基本的工作条件的前提下要让员工有额外的收获、感到非常满意，员工才会被激励，从而额外努力地工作。

(4) 不要混淆保健因素和激励因素，既不要把激励因素当作保健因素来发放，更不要只通过保健因素的发放就试图让员工更加努力地工作。

双因素理论是以工程师、会计师为样本进行研究的，而研究样本属于典型的知识型员工，所以双因素理论更适用于知识型员工。

3. 奥尔德弗的 ERG 理论

美国耶鲁大学的奥尔德弗在马斯洛提出的需要层次理论的基础上，进行了更接近实际经验的研究，提出了一种新的人本主义需要理论。奥尔德弗认为，人们共存在三种核心的需要，即生存(existence)的需要、相互关系(relatedness)的需要和成长发展(growth)的需要，因而这一理论被称为 ERG 理论。

 知识链接

克莱顿·奥尔德弗是一位著名的管理学家，是美国耶鲁大学行为学家教授、心理学家。奥尔德弗在马斯洛提出的需要层次理论的基础上，进行了更接近实际经验的研究，提出了一种新的人本主义需要理论——ERG 需要理论。该理论认为人们共有三种核心需要，即生存(existence)的需要、相互关系(relatedness)的需要、成长(growth)的需要。

(资料来源：智库百科，http://wiki.mbalib.com/wiki/%E5%85%8B%E8%8E%B1%E9%A1%BF%C2%B7%E9%98%BF%E5%B0%94%E5%BE%B7%E4%BD%9B)

1) 理论内涵

(1) 三种需要划分。

① 生存的需要，指的是全部的生理需要和物质需要，如吃、住、睡等。组织中的报酬、对工作环境和条件的基本要求等，也可以包括在生存需要中。这一类需要大体上和马斯洛的需要层次中生理和部分安全的需要相对应。

② 相互关系的需要，指人与人之间的相互关系、联系(或称之为社会关系)的需要。这一类需要类似马斯洛需要层次中部分安全的需要、社交的需要，以及部分尊重的需要。

③ 成长的需要，指一种要求得到提高和发展的内在欲望，它是指人不仅要求充分发挥个人潜能、有所作为和成就，而且还有开发新能力的需要。这一类需要可与马斯洛需要层次中部分尊重的需要及整个自我实现的需要相对应。

(2) 各个层次的需要得到的满足越少，越为人们所渴望。

(3) 较低层次的需要越是能够得到较多的满足，则较高层次的需要就越渴望得到满足。

(4) 如果较高层次的需要一再受挫，得不到满足，人们会重新追求较低层次需要的满足。这一理论不仅提出了需要层次在满足后的上升趋势，而且也指出了挫折后倒退的趋势，这在管理工作中很有启发意义。

(5) ERG 理论还认为，一个人可以同时有一个以上的需要。

2) ERG 理论的启示

(1) 马斯洛的需要层次是一种刚性的阶梯式上升结构，即认为较低层次的需要必须在较高层次的需要满足之前得到充分的满足，两者具有不可逆性。而 ERG 理论并不认为各类需要层次是刚性结构。例如，即使一个人的生存和相互关系的需要尚未得到完全满足，他仍然可以为成长发展的需要工作，而且这三种需要可以同时起作用。这就为激励员工拓宽了思路。

(2) ERG 理论还提出了一种叫做"受挫—回归"的思想。马斯洛认为，当一个人的某一层次需要尚未得到满足时，他可能会停留在这一需要层次上，直到获得满足为止。而 ERG 理论则认为，当一个人在某一更高等级的需要层次受挫时，那么作为替代，他的某一较低层次的需要可能会有所增加。例如，如果一个人社会交往的需要得不到满足，可能会增强他对得到更多金钱或更好的工作条件的愿望。因此，管理措施应该随着人的需要结构的变化而作出相应的改变，并根据每个人不同的需要制定出相应的管理策略。

4. 麦克利兰的成就需要理论

成就需要理论，也称激励需要理论。20 世纪 50 年代初期，美国哈佛大学的心理学家麦克利兰集中研究了人在生理和安全的需要得到满足后的需要状况，特别对人的成就需要进行了大量的研究，从而提出了一种新的内容型激励理论——成就需要理论。

 知识链接

戴维·麦克利兰(1917—1998)，美国社会心理学家，1987 年获得美国心理学会杰出科学贡献奖。他出生于美国纽约州弗农山庄，因心力衰竭逝于美国马萨诸塞州列克星敦市。

麦克利兰 1938 年获韦斯利恩大学心理学学士，1939 年获密苏里大学心理学硕士学位，1941 年获耶鲁大学心理学哲学博士学位。之后曾先后任康涅狄格女子大学讲师、韦斯利昂大学教授及布林莫尔学院教授，1956 年开始在哈佛大学任心理学教授，1987 年后转任波士

顿大学教授直到退休。1963 年，他开创了麦克伯顾问公司，这是一家专业协助管理人员评估和员工培训的公司。同年，他向国际教育协会提交了设立高校七级学术奖学金的方案，旨在激励学生的学习动机。他在《美国心理学家》上发表论文，指出招聘中常用的智商和个性测试对于选取合格员工的无力和不足，他认为企业招聘应建立在对应聘者在相关领域素质的考查基础之上，应采用 SAT(scholastic assessment test，学术能力评估测试)方法。他那一度被认为过于激进的想法现今被企业界广为采用。

(资料来源：360 百科，https://baike.so.com/doc/5613883-5826493.html)

成就需要理论认为，人在生存需要基本得到满足的前提下，在工作中有三种主要的需要。

1) 成就需要

高成就需要的人总是力求把每一件事情做得更完美、取得超越他人的成就，不断获得新的成功的强烈内驱力。有高度成就需要的人，有极强的事业心，他们总是寻求能够独立处理问题的工作机会，并且希望及时地了解自己工作的成效。他们具有获得成功的强烈动机。高成就者不是赌徒，他们不喜欢靠运气获得成功，他们喜欢接受困难的挑战，能够承担成功或失败的个人责任，而不是将结果归于运气或其他人的行为。重要的是，他们不喜欢那些他们认为非常容易或非常困难的任务。他们想要克服困难，但希望感受到成功或失败是由于他们自己的行为产生的。这意味着他们喜欢具有中等难度的任务。

2) 权力需要

高权力需要的人拥有一种发挥影响力和控制他人的愿望。他们往往会追求组织中的高层职位，大多能言善辩、性格刚强、头脑冷静，总是希望他人服从自己的意志并证明自己是正确的。他们喜欢承担责任，努力影响其他人，喜欢处于竞争性和重视地位的环境。与有效的绩效相比，他们更关心威望和获得对他人的影响力。

3) 归属需要

高归属需要的人拥有寻求被他人喜爱和接纳、力图建立友好亲密的人际关系的愿望与要求。他们往往热心肠，乐于帮助别人，努力寻求友爱，喜欢合作性的而非竞争性的环境，渴望有高度相互理解的关系。

在大量研究的基础上，麦克利兰对成就需要与工作绩效的关系进行了十分有说服力的推断，虽然对于权力需要和归属需要的研究相对较少，但其结果是较为一致的。

第一，高成就需要者喜欢独立负责，可以获得信息反馈和中度冒险的工作环境。在这种环境下，他们可以被高度激励。不少证据表明，高成就需要者在企业中颇有建树，如在经营自己的企业、管理大公司中一个相对独立的部门或处理销售业务等方面。

第二，高成就需要者并不一定就是一个优秀的管理者，尤其是对规模较大的组织来说。

第三，归属需要与权力需要和管理的成功密切相关。最优秀的管理者是权力需要很高而归属需要很低的人。

第四，员工可以通过训练来激发其成就需要。如果某项工作要求高成就需要者，那么管理者可以通过直接选拔的方式找到一名高成就需要者，或者通过培训的方式培养自己原有的下属员工。

二、过程型激励理论

过程型激励理论是指着重研究人从动机产生到采取行动的心理过程，其主要任务是找出对行为起决定作用的某些关键因素，弄清它们之间的相互关系，以预测和控制人的行为。这类理论表明，要使员工出现企业期望的行为，须在员工的行为与员工需要的满足之间建立起必要的联系。

1. 弗鲁姆的期望理论

期望理论又称效价-手段-期望理论，是美国著名心理学家和行为科学家弗鲁姆于1964年在《工作与激励》一书中提出的激励理论。

 知识链接

维克托·弗鲁姆，著名心理学家和行为科学家、国际著名管理大师，早年于加拿大麦吉尔大学先后获得学士及硕士学位，后于美国密执安大学获博士学位。他曾在原宾州大学(现名为宾夕法尼亚大学)和卡内基梅隆大学执教，并长期担任耶鲁大学管理学院"约翰塞尔"讲座教授兼心理学教授，曾任美国管理学会主席、美国工业与组织心理学会会长。

弗鲁姆于1998年获美国工业与组织心理学会卓越科学贡献奖，2004年获美国管理学会卓越科学贡献奖，是国际管理学界最具影响力的科学家之一。

弗鲁姆教授曾为全球500强的大多数公司做过管理咨询，其中包括GE、联邦快递、贝尔实验室、微软公司等跨国巨头。

(资料来源：360百科，https://baike.so.com/doc/5581738-5794629.html)

1) 期望理论的内涵

期望理论认为，一个员工工作是否努力及努力的程度取决于对三个联系的判断：①努力与绩效的联系，即个人通过努力完成任务的可能性；②绩效与奖赏的联系，即个人完成任务后，组织兑现承诺的可能性；③奖赏与个人目标的联系，即个人对奖赏物效价大小的判断。

这种联系可以概括为激励公式：

$$激励力 = 期望值 \times 效价$$

其中，激励力表示受激励动机的强度，即激励作用的大小，它表示一个人为达到目标而努力的程度；期望值表示采取某种行动实现目标可能性的大小，即实现目标的概率；效价表示目标对于满足个人需要的价值，即一个人对某一结果的偏爱程度，或者个人对于激励物价值大小的主观判断(与激励物本身价值大小没有必然联系)。

这种需要与目标之间的关系用过程模式表示即个人努力——个人成绩(绩效)——组织奖励(报酬)——个人需要。

2) 期望理论的启示

期望理论对管理者的启示有以下几个方面。

(1) 要选择员工感兴趣、评价高的激励手段。这一点有两层含义：第一，给员工提供的激励手段一定要员工自己认为值得为之努力，而不一定是管理者认为有价值，同时，效价高的激励物未必是价值高的物品；第二，员工的需要是非常复杂的、多元的，而且随时随地变化的，要求管理者要随时研究被激励者的主导需要，做到有针对性。

 管理故事

比尔·盖茨的钥匙

2001年5月，美国内华达州的麦迪逊中学在入学考试时出了这么一个题目：比尔·盖茨的办公桌上有五只带锁的抽屉，分别贴着财富、兴趣、幸福、荣誉、成功五个标签，盖茨总是只带一把钥匙，而把其他的四把钥匙锁在抽屉里，请问盖茨带的是哪一把钥匙？其他的四把钥匙锁在哪一只或哪几只抽屉里？

一位刚移民美国的中国学生，恰巧赶上这场考试，看到这个题目后，一下慌了手脚，因为他不知道它是一道语文题还是一道数学题。考试结束，他去问他的担保人——该校的一名理事。理事告诉他，那是一道智能测试题，内容不在书本上，也没有标准答案，每个人都可根据自己的理解自由地回答，但是老师有权根据他的观点给一个分数。这位中国学生在这道题上得了5分。老师认为，他没有答一个字，至少说明他是诚实的，凭这一点应该给一半以上的分数。让他不能理解的是，他的同桌回答了这个题目，却仅得了1分。同桌的答案是盖茨带的是财富抽屉上的钥匙，其他钥匙都锁在这只抽屉里。后来，这道题通过电子邮件被发回国内。这位学生在邮件中对同学说，现在我已知道盖茨带的是哪一把钥匙，凡是回答这把钥匙的，都得到了这位大富豪的肯定和赞赏，你们是否愿意测试一下，说不定从中会得到一些启发。

同学们到底给出了多少种答案，我们不得而知。但是，据说有一位聪明的同学登上了美国麦迪逊中学的网页，他在该网页上发现了比尔·盖茨给该校的回函，函件上写着这么一句话：在你最感兴趣的事物上，隐藏着你人生的秘密。

(资料来源：举杯邀明月的博客，http://blog.sina.com.cn/s/blog_58a3ed5f0100azwy.html)

(2) 要重视目标难度设计。要求目标设置不能太高也不能太低。目标太高，如果员工判断即便努力也未必能完成目标，就会放弃努力；目标太低，如果员工判断不需要努力，轻而易举就能完成任务而达到目标，就不会努力去工作。如何设置目标呢？需要考虑两个标准：对大多数员工而言，要求大多数员工通过努力能够完成；对个人而言，要求目标要略高于本人能力。

(3) 工作成绩要与奖酬挂钩。在一个组织中，对许多人来说，做好工作并不是其终极目标。人们总是希望在取得好的成绩后，获得适当的奖励或报酬。如果工作成绩与奖酬之间没有关联，那他的工作热情就很难保持下去。因此，管理者应制定出按劳分配的工资和奖励制度，使员工能够多劳多得。

(4) 管理者要讲诚信。管理者要慎重对下属承诺，一旦承诺就要兑现。虚假的承诺可能欺骗下属一时，而不能欺骗下属永远；可能欺骗一个下属，而不能欺骗所有下属。管理者一旦在下属面前失去诚信，管理效率就会一落千丈。

2. 亚当斯的公平理论

亚当斯的公平理论又称社会比较理论，由美国心理学家亚当斯于1965年提出：员工的激励程度来源于对自己和参照对象的报酬和投入的比例的主观比较感觉。

 知识链接

约翰·斯塔希·亚当斯，美国著名心理学家，1965年提出著名的公平理论，也称社会比较理论。该理论是研究人的动机和知觉关系的一种激励理论，在亚当斯的《工人关于工资不公平的内心冲突同其生产率的关系》(1962，与罗森鲍姆合写)、《工资不公平对工作质量的影响》(1964，与雅各布森合写)、《社会交换中的不公平》(1965)等著作中有所涉及，侧重于研究工资报酬分配的合理性、公平性及其对职工生产积极性的影响。

(资料来源：360百科，https://baike.so.com/doc/5571286-5786500.html)

1) 公平理论的内涵

公平理论基本内容包括三个方面。

(1) 公平是激励的动力。公平理论认为，人能否受到激励，不但视他们得到了什么或者得到了多少而定，还要视他们所得与别人所得比较后是否感觉公平而定。

公平理论的心理学依据就是人的知觉对于人的动机的影响关系很大。该理论指出，一个人不仅关心自己本身的所得所失，而且还关心与别人所得所失的关系。人们是以相对付出和相对报酬全面衡量自己的得失的。如果得失比例和他人相比大致相当时，就会心理平静，认为公平合理而心情舒畅；比别人高则令其兴奋，是最有效的激励，但有时过高会带来心虚，不安全感增加；低于别人时产生不安全感，心理不平静，甚至满腹怨气，工作不努力、消极怠工。因此，分配合理性常是激发人在组织中工作动机的因素和动力。

(2) 公平理论的模式(即方程式)。公平理论的基本观点：当一个人作出了成绩并取得了报酬以后，他不仅关心自己所得报酬的绝对量，而且还关心自己所得报酬的相对量。因此，他要进行种种比较来确定自己所获报酬是否合理，比较的结果将直接影响今后工作的积极性。比较方式有两种，一种比较称为横向比较，一种比较称为纵向比较。

① 横向比较。

所谓横向比较，即一个人要将自己获得的"报偿"(包括金钱、工作安排及获得的赏识等)与自己的"投入"(包括教育程度、所做努力、用于工作的时间、精力和其他无形损耗等)的比值与组织内其他人作横向比较,只有相等时他才认为公平。横向比较公式为

$$OP/IP=OC/IC$$

其中,OP 表示自己对自己所获报酬的感觉;OC 表示自己对他人所获报酬的感觉;IP 表示自己对自己所做投入的感觉;IC 表示自己对他人所做投入的感觉。

当上式为不等式时,可能出现以下两种情况。

一是前者小于后者。他可能要求增加自己的收入或减少自己今后的努力程度,以便使左方增大,趋于相等;他也可能要求组织减少比较对象的收入或让其今后增大努力程度以便使右方减少,趋于相等;此外,他还可能另外找人作为比较对象以便达到心理上的平衡。

二是前者大于后者。他可能要求减少自己的报酬或在开始时自动多做些工作,久而久之,他会重新估计自己的技术和工作情况,终于觉得他确实应当得到那么高的待遇,于是产量便又会回到过去的水平了。

② 纵向比较。

所谓纵向比较,即把自己目前投入的努力与目前所获得报偿的比值同自己过去投入的努力与过去所获报偿的比值进行比较,只有相等时他才认为公平。纵向比较公式为

$$OP/IP=OH/IH$$

其中,OH 表示自己对自己过去所获报酬的感觉;IH 表示自己对自己过去投入的感觉。当上式为不等式时,人也会有不公平的感觉,这可能导致工作积极性下降。当出现这种情况时,人不会因此产生不公平的感觉,但也不会感觉自己多拿了报偿从而主动多做些工作。调查和实验的结果表明,不公平感的产生绝大多数是由于经过比较认为自己目前的报酬过低而产生的;但在少数情况下也会由于经过比较认为自己的报酬过高而产生。

(3) 不公平的心理行为。当人们感到受到不公平待遇时,在心里会产生苦恼,呈现紧张不安的状态,导致行为动机下降,工作效率下降,甚至出现逆反行为。个体为了消除不安,一般会出现以下一些行为措施:通过自我解释达到自我安慰,主观上造成一种公平的假象,以消除不安;更换对比对象,以获得主观的公平;采取一定行为,改变自己或他人的得失状况;发泄怨气,制造矛盾;暂时忍耐或逃避。

公平与否的判定受个人的知识、修养的影响,即使外界氛围也是要通过个人的世界观、价值观的改变才能够起作用。

 特别提示

所谓公平,并不是物质上绝对相等,而是员工的一种心理感受。

2) 公平理论的启示

(1) 管理者必须高度重视相对报酬问题。员工对自己的报酬进行横向、纵向比较这是必然的现象。管理者如果不加以重视,很可能出现"增收"的同时亦出现"增怨"的现象,

中国自古就有"不患寡而患不均"这种普遍的社会现象。因此，管理者必须始终将相对报酬作为有效激励的方式来加以运用。

(2) 要尽可能实现相对报酬的公平性。我国国有企业改革，打破"大锅饭"，实行"多劳多得，少劳少得"的按劳分配的分配制度正是体现了这种公平理论的要求。

(3) 当出现不公平现象时，要做好工作，积极引导，防止产生负面作用，并通过管理的科学化，消除不公平，或将不公平产生的不安心理引导到正确行事的轨道上来。

三、行为修正型激励理论

行为修正型激励理论重点研究管理手段对员工接下来工作行为的改造或修正，以期望通过激励手段，将员工接下来的工作行为修正到符合组织目标上来。行为修正型激励理论主要有斯金纳的强化理论、亚当斯的挫折理论、韦纳等人的归因理论等。

1. 斯金纳的强化理论

强化理论是美国哈佛大学心理学教授斯金纳在巴甫洛夫条件反射理论的基础上提出的，又称操作条件反射理论，它着眼于行为的结果，认为人类(或动物)为了达到某种目的，本身就会采取行为作用于环境。当行为的结果有利时，这种行为就重复出现；当行为的结果不利时，这种行为就减弱或消失。

 知识链接

斯金纳生于 1904 年，他于 1931 年获得哈佛大学的心理学博士学位，并于 1943 年回到哈佛大学任教，直到 1975 年退休。斯金纳于 1968 年曾获得美国全国科学奖章，是第二个获得这种奖章的心理学家。

(资料来源：360 百科，https://baike.so.com/doc/5612869-5825479.html)

1) 强化理论的内涵

在管理实践中，常用的强化手段有正强化、负强化、惩罚和自然消退四种类型。

(1) 正强化又称积极强化，是指对某种行为给予肯定或奖赏，以增强其重复出现的可能性的方法。通俗地讲就是干得好，就奖励。其心理学原理：只要干得好就给以奖励，员工会把干得好与奖励联系起来，认为只要干得好，就能得到奖励；反过来，要得到奖励，就要努力干得好。

(2) 负强化又称消极强化，是指通过人们不希望的结果的结束，而使行为者得到强化。例如，员工努力按时完成任务，就可以避免领导的批评，于是员工就一直按时努力完成任务。通俗地讲就是干得好，就不罚。其心理学原理：只要干得好就不受罚，员工就会将干得好和不罚联系起来，认为只要干得好，就不会受罚，所以为了不受罚，员工会努力干得好。员工之所以努力完成任务，是为了避免受到领导的批评。

(3) 惩罚是指当某种组织不希望的行为出现后，给予其某种带有强制性、威胁性的不利后果，以减少这种行为出现的可能性或消除该行为的方法。例如，当有的员工工作没有做好时，管理者即施以不利的回报，如警告、记过、降职、罚款、开除等。通俗地讲就是干得不好，就罚。其心理学原理：只要干得不好就给以惩罚，员工就会将干得不好与惩罚联系起来，认为只要干得不好，就会受到惩罚；反过来，为了避免惩罚，就只能少干那些不好的事。

(4) 自然消退是指对某种组织所不希望的行为不予理睬，以表示对该行为的轻视或某种程度的否定。例如，对于那些喜欢打小报告的人，领导可以采取故意不理会的态度，以使这类人因自讨没趣而自动放弃这种不良行为。通俗地讲就是干得不好，就不理。其心理学原理：如果员工的行为管理者没有理睬，员工就会认为自己的行为是被管理者否定的，这种行为就会逐渐减少或消失。

2) 强化理论的启示

(1) 奖励与惩罚相结合。即对正确的行为，对有成绩的个人或群体给予适当的奖励；同时，对于不良行为，对于一切不利于组织工作的行为则要给予处罚。大量实践证明，奖惩结合的方法优于只奖不罚或只罚不奖的方法。

(2) 以奖为主，以罚为辅。强调奖励与惩罚并用，并不等于奖励与惩罚并重，而是应以奖为主，以罚为辅。因为过多地运用惩罚的方法，会带来许多消极的作用，所以在运用时必须慎重。

(3) 及时而正确强化。所谓及时强化，是指让人们尽快知道其行为结果的好坏或进展情况，并尽量地予以相应的奖励；而正确强化就是要赏罚分明，即当出现良好行为时就给予适当的奖励，而出现不良行为时就给予适当的惩罚。及时强化能给人们以鼓励，使其增强信心并迅速地激发工作热情。但这种积极性的效果是以正确强化为前提的。相反，乱赏乱罚绝不会产生激励效果。

(4) 奖人所需，形式多样。要使奖励成为真正强化因素，就必须因人制宜地进行奖励。每个人都有自己的特点和个性，其需要也各不相同，因而人们对具体奖励的反应也会大不一样。因此，奖励应尽量不搞一刀切，应该奖人之所需，形式多样化，只有这样才能达到奖励的效果。

2. 亚当斯的挫折理论

挫折理论是由美国心理学家亚当斯提出的。挫折理论主要揭示人的动机行为受阻而未能满足需要时的心理状态，并由此而引起的行为表现，力求采取措施将消极性行为转化为积极性、建设性行为。管理者应该重视管理中职工的挫折问题，采取措施防止挫折心理给职工和组织安全生产带来的不利影响。

1) 挫折的类型

个体受到挫折与其动机的实现密切相关。人的动机导向目标时，受到阻碍或干扰可有四种情况。

(1) 虽然受到干扰,但主观和客观条件仍可使其达到目标。

(2) 受到干扰后只能部分达到目标或使达到目标的效益变差。

(3) 由于两种并存的动机发生冲突,暂时放弃一种动机,而优先满足另一种动机,即修正目标。

(4) 由于主观因素和客观条件影响很大,动机的结局完全受阻,个体无法达到目标。

在第四种情况下人的挫折感最大,第二种和第三种情况次之。挫折是一种普遍存在的心理现象,在人类现实生活中,不但个体动机及其动机结构复杂,而且影响动机行为满足的因素也极其复杂。因此,挫折的产生是不以人们的主观意志为转移的。

2) 挫折对人的不同影响

对于同样的挫折情境,不同的人会有不同感受。引起某一个人挫折的情境,不一定是引起其他人挫折的情境。挫折的感受因人而异的原因主要是由于人的挫折容忍力不同。所谓挫折容忍力,是指人受到挫折时免于行为失常的能力,也就是经得起挫折的能力,它在一定程度上反映了人对环境的适应能力。对于同一个人来说,对不同的挫折,其容忍力也不相同,如有的人能容忍生活上的挫折,却不能容忍工作中的挫折,有的人则恰恰相反。挫折容忍力与人的生理、社会经验、抱负水准、对目标的期望及个性特征等有关。

挫折对人的影响具有两面性:一方面,挫折可增加个体的心理承受能力,使人猛醒,汲取教训,改变目标或策略,从逆境中重新奋起;另一方面,挫折也可使人们处于不良的心理状态中,出现负向情绪反应,并采取消极的防卫方式来对付挫折情境,从而导致不安全的行为反应,如不安、焦虑、愤怒、攻击、幻想、偏执等。在组织管理中,有的人由于安全生产中的某些失误,受到领导批评或扣发奖金,由于其挫折容忍力小,可能就会发泄不满情绪,甚至采取攻击性行动,在攻击无效时,有可能暂时将愤怒情绪压抑,对安全生产采取冷漠的态度,得过且过。人受挫折后可能产生一些远期影响,如丧失自尊心、自信心,自暴自弃,精神颓废,一蹶不振等。

3) 对挫折的管理措施

在组织安全生产活动中,职工受到挫折后,所产生的不良情绪状态及相伴随的消极性行为,不仅对职工的身心健康不利,而且也会影响组织的安全生产,甚至易于导致事故的发生。因此,应该重视管理中职工的挫折问题,采取措施防止挫折心理给职工和组织安全生产带来的不利影响。对此,可以采取的措施包括:①帮助职工用积极的行为适应挫折,如合理调整无法实现的行动目标;②改变受挫折职工对挫折情境的认识和估价,以减轻挫折感;③通过培训提高职工工作能力和技术水平,增加个人目标实现的可能性,减少挫折的主观因素;④改变或消除易于引起职工挫折的工作环境,如改进工作中的人际关系、实行民主管理、合理安排工作和岗位、改善劳动条件等,以减少挫折的客观因素;⑤开展心理保健和咨询,消除或减弱挫折心理压力。

3. 韦纳等人的归因理论

1958 年，海德在他的著作《人际关系心理学》中，从通俗心理学的角度提出了归因理论，该理论主要解决的是在日常生活中人们如何找出事件的原因。其后，阿布拉姆森、凯利、琼斯和戴维斯等人都对归因理论做过不同的研究。

1974 年，美国心理学家韦纳在前人研究的基础上，提出了自己的归因理论。

 知识链接

伯纳德·韦纳(1935—   )，美国当代著名教育心理学家和社会心理学家。韦纳于 1952 年进入芝加哥大学学习，1955 年获学士学位，1957 年获硕士学位。1959 年进入密歇根大学，并于 1963 年获得哲学博士学位。1963—1965 年在明尼苏达大学任助教。1965 年至今任洛杉矶加利福尼亚大学心理学教授。在任加利福尼亚大学心理学教授期间，他先后担任过其他几所大学的访问教授。1969—1970 年，他在纽约大学城研究中心任访问教授。接着他又到德国波鸿鲁尔大学做了一年的访问教授。此外，他还先后到过德国芒内奇马克思-普朗克研究所、密歇根大学、华盛顿大学等进行访问研究工作。此外，韦纳还历任美国多种主要心理学刊物，如《认知发展》《认知和情绪》《教育心理学杂志》等的顾问或编辑。

(资料来源：525 心理网，https://www.psy525.cn/pic/1645.html)

1) 归因类型

韦纳认为，人们对行为成败原因的分析可归纳为以下六项原因。

(1) 能力，根据自己评估个人对该项工作是否胜任。

(2) 努力，个人反省、检讨在工作过程中曾否尽力而为。

(3) 任务难度，凭个人经验判定该项任务的困难程度。

(4) 运气，个人自认为此次各种成败是否与运气有关。

(5) 身心状况，在工作过程中，个人当时身体及心情状况是否影响工作成效。

(6) 其他因素，个人自认为在此次成败因素中，除上述五项外，还有一些其他有关人与事的影响因素(如别人帮助或评分不公等)。

2) 归因的三个维度

以上六项因素作为一般人对成败归因的解释或类别，韦纳按各因素的性质，将其分别纳入以下三个维度之内。

(1) 因素来源：当事人自认为影响其成败因素的来源，是个人条件(内控)，抑或来自外在环境(外控)。在此一向度上，能力、努力及身心状况三项属于个人条件，其他各项则属于外在环境。

(2) 稳定性：当事人自认为影响其成败的因素，在性质上是否稳定，是否在类似情境下具有一致性。在此一向度上，六项因素中能力与任务难度两项是不随情境改变的，是比较稳定的，其他各项则均为不稳定者。

(3) 可控性：当事人自认为影响其成败的因素，在性质上是否由个人意愿所决定。在此一向度上，六项因素中只有努力一项是可以凭个人意愿控制的，其他各项均非个人所能为之。

3) 韦纳的归因理论的主要论点

作为对成就需要理论的一个补充，归因理论特别强调成就的获得有赖于对过去工作是成功还是失败的不同归因。如果把成功和失败都归因于自己的努力程度，就会增强今后努力行为的坚持性；反之，如果把成功与失败归因于能力低、任务重这些原因，就会降低自身努力行为的坚持性。运气或机遇是不稳定的外部因素，过分地归因于这一因素会使人产生"守株待兔"的坚持行为，也是具有高成就需要的人所不屑为之的。总之，只有将失败的原因归因于内外部的不稳定因素时，即努力的程度不够和运气不好时，才能使行为人进一步坚持原行为。

韦纳认为，教育和培训将使人在成就方面发生激励变化并促进激励发展，培训的重点是教育人们相信努力与不努力的结果大不一样。

第四节　当代激励理论的综合

波特和劳拉1968年在《管理态度和成绩》一书中，导出了更完备的激励模式，该理论建立在期望理论、公平理论、强化理论、双因素理论和需要层次理论的基础上，较好地说明了整个激励过程，如图6.4所示。

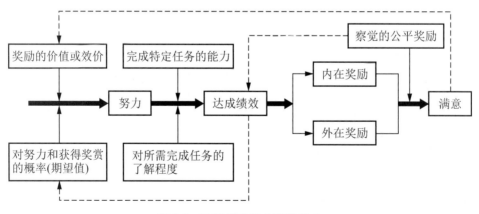

图6.4　波特-劳拉综合激励模式

波特-劳拉综合激励模式的主要观点如下。

(1) 个人是否努力及努力的程度不仅取决于奖励的价值，而且还受到个人察觉出来的努力(指认为需要或应付出的努力)和受到奖励期望值(指其对于付出努力之后得到奖励的可能性的期望值)的认知的影响。很显然,过去的经验、实际绩效及奖励的价值将对此产生影响。如果个人有较确切地把握完成任务或曾经完成过并获得相当价值的奖励的话,那么他将乐意付出相当的或更高程度的努力。

(2) 个人实际能达到的绩效不仅取决于其努力的程度,还受到个人能力的大小及对任务了解和理解程度深浅的影响。特别是对比较复杂的任务,如高难度技术工作或管理工作、个人能力,以及对此项任务的理解比其实际付出的努力所能达到绩效的影响更大。

(3) 个人所应得到的奖励应当以其实际达到的工作绩效为价值标准,尽量剔除主观评估因素。要使个人看到只有当完成了组织的任务或达到目标时,才会受到精神和物质上的奖励。不应先有奖励,后有努力和成果,而应先有努力的结果,再给予相应的奖励。这样,奖励才能成为激励个人努力达到组织目标的有效刺激物。

(4) 个人对于所受到的奖励是否满意及满意的程度如何,取决于受激励者对所获报酬公平性的感觉。如果受激励者感到不公平,则会导致不满意。

(5) 个人是否满意及满意的程度将会反馈到其完成下一个任务的努力过程中。满意会激励个人进一步地努力,而不满意则会导致努力程度的降低甚至使个人离开工作岗位。

综上所述,波特-劳拉的激励模式是对激励系统比较全面和恰当的描述,它告诉人们,激励和绩效之间并不是简单的因果关系。要使激励能产生预期的效果,就必须考虑奖励内容、奖励制度、组织分工、目标设置、公平考核等一系列的综合性因素,并注意个人满意程度在努力中的反馈。

事实上,激励的综合模型中还可以加入更加丰富的内容,如图 6.5 所示。

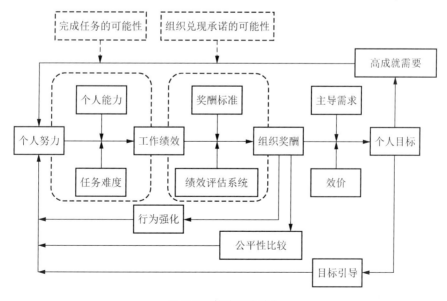

图 6.5 激励理论综合

阅读材料

工资全额浮动为何失灵

WH 建筑装饰工程总公司是国家建设部门批准的建筑装饰施工一级企业，实力雄厚，经济效益可观。

铝门窗及幕墙分厂是总公司下属最大的分厂，曾经在一线工人和经营人员中率先实行工资全额浮动，收到了不错的效果。为了进一步激发二线工人、技术人员及分厂管理干部的积极性，该分厂宣布全面实行工资全额浮动。宣布决定后，连续两天，技术组几乎无人画图，大家议论纷纷，抵触情绪很强。经过分厂领导多次做思想工作，技术组最终被迫接受了现实。

实行工资全额浮动后，技术人员的月收入是在基本生活补贴的基础上，按当月完成设计任务的工程产值提取设计费。例如，玻璃幕墙设计费，基本上按工程产值的 0.27% 提成，即设计的工程产值达 100 万元，可提成设计费 2 700 元。当然，技术人员除了画工程设计方案图和施工图例，还必须作为技术代表参加投标，负责计算材料用量，以及加工、安装现场的技术指导和协调工作。分配政策的改变使小组每日完成的工作量有较大幅度提高，组员主动加班加点，过去个别人"磨洋工"的现象不见了。然而，随之而来的是，小组里出现了争抢任务的现象，大家都想做产值高、难度小的工程项目设计，而难度大或短期内难见效益的技术开发项目备受冷落。

彭工原来主动要求开发与自动消防系统配套的排烟窗项目，有心填补国内空白，但实行工资全额浮动 3 个月后，他向组长表示，自己能力有限，希望放弃这个项目，要求组长重新给他布置设计任务。

李工年满 58 岁，是多年从事技术工作的高级工程师。实行工资全额浮动后，他感到了沉重的工作压力。某年 9 月，他作为呼和浩特市某装饰工程的技术代表赴呼和浩特市投标，因种种复杂的原因，该工程未能中标。他出差了 20 多天，刚接手的另一项工程设计尚处于准备阶段，故当月无设计产值，仅得到基本生活补贴 78 元。虽然在随后的 10 月，他因较高的设计产值而得到 1 580 元的工资，但他依然难以摆脱强烈的失落感，他向同事表示他打算提前申请退休。

尽管技术组组长总是尽可能公平地安排设计任务，平衡大家的利益，但是意见还是很多。小组内人心浮动，好几个人有跳槽的意向，新分配来的大学生小王干脆不辞而别。组长感到自己越来越难做人了。

问题：

(1) 该企业中技术人员的需要层次有何特点？
(2) 该企业中技术人员实施工资全额浮动后有什么变化？
(3) 试用赫茨伯格的双因素理论解释工资全额浮动失灵的原因。

(资料来源：罗帆. 工资全额浮动为何失灵[J]. 企业管理，2002，(04)：65~66.)

本 章 小 结

本章主要介绍了激励的基本含义、过程、作用，人性假设，内容型激励理论、过程型激励理论、行为修正型激励理论及当代激励理论的综合。

激励源于人未满足的需要,激励过程是一个非常复杂的心理活动过程,激励的作用体现在四个方面:有利于组织目标的实现、有利于开发人的巨大潜能、有利于引导组织中个人目标与组织目标的统一、有利于提高组织成员的社会责任感和自身素质。

经济人假设认为,人只有物质利益需求;社会人假设认为,人除了物质利益外还有思想情感的需求;自我实现人假设认为,人的主要需求是追求自我价值的实现;而复杂人假设认为,人的需要是多元的、变化的。

内容型激励理论主要研究激励的原因与满足人们需要的内容,主要介绍了需要层次理论、双因素理论、ERG 理论、成就需要理论。过程型激励理论着重研究人从动机产生到采取行动的心理过程,主要任务是找出对行为起决定作用的某些关键因素,弄清它们之间的相互关系,以预测和控制人的行为,主要介绍了期望理论、公平理论。行为修正型激励理论重点研究管理手段对员工接下来工作行为的改造或修正,以期望通过激励手段,将员工接下来的工作行为修正到符合组织目标上来,主要有强化理论、挫折理论、归因理论。

波特-劳拉模型对当代激励理论做了很好的综合,能看出各种激励理论之间的相互关系,但事实上,该模型可以整合进去更多的激励理论。

 名人名言

1. 作为一个领导,你可以不知道下属的短处,却不能不知道下属的长处。
2. 每一个人都是责、权、利的中心,"人人是经理,人人是老板"把每个人的潜能释放出来。
3. 部下的素质低,不是你的责任;但不能提高部下的素质,是你的责任。
4. 对员工忠诚,员工反过来就会对你忠诚;对员工负责,员工反过来就会对你负责。
5. 上下同欲者,胜。
6. 人人是人才,赛马不相马,给每一个愿意干事的人才以发挥才干的舞台。
7. 求才、识才、容才、用才、培才、育才、护才,将才为"八才"。企业必须关心人、理解人、尊重人、爱护人,即把人当作"人"而非"非人"。

——张瑞敏

(扫一扫,获取自测题)

(扫一扫,获取扩展阅读资料)

第七章 绩效管理

【教学要求】

知识要点	能力要求	相关知识
绩效	理解并表述绩效的含义和特征	(1)绩效的含义。 (2)绩效的特征
绩效管理	(1)理解绩效管理的含义。 (2)会分析绩效管理的意义。 (3)能理解并表述绩效管理的原则。 (4)能理解并表述绩效管理的过程。 (5)能理解并表述绩效管理结果的运用	(1)绩效管理的含义。 (2)绩效管理的意义。 (3)绩效管理的原则。 (4)绩效管理的过程。 (5)绩效管理结果的运用
绩效考核	(1)理解绩效考核的体系含义。 (2)掌握绩效考核的内容。 (3)理解绩效考核的原则。 (4)能理解并表述绩效评价的方法。 (5)能理解并分析绩效评价的过程	(1)绩效考核体系的含义。 (2)绩效考核的原则。 (3)绩效考核的作用。 (4)绩效考核的内容。 (5)绩效评价的方法。 (6)绩效评价的过程

【关键概念】

绩效　绩效管理　绩效考核　绩效评价

导入案例

　　18世纪末期,英国政府决定把犯了罪的英国人统统发配到澳洲去。一些私人船主承包从英国往澳洲大规模地运送犯人的工作。英国政府实行的办法是以上船的犯人数支付船主费用。当时那些运送犯人的船只大多是一些很破旧的货船改装的,船上设备简陋,没有什么医疗药品,更没有医生,船主为了牟取暴利,尽可能地多装人,使船上条件十分恶劣。一旦船只离开了岸,船主按人数拿到了政府的钱,对于这些人是否能远涉重洋活着到达澳洲就不管不问了。有些船主为了降低费用,甚至故意断水断食。3年以后,英国政府发现:运往澳洲的犯人在船上的死亡率达12%,其中最严重的一艘船上424个犯人死了158个,死亡率高达37%。英国政府花费了大笔资金,却没能达到大批移民的目的。英国政府想了很多办法,每一艘船上都派一名政府官员监督,再派一名医生负责犯人和医疗卫生,同时对犯人在船上的生活标准作了硬性的规定。但是死亡率不仅没有降下来,反而是有的船上的监督官员和医生竟然也不明不白地死了。原来一些船主为了贪图暴利,贿赂官员,如果官员不同流合污就被扔到大海里喂鱼了。政府支出了

监督费用，却照常死人。政府又采取新办法，把船主都召集起来进行教育培训，教育他们要珍惜生命，要理解去澳洲去开发是为了英国的长远大计，不要把金钱看得比生命还重要，但是情况依然没有好转，死亡率一直居高不下。

一位英国议员认为是那些私人船主钻了制度的空子。而制度的缺陷在于政府给予船主报酬是以上船人数来计算的。他提出从改变制度开始：政府以到澳洲上岸的人数为准计算报酬，不论你在英国上船装多少人，到了澳洲上岸的时候再清点人数支付报酬。

问题迎刃而解。船主主动请医生跟船，在船上准备药品，改善生活，尽可能地让每一个上船的人都健康地到达澳洲。一个人就意味着一份收入。自从实行上岸计数的办法以后，船上的死亡率降到了1%以下。有些运载几百人的船只经过几个月的航行竟然没有一个人死亡。

点评：这个故事告诉我们，绩效考核的导向作用很重要，企业的绩效导向决定了员工的行为方式，如果企业认为绩效考核是惩罚员工的工具，那么员工的行为就是避免犯错，而忽视创造性。忽视创造性，就不能给企业带来战略性增长，那么企业的目标就无法达成。如果企业的绩效导向是达成组织目标，那么员工的行为就趋于与组织目标保持一致，分解组织目标，理解上级意图，并制订切实可行的计划，与经理达成绩效合作伙伴，在经理的帮助下，不断改善，最终支持组织目标的达成。

（资料来源：致信网，http://www.mie168.com/manage/2010-05/314573.htm）

思考：

绩效管理在企业发展过程中究竟应如何做才能真正实现绩效管理的目的？

第一节　绩效管理概述

一、绩效的含义与特征

1. 绩效的含义

在对绩效管理进行定义和学习之前，首先要明确一个基础性概念，即绩效。它由英文Performance 意译而来，根据《牛津现代高级英汉词典》的解释，绩效指的是"执行、履行、表现、成绩"。随着实践的发展，不同学科领域对绩效的定义有不同的认识和见解。

从管理学的角度来看，绩效是组织期望的结果，是组织为实现其目标而在不同层面上的有效输出，包括个人绩效和组织绩效两个方面。个人绩效是指一定时期内员工个体的工作结果、工作行为和工作态度的总和；组织绩效则是指组织在一定时期内，组织任务完成的数量、质量、效率及盈利状况。两者统一于企业发展的整个过程中，员工绩效是组织绩效的有机组成部分，组织绩效是通过员工绩效逐步实现的。

从经济学角度看，绩效和薪酬是紧密联系在一起的，是组织和员工之间的对等承诺关系，绩效是员工对组织贡献的承诺，而薪酬是组织对员工付出结果回报的承诺。因此在经济学中的绩效一般包含效率和效果两个层面：效率是以产出与投入的比率来衡量的，所谓高效率其实就是投入少而产出多；而效果则是指组织目标的实现程度。简而言之，效率就是用正确的方法做事，效果就是做正确的事。

从社会学角度看，绩效体现为一社会成员在社会分工的环境下对社会发展所承担的一份职责。每个人都是整个社会的一名成员，完成个人绩效其实是社会发展的需求，也是个人作为社会一员所应该尽到的义务。

随着管理实践的发展，人们对绩效的认识也在不断变化。纵观目前人们对绩效的认识和观点，总结起来主要有三种观点：一种是认为绩效是行为的结果；一种认为绩效就是行为；还有一种观点认为绩效不再是对过去的行为的总结，而是强调员工与绩效之间的关系，关注员工素质、态度，关注未来发展。在实践中对于绩效概念的认识可划分为五种。

(1) 绩效就是完成工作任务。
(2) 绩效就是工作结果。
(3) 绩效就是行为。
(4) 绩效就是结果与过程(行为)的统一体。
(5) 绩效=做了什么(实际收益)+能做什么(预期收益)。

上述五种绩效定义的适用情况如表 7.1 所示。

表 7.1 绩效定义适用情况对照表

绩效含义	适应的对象	适应的企业或阶段
完成工作任务	体力劳动者；事务性工作者	不同发展阶段的企业
结果或产出	高层管理者；销售、售后服务或可量化工作性质的员工	高速发展的成长型企业、强调快速反应，注重创新的企业
行为	基层员工	发展相对缓慢的成熟型企业，强调流程、规范，注重规则的企业
结果+过程(行为/素质)	普遍适用各类人员	不同发展阶段的企业
做了什么(实际收益)+能做什么(预期收益)	知识工作者	不同发展阶段的企业

综合上述，对绩效内容和构成的理解和认识，兼顾工作行为和结果及员工的态度和素质等因素，本书将绩效定义为：绩效是指员工在一定时期内，在工作过程中所表现出来的与组织发展相关的工作结果、工作行为、工作能力及其工作态度。

2. 绩效的特征

绩效具有多因性、多维性和动态性三个特征。

1) 多因性

多因性是指无论是员工个体绩效还是组织绩效在实际运行过程中都受到多种因素的共同影响，而不是某一个单一因素所能左右的。一般来说，影响绩效的众多因素可以分为内部主观因素和外部客观因素。前者主要有激励(员工的工作积极性、员工需求结构、感知、价值等)，技能(员工个人的天赋、智力、受教育水平等)，后者主要有机会(完成某种工作的机会)，环境(社会文化环境等)等外部、客观性影响性因素。

2) 多维性

多维性是指绩效的考核需要考虑工作态度、工作能力、工作行为、团队协作等多个方面和维度，综合进行，逐一评估，并根据实际发展需求，对各个维度给予不同的权重，以更有效地做到有侧重点地进行考核。从多个维度进行绩效考核，可以较为全面地了解员工的工作行为和工作态度，将过程和结果有机地结合起来。

3) 动态性

动态性是指员工的绩效是会随着时间的推移、环境的变化而动态波动。在特定的时间和环境下，好的绩效可以变差，同样差的绩效也可以变好。因此，这就要求绩效考核者不能凭借一时的印象，以一成不变的观点看待员工的绩效，而是依据环境和时间的变化，对员工绩效考核标准作出相应的调整，使之更符合变化了的实际。

特别提示

绩效的定义和内容是随着环境和地点的变化而变化的。人们在对绩效进行定义时要根据实际状况作相应的变通。

二、绩效管理的含义

"绩效管理(performance management)"的概念最早于20世纪70年代由美国管理学家Aubrey Daniels(奥布里·丹尼尔斯)提出，其旨在引导组织成员行为的变革，进而提高组织整体绩效。

美国通用汽车公司早在"一战"期间最早开始了绩效管理的尝试。该公司在1918年对车间员工的工作业绩进行考核时使用了量表化，并根据考核结果发放相应的奖金。虽然这期间的绩效管理尝试将考核结果与激励控制相结合，符合现代绩效管理对其内涵的界定，但没有明确提出绩效管理的概念。

此后，在20世纪中期，西方管理界主流管理思想是组织变革理论和学习型组织理论。一些企业为了解决产能过剩问题和压力，围绕这两个理论进行了尝试。通过实践，人们发现，组织变革能够降低企业经营的成本，但不能提高组织和员工工作绩效，而学习型组织能够提升组织和员工的绩效。Aubrey Daniels(丹尼尔斯)认为，这是因为在学习型组织中，学习激发了员工的学习和工作热情，进而转变为员工的工作行为和动力，最终提高了组织的绩效，提出了"企业要通过转变员工的行为提升绩效"，"绩效管理"一词就此诞生。

随着企业的发展和管理实践的深入，到20世纪80年代后半期，"绩效管理"已经逐渐成为人力资源管理过程中重要一环，被人们广泛接受。

在绩效管理实践过程中，研究者分别从组织取向、个人取向、组织与个人相结合取向的角度，对绩效管理进行研究，并形成了三种不同的绩效管理模型。

(1) 绩效管理是管理组织绩效的一种体系。

(2) 绩效管理是管理员工绩效的一种体系。

(3) 绩效管理是将对组织绩效和员工绩效的管理结合在一起的管理体系。

其实虽然这三种模型的出发点不尽相同，但最终目的都是为了提高组织、部门及员工绩效。

绩效管理在实施过程中，需要依据员工与其所在部门的主管之间达成一个关于工作目标的协议，这个协议是在双向沟通互动的过程中实现的。该协议对员工在工作过程中所应该承担的工作职责、工作成果的衡量，员工和主管在整个工作过程中应该维持什么样的关系，主管应该提供什么样的帮助和支持，员工个人绩效与组织绩效之间的关系，以及影响绩效的因素有哪些，应该如何克服等进行了详细而明确的规定和说明。因此，绩效管理包括了事前计划、事中管理、事后评估三个环节。美国学者罗伯特·巴克沃认为，绩效管理是一个持续的交流和沟通的过程，该过程由员工及其直接主管之间达成协议来完成，并在协议中明确出员工个体的工作目标，个体目标与组织目标有机统一，将组织的管理者、员工等利益相关者融合到绩效管理系统中来。有效的绩效管理系统就是企业帮助管理者及其员工达成协议而实现组织长期或者短期目标的过程。

可见，绩效管理就是通过持续动态的沟通来真正提高员工个体绩效、组织绩效，实现组织与员工共同发展和双赢的过程。首先，实施绩效管理的唯一目的就是帮助员工个人、部门和组织更好地实现各自的工作目标，提高工作业绩。它通过管理者与员工之间的真诚合作，及时解决工作过程中存在的问题和障碍；其次，绩效管理虽然在表面上看是关注绩效低下的问题及其产生的原因，实际在本质上是为了提高和改善企业的整体绩效，关注整个企业的进步和发展；最后，绩效管理需要花大量的时间进行持续的沟通，以做到及时发现问题，及时解决问题，真正做到"防患于未然"。

绩效管理强调管理者与员工之间持续不断的双向沟通、双向协调，在沟通和工作过程中达到一致的目标。在工作过程中，管理者要针对员工个体实际状况进行监督和辅佐，帮助员工持续改进工作，提高工作绩效，进而实现组织和员工和谐发展。因此，从战略层面上看，绩效管理的内容包括绩效计划、绩效沟通、收集数据并分析问题、绩效考评、薪酬管理、人事决策与调整等。

如果仅从工作绩效这个层面看，绩效管理的内容则包括了绩效计划、绩效沟通、绩效考评和绩效反馈。

 **特别提示**

绩效沟通贯穿于绩效管理全过程中。

三、绩效管理的作用

绩效管理是现代企业管理的核心环节,企业无论处于何种发展阶段,绩效管理对于提高企业的竞争力、增强市场竞争能力都有着非常重要的战略意义和作用。

但在实践中,绩效管理是非常复杂的,以至于很多企业投入了大量的时间和精力还是没有把自己的绩效管理做好。有许多管理者认为公平地考评员工绩效,可以为公平地发放员工薪酬打基础,激励业绩优秀的员工,督促业绩低的员工可以有效地促进企业整体绩效的提高。这种观点具有一定的科学之处,但现代企业中的绩效管理作用不单单表现在员工绩效和薪酬之间的关系上,优秀的绩效管理还能促进企业管理流程和业务流程的优化,保证企业战略目标的实现。因此,绩效管理的作用主要表现在以下四个方面。

1. 绩效管理促进组织和个人绩效的提升

绩效管理首先要做好组织目标、部门目标和个人目标,并将三者统一起来。在实施过程中,管理者通过绩效辅导沟通及时发现员工在工作中存在的问题,并找出问题产生的原因,给员工提供必要的工作指导和资源辅助;员工再通过改进工作技术、工作态度等,保证其工作目标的实现。在绩效考核阶段,管理者通过对员工和部门的工作进行全方位的考核,明确个人、部门对企业发展的贡献,采取多种方式激励绩效优秀的部门和员工。同时,采取各种措施督促低绩效的部门和个人找出差距,并提高和改善绩效。在绩效反馈阶段,绩效考核者和被考核者之间通过沟通,找出被考核者工作过程中取得的成绩,以及工作过程中存在的问题,找出差距,进而改善绩效。对绩效水平较低的部门和个人,考核者应该帮助被考核者制定详细的绩效改进计划和措施;在绩效反馈阶段,考核者和被考核者应该制定好下一个阶段的工作目标和所应达到的工作绩效。在企业正常运营的情况下,部门及员工个人目标应该超出前一阶段目标,激励组织和个人进一步提升工作绩效。通过这种绩效管理周期循环发展,组织和个人的绩效就会得到全面提升和发展。

此外,绩效管理通过绩效考评,区分出绩效优秀者和绩效一般者,以及绩效低的员工,保证企业优秀员工的正常发展,同时淘汰掉不适合企业发展的人员。其结果是使内部优秀人才得到不断成长,同时也吸引了外部优秀人才,确保组织的持续发展。

2. 绩效管理优化管理流程和业务流程

企业管理主要是对人和事的管理。对人的管理主要是通过采取不同的激励措施实现的,主要体现为激励约束问题;对事的管理,主要是对流程的管理。所谓的流程,就是不同事情或者项目如何运作，即因何而做、由谁来做、如何去做、向谁汇报等方面的问题，这四个方面不同的组合安排都会对企业整体利益及工作效率产生极大的影响。

在绩效管理过程中，不同层次的管理者应从确保企业整体利益及提高员工工作效率的前提出发，对上述四个方面进行不断的优化和调整，使组织运行效率得到提高。因此，企业在优化其整体效益和效率的同时，也就优化了企业的管理流程和业务流程。

3. 绩效管理保证组织战略目标的实现

企业发展首先应该结合企业发展所处的内外环境制定清晰而明确的战略目标和发展思路，制定合理的远期目标和近期目标，并制订出公司年度经营计划和发展计划，制定企业年度经营目标。然后，企业管理者将公司的年度经营目标逐级进行分解成部门年度经营目标、员工个人年度工作业绩。但企业在实施过程中，要注意吸收不同层级员工的参与，让各级管理者及基层员工充分发表自己的看法和意见，保障公司目标上下的一致性，减少公司目标实现过程中可能受到的阻碍，以确保公司目标实现的顺畅性。

因此，在绩效管理过程中，企业年度经营目标的制定与分解是重要的环节，这个环节的工作做得好不好，直接关系到绩效管理能否取得实效。而绩效管理工作的推进和实施能够促进和协调公司各个部门及员工按照企业预先制定的目标迈进，促进企业经营目标的实现，从而保证企业发展战略目标的实现。

4. 绩效管理强化员工自我开发能力

在绩效管理过程中，管理者和员工之间进行持续不断的绩效沟通和反馈，让员工时时认识和明确自己的优势和不足，自己的工作哪里做得好，哪里做得不好，哪些地方需要加强，哪些地方修改。这对员工更好地规划和设计自己的职业生涯发展有着重要而积极的作用。同时，通过绩效管理活动，员工不断地改进业绩，使其更加胜任工作的发展需求。

特别提示

绩效管理人力资源管理的核心环节，但在现实中绩效管理也一把双刃剑，过度的、烦琐的绩效考核也会给企业带来诸多负面影响。所以，在实际执行时企业要注意把握恰当的度。

第二节 绩效管理的过程

一、准备阶段

任何一家企业要获得可持续发展，都必须认真做好其绩效管理工作。但是，企业必须认识到绩效管理不可以脱离企业日常运营而独立运营，绩效管理必须在一个合适的环境和土壤中，才能有效展开。为此，企业在进行绩效管理之前需要做好很多准备，首先需要做好硬件和软件两个方面的准备。硬件准备主要是指企业的组织结构是否合理，职位分析和职位设计是否规范、流程和责任的划分是否明确，战略发展目标是否清晰，有没有被员工认可的企业发展愿景。如果企业在绩效管理过程中做不好这些硬件准备，就会很难界定绩效不佳的责任，每个员工都可以推卸自身责任。软件方面主要包括两个方面，一是企业领导人及管理者要努力营造绩效管理的氛围，从上到下要全力支持绩效管理工作的展开，并对绩效文化的塑造打下思想和舆论的基础；二是企业中层管理者非常明确自身的管理职责和工作，承担起自身所应承担的管理角色。

绩效管理是一个完整的系统，在这个系统中的所有环节都是紧密联系、环环相扣的，任何一个环节出了问题都会影响到整个绩效管理工作，所以，在绩效管理过程中应该重视每一个环节，力求做到万无一失。

绩效计划是绩效管理系统中的第一个环节，是启动绩效管理和绩效战略目标实施的关键点。绩效计划的制订通常是依据工作目标和工作职责而定的。在制订绩效计划时，企业首先应该分析企业的战略经营目标，本单位的工作计划、目标，员工的职责分工和上一年的绩效反馈报告，然后对本年度的工作计划展开充分的讨论，为此员工应该做什么，为什么做，如何做，做到什么程度，以及对结果如何衡量等达成共识。在此基础上，员工对自己的工作目标作出承诺。

由此可见，绩效计划是一个确定组织对员工的绩效期望并得到员工认可的过程。它通常包括两层含义：一是计划本身，即绩效计划是关于工作目标和标准的契约；二是强调计划的过程，即绩效计划是在管理者和员工双方沟通的基础上，就员工工作目标和标准达成一致的契约形成过程。

1. 绩效计划是关于工作目标和标准的契约

在整个绩效管理体系中，绩效计划是绩效管理顺利展开的前提和基础。绩效计划做不好，绩效考核过程中，员工和管理者之间就会产生很多矛盾和争议。所以在绩效管理之前，首先员工和管理者之间必须对员工在一定时间内员工的工作目标和标准达成一致的契约。具体表现在以下几个方面：员工在一定时间或者本次绩效考核期间所要实现的工作目标；达成的工作的结果；具体可以考核的、量化的工作成果；企业获取员工工作结果的信息渠道；员工工作成果的权重。

一般来说，员工的绩效包括结果绩效和行为绩效两个部分，所以在做绩效计划时也必须明确地说明企业期望员工所要达到的工作结果以及为达到该结果员工在工作过程中所应该表现出来的行为和技能，即确定工作目标(work objectives)和发展目标(development objectives)。

1) 工作目标及其衡量标准

员工工作目标的设计是一个自下而上的过程，要求员工要全程参与管理、明确自己在工作中的职责和任务，并将自己的工作目标与其所在的团队、部门的目标统一起来。员工也只有在清楚地知道了组织或部门对他们的期望是什么之后，才能更好地通过自己的努力达到期望的结果。

在员工工作目标设计的过程中，管理者应该注意以下五个方面的问题。

(1) 员工个人目标与其所在的部门或者团队的目标保持一致。企业中绩效考核目标确定的顺序是企业战略目标、部门或团队目标、个人目标，这样一个逐级分解的过程。个人目标是组织、部门目标的基础和细化，个人在确定自己的目标时应该充分考虑组织的战略目标，自己的岗位职责和目标，以及外部客户的需求。因此，个人目标的实现应该能更好地促进组织和部门目标的实现。

(2) 员工工作目标是员工和部门主管共同参与制定的，并最终达成一致。在过去的绩效管理过程中，员工的工作目标都是主管自己制定的，没有征询员工的意见和想法，更没有员工的参与。正是因为这种"刚性"和缺乏员工的全面参与，使得过去的绩效考核负面效果较为严重，批评的呼声较高。

(3) 员工工作目标制定应符合"SMART"原则。即 Special，工作目标是具体的、确切的；Measurable，工作目标是可以量化的、可以被测量和评价的；Agreed，工作目标是员工和企业双方认可的；Realistic，工作目标是员工经过努力可以达到和实现的；Timed，工作目标的实现是有时间限制的。

(4) 员工工作目标应确定主要目标，一般为 5~7 个目标，而且每个目标都赋予了相应的权重，并按照重要性程度进行排列，最重要的排在最前面。

(5) 每个目标都应该有可衡量的标准，能够量化，并能够根据量化的程度选择数量、质量、时间、成本等作为衡量指标。

2) 发展目标及其衡量标准

员工依靠自身的工作行为实现其工作目标，因此，员工的工作行为要确保其工作目标的实现。因此，在确定员工的工作目标的同时，还应该遵循发展的目标，确定和认可相应的工作行为要求，即胜任特征(competencies)。设计员工工作目标要考虑到其发展目标，这是与目前绩效管理系统所提倡和主张的发展导向一致的。发展目标的确定既满足了组织发展需求，也保障了员工利益的实现。

(1) 胜任力特征模型(competency model)。确定胜任特征要素就是建立该岗位要求的胜任特征模型，具体包括以下几方面。

① 绩效标准。不同的企业制定的绩效标准是不一样的，一般有销售额或者利润额、客户满意度、出勤率等。如果没有合适的相关绩效指标，可以让员工、上级、下级、客户提名的方法确定。

② 选择校标样本，即根据已经确定的绩效标准，在员工中选出优秀组和普通组，前者是指达到甚至是超过绩效标准的组，后者则是没有达到绩效标准的组。

③ 获取与效标样本有关的胜任特征的数据资料。获取并收集数据的方法主要有 BEI

行为事件访谈(Behavioral Event Interview)，专家访谈小组，360度测评法，问卷调查法等。

④ 分析数据并建立胜任力模型。通过上述方法获得数据并进行分析，鉴别出优秀者和普通者的胜任特征。

(2) 胜任力模型的验证。一般来说，企业可以通过三种方法验证胜任力模型。

① 选取第二个效标样本，再次运用行为事件法等方法来收集数据，分析已建立的胜任力模型是否能够区分出效标样本的优秀组和普通组，即考察"交叉效度"。

② 针对胜任特征编制评价工具来评价第二个样本在上述胜任模型中的关键胜任特征，分析其评价结果是否与效标一致，即考察"构成效度"。

③ 使用行为事件访谈法等方法进行选拔或者运用胜任特征模型进行培训，然后，跟踪这些适用人，考察他们在以后的工作中是否表现得更出色，即考察"预测效度"。

(3) 制订发展计划时要注意的问题。

① 管理者与员工应就员工的工作目标认识达成一致。

② 员工有权利、有义务决定自己的发展目标。

③ 培训和发展活动应该更好地促进发展目标的实现。

④ 培训和发展活动应该符合员工的个性和需求。因此，应该采用多样化的方法，如在职培训、网络培训等。

2. 绩效计划是员工与管理者之间双向沟通的过程

绩效计划不仅仅是求得一纸合同，更重要的是制订绩效计划的过程。在这个过程中，管理者和被管理者之间有权利和义务积极参与其中，并形成一个双向沟通的过程。管理者应该向被管理者明确企业、部门发展的战略目标，提出被管理者的工作目标和要求。同时，被管理者也应该积极地设定自己的工作目标。因此，在绩效计划进行过程中，沟通双方需要就以下两个方面进行沟通，达成共识。

(1) 管理者需要向被管理者阐述企业的战略发展目标，被管理者所在部门的部门目标，对被管理者的期望，具体的工作标准及完成的时间。

(2) 被管理者应该向管理者表达的事项有：对工作目标的认识和理解，具体的工作计划和方法，完成工作需要的资源，以及可能遇到的困难和需要的帮助和支持。

3. 参与和承诺是制订绩效计划的前提和基础

社会心理学家通过大量研究认为，当人们亲身参与到某一决策的制定过程的时候，对这一决策在实际执行时会投入更大的决心和执行力度，即使在遇到外部困难，实施有困难时也不会轻易改变。大量研究及实践证明，人们坚持某种态度的程度和改变态度的可能性主要取决于两个因素：一是他在形成这种态度的过程中参与和被认可的程度；二是他是否为此作出过公开表态，即作出过正式承诺。所以，在绩效计划制订过程中，让员工充分参与到这个过程中，并签订正式的契约，这样会促使员工更加倾向于坚持和执行这些承诺，认真完成自己的绩效计划。同时，通过这一契约，管理者也对其应该承担的责任作出了承诺，从而增加了员工实施绩效计划的决心和信心。由此可见，员工参与彼此承诺是绩效计划的基础和前提。

4. 绩效计划的程序

1) 必要信息的准备

绩效计划的形成是基于良好而充分的双向沟通进行的。因此，在进行绩效沟通之前就应该把相关信息准备好。一般来说，必要的信息包括企业的战略发展目标和计划，公司的年度经营计划，部门的经营或工作计划，员工所在部门或者团队的计划和目标，员工个人的职责描述以及员工上一个绩效期间的绩效考核结果等。总结来看，这些信息主要是组织信息、团队或部门信息、员工个人信息。管理者必须清晰地认识到员工参与到绩效计划制订过程的重要性。所以，为了更好地让员工将自己的工作目标和组织的目标结合起来，在制订绩效计划之前，双方需要重新回顾组织目标。实践证明，一个员工对组织目标理解和认识越到位，就越能够更自觉、更坚决地在工作中保持正确的方向。

2) 确定绩效计划沟通的方式

决定采取何种方式进行绩效计划的沟通是非常重要的。一般来说，绩效计划的沟通方式主要有员工大会、小组会、面谈等。不同的企业在选取适合自己的沟通方式时除了考虑要有利于绩效计划内容的了解与易于达成共识之外，还需要考虑企业所处的环境因素，如企业文化和企业工作氛围、员工自身特性、工作目标实现的难易程度等。

为了更有效地实现组织目标并使员工个人绩效和能力都得到提高，企业就必须在最初的计划沟通时使员工充分了解绩效管理的目的，了解绩效管理对自己有什么样的好处，使员工积极地融入到绩效管理的氛围中。否则，员工很容易将绩效管理的重点放在绩效考核上，容易产生敌对和抵触的情绪。所以，在绩效计划沟通时，企业必须让员工了解绩效管理的目的；绩效管理对员工和企业的好处；绩效管理的宗旨和方法；绩效管理的具体流程；绩效考核时员工必须完成的工作；管理者向员工提供哪些资源和支持；员工自己需要在绩效考核时提供什么工作成果和信息；员工需要做哪些准备等。

3) 进行绩效沟通

绩效沟通是绩效计划的核心环节。在这个阶段，管理者需要向员工进行充分的交流，对员工在绩效考核期间所要达到和实现的工作目标和计划达成共识。

(1) 营造沟通氛围。首先一个良好的沟通氛围对顺利开展沟通并取得良好的效果具有非常重要的影响。而一个良好的沟通氛围应该是在规定的时间和地点，能够做到不被打扰或者干扰，也应避免在沟通过程中被其他同事因为某些事情而被打断，确保谈话的持续性。同时，在沟通过程中，管理者和员工之间的对话是平等的。

(2) 沟通原则。在绩效沟通中要遵循以下四个方面的原则。

① 平等原则。管理者和被管理者在绩效沟通过程中的地位是平等的，他们就被管理

者在绩效管理期间员工的工作目标和行为进行沟通，但在本质上二者都是为了更好地实现企业的整体发展目标。

② 信任原则。在沟通过程中，管理者应该相信员工是在其工作领域中的专家，对其工作有着科学而正确的认知和理解的。所以，管理者应该积极调动员工积极、主动地参与到沟通的过程中。

③ 协调原则。在绩效计划制订的过程中，管理者的职责更多的是调动员工的工作积极性，并将引导员工自觉地将自己的工作目标与企业的目标融合起来，合理地配置相关资源。因此，在这个过程中，管理者主要是发挥自身的协调功能。

④ 共同决策原则。绩效计划的最终形成是员工和管理者共同协商和沟通的结果。而且员工的参与性越高，自己作出决定的成分越多，绩效管理就越容易取得成功。

4) 沟通过程

沟通的过程没有一个千篇一律的统一形式，但一般来说，沟通过程应该包括以下内容。

(1) 回顾有关信息。在绩效沟通过程中，管理者和被管理者首先应该回顾下目前自己已经收集到的信息，包括企业的、部门的经营计划信息，员工已作出的工作，以及上一个绩效期间的考核结果等。

(2) 确定关键绩效指标。员工工作目标的取得需要员工多方面的付出和努力，但在绩效管理中，应该确定出实现工作目标的关键绩效指标。所谓关键绩效指标，首先是指员工的工作产出，然后根据这些工作产出确定考评的指标和标准，并确定通过何种方式来跟踪和监控这些指标的实际表现。但在确定这些关键绩效指标时，要确保这些指标的具体性、可衡量性和时间性。

(3) 讨论主管人员可能提供的帮助。在绩效计划制订的过程中，管理者还需要了解员工完成工作可能遇到的困难和障碍，管理者在员工应对这些困难和障碍时所应该提供的帮助和支持。

(4) 结束沟通。经过上述沟通过程，员工和管理者就员工的工作目标和任务达成共识，这时就意味着沟通的结束。

5) 确认绩效计划

在经过了上述周密的准备和沟通过程之后，绩效计划就初步形成了。但最终绩效计划的确定还需要在持续的绩效沟通中对绩效进行不断审定，以确保绩效计划能够顺利进行。

5. 绩效计划诊断

绩效诊断实质上就是对绩效计划所确定的绩效目标是否能达到进行再次确认。一般情况下，在绩效计划结束时，需要达到以下五个结果。

第一，员工的工作目标、工作任务与其所在的企业、部门目标相一致，并且，员工清楚地知道并理解自己的工作目标和组织整体目标之间的关系。

第二，员工的主要工作职责和描述已经按照当前企业所处的内外环境的变化而变化，能够清楚地反映本绩效期间的员工工作内容。

第三,管理人员和员工就员工在本次绩效期间的工作任务、各项工作任务的重要性程度、完成工作目标的指标,员工在工作过程中所享受的权利和义务都已经达成共识。

第四,管理人员和员工都非常清楚在本次绩效期间,员工为完成工作任务和目标可能遇到的困难和障碍,以及需要得到的帮助和支持具体有哪些。

第五,形成一份经过双方讨论协商之后的最终协议文档。该文档中包括员工的工作目标、实现工作目标的主要工作成果,衡量工作成果的指标和标准,以及各个指标的权重,而且该文档应该有双方当事人的签字确认,才能具有应有的效益。

6. 制订绩效计划改进计划

绩效计划诊断结束后,一个主要任务就是改进绩效。所以,员工和管理者应该再次合力制定绩效改进计划,该流程和绩效计划定制的沟通流程是一样的。

特别提示

绩效准备阶段核心工作就是做好绩效计划,而绩效计划制定全过程都离不开绩效沟通。

二、实施阶段

1. 绩效管理

这期间的绩效管理主要是保证员工能够按照第一个阶段绩效计划设定的目标,顺利地在规定的时间内完成其工作任务。它主要包括以下三种形式。

1) 辅导

辅导是一个改善员工知识、胜任其工作和提高自身技能的过程。

(1) 辅导的目的。辅导的主要目的如下。

① 帮助员工及时了解自己工作的进展状况,包括已完成工作的内容、质量、时间等是否与原计划相一致,同时还要确定哪些工作环节需要改善,后续工作还需要学习哪些知识和进一步掌握哪些技能。

② 必要时,企业帮助并指导员工完成特定的工作任务。

③ 企业要努力使辅导成为一个学习的过程,调动员工积极地参与其中。

(2) 辅导的特征。有效而科学的辅导应该具有以下三个特征。

① 辅导是一个员工学习的过程,而不是教育的过程。

② 员工在绩效计划期间制定的工作目标应该努力实现,在企业辅导过程中,员工应该能得到管理者的支持、资助和监控。

③ 辅导要及时。在辅导过程中,企业一方一定要注意辅导的切入时点,尽可能调动员工的参与积极性,鼓励员工通过自己的努力实现工作目标,管理者只是起到辅导员的

作用。

2) 咨询

有效的咨询是绩效管理过程中一个重要的环节。在绩效管理实施阶段，企业对员工工作状况进行咨询，主要目的是在员工没能达到预期的绩效任务和目标时，管理人员通过咨询来帮助员工克服工作过程中遇到的困难和障碍，以便顺利推进后期工作的进行。

(1) 咨询的阶段。咨询通常包括三个阶段。

① 确定和理解。即确定并理解员工工作中存在的问题。

② 授权。即帮助员工确定其工作中存在的问题之后，管理者应该鼓励员工正确地表达出这些问题，并能思考解决这些问题的对策。

③ 提供帮助和资源。即驾驭问题，包括确定员工可能需要的一切帮助和资源资助。

(2) 咨询的要求。管理人员在进行咨询时，必须做到以下五个方面的工作。

① 咨询的及时性，即一旦发现员工的工作出现问题，就应该立即展开相关咨询。

② 咨询的环境，咨询应该在安静、舒适的环境中进行。

③ 咨询沟通的双向性，即在咨询过程中，管理者要扮演好"积极的倾听者"的角色，鼓励员工积极参与其中，鼓励员工多提自己的看法。

④ 全面关注所有问题，咨询不应该只关注不好的问题，对好的环节，管理者也应该客观，说出好的原因，对不好的绩效改进要给予具体的改进措施。

⑤ 管理者和员工要共同制订绩效改进的具体计划。

3) 进展回顾

绩效进展回顾应该是一个直线管理过程，而不是一年一度的绩效回顾面谈。工作目标和发展目标的实现对企业的长期发展是至关重要的，所以企业要定期进行监测。在绩效管理过程中，人们主张经常进行绩效回顾。但具体时间和频率要根据员工工作的要求和进展等情况进行确定，通常来说，很多工作都可以每个月或者每个季度进行回顾一次，但对其他短期工作和新员工来说，就应该进行周或者天回顾和反馈。在进行回顾时，管理者要注意以下五点。

(1) 进展回顾要符合业务流程和员工工作的实际状况。

(2) 管理者和员工都应该将进行员工工作回顾纳入到自己的工作计划中。

(3) 不能间断，也就是不能因为其他工作忙等原因而取消进展回顾。

(4) 进展回顾不是正式或者最后的绩效总结，其主要目的是收集员工到目前为止，工作进展相关信息，分享信息，并就下一步工作绩效计划达成共识。

(5) 如果有必要，及时调整所设定的员工在第一个阶段的工作目标和发展目标。

2. 持续的绩效沟通

员工和管理者在沟通的基础上制订了绩效计划，达成绩效契约，但这并不意味着员工之后的工作就非常畅通无阻，而是要顺利推进工作，就必须进行持续的绩效沟通。绩效沟通的目的有以下两个方面。

（1）通过持续的沟通对绩效计划进行调整。当今世界是个瞬息万变的信息社会，变化是永恒的，而且是飞速的，变化的因素也越来越多。因此，在绩效实施过程中进行持续的绩效沟通，其首要目的就是为了使员工绩效计划适应环境的变化，并及时作出相应的调整，使之符合变化了的实际。

（2）员工需要在执行绩效计划的过程中了解有关信息。这些信息主要包括以下三个方面的内容：

① 关于如何解决工作中困难的信息。由于工作环境的多变性，员工的工作也在实践中变得越来越复杂，在制订绩效计划时很难清晰、准确地预测在未来工作中所遇到的一切困难和障碍。因此，在执行绩效计划中，一旦问题增多，而且处理问题的能力超过员工自身能力时，员工就会期望得到组织的帮助和支持。所以，在绩效实施过程进行持续的绩效沟通，员工可以及时了解到自己所得到的资源帮助和精神支持。

② 关于自己目前的工作成果及努力是否符合组织要求的信息。员工都希望在工作过程中能不断地得到关于自己绩效的反馈信息，以便不断地对自己的工作目标和方向作出相应的调整。如果得不到这些信息，一方面不利于员工自身能力的提高，另一方面容易造成绩效管理流于形式，不能真正实现绩效管理的目标。

③ 管理人员需要了解的其他信息。作为管理者，需要及时了解员工进展状况，了解员工在工作中具体表现，既包括员工做得好的方面，也包括员工做得不好的方面，这样管理者就可以做到心中有数，在确保绩效考评真实可信的同时，也减少了因为绩效考评结果不佳而产生的矛盾和争议。

由此可见，持续的绩效沟通是确保绩效管理系统正常运行的必要条件。

3. 绩效沟通的内容

绩效沟通是管理者和员工在工作过程中共同的需要，因此，其沟通的内容也应该由双方一起确定。一般来说，绩效沟通的内容包括以下六个方面。

（1）员工工作进展状况。
（2）员工和团队的工作是否按照既定的绩效目标在既定的轨道上正常进行。
（3）如果偏离方向，应该采取什么样的措施加以改进。
（4）员工在工作中遇到了哪些困难和障碍。
（5）在当前情况下，要对工作目标和达成工作目标的行动进行哪些调整。
（6）管理人员应该采取哪些措施来支持员工工作。

4. 绩效沟通的方式

沟通的方式是多种多样的，尤其是当今互联网极度发达的今天，人们越来越多地采用网络沟通方式。其实每种沟通方式都有自身的优缺点，都有适合其自身特性的环境。所以，绩效沟通究竟采取何种沟通方式还是要依据不同的环境采取相应的沟通方式。

从渠道上来看，沟通主要有正式沟通和非正式沟通两种。

1) 正式沟通

正式沟通是指在正式的环境下，按照既定的方式，对事先既定的计划和安排有规则地进行沟通的一种方式。在绩效管理中常用的正式沟通方式有以下三种。

(1) 书面报告。书面报告是绩效管理中一种常用的正式沟通方式，包括工作日志、周报、日报、季报和年报。

(2) 会议。会议是一种点对面的直接沟通方式，其最大的好处是管理者可以借助开会的机会直接向员工传递企业的战略目标和企业文化的相关信息，沟通效果更直接、更形象。

(3) 正式会谈。正式会谈是一种一对一的面谈沟通方式，它适合深度沟通。这种沟通方式多适合于知识型员工与其管理者之间进行的沟通。在绩效实施过程中进行面谈沟通，管理者应该注意以下四个方面的问题。

① 通过面谈使员工了解组织的目标和方向。在面谈过程中，不能单纯地只让员工谈论自己的工作，还要让员工深切地理解自己的工作与组织战略目标之间的关系，使得员工的努力与组织期望统一起来。

② 多让员工谈自己的想法和做法。管理者应该在面谈过程中，注意多让员工谈出自己的想法和做法，多倾听员工的声音，多了解员工的真实想法，并不断鼓励员工产生新的创意。

③ 及时纠正无效的行为和想法。管理者多倾听员工真实想法，不等于对员工的行为听之任之，而是在听的过程中及时发现其无效行为或者想法，并及时加以纠正和制止。

④ 让员工认识到管理者在绩效管理过程中的角色。由于自身所处位置的不同，有时候员工不能全面、正确地认识到管理者在绩效管理过程中的角色和地位，产生了一些不正确的看法，如认为管理者是替自己作决策，管理者是在干涉自己的工作，对自己不信任等。因此，正确的做法是，在绩效沟通过程中，管理者要让员工认识到自己在绩效管理过程的角色是指挥者、协助者、辅导者、咨询以及教练。

2) 非正式沟通方式

在绩效沟通过程中除了采用正式沟通方式外，还可以采取很多非正式沟通方式。

对很多员工来说，无论采取什么样的正式沟通方式，都会由于其正式的原因，使得员工会产生紧张感，无法准确地表达自己的真实想法，因而影响了沟通效果。而采用非正式沟通方式，则更容易打开员工的心扉，更坦诚、自由地说出自己的想法和看法，沟通的效果也会相对好些。

常见的非正式沟通方式主要有以下四种。

(1) 走动式管理。管理人员可以在员工工作期间时不时地走到员工座位或者工作的地方，与员工进行交流，或者近距离地观察员工工作，发现并解决员工遇到的问题。但不要过多地干涉员工的工作，否则会让员工产生心理压力或者逆反心理，影响正常工作。

(2) 开放式办公。管理者的办公室随时向员工开放，只要管理者办公室没有客人或者开会等正式事情，员工可以随时进入管理者办公室，和管理者讨论有关工作的事情。这种方式最大的优点在于，将员工置于主动而积极的位置上，员工可以根据自身需要，选择和管理者之间的沟通。绩效管理是员工和管理者共同的职责，员工主动和管理者进行沟通，能够使员工认识到自己在绩效管理中的职责。而且，这种沟通的主动性，增强了整个团队的凝聚力。

(3) 工作间歇时的沟通。管理人员可以利用各种各样的工作间歇和员工进行沟通，例如，与员工共进午餐时，在和员工喝咖啡聊天等时候。在工作间歇期间和员工进行沟通，不宜涉及较为严肃的事情，可以讨论一些较为轻松的话题，其目的是为了增强管理者和员工之间的关系，以便于以后双方更好地沟通。

(4) 非正式的会议。非正式会议也是一种比较好的沟通方式。管理人员可以在比较轻松的氛围中了解到员工工作的进展状况和遇到的困难等问题。而且这种沟通方式往往以团队的形式进行，管理者可以借此发现团队中存在的问题。

5. 绩效信息的收集

在绩效实施过程中对员工的绩效信息进行记录和收集，是为绩效考评提供充足的客观依据。在绩效考核时，管理者需要依据一定的信息来确定哪些员工的绩效是"优秀""良好"或者"差"。同时，这些信息除了可以作为对员工的绩效考核的依据之外，还可以作为晋升、加薪等人事决策的依据。

另一方面，进行绩效管理的目的是为了改进员工的绩效，提高员工的工作能力。所以，当管理者评判员工的工作"你在这方面做得不够好"或者"你在这方面还可以做得更好一些"时，同样需要依据一定的信息。而且，通过绩效信息的分析还可以发现绩效问题，并找出问题的根源所在。同时，保留翔实的员工绩效信息也有助于在员工因为绩效问题发生争执时有事实依据。一旦员工对绩效考评或人事决策产生争议，管理者就可以依据这些信息作为仲裁的根据。因此，有效的信息记录不但可以保护公司的利益，还可以保护员工的利益。

1) 收集绩效信息的方法

既然绩效信息是绩效考核的基础和前提，那么这就要求企业具备一些系统的方法收集与绩效有关的信息。收集绩效信息的方法主要有以下三种。

(1) 观察法。观察法是指管理人员直接观察员工在工作中的表现，并对员工的表现进行记录。例如，管理人员看到员工在工作过程中心不在焉，为客户提供服务时使用粗鲁的语言，或者看到员工在工作之前认真检查设备，工作过程中认真操作，并在工作之后还能热情地帮助其他同事等。这些就是通过直接观察得到的信息。

(2) 工作记录法。员工的某些工作目标是通过工作记录体现出来的，如客户投诉率、员工的销售额数量等，这些信息都是通过日常的工作记录体现出来的绩效情况。

(3) 他人反馈法。员工的某些工作绩效不是管理人员可以通过日常直接观察或者工作记录就能够得到的，在这样的情况下就可以采用他人反馈的信息进行员工绩效考核。一般来说，当员工的工作是为他人提供服务，就可以从员工提供服务的对象那里得到相关信息。例如，对于从事客户服务工作的员工，管理人员就可以发放客户满意度调查表或以与客户进行电话访谈的方式来了解员工的绩效。

2) 收集绩效信息的内容

收集绩效信息是一项非常重要的工作，但是管理人员不可能对所有员工的绩效表现都作出记录，因此，管理者需要有选择地进行信息收集。为此，企业在收集员工绩效信息时首先要确保所收集的信息与关键绩效指标密切相关。所以，在确定收集哪些信息之前需要回顾关键绩效指标。

通常来说，员工绩效考核需要的信息主要有工作目标或人物完成情况的信息；来自客户的积极的和消极的反馈信息；工作绩效突出的行为表现；绩效有问题的行为表现等。

在收集的信息中，有相当一部分是属于"关键事件"的信息。关键事件是员工的一些典型行为，既有证明绩效非常好的事件，也有证明绩效存在问题的事件。

表 7.2 所示是某企业采用关键绩效指标法进行绩效管理的一个考评内容的范例。

表 7.2 某企业销售部的主要绩效考评内容的一览表

产品产出	指标类型	具体指标	绩效标准
销售利润	数量	年销售额； 税前利润百分比	年销售额在 20 万～25 万元； 税前利润率在 18%～22%
新产品设计	质量	上级评价： 　创新性； 　体现公司价值 客户评价： 　性价比； 　相对竞争对手产品的偏好程度； 　独特性； 　耐用性	上级评价： 　至少有三种产品与竞争对手不同； 　使用高质量的材料、恰当的颜色和样式代表和提高公司的形象； 客户评价： 　产品的价值超过了它的价值； 　在不告知品牌的情况下对顾客进行测试，发现选择本公司产品比选择竞争对手产品的概率要高； 　客户反映新产品与他们见过的同类产品不同； 　产品使用的时间够长
零售店销售额	数量	销售额比去年同期增长幅度	销售额比去年同期增长 5%～8%

特别提示

绩效实施阶段主要包括三项工作,即绩效管理、绩效沟通和绩效信息的收集。

三、反馈阶段

绩效反馈是绩效管理过程中的一个重要环节。它主要是通过管理者与员工之间的沟通,对员工在绩效周期内的绩效情况进行面谈,以肯定成绩为主,让员工了解自己在本绩效周期内的业绩是否达到既定目标,行为态度是否合格。但也会就员工工作中存在的不足进行分析,找出其中存在的问题,双方共同探讨员工绩效未合格的原因,并制订绩效改进的计划。同时,管理者要向员工传达组织的期望,双方对绩效周期的目标进行探讨,最终形成一个绩效合约。由于绩效反馈在绩效考核结束后实施,而且是考核者和被考核者之间的直接对话,因此,有效的绩效反馈对绩效管理起着至关重要的作用。

1. 绩效反馈的原则

1) 经常性原则

绩效反馈应当是经常性的,而不应当是一年一次。这样做的原因有两点:首先,管理者一旦意识到员工在绩效中存在缺陷,就有责任立即去纠正它。如果员工的绩效在 1 月份时就低于标准要求,而管理人员却非要等到 12 月份再去对绩效进行评价,那么这就意味着企业要蒙受 11 个月的生产率损失。其次,绩效反馈过程有效性的一个重要决定因素是员工对于评价结果基本认同。因此,考核者应当向员工提供经常性的绩效反馈,使他们在正式的评价过程结束之前就基本知道自己的绩效评价结果。

2) 对事不对人原则

在绩效反馈面谈中双方应该讨论和评估的是工作行为和工作绩效,也就是工作中的一些事实表现,而不是讨论员工某个性特点。员工的个性特点不能作为评估绩效的依据,比如个人气质的活泼或者沉静。但是,在谈到员工的主要优点和不足时,可以谈论员工的某些个性特征,但要注意这些个性特征必须是与工作绩效有关的。例如,一个员工个性特征中有不太喜欢与人沟通的特点,这个特点使他的工作绩效因此受到影响,这样关键性的影响绩效的个性特征还是应该指出来的。

3) 多问少讲原则

发号施令的管理者很难实现从上司到"帮助者""伙伴"的角色转换。我们建议管理者在与员工进行绩效沟通时遵循 20/80 法则:80%的时间留给员工,20%的时间留给自己,而自己在这 20%的时间内,可以将 80%的时间用来发问,20%的时间才用来"指导""建议""发号施令",因为员工往往比管理者更清楚本职工作中存在的问题。换言之,管理者要多提好问题,引导员工自己思考和解决问题,自己评价工作进展,而不是发号施令,居高临下地告诉员工应该如何做。

4) 着眼未来的原则

绩效反馈面谈中很大一部分内容是对过去的工作绩效进行回顾和评估,但这并不等于说绩效反馈面谈集中于过去。谈论过去的目的并不是停留在过去,而是从过去的事实中总结出一些对未来发展有用的东西。因此,任何对过去绩效的讨论都应着眼于未来,核心目的是为了制订未来发展的计划。

5) 正面引导原则

不管员工的绩效考核结果是好是坏,一定要多给员工一些鼓励,至少让员工感觉到:虽然我的绩效考核成绩不理想,但我得到了一个客观认识自己的机会,我找到了应该努力的方向,并且在我前进的过程中会得到主管人员的帮助。总之,要让员工把一种积极向上的态度带到工作中去。

6) 适度保密

坚持保密性原则,就是在绩效考核反馈中尊重和保护考核对象的隐私。这是直接关系到结果反馈效果的一条重要的原则。首先,只有为考核对象保密,才能给考核对象提供一种心理安全感,减轻他们的心理负担,愿意敞开心扉。其次,员工的隐私又往往是个人问题所在,只有深入地了解了问题的原因,才能提供有效地解决问题的方法。保密性原则涉及的内容很多。比如,不在任何场合下谈论考核对象的结果,除特许的本部门的专业人员以及有关司法部门人员外,不允许其他人查阅考核结果等。

2. 绩效反馈的内容

1) 通报员工当期绩效考核结果

通过对员工绩效结果的通报,使员工明确其绩效表现在整个组织中的大致位置,激发其改进现在绩效水平的意愿。在沟通过程中,管理者要关注员工的长处,耐心倾听员工的声音,并在制定员工下一期绩效指标时进行调整。

2) 分析员工绩效差距的原因并确定改进措施

绩效管理的目的是通过提高每一名员工的绩效水平来促进企业整体绩效水平的提高。因此,每一名管理者都负有协助员工提高其绩效水平的职责。而改进措施的可操作性与指导性来源于对绩效差距分析的准确性,所以,每一位主管在对员工进行过程指导时要记录员工的关键行为,按类别整理,分别对高绩效行为与低绩效行为进行记录。通过表扬与激励,维持与强化员工的高绩效行为。还要通过对低绩效行为的归纳与总结,准确地界定员工绩效差距,在绩效反馈时反馈给员工,以期得到改进与提高。

3) 沟通协商下一个绩效考评周期的工作任务与目标

绩效反馈既是上一个绩效考评周期的结束,同时也是下一个绩效考评周期的开始。在考核初期明确绩效指标是绩效管理的基本思想之一，需要各主管与员工共同制定。各主管不参与会导致绩效指标的方向性偏差，员工不参与会导致绩效目标的不明确。另外，在确定绩效指标的时候一定要紧紧围绕关键指标内容，同时考虑员工所处的内外部环境变化，而不是僵化地将季度目标设置为年度目标的四分之一，也不是简单地在上一期目标的基础上累加几个百分比。

4) 确定与任务、目标相匹配的资源配置

绩效反馈不是简单地总结上一个绩效周期内员工的表现，更重要的是要着眼于未来的绩效周期。在明确绩效任务的同时确定相应的资源配置，对主管与员工来说是一个双赢的过程。对于员工，可以得到完成任务所需要的资源。对于主管，可以积累资源消耗的历史数据，分析资源消耗背后可控成本的节约途径，还可以综合有限的资源情况，使有限的资源发挥最大的效用。

3. 绩效反馈的准备

沟通准备主要是绩效反馈的参与双方准备各自在沟通过程中所需要的资料。

就沟通的参与者来说，主要是主管和员工。

1) 主管方面

(1) 收集资料。

① 部门内设立的目标卡或绩效计划。这是当初部门主管和员工共同协商之后形成的承诺，是建立在双方达成共识的基础上的，也是绩效管理整个过程的依托，直到绩效反馈，它依然是重要的信息来源。

② 职位说明书是绩效反馈面谈的内容之一。整个工作过程中，员工的工作可能会在过程中发生改变，可能增加一些当初制定绩效目标时没有的内容，也可能有一些目标因为某些原因而没有实施，那么这个时候，职位说明书作为重要补充将发挥重要作用。所以，员工的职位说明书也一定要置于案头以备查阅。

③ 员工绩效考评表。绩效考评汇总表填好后，各评价主体要认真分析数据，从中分析出员工的优势和劣势。在绩效反馈时主管要把它拿出来等着员工签字认可，因为每个人都不会反对自己签过字的东西。

④ 员工的绩效档案。所谓绩效档案，就是主管在平时的管理活动中，在跟踪员工绩效目标的时候所发现和记录的内容，这些东西是主管作出绩效评价的重要辅助资料，是造成事实的证据。这个工作可能是某些管理者的薄弱环节，平时只忙于事务，可能无暇收集这些资料，也有可能根本就忽视了这个环节，如果主管到此时还没有开始收集员工的绩效资料，没有建立员工绩效档案的话，主管就无法向员工解释其考评结论，员工也不会认可主管的结论，那么主管会陷入尴尬的僵局或面红耳赤的争吵。进行考核的部门主管从开始考核时就应该开始做这项工作。

(2) 安排面谈计划。

通常一个主管有若干个下属，所以面谈方式可以是一对一的，也可以是一对多的。"一对一"常用于涉及私事或保密情况中；"一对多"常用在有共同话题时。管理者必须有一个统筹的安排，根据自己的工作安排，与员工进行适当的沟通之后，拟订一个行之有效的面谈计划，并将计划告诉员工，让员工有一个心理和行动上的准备。面谈时间最好控制在10～15分钟，若是月度考核，一月一次，则不少于30分钟；年度考核，则应多于1小时。地点应安排在安静且不受干扰的地方。通常每次绩效考评结束后一周内安排绩效反馈面谈。

2) 员工方面

只有主管本人做准备是不行的，面谈是主管和员工两个人共同完成的工作，只有双方都做了充分地准备，面谈才有可能成功。所以，在面谈计划下发的同时也要将面谈的重要性告知员工，让员工做好充分准备。员工要主动搜集与绩效有关的资料，要实事求是，有明确的、具体的业绩，以使人心服口服，同时，要认真对自己进行自我评估，内容要客观真实、准确清晰。

4. 绩效反馈面谈

绩效反馈面谈的形式可以多样化，但做好绩效反馈却是有很多要求的。

1) 绩效反馈面谈的要求

(1) 反馈前做好充分的准备。"凡事预则立，不预则废"，如果在反馈前能做好充分的准备(包括了解员工的基本情况，安排好反馈面谈的时间、地点以及大致程序等)，就可以很好地驾驭整个反馈面谈过程。

(2) 与员工建立融洽的关系。不要让员工觉得有压力，比如可以谈谈与反馈内容无关的话题，拉近彼此的距离。

(3) 以事实为依据。对事不对人非常关键，反馈尽量拿出事实依据来，就事论事。不要伤害员工的人格和尊严。

(4) 肯定成绩。对员工表现好的地方一定要给予充分的肯定，这有利于增强员工的自信和消除员工的紧张心理。

(5) 差别化对待。不同类型的员工反馈的重点应该不同，对工作业绩和态度都很好的员工，应该肯定其成绩，给予奖励，并提出更高的目标；对工作业绩好但态度不好的员工，应该加强了解，找到态度不好的原因，并给予辅导；对工作业绩不好但态度很好的员工，应该帮助分析绩效不好的原因，制订绩效改善计划；对工作业绩和工作态度都不好的员工，则应该重申工作目标，把问题的严重性告知对方。

2) 绩效反馈面谈方法

(1) 正面反馈。

① 真诚是面谈的心理基础，不可过于谦逊，更不可夸大其词。要让员工真实地感受

主管确实是满意他的表现，主管的表扬确实是主管自身的真情流露，而不是"套近乎"，扯关系。只有这样，员工才会把主管的表扬当成激励，在以后的工作中更加卖力，通俗地说，主管的表扬和溢美之词一定要"值钱"，不是什么都表扬，也不是随时随处都表扬，而是在恰当之处表扬，表扬要真诚，发自肺腑。

② 对事不对人。在表扬员工和激励员工的时候，一定要具体，要对员工所做的某件事有针对性地具体地提出主管的表扬，而不是笼统地说员工表现很好就完事。比如，员工为了赶一份计划书而加了一夜的班，这时管理者不能仅仅说员工加班很辛苦、表现很好之类的话，而是要把员工做的具体事特别点出来，比如："小王，你加了一夜的班赶计划书，领导对你的敬业精神很赞赏，对计划书的编写很满意。"这样，小王就会感受到不仅加班受到了表扬，而且计划书也获得了通过，受到了赏识，相比较，后面的话可能更会对小王有激励作用。

③ 多提建设性意见。建设性正面的反馈要让员工知道他的表现达到或超过了主管的期望，让员工知道他通过他的表现得到了主管的认可，要强化员工的正面表现，使之在以后的工作中不断发扬，继续做出更优秀的表现。同时，要给员工提出一些建设性的改进意见，以帮助员工获得更大提高和改进。

(2) 反面反馈。

反面反馈要做好以下四个方面的工作。

① 具体描述员工存在的不足，对事而不对人，描述而不作判断。不能因为员工的某一点不足，就作出员工如何不行之类的感性判断。这里对事不对人，描述而不判断。

② 要客观、准确、不指责地描述员工行为所带来的后果。管理者只要客观准确地描述了员工的行为所带来的后果，员工自然就会意识到问题的所在，所以，在这个时候不要对员工多加指责，指责只能僵化管理者与员工之间的关系，对面谈结果无益。

③ 从员工的角度，以聆听的态度听取员工本人的看法，听员工怎么看待问题，而不是一直喋喋不休地教导。

④ 与员工探讨下一步的改进措施。与员工共同商定未来工作如何加以改进，并形成书面内容，经双方签字认可。

3) 绩效反馈面谈注意事项

(1) 面谈应该在一个没有打扰的环境中进行，面谈不应该被电话和外来人员打断，只有这样，面谈才能获得更佳的效果。

(2) 在面谈的过程，要注意观察员工的情绪，适时进行有针对性的调整，使面谈按计划稳步进行。

(3) 在面谈结束之后，一定要和员工形成双方认可的备忘录，就面谈结果达成共识，对暂时达有异议没有形成共识的问题，可以和员工约好下次面谈的时间，就专门的问题进行二次面谈。

5. 绩效辅导

每个员工都有需要改进的地方，但又都有优点。主管首先要挖掘出下属的优点。此外，业绩辅导重在绩效，而非人格，唯当某些品格与绩效有关时才值得一提。因此，主管在制订员工改进辅导计划时应注意：首先做好一名导师，率先垂范，身体力行，这样才能赢得部属的尊重。其次，要帮助制定培训规划，与下属员工一起做好全面的培训规划与设计，并做好培训效果的评估，保证培训达到预期效果。再次，要做好职业辅导，帮助下属员工进行职业生涯规划，把员工自身发展的需求变为不断提高绩效的动力。最后，与下属员工一起合力确定选取改进的项目，并制订改进计划。

特别提示

有效的绩效实施是建立在畅通的沟通渠道基础上。

四、结果运用阶段

实践证明，绩效考评实施成功与否，关键在于绩效考评的结果是如何应用的。很多绩效管理实施不成功，其主要原因是没有处理好绩效考评结果应用中的问题。过去，人们进行绩效考评的主要目的就是进行薪酬决策，如奖金的分配、工资的晋升等。现在看来，这种做法很显然是片面的。因为对一个企业来说，它更重要的事情是如何留住核心员工、关键员工，也就是那些能够取得较好绩效的员工，并且不断地促使他们作出更好的绩效。也就是说，绩效考评的目的是改进和提高员工的绩效。因此，绩效考评的结果有多种用途。

1. 绩效考评结果的用途

1) 薪酬的分配和调整的依据

这是绩效考评结果应用最普遍的一种用途。一般来说，为了增强薪酬的激励作用，在员工的薪酬体系中会有一部分薪酬是与绩效挂钩的。如销售人员的薪酬中较大的比重是由绩效决定的，其目的就是促使销售人员取得更好的绩效。而且薪酬的调整往往也是由绩效来决定的，例如工资晋升的等级是与绩效联系在一起的。但这一比例往往与员工从事工作的性质有关，如对一些行政人员来说，薪酬体系中绩效决定的部分所占比例就会相对小。

2) 职位调整的依据

绩效考评的结果也可以为职位的变动提供一定的信息。员工在某方面的绩效突出，就可以让其在这方面承担更多的职责。而员工在某方面的绩效不够好，也很可能是因为目前他所从事的职位不适合他，可以通过职位调整，使其从事更适合他的工作。

3) 员工培训与发展的依据

这是绩效考评结果最为重要的用途。通过绩效考评,员工可以知道自己哪些方面做得好,哪些方面做得不好,而这些不好的地方就是企业和员工今后培训和发展的方向和重点。

4) 作为员工选拔的效标

所谓"效标",就是衡量某个事物有效性的指标。绩效考评的结果可以用来衡量招聘选拔和培训的有效性如何。一方面,如果选拔出来的优秀人才实际的绩效考评结果确实很好,就说明选拔是有效的;反之,就说明选拔不够有效,或者绩效考评的结果有问题。

另一方面,员工接受了培训之后的效果如何呢?这也可以通过员工在接受培训之后一段时期内的绩效表现来反馈。如果绩效提高了或者提高得很显著,就说明培训效果很好;如果绩效没有什么改进,那就说明培训没有达到预期的效果。

2. 制定绩效改进计划

绩效改进计划的目的在于使员工改进其行为。为了使这种改变能够实现,绩效改进计划中必须包括以下四点内容。

(1) 意愿。员工自己想改变的愿望。

(2) 知识与技术。员工必须清楚地知道需要做什么,并知道应该如何去做。

(3) 气氛。员工必须在一种能够鼓励自己改进绩效的环境里工作,而营造这种工作氛围最关键的因素就是主管。员工可能因为畏惧失败而不敢尝试改变,这时就需要主管去协助他们,帮助他们树立信心。

(4) 奖励。如果员工知道行为改变后会获得奖励,那么,他们就比较容易改变行为。奖励的方式可以是物质的,也可以是精神的。

 **特别提示**

绩效管理全过程要做到公正、公平、公开,要绩效结果的反馈和应用,这样才能真正起到绩效管理的作用。

3. 绩效改进计划的内容

员工绩效改进计划实质上就是个人发展计划,即根据员工有待发展提高的方面制订的一定时期内完成的有关工作绩效和工作能力改进与提高的系统计划。个人绩效改进计划通常是在主管人员的帮助下,由员工自己来确定,并与主管人员讨论,达成一致意见的实施计划。主管人员应承诺提供员工实现计划所需要的各种资源和帮助。

1) 有待发展的项目

有待发展的项目通常是指在工作能力、方法、习惯等方面有待提高的地方。这些有待发展的项目可能是现在水平不足的项目,也可能是现在水平尚可,但工作需要更高水平的项目。这些项目应该是通过努力可以改进和提高的。一般来说，在绩效改进计划中应该选择一些最迫切需要提高的项目，因为一个人需要提高的项目可能很多，但不可能在短时间内完全得到改进，所以应该有所选择。同时，人的精力也是有限的，也只能对有限的一些内容进行改进和提高。

(1) 发展这些项目的原因。任何企业都不是随便把某些项目列入绩效改进计划中去的。通常这些被选项目是员工能力的薄弱点，也是迫切需要改进的地方。

(2) 目前的水平和期望达到的水平。绩效改进计划应该有明确的、清晰的目标，因此，在制订绩效改进计划时，要指出需要提高的项目目前的表现水平以及期望达到的水平。

(3) 发展这些项目的方式。通常通过培训、自我学习、他人帮助等方式来改进这些待发展的项目，使之从目前的水平提高到期望的水平。当然，对一个项目的发展并不是只能采取一种方式，也可以同时采用几种方式。

(4) 设定达到目标的期限。企业制订绩效改进计划时，还应该设定应该达到预期目标的实践界限，这样可以一步步推进员工的发展。

2) 制订个人发展计划的程序

一般来说，制订个人发展计划需要经历以下过程。

(1) 员工与主管人员进行绩效考评沟通。在主管人员的帮助下，员工认识到自己在工作中哪些方面做得好，哪些方面做得不够好，认识到目前存在的差距。

(2) 员工与主管人员共同就员工绩效方面存在的差距分析原因，找出员工在工作能力、方法或工作习惯中有待改进的方面。

(3) 员工和主管人员根据未来的工作目标和要求，选取员工目前的工作能力、工作方法或工作习惯方面最迫切需要改进的方面作为绩效改进项目。

(4) 双方共同制定改进这些工作能力、方法和习惯的具体行动方案，确定个人发展项目的期望水平和目标实现期限以及改进的方式，必要时确定过程中的检核计划，以便分步骤地实现目标。

(5) 列出改进个人绩效所需要的资源，并指出哪些资源需要主管人员提供帮助才能获得。

4．绩效改进计划实例

王元是某电机设备公司的一名销售代表，他到该公司担任销售代表已经有一年的时间了。按照公司规定，他的销售业绩指标是 50 万元，王元已经完成了这个业绩指标，而且实际销售额为 55 万元。但是，像他这样的销售代表，公司的平均销售额却是 60 万元，王元与他们还有一定的差距。销售电机设备，王元也是新手，对这个领域中的专业知识并不熟悉。但是，由于他已经有 3 年的销售经验，在基本销售技巧、工作态度、销售协作等方面都不错。因此，公司的主管在了解了王元的这些基本情况后，帮助王元制订了他下一个绩效期的改进计划，如表 7.3 所示。

表 7.3　王元的绩效改进计划

姓名：<u>王元</u>　　　　职位：<u>销售代表</u>　　　部门：<u>销售部</u>
直接主管姓名：<u>李木</u>　制订计划时间：<u>2015 年 12 月 15 日</u>

有待发展的项目	发展原因	目前水平	期望水平	发展措施所需资源	考评时间
客户沟通技巧	与客户进行有效沟通是销售代表的主要职责，在这一方面还需进一步提高	客户沟通考评分数 3.5 分	4.5 分	参与"有效的客户沟通技巧"培训；自己注意体会和收集客户的反馈；与优秀的销售人员一同拜访客户，观察学习优秀同事与客户沟通技巧	2016 年 3 月份
电机设备专业知识	销售人员需了解较多的产品专业知识，但王元本人在这方面的专业知识相对欠缺	专业知识考评分数 2.5 分	4 分	阅读有关书籍、资料；参加产品部举办的培训班；多向同事请教	2016 年 4 月份
撰写销售报告	销售人员需要以书面形式表达销售情况，与主管和同事交流信息	销售报告考评分数 3 分	4 分	学习他人撰写的销售报告；主管人员给予较多的指点	2016 年 6 月份

 **管理寓言**

怎样给猫分鱼？

主人吩咐猫到屋子里抓老鼠。当它看到了一只老鼠，几个奔突来回，到底也没有抓到。后来老鼠一拐弯不见了。主人看到这种情景，讥笑道："大的反而抓不住小的。"猫回答说："你不知道我们两个的'跑'是完全不同的吗？我仅仅是为了一顿饭而跑，而它却是为性命而跑啊！"

这就是典型的绩效管理问题。

薪酬设置前有黄金后有老虎

主人想，猫说得也对，得想个法子，让猫也为自己的生存而奋斗。于是，主人就多买了几只猫，并规定凡是能够抓到老鼠的，就可以得到五条小鱼，抓不到老鼠的就没有饭吃。刚开始，猫们很反感和不适应，但随着时间的推移，也渐渐适应了这种机制。这一招果然奏效，猫们纷纷努力去追捕老鼠，因为谁也不愿看见别人有鱼吃而自己没有。因此，主人也轻松和安宁了许多，不再日夜睡不着觉了。

过了一段时间，问题又出现了，主人发现虽然每天猫们都能捕到五六只老鼠，但老鼠的个头却越来越小。原来有些善于观察的猫，发现大的老鼠跑得快、逃跑的经验非常丰富，而小老鼠逃跑速度相对比较慢、逃跑的经验少，所以小老鼠比大老鼠好抓多了。而主人对于猫们的奖赏是根据其抓到老鼠的数量来计算的。

主人发现了蹊跷，决定改革奖惩办法，按照老鼠的重量来计算给猫的食物，这一招很快起到了作用。

这就是在销售上的按量提成和按额提成的典型应用。企业总部对于分支机构，分公司经理对于业务经理，业务经理对于促销员，都曾经走过这种由量提成到按额提成的演变和转变。这两种提成制度在企业的不同阶段都曾经有效地提高过中层业务人员的工作积极性，也都有效地促进了企业的快速发展。没有完全的好坏之分，只有相对的适合之别。这是一种纵向的薪酬设置和绩效管理方式。当然，薪酬设置和绩效管理还必须进行横向对比，也就是说它必须融入到整体行业环境中，否则，就会是"铁打的营盘流水的兵"，或者招不到人才，或者留不住人才。

过了一段时间，主人发现邻居家的猫和自己的一样多，可抓到的老鼠却比自己多得多。他好奇地敲开了邻居家的门。邻居介绍说："我的猫中有能力强的，也有能力差的。我让能力强的去帮助能力差的，让它们之间相互学习；另外，我将猫们编成几组，每一组猫分工配合，这样，抓到老鼠的数量就明显上升了。"

主人觉得这样的方法非常好，就复制过来。可实行一段时间后，发现效果一点也不好，猫们根本就没有学习的积极性，每小组抓的老鼠数量反而没有以前单干的时候多。

可是问题出在哪里？主人决定和猫们开会讨论。

猫们说"抓老鼠已经很辛苦了，学习还要占用我们的时间，抓到的老鼠当然少了，但鱼还是按照以前的办法分，你让我们怎么愿意去学习呢？另外，分鱼时你知道我们是怎样分工合作的吗？我们常常为分鱼打架，还怎么合作？"主人觉得猫们说的也有道理，决定彻底改革分鱼的办法，不管猫们每天能否抓到老鼠，都分给固定数量的鱼，抓到老鼠后，还有额外的奖励。

但是仔细一想，还是有问题。小组中有的猫负责追赶老鼠，有的负责包抄，有的负责外围巡逻。每个小组应该按抓到的老鼠数量来分配，但小组内部如何分配呢？鱼的数量是永远不变，还是过一段时间调整一次？分工不同的猫得到的固定的鱼的数量是否一样呢？这回主人可真的犯难了！

故事中的"主人"的困惑，正是许多企业都曾经碰到过或正在经历的难题。只有从真正意义上解决了这些难题，才能保证绩效考核不会流于形式甚至适得其反。

怎么样根据行业的薪资状况和水平制定企业的薪资体系呢？

一般来说，企业行业地位越低，薪酬状况就要高于行业平均水平；企业行业地位越高，薪酬状况可以适当低于行业平均水平。但如果要找到优秀人才和留住优秀的人才，则要超越雇员的期望。如何结合企业的特点构建企业的学习型团队？学习是根本，团队是支撑，文化是核心，氛围是保障，而最终的目的则是能够产生生产力和提高生产力。

虚拟团队和项目经理制在企业中如何更好地发挥作用？关键的一点就是要最大程度地降低企业的内部沟通交易成本，不然就适得其反，一伙没有正式组织约束的人就会整天吵架和摩擦。

团队中的岗位责任制如何制定，才会更好地发挥个人英雄主义的同时又能有效地促进团队的发展？从中国目前企业的现状来说，个人英雄辈出。但从企业的长远发展考虑，个人英雄并非好事，把一个组织或一个部门的命脉悬于一人之手，那可是很脆弱的。只有英雄领导的优秀团队才是企业真正的希望。

在专业分工的时代，每只猫都无法单独抓住老鼠，但每只猫都可以决定这个群体抓不住老鼠。专业分工的最大问题是管理复杂，需要群体协调，已经无法论"鼠"行赏。这正是考核的过程导向要解决的问题。

事情开始向坏的方向发展。主人发现猫们抓老鼠的数量和重量开始明显下降了，而且越是有经验的猫们或团队，抓老鼠的数量和重量下降得越厉害。

主人又去问猫们。猫们说："我们把最好的时间都奉献给了您呀，主人。可是，随着时间的推移我们会逐渐老去。当我们抓不到老鼠的时候，您还会给我们鱼吃吗？"

于是，主人对所有的猫抓到的老鼠的数量和重量进行汇总、分析，做出了论功行赏的决定：如果抓到的老鼠超过一定的数量和重量，年老时就可领到一笔丰厚的退休金，而且，年老时每顿饭还可享受到相应数量的鱼。

猫们很高兴，每个人都奋勇向前，日夜苦战，努力去完成主人规定的任务。一段时间过后，有一些猫终于按主人规定的数量和重量完成了目标。

但是这时，其中有一只猫说："我们这么努力，只得到几条鱼，而我们抓到的老鼠要比这几条鱼多得多，我们为什么不能自立门户，自己抓老鼠给自己呢？"

于是有些猫离开了主人，开始了自己的创业之路。

如果说，有效的绩效考核和生物链能够形成企业的机会竞争力的话，那么，有效的企业文化和机制则可形成企业的核心竞争力。

对于企业来说，必须稳健永续经营；而对于企业的个体来说，人的精力和体力都是有限的，如果把最黄金的年华给了企业，而后半辈子却得不到保障，则每个个体无论如何是不能安心工作的。而企业也就形成不了自己的持续竞争力。正如故事中的猫们，如果主人没有解除它们的后顾之忧，它们怎么会一直拼命下去呢？而一旦解决了后顾之忧，拼搏起来那可是冲着自己的后半生啊。

如果一个企业的营销系统不能考虑员工后顾之忧的话，员工要么就是靠自己的黄金年华和辛苦努力赚一笔钱就走，要么就是想办法从桌子下面去拿一些。而这两点对企业形成持续竞争力和核心竞争力都是致命的伤害。

一个企业，就像一个家庭，只有靠不断的裂变和生殖，才能稳定和繁荣。一个员工，就像家庭中的一员，只有把自己的岗位经营得像自己的家庭一样，企业家庭才会欣欣向荣。一旦家庭成员到了成家立业的时候，做父母的总会拼命为其提供一些便利条件。而我们的企业呢？对于想自立门户的员工，常是千般阻挠万般阻止。为什么不能在企业内部形成一种内部创业的机制呢？既为自立门户者提供了平台，又壮大了企业的竞争力，而且，还少了一个潜在的竞争对手。

(资料来源：青岛人才网，http://www.qdrcw.com/news/news-show-1947.htm)

第三节 绩效考核

一、绩效考核的含义

绩效考核 (performance examine)是一项系统工程,在企业既定的目标的指引下,运用特定的标准和指标,对一定时期内员工过去的工作行为、取得的工作业绩,以及员工在工作过程中的态度、素质进行评估,并运用评估结果对员工的工作行为和工作业绩以及积极的工作态度等进行正面引导的过程和方法。

企业在制定发展规划、战略目标时,为了更好地完成这个目标,需要把战略目标分解到不同部门,并落实在每个员工身上,即每个员工都有任务。因此,绩效考核其实就是企业人员对既定目标的完成状况的跟踪、记录和考评。绩效考核强调时效关系,它对企业人员过去行为进行评价并对其未来产生影响。

二、绩效考核的内容

不同行业的企业的绩效考核内容会有所不同,但一般来说,主要涉及以下四个方面。

1. 业绩考核

业绩考核即通过设置关键业绩指标,定期衡量企业内不同岗位上员工重要工作完成状况。通常,这类考核主要用于对管理人员的考核,其中对部门经理的季度考核和年度考核的指标是不一样的。而经理以下的其他管理人员一般只进行年度考核,而且分为硬指标(即定量指标)和软指标(即定性指标)两类。

2. 计划考核

计划考核即计划完成情况的考核,在每个月度和季度动态衡量岗位员工的努力程度和工作效果;在部门经理的考核中,季度和年度计划完成情况的考核又称为"部门业绩考核"。

3. 能力态度考核

能力态度考核即衡量各岗位员工完成本职工作具备的各项能力,对待工作的态度、思想意识和工作作风,每年度进行一次。

4. 部门满意度考核

部门满意度考核主要考核公司各部门在日常工作中的配合和协调情况与效果,每季度进行一次。

以上四部分内容,在不同的考核周期,针对不同的考核对象,分别进行不同的组合和不同的考核权重。

特别提示

绩效考核内容应该随着被考核对象、环境、时间的变化而变化。

三、绩效考核的原则

1. 公平原则

公平是确立和推行人员考绩制度的前提。不公平,就不可能发挥绩效考核应有的作用。

2. 严格原则

考绩不严格,就会流于形式,形同虚设。考绩不严,不仅不能全面地反映工作人员的真实情况,而且还会产生消极的后果。考绩的严格性包括:要有明确的考核标准;要有严肃认真的考核态度;要有严格的考核制度与科学而严格的程序及方法等。

3. 结果公开原则

考绩的结果应对本人公开,这是保证考绩民主的重要手段。这样做,一方面可以使被考核者了解自己的优点和缺点、长处和短处,从而使考核成绩好的人再接再厉,继续保持先进;也可以使考核成绩不好的人心悦诚服,奋起上进。另一方面,还有助于防止考绩中可能出现的偏见以及种种误差,以保证考核的公平与合理。

4. 结合奖惩原则

依据考绩的结果,应根据工作成绩的大小、好坏,有赏有罚,有升有降,而且这种赏罚、升降不仅与精神激励相联系,而且还必须通过工资、奖金等方式同物质利益相联系,这样才能达到绩效考核的真正目的。

5. 客观考评的原则

人事考评应当根据明确规定的考评标准,针对客观考评资料进行评价,尽量避免渗入主观性和感情色彩。

6. 反馈的原则

考评的结果(评语)一定要反馈给被考评者本人,否则就起不到考评的教育作用。在反馈考评结果的同时,应当向被考评者就评语进行说明解释,肯定成绩和进步,说明不足之处,提供今后努力的参考意见等。

7. 差别的原则

考核的等级之间应当有鲜明的差别界限,针对不同的考评评语在工资、晋升、使用等方面应体现明显差别，使考评带有刺激性，鼓励员工的上进心。

四、绩效考核的作用

1. 达成目标

绩效考核本质上是一种过程管理，而不是仅仅是对结果的考核。它是中长期的目标分解成年度、季度、月度指标，不断督促员工实现、完成的过程，有效的绩效考核能帮助企业达成目标。

2. 挖掘问题

绩效考核是一个不断制订计划、执行、改正的 PDCA 循环过程，体现在整个绩效管理环节，包括绩效目标设定、绩效要求达成、绩效实施修正、绩效面谈、绩效改进、再制定目标的循环，这也是一个不断地发现问题、改进问题的过程。

3. 分配利益

与利益不挂钩的考核是没有意义的，员工的工资一般都会为两个部分：固定工资和绩效工资。绩效工资的分配与员工的绩效考核得分息息相关，所以一说起考核，员工的第一反应往往是绩效工资的发放。

4. 促进成长

绩效考核的最终目的并不是单纯地进行利益分配，而是促进企业与员工的共同成长。通过考核发现问题、改进问题，找到差距进行提升，最后达到双赢。绩效考核的应用重点在薪酬和绩效的结合上。薪酬与绩效在人力资源管理中，是两个密不可分的环节。在设定薪酬时，一般已把薪酬分解为固定工资和绩效工资，绩效工资正是通过绩效予以体现，而对员工进行绩效考核也必须要表现在薪酬上，否则绩效和薪酬都失去了激励的作用。

五、绩效评价体系

企业绩效评价体系属于企业管理控制系统的一部分。它与各种行为控制系统、人事控制系统共同构成企业管理控制体系。企业管理控制体系是企业战略目标实现的重要保障。由于每个企业战略目标有其特殊性，所以，有效的绩效评价体系在各企业中表现各不相同。但是，作为企业实现战略目标的通用工具，各企业有效的绩效评价体系具有同质性。

绩效评价体系作为企业管理控制系统中一个相对独立的子系统，它一般由以下六个基本要素构成。

1. 评价目标

目标是一切行动的指南，任何企业绩效评价体系的建立必须服从和服务于企业目标。

2. 绩效评价体系关系要素

要处理好评价系统目标和企业目标之间的依存关系。企业目标的实现需要各方面的共同努力：组建有效的组织结构、建立管理控制系统、制定科学的预算、设计绩效评价体系和激励系统等。

3. 评价对象

绩效评价体系一般有两个评价对象，一是企业，二是经营管理者，两者既有联系又有区别。评价对象的确定是非常重要的。评价的结果对绩效评价对象必然会产生一定影响，并涉及评价对象今后的发展问题。对企业的评价关系到企业的扩张、保持、重组、收缩、转让或退出行为活动；对经营管理者的评价关系其奖惩、升降及聘用等问题。

4. 评价指标

绩效评价指标是指对评价对象的哪些方面进行评价。绩效评价体系关心的是评价对象与企业目标的相关方面，即所谓的关键成功因素。关键成功因素既有财务方面的，如投资报酬率、营业利润率、每股收益等；也有非财务方面的，如与客户的关系、售后服务水平、产品质量、创新能力等。因此，作为用来衡量绩效的指标也分为财务指标和非财务指标。如何将关键成功因素准确地体现在各具体指标上，是绩效评价体系设计的重要问题。

5. 评价标准

绩效评价标准是指判断评价对象业绩优劣的标杆。选择什么标准作为评价的标杆取决于评价的目的。在企业绩效评价体系中常用的三类标准，分别为年度预算标准、历史标准及行业标准。为了全面发挥绩效评价体系的功能，同一个系统中应同时使用这三类不同的标准，在具体选用标准时，应与评价对象密切联系。

6. 评价报告

绩效评价分析报告是绩效评价体系的输出信息，也是绩效评价体系的结论性文件。

绩效评价人员以绩效评价对象为单位，通过会计信息系统及其他信息系统，获取与评价对象有关的信息，经过加工整理后得出绩效评价对象的评价指标数值或状况，将该评价对象的评价指数的数值状况与预先确定的评价标准进行对比，通过差异分析，找出产生差异的原因、责任及影响，得出评价对象绩效优劣的结论，形成绩效评价报告。

六、绩效评价方法及流程

1. 绩效评价方法

绩效评价的方法非常多，本书限于篇幅，仅介绍较为常用的八种绩效考评方法。

(1) 关键绩效指标法(Key Performance Indicator，KPI)。它把对绩效的评估简化为对几个关键指标的考核，要求保存最有利和最不利的工作行为的书面记录。当这样一种行为对部门的效益产生无论是积极还是消极的重大影响时，管理者都把它记录下来，这样的事件便称为关键事件。在考绩后期，评价者运用这些记录和其他资料对员工业绩进行评价。将关键指标当作评估标准，把员工的绩效与关键指标作出比较的评估方法，在一定程度上可以说是目标管理法与帕累托定律的有效结合。关键指标必须符合 SMART 原则：S 代表具体(Specific)，指绩效考核要切中特定的工作指标，不能笼统；M 代表可度量(Measurable)，指绩效指标是数量化或者行为化的，验证这些绩效指标的数据或者信息是可以获得的；A 代表可实现(Attainable)，指绩效指标在付出努力的情况下可以实现，避免设立过高或过低的目标；R 代表相关性(Relevant)，指年度经营目标的设定必须与预算责任单位的职责紧密相关，它是预算管理部门、预算执行部门和公司管理层经过反复分析、研究、协商的结果，必须经过他们的共同认可和承诺；T 代表有时限(Time-bound)，注重完成绩效指标的特定期限。

KPI 法符合一个重要的管理原理——"二八原理"。在一个企业的价值创造过程中，存在着"20/80"的规律，即 20%的骨干人员创造企业 80%的价值；而且在每一位员工身上"二八原理"同样适用，即 80%的工作任务是由 20%的关键行为完成的。因此，必须抓住 20%的关键行为，对之进行分析和衡量，这样就能抓住业绩评价的重心。

优点：标准比较鲜明，易于作出评估。

缺点：对简单的工作制定标准难度较大；缺乏一定的定量性；绩效指标只是一些关键的指标，对于其他内容缺少一定的评估，应当适当的注意。

(2) 硬性分布法。这种方法需要评价者将工作小组中的成员分配到一种类似于一个正态频率分布的有限数量的类型中去。例如，把最好的 10%的员工放在最高等级的小组中，次之 20%的员工放在次一级的小组中，再次之 40%的员工放在中间等级的小组中，再次之 20%的员工放在倒数第二级的小组中，余下的 10%放在最低等级的小组中。

优点：这种方法简单，划分明确。

缺点：这种方法是基于这样一个有争议的假设，即所有小组中都有同样优秀、一般、较差表现的员工分布。可以想象，如果一个部门全部是优秀工人，则部门经理可能难以决定应该把谁放在较低等级的小组中。

(3) 考核报告法。评价者完成一份类似于强制选择业绩报告的表格，但对不同的问题会赋予不同的权数。

优点：由于选择了权数，显得更公平。

缺点：权数的确定有时存在争议。

(4) 作业标准法。作业标准法是用预先确定的标准或期望的产出水平来评比每位员工业绩的方法。标准反映了一名普通工人按照平均速度操作而取得的一般产出。作业标准可以直接应用在各种工作中，但它们主要频繁地用于生产工作中。

优点：有明确的标准。

缺点：合理的标准不易确定。

(5) 排列法。评价者只要简单地把一组中的所有员工按照总业绩的顺序排列起来。例如，部门中业绩最好的员工被排列在最前面，最差的被排在最后面。

优点：简便易行，避免了趋中误差。

缺点：标准单一，不同部门或岗位之间难以比较。

(6) 目标管理法。目标管理(Management by Objective，MBO)概念是管理专家彼得·德鲁克(Peter Drucker)1954 年在其名著《管理实践》中最先提出的，其后他又提出"目标管理和自我控制"的主张。德鲁克认为，并不是有了工作才有目标，而是相反，有了目标才能确定每个人的工作。所以"企业的使命和任务，必须转化为目标"，如果一个领域没有目标，这个领域的工作必然被忽视。因此管理者应该通过目标对下级进行管理，当组织最高层管理者确定了组织目标后，必须对其进行有效分解，转变成各个部门以及各个人的分目标，管理者根据分目标的完成情况对下级进行考核、评价和奖惩。

目标管理一般经过以下四个步骤：第一步，制定目标，包括了制定目标的依据、对目标进行分类、目标符合 SMART 原则、目标须沟通一致等；第二步，实施目标；第三步，信息反馈处理；第四步，检查实施结果及奖惩。

优点：目标管理法的评价标准直接反映员工的工作内容，结果易于观测，所以很少出现评价失误，也适合对员工提供建议，进行反馈和辅导。由于目标管理的过程是员工共同参与的过程，因此，员工工作积极性大大提高，增强了责任心和事业心。目标管理有助于改进组织结构的职责分工。由于组织目标的成果和责任力图划归一个职位或部门，所以这种方法容易发现授权不足与职责不清等缺陷。

缺点：目标管理法没有在不同部门，不同员工之间设立统一目标，因此难以对员工之间和不同部门之间的工作绩效作横向比较，不能为以后的晋升决策提供依据。

(7) 360 度考核法。这种方法又称为全方位考核法，最早被英特尔公司提出并加以实施运用。该方法是指通过员工自己、上司、同事、下属、顾客等不同主体来了解其工作绩效，通过评论知晓各方面的意见，清楚自己的长处和短处，来达到提高自己的目的。

员工如果想知道别人对自己是怎么评价的，自己的感觉跟别人的评价是否一致，就可以主动提出来做一个 360 度考核。当然这种考核并不是每个员工都必须要做的，一般是工作较长时间的员工和骨干员工。

360 度考核法的考核者分为与被考核员工有联系的上级、同级、下级、服务的客户这四组，每组至少选择六个人。然后公司用外部的顾问公司来作分析、出报告交给被考核人。

考核的内容主要是跟公司的价值观有关的各项内容。四组人员根据对被考核人的了解来看他是否符合价值观的相关内容，除了划圈外，再给出被考核人三项最强的方面。分析表是很细的，每一项同级、上级、下级会有不同的评价，通过这些由专门顾问公司分析得到对被考核人的评价结果。被考核人如果发现在任一点上有的组比同级给的评价较低,他都可以找到这个组的几个人进行沟通,提出"希望帮助我",大家敞开交换意见。这就起到帮助员工提高的效果。

设计出 360 度,是为了避免在考核中出现人为因素的影响。这种考核是背对背的,强调这只是一种方式,最终结果重在自己的提高。

优点:打破了由上级考核下属的传统考核制度,可以避免传统考核中考核者极容易发生的"光环效应""居中趋势""偏紧或偏松""个人偏见"和"考核盲点"等现象;有助于管理层获得更全面、准确的信息;可以反映出不同考核者对于同一被考核者不同的看法;同时有助于被考核者多方面能力的提升。

缺点:①考核成本高。当一个人要对多个同伴进行考核时,时间耗费多,由多人来共同考核所导致的成本上升可能会超过考核所带来的价值;成为某些员工发泄私愤的途径。某些员工不正视上司及同事的批评与建议,将工作上的问题上升为个人情绪,利用考核机会"公报私仇";②考核培训工作难度大。组织要对所有的员工进行考核制度的培训,因为所有的员工既是考核者又是被考核者。

(8) 平衡计分卡。平衡计分卡(Balanced Score Card)源自哈佛大学教授 Robert Kaplan 与诺朗顿研究院(Nolan Norton Institute)的执行长 David Norton 在 1990 年所从事的"未来组织绩效衡量方法"中的一种绩效评价体系。平衡计分卡是从财务、客户、内部运营、学习与成长四个角度,将组织的战略落实为可操作的衡量指标和目标值的一种新型绩效管理体系。设计平衡计分卡的目的就是要建立"实现战略制导"的绩效管理系统,从而保证企业战略得到有效的执行。因此,经过 20 多年的发展,平衡计分卡已经发展为集团战略管理的工具,在集团战略规划与执行管理方面发挥非常重要的作用。

财务指标是一般企业常用于绩效评估的传统指标。财务指标衡量的主要内容有收入的增长、收入的结构、降低成本、提高生产率、资产的利用和投资战略等。

客户层面指标是要求企业将使命和策略诠释为具体的与客户相关的目标和要点。企业应以目标顾客和目标市场为导向,应当专注于是否满足核心顾客需求,而不是企图满足所有客户的偏好。客户最关心的不外乎五个方面:时间、质量、性能、服务和成本。企业必须为这五个方面树立清晰的目标,然后将这些目标细化为具体的指标。客户层面指标衡量的主要内容有市场份额、老客户挽留率、新客户获得率、顾客满意度、从客户处获得的利润率。

内部运营层面指标既包括短期的现有业务的改善,又涉及长远的产品和服务的革新。内部运营层面指标涉及企业的改良/创新过程、经营过程和售后服务过程。

学习与成长层的目标为其他三个方面的宏大目标提供了基础架构,是驱使上述计分卡三个方面获得卓越成果的动力。学习和成长面指标涉及员工的能力、信息系统的能力与激励、授权与相互配合。

在实施方面，平衡计分卡一般分为五步：定义远景；设定长期目标(时间范围为 3 年)；描述当前的形势；描述将要采取的战略计划；为不同的体系和测量程序定义参数。

在实施过程中，平衡计分卡需要处理好以下五项平衡。

第一，财务指标和非财务指标的平衡。目前企业考核的一般是财务指标，而对非财务指标(客户、内部流程、学习与成长)的考核很少，即使有对非财务指标的考核，也只是定性的说明，缺乏量化的考核，缺乏系统性和全面性。

第二，企业的长期目标和短期目标的平衡。平衡计分卡是一套战略执行的管理系统，如果以系统的观点来看平衡计分卡的实施过程，则战略是输入，财务是输出。

第三，结果性指标与动因性指标之间的平衡。平衡计分卡以有效完成战略为动因，以可衡量的指标为目标管理的结果，寻求结果性指标与动因性指标之间的平衡。

第四，企业组织内部群体与外部群体的平衡。平衡计分卡中，股东与客户为外部群体，员工和内部业务流程是内部群体，平衡计分卡可以发挥在有效执行战略的过程中平衡这些群体间利益的重要性。

第五，领先指标与滞后指标之间的平衡。财务、客户、内部流程、学习与成长这四个方面包含了领先指标和滞后指标。财务指标就是一个滞后指标，它只能反映公司上一年度发生的情况，不能告诉企业如何改善业绩和可持续发展。而对于后三项领先指标的关注，使企业达到了领先指标和滞后指标之间的平衡。

优点：克服财务评估方法的短期行为；使整个组织行动一致，服务于战略目标；能有效地将组织的战略转化为组织各层的绩效指标和行动；有助于各级员工对组织目标和战略的沟通和理解；利于组织和员工的学习成长和核心能力的培养；实现组织长远发展；通过实施 BSC，提高组织整体管理水平。

缺点：实施难度大；指标体系的建立比较困难；指标数量过多；各指标权重的分配比较困难；部分指标的量化工作难以落实；实施成本大。

阅读材料

(一)某公司员工绩效评价表

姓名： 　　　部门： 　　　岗位： 　　　评价日期：

评价项目	对评价期间工作成绩的评价要点	评价尺度				
		优	良	中	可	差
1.勤奋态度	A.严格遵守工作制度，有效利用工作时间	14	12	10	8	6
	B.对工作持积极态度	14	12	10	8	6
	C.忠于职守，坚守岗位	14	12	10	8	6
	D.以团队精神工作，协助上级，配合同事	14	12	10	8	6

续表

评价项目	对评价期间工作成绩的评价要点	评价尺度				
		优	良	中	可	差
2.业务工作	A.正确理解工作内容,制订适当的工作计划	14	12	10	8	6
	B.不需要上级详细的指示和指导	14	12	10	8	6
	C.及时与同事及合作者沟通,使工作顺利开展	14	12	10	8	6
	D.迅速、适当地处理工作中的失败及临时追加工作	14	12	10	8	6
3.管理监督	A.以主人公精神与同事同心协力努力工作	14	12	10	8	6
	B.正确认识工作目的,正确处理业务	14	12	10	8	6
	C.积极努力改善工作方法	14	12	10	8	6
	D.不打乱工作秩序,不妨碍他人工作	14	12	10	8	6
4.指导协调	A.工作速度快,不误工期	14	12	10	8	6
	B.业务处理得当,经常保持良好成绩	14	12	10	8	6
	C.工作方法合理,时间和经费使用得当	14	12	10	8	6
	D.工作没有半途而废,没有不了了之和造成后遗症现象	14	12	10	8	6
5.工作效果	A.工作成果达到预期目的或计划要求	14	12	10	8	6
	B.及时整理工作成果,为以后的工作创造条件	14	12	10	8	6
	C.工作总结和汇报准确真实	14	12	10	8	6
	D.工作熟练程度和技能提高能力	14	12	10	8	6

1.通过以上各项的评分,该员工的综合得分是:　　　　　　分
2.您认为该员工应处于的等级是:(选择其一)[　]A[　]B[　]C[　]D[　]
A.240 分以上　　B.240～200 分　　C.200～160 分　　D.160 分以下
3.评价者意见
4.评价者签字:　　　　　　日期:　　　年　　　月　　　日
人力资源部评定:
1.评语:
2.依据本次评价,特决定该员工:
[　]转正;在　　　　　任　　　职(　)升职至　　　　　任
[　]续签劳动合同　自　　年　　月　　日至　　年　　月　　日
[　]降职为
[　]提薪降薪为
[　]辞职

(二)360度绩效考核表

1. 人力资源部经理月度考核表

考核时间：　　年　　月　　日至　　年　　月　　日

被考核人姓名				
指标名称		权重	来源	得分
经济类指标	净利润	10%	公司半年度财务报表	
	招聘计划完成率	10%	公司运营数据	
	培训计划完成率	10%		
管理类指标	人力资源规划能力	10%	上级70%，同级20%，直接下级10%	
	绩效考核能力	10%		
	薪酬管理能力	10%		
任务类指标	经常性工作任务	15%	行政人事总监考核	
	临时性工作任务	15%		
态度指标	积极性	2.5%	上级70%，同级20%，直接上级10%	
	协作性	2.5%		
	纪律性	2.5%		
	责任心	2.5%		
最终得分		考核等级		
考核人签名				

2. 财务管理部经理月度考核表

考核时间：　　年　　月　　日至　　年　　月　　日

被考核人姓名				
考核指标		权重	来源	得分
经济类指标	净利润	10%	公司半年度财务报表	
	财务费用	10%		
管理类指标	预算管理能力	8%	上级70%，同级20%，直接下级10%	
	资金管理能力	8%		
	财务管理能力	8%		
	财务人员管理	8%		
任务类指标	经常性工作任务	15%	财务总监考核	
	临时性工作任务	15%		
态度类指标	积极性	2.5%	上级70%，同级20%，直接下级10%	
	纪律性	2.5%		
	协作性	2.5%		
	责任心	2.5%		
最终得分		考核等级		
考核人签名				

3. 市场营销部经理月度考核表

考核时间：　　　年　　月　　日至　　　年　　月　　日

被考核人姓名				
指标名称		权重	来源	得分
经济类指标	净利润	10%	公司半年度财务报表	
	销售收入	10%		
	销售费用	10%		
	销售回款率	10%		
管理类指标	销售价格合理	5%	上级70%，同级20%，直接下级10%	
	市场开拓能力	5%		
	渠道管理能力	5%		
	市场信息反馈	5%		
	客户满意	5%		
任务类指标	经常性工作任务	15	经营副总经理考核	
	临时性工作任务	10		
	积极性	2.5%	上级70%，同级20%，直接下级10%	
	协作性	2.5%		
	纪律性	2.5%		
	责任心	2.5%		
最终得分		考核等级		
考核人签名				

4. 会计主管月度考核表

考核时间：　　　年　　月　　日至　　　年　　月　　日

被考核人姓名				
指标名称		权重	来源	得分
经济类指标	净利润	5%	公司月度财务报表	
	账目、报表数据准确率	5%		
管理类指标	会计凭证正确、合法	15%	直接上级70%，同级20%，直接下级10%	
	会计账目、档案完备	15%		
	会计电算化设备运行良好	10%		
任务类指标	经常性工作任务	20%	财务管理部经理考核	
	临时性工作任务	20%		
态度指标	积极性	2.5%	直接上级70%，同级20%，直接下级10%	
	协作性	2.5%		
	纪律性	2.5%		
	责任心	2.5%		
最终得分		考核等级		
考核人签名				

5. 绩效考核专员月度考核表

考核时间：　　　年　　月　　日至　　年　　月　　日

被考核人姓名				
指标名称		权重	来源	得分
经济类指标	净利润	5%	公司月度财务报表	
	考核核定准确率	25%	公司运营数据	
任务类指标	经常性工作任务	25%	人力资源办公室主任考核	
	临时性工作任务	25%		
态度指标	积极性	5%	直接上级70%，同级30%	
	协作性	5%		
	纪律性	5%		
	责任心	5%		
最终得分		考核等级		
考核人签名：				

(资料来源：百度文库，https://wenku.baidu.com/view/8673b8b2fd0a79563c1e72bc.html?from=search)

 特别提示

企业不同考核群体考核指标的选取和制定是一项复杂而艰巨的工作，做这一项工作时务必要根据不同考核对象进行裁定。

2. 绩效评价流程

(1) 人力资源部负责编制考评实施方案，设计考评工具，拟定考评计划，对各级考评者进行培训，并提出处理考评结果的应对措施，供考评委员会决策。

(2) 各级主管组织员工撰写供职报告并进行自评。

(3) 所有员工对本人在考评期间内的工作业绩及行为表现(工作态度、工作能力)进行总结，核心是对照企业对自己的职责和目标要求进行自我评价。

(4) 部门主管根据受评人日常工作目标完成程度、管理日志记录、考勤记录、统计资料、个人述职等，在对受评人各方面表现充分了解的基础上，负责进行客观、公正的考核评价，并指出对受评人的期望或工作建议，交部门上级主管审核。

如果一个员工有双重直接主管，由其主要业务直接主管负责协调另一业务直接主管对其进行考评。

各级主管负责抽查间接下属的考评过程和结果。

(5) 主管负责与下属进行绩效面谈。当直接主管和员工就绩效考核初步结果谈话结束后，员工可以保留自己的意见，但必须在考评表上签字。员工若对自己的考评结果有疑问，有权向上级主管或考评委进行反映或申诉。

对于派出外地工作的员工，反馈面谈由该员工所在地的直接主管代为进行。

(6) 人力资源部负责收集、汇总所有考评结果，编制考评结果一览表，报公司考评委员会审核。

(7) 考评委员会听取各部门的分别汇报，对重点结果进行讨论和平衡，纠正考评中的偏差，确定最后的评价结果。

(8) 人力资源部负责整理最终考评结果，进行结果兑现，分类建立员工绩效考评档案。

(9) 各部门主管就绩效考评的最终结果与下属面谈沟通，对受评人的工作表现达成一致意见，肯定受评人的优点所在，同时指出有待改进的问题和方向，双方共同制订可行的绩效改进计划和个人发展计划，提高个人及组织绩效。

(10) 人力资源部对本次绩效考评成效进行总结分析，并对以后的绩效考评提出新的改进意见和方案，规划新的人力资源发展计划。

阅读材料

绩效管理中的四个经典故事

第一个故事：唐僧师徒的故事

唐僧团队是一个知名的团队，经常在讲课的时候都被作为典范来讲，但是这个团队的绩效管理似乎做得并不好。我们来看一下他们的绩效管理的故事。

话说，唐僧团队乘坐飞机去旅游，途中，飞机出现故障，需要跳伞，不巧的是，四个人只有三把降落伞，为了做到公平，师傅唐僧对各个徒弟进行了考核，考核过关就可以得到一把降落伞，考核失败，就自由落体，自己跳下去。

于是，师傅问孙悟空，"悟空，天上有几个太阳？"悟空不假思索地答道："一个。"师傅说，"好，答对了，给你一把伞。"接着又问沙僧，"天上有几个月亮？"沙僧答道："一个。"师傅说，"好，也对了，给你一把伞。"八戒一看，心理暗喜："啊哈，这么简单，我也行。"于是，摩拳擦掌，等待师傅出题，师傅的题目出来，八戒却跳下去了，大家知道为什么吗？师傅问的问题是，"天上有多少星星？"八戒当时就傻掉了，直接就跳下去了。这是第一次旅游。

过了些日子，师徒四人又乘坐飞机旅游，结果途中，飞机又出现了故障，同样只有三把伞，师傅如法炮制，再次出题考大家，先问悟空，"中华人民共和国哪一年成立的？"悟空答道："1949年10月1日。"师傅说："好，给你一把。"又问沙僧，"中国的人口有多少亿？"沙僧说是13亿，师傅说，"好的，答对了。"沙僧也得到了一把伞，轮到八戒，师傅的问题是，"13亿人口的名字分别叫什么？"八戒当时晕倒，又一次以自由落体结束旅行。

第三次旅游的时候，飞机再一次出现故障，这时候八戒说，"师傅，你别问了，我跳。"然后纵身一跳，师傅双手合十，说，"阿弥陀佛，殊不知这次有四把降落伞。"

点评：这个故事说明绩效考核指标值的设定要在员工的能力范围之内，员工跳一跳可以够得着，如果员工一直跳，却永远也够不着，那么员工的信心就丧失了，考核指标也就失去了本来的意义。很多企业在设定考核指标的时候，喜欢用高指标值强压员工，这个设计的假设是如果指标值设定的不够高的话，员工就没有足够的动力，另外，用一个很高的指标值考核员工，即便员工没有完成100%，而只是完成了80%，也已经远远超出企业的期望了。这种逻辑是强盗逻辑，表现出了管理者的无能和无助，只知道用高指标值强压员工，殊不知，指标背后的行动计划才是真正帮助员工达成目标的手段，而指标值本身不是。其实，设定一个员工经过努力可以达到的指标值，然后，帮助员工制订达成目标的行动计划，并帮助员工去实现，才是经理的价值所在，经理做到了这一点，才是实现了帮助员工成长的目标，才真正体现了经理的价值！

第二个故事：老鼠偷油

三只老鼠一同去偷油喝。他们找到了一个油瓶，但是瓶口很高，够不着。三只老鼠商量一只踩着另一只的肩膀，叠罗汉轮流上去喝。当最后一只老鼠刚刚爬上另外两只老鼠的肩膀上时，不知什么原因，油瓶倒了，惊动了人，三只老鼠逃跑了。回到老鼠窝，他们开会讨论为什么失败。

第一只老鼠说，我没有喝到油，而且推倒了油瓶，是因为我觉得第二只老鼠抖了一下。

第二只老鼠说，我是抖了一下，是因为最底下的老鼠也抖了一下。

第三只老鼠说，没错，我好像听到有猫的声音，我才发抖的。

于是三只老鼠哈哈一笑，那看来都不是我们的责任了。

点评：绩效考核的目的是改善绩效，而不是分清责任，当绩效出现问题的时候，大家的着力点应该放在如何改善绩效而不是划清责任。遇到问题先界定责任后再讨论改善策略是人们的惯性思维，当我们把精力放在如何有效地划清责任上而不是如何改善上，那么，最后的结果都是归错于外，作为企业员工谁都没有责任，最后客户被晾在了一边，当责任划分清楚了，客户的耐心也已经丧失殆尽了。于是，客户满意和客户忠诚也随之消失了，最后企业的财务目标的实现没有了来源，股东价值无从说起。

第三个故事：俄罗斯矿山爆炸

在一次企业季度绩效考核会议上，营销部门经理A说：最近的销售做得不太好，我们有一定的责任，但是主要的责任不在我们，竞争对手纷纷推出新产品，比我们的产品好，所以我们也很不好做，研发部门要认真总结。

研发部门经理B说：我们最近推出的新产品是少，但是我们也有困难呀。我们的预算太少了，就是少得可怜的预算，也被财务部门削减了。没钱怎么开发新产品呢？

财务部门经理C说：我是削减了你们的预算，但是你要知道，公司的成本一直在上升，我们当然没有多少钱投在研发部了。

采购部门经理D说：我们的采购成本是上升了10%，为什么你们知道吗？俄罗斯的一个生产铬的矿山爆炸了，导致不锈钢的价格上升。

这时，ABC三位经理一起说：哦，原来如此，这样说来，我们大家都没有多少责任了，哈哈哈哈。

人力资源经理F说：这样说来，我只能去考核俄罗斯的矿山了。

点评：这是老鼠偷油故事的企业版，多么鲜活的案例，看看故事，再想想自己，是不是该改变一下思维方式了？

第四个故事：关上你的窗帘

据说美国华盛顿广场有名的杰弗逊纪念大厦，因年深日久，墙面出现裂纹。为能保护好这幢大厦，有关专家进行了专门研讨。

最初大家认为损害建筑物表面的元凶是侵蚀的酸雨。专家们进一步研究，却发现对墙体侵蚀最直接的原因，是每天冲洗墙壁所含的清洁剂对建筑物有酸蚀作用。而每天为什么要冲洗墙壁呢？是因为墙壁上每天都有大量的鸟粪。为什么会有那么多鸟粪呢？因为大厦周围聚集了很多燕子。为什么会有那么多燕子呢？因为墙上有很多燕子爱吃的蜘蛛。为什么会有那么多蜘蛛呢？因为大厦四周有蜘蛛喜欢吃的飞虫。为什么有这么多飞虫？因为飞虫在这里繁殖特别快。而飞虫在这里繁殖特别快的原因，是这里的尘埃最适宜飞虫繁殖。为什么这里最适宜飞虫繁殖？因为开着的窗阳光充足，大量飞虫聚集在此，超常繁殖……

由此发现解决的办法很简单，只要拉上整幢大厦的窗帘。此前专家们设计的一套套复杂而又详尽的维护方案也就成了一纸空文。

点评：彼得圣吉在《第五项修炼》里提到，问题的解决方案既有"根本解"，也有"症状解"，"症状解"能迅速消除问题的症状，但只有暂时的作用，而且往往有加深问题的副作用，使问题更难得到根本解决。"根本解"是根本的解决方式，只有通过系统思考，看到问题的整体，才能发现"根本解"。

(材料来源：世界经理人互动社区，http://blog.ceconlinebbs.com/BLOG_ARTICLE_24781.HTM)

本 章 小 结

本章共包括三大部分内容，第一部分内容是绩效管理的概述，这一部分内容对绩效、绩效管理的内容和作用进行了定义和界定。第二部分内容是绩效管理的过程，绩效管理过程包括四个阶段，即绩效准备阶段、绩效实施阶段、绩效反馈阶段、绩效结果应用阶段。其中绩效准备阶段主要是绩效计划的初步制订到绩效计划的修改，直至最终绩效计划确定的过程；绩效实施阶段主要围绕两个环节展开，即持续的绩效沟通和绩效信息的收集；绩效反馈阶段首先需要注意遵守绩效反馈的原则，根据实际需求采取不同的绩效反馈方式，对有问题的绩效要进行合理的绩效辅导；绩效结果主要应用于员工薪酬、职位、培训、选拔等方面，此外，企业还可以根据绩效结果制订并修改绩效计划。第三部分内容是绩效考核，在这一部分内容中，首先对绩效考核的定义、原则、内容、绩效考评的指标进行了梳理和阐述，其次对绩效考核的主要方法如关键指标法、目标管理法、平衡计分卡、360度考核法等进行了解释和说明，最后对绩效考核的流程进行了梳理。

名人名言

1. 说了，不等于做了；做了，不等于做到位了。——网络
2. 企业领导者的主要任务不是去发现人才，而是去建立一个可以出人才的机制。——网络
3. 部下的素质低，不是你的责任；但不能提高部下的素质，就是你的责任。——网络
4. 人们会做你考核和检查的事情，但不会做你期望的事情。——郭士纳
5. 绩效管理和区分是建设一个伟大组织的全部秘密。——杰克·韦尔奇

(扫一扫，获取自测题)

(扫一扫，获取扩展阅读资料)

第八章 薪酬管理

【教学要求】

知识要点	能力要求	相关知识
薪酬管理	(1)理解并表述薪酬及薪酬管理的含义。 (2)会分析薪酬的功能及影响薪酬水平的因素。 (3)能识别并避免薪酬管理的误区	(1)薪酬与薪酬管理的含义。 (2)薪酬的功能。 (3)影响薪酬水平的因素。 (4)薪酬管理的误区
薪酬设计	(1)理解并表述薪酬体系。 (2)会设计薪酬体系。 (3)能结合实际分析薪酬体系设计的原则	(1)员工薪酬体系。 (2)薪酬体系的设计。 (3)薪酬体系设计的原则
员工福利	(1)理解并表述福利的含义和功能。 (2)能完整表述福利的内容。 (3)会制订员工福利计划。 (4)理解并设计弹性福利	(1)福利的含义与功能。 (2)福利的内容。 (3)制订员工福利计划需要考虑的问题。 (4)弹性福利
社会保险	(1)理解并表述社会保险的含义。 (2)会计算社会保险	(1)社会保险的含义。 (2)医疗保险。 (3)养老保险。 (4)失业保险。 (5)生育保险。 (6)工伤保险

【关键概念】

薪酬　　薪酬管理　　员工福利　　社会保险

 导入案例

朝三暮四

宋国有个养猴子的人,他很喜欢猕猴,养了一大群猕猴,他能懂得猕猴们的心意,猕猴们也能够了解那个人的心思。那位老人因此减少了他全家的口粮,来满足猕猴们的欲望。但是不久,家里缺乏食物了,他想要限制猕猴们吃橡栗的数量,但又怕猕猴们生气不听从自己,就先骗猕猴们:"我给你们的橡树果实,早上三颗,晚上四颗,这样够吗?"众多猕猴一听很生气,

都跳了起来。过了一会儿，他又说："我给你们的橡树果实，早上四颗，晚上三颗，这样足够吗？"猕猴们听后都很开心地趴下，都很高兴对那老人服服帖帖。

思考：

　　这个故事原来的意义，是揭露养猴子的人愚弄猴子的骗术，其实橡果的总数没有变，只是分配方式有所变化，猴子们就转怒为喜。但是，对于猴子而言，早晨是一天的开始，为了保证一天的活动有足够的能量，进食的多与寡是有明显区别的。在猴子的世界里，只有"朝四"才能保证一天的需求。而到了晚上，是以休息为主，有"暮三"就够了。如果硬要让它们在晚上接受"四"，它们就会觉得是浪费。从这个角度说，猴子们坚持了实事求是、按需分配的原则。而这两个原则正是我们需要倡导和学习的。"朝四暮三"优于"朝三暮四"的更重要的意义在于：早上得到的是在眼前的，而晚上是十二个小时之后的事。尽管总数都是七个，但是先得到四个，就是先得到了"大头"。"大头"在手与"大头"在外显然是两个不同的概念。如果猴子们任由耍猴人"朝三暮四"，就等于是把潜在的不确定因素和风险的"大头"扛到了自己的肩上，可能要付出更多才能获得本已属于自己的果子。聪明的猴子当然不会同意。所以它们要通过抗争获得耍猴人的让步。

（资料来源：360 百科，https://baike.so.com/doc/4508968-4718714.html）

第一节　薪酬管理概述

一、薪酬与薪酬管理的含义

1. 薪酬的含义

　　认识薪酬的含义之前，需要先了解什么是报酬。所谓报酬，是指员工从组织那里得到的作为个人劳动回报的各种类型的酬劳。报酬通常情况下分为两种类型，即内在报酬和外在报酬，如图 8.1 所示。内在报酬是指是员工由工作本身而获得的精神满足感，是精神形态的报酬。比如参与决策、挑战性的工作、感兴趣的工作任务、同事和上级的认可、个人成长机会、就业的保障性、归属感等。外在报酬是指员工为组织工作而从组织所获得的货币报酬和实物报酬的总和。

　　薪酬是指员工为组织提供劳动而得到的货币报酬和实物报酬的总和。可见，薪酬是指外在报酬部分。

2. 薪酬管理的含义

　　薪酬管理是指组织在经营战略和发展规划的指导下，综合考虑内外部各种因素的影响，开展岗位评价与薪酬调查，制定薪酬等级、薪酬计划、薪酬结构、薪酬制度，并进行薪酬调整和薪酬控制的整个过程。

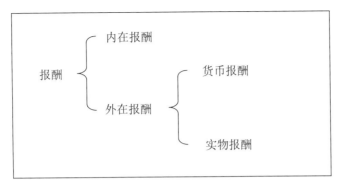

图 8.1　报酬的构成

全面理解薪酬管理的含义需要注意以下几个方面。

(1) 薪酬管理必须在组织的经营战略和发展规划的指导下开展。人力资源管理是组织战略的一个分支，而薪酬管理又是组织人力资源管理的一个分支。

(2) 薪酬管理受组织内部外部各种因素的影响。国际经济形势、国家经济政策、行业水平、地区的经济水平、竞争对手的战略等都作为外部影响因素影响具体组织的薪酬管理。而组织内部的经营状况、经营战略、政策水平、管理水平、组织文化等作为内部影响因素同样影响组织的薪酬管理。

(3) 组织通过岗位评价来确保薪酬的内部公平。

(4) 组织通过薪酬调查来了解竞争对手、地区、行业的薪酬水平，来确保薪酬的外部竞争力。

(5) 薪酬管理具体内容包括制定薪酬等级、薪酬计划、薪酬结构、薪酬制度，并进行薪酬调整和薪酬控制。

二、薪酬的功能

薪酬作为员工与组织的重要纽带之一，发挥着重要的作用或功能。具体而言，薪酬的功能表现在以下四个方面。

1. 薪酬是维系组织与员工关系存在的前提

科斯(1937)认为，组织的本质就是契约，组织与员工通过签订劳动合同，建立了一种契约关系。员工付出劳动，组织支付劳动报酬，薪酬管理保证了组织与员工双方的生存和发展，是组织履行劳动合同的必然要求和结果。

2. 薪酬的激励作用

对大多数员工而言，薪酬依然是主要的收入来源，薪酬的高低决定着员工生活质量的高低。员工努力工作，创造出组织所期望的绩效，作为回报，组织给员工相应的薪酬，员工的绩效水平越高,所获得的薪酬越高。同样,员工要想获得更多的薪酬,就需要付出更多的努力,为组织创造出更高的绩效。所以,薪酬是促使大多数员工努力工作的重要因素。

3. 薪酬的信息传递功能

一个组织的薪酬水平、结构等的变化,其实是在向员工或者社会传递组织的战略目标、核心价值观等相关信息。比如薪酬的提升意味着组织对员工业绩的认可;提高绩效薪酬的比重,意味着组织鼓励员工之间、部门之间的合理竞争;组织采用年薪制意味着组织希望员工长期为组织效劳,减少员工的流失等。

4. 薪酬的自我实现功能

有效的薪酬战略及其实践,使得薪酬不再仅仅是一定数目的金钱,更重要的是它能够反映员工在组织中的能力、品性、地位和发展前景等,从而充分挖掘和发挥员工的潜能,实现其自身价值,实现个人的自我发展。

三、影响薪酬水平的因素

影响员工薪酬水平的因素可以分为组织内部因素和外部因素。内部因素主要包括劳动差别、组织经济效益两个方面;外部因素主要包括劳动力市场状况、国家政策法律、物价水平、社会劳动生产率、行业薪酬水平、地区薪酬差异等。

1. 内部因素

1) 劳动差别因素

(1) 岗位劳动差别。

不同的岗位薪酬不一样,主要是因为不同岗位的工作难度、工作环境、工作条件、工作标准等都是不一样的,同时对员工的要求也不同,员工为了工作所做的准备和已经付出的努力都不同,而这些不同应该体现在薪酬上。

(2) 个体劳动差别。

同样的岗位不同员工的薪酬也可以不一样,主要是因为每一个员工个体之间劳动强度、劳动条件、劳动熟练程度等都不同。

(3) 个人工作成绩。

每一个员工工作成绩不同,工作成绩大的员工同等情况下薪酬应该更高。

(4) 工作经验。

工作经验越丰富,同等情况下,越能为组织创造更大的价值,薪酬也应该越高。

(5) 受教育程度。

受教育程度越高,说明员工为工作所做的知识储备越丰富,时间精力金钱的投入越多,同等情况下越有可能创造更大的价值,所以薪酬应该越高。

(6) 性别差异。

法律虽然不允许性别歧视，但是职场的性别歧视客观存在，表现之一就是同样的岗位，不同性别薪酬不一样。

(7) 身体健康状况。

身体健康状况影响员工的工作效率和工作业绩，进而影响员工的薪酬水平。

2) 组织经济效益对薪酬水平的影响

(1) 组织劳动生产率的变化。

组织劳动生产率变化对薪酬的影响可以从组织和个人两个方面来分析。对组织而言，组织劳动生产率提高，同等情况下会导致组织效率提高，进而导致组织利润水平提高，整体薪酬水平提高。对个人而言，劳动生产率提高会导致高技能、高素质员工的生产效率提高，员工绩效水平提高，为组织创造更多价值，薪酬相应提高；但是对技术水平低下的员工，不仅绩效水平相比其他员工更低，相应的薪酬水平会更低外，更有甚者如果长期不能够适应组织新技术的要求，最终会被淘汰。

(2) 组织拥有人才的数量和质量。

一般情况下，某一类岗位员工的数量越紧缺，物以稀为贵，根据人才的供求规律，员工的薪酬水平会相应提高。同等情况下，员工质量越高，会为组织创造更大的价值，薪酬也应该更高。

(3) 原材料价格的变化。

原材料价格是通过影响组织的利润水平进而影响员工薪酬水平的。原材料价格上涨，同等情况下，会导致组织利润水平下降，组织获利更少，员工的薪酬水平相应会下降。相反，如果原材料价格下降，员工薪酬水平应该上升。

(4) 产品的销售状况。

产品的销售状况与原材料价格一样，是通过影响组织的利润水平进而影响员工薪酬水平的，只是方向相反而已。一般情况下，组织产品销售状况好，组织利润水平就高，员工的薪酬水平就应该更高，相反则更低。

(5) 新产品的开发与研制。

从短期来看，组织投入更多的资金用于新产品的研发，用于发放薪酬的资金基数就会减少，员工薪酬水平可能会下降。但是从长远来说，新产品的研发成功，会整体提升组织的市场竞争能力，进而提高组织的盈利能力，组织的薪酬水平会随之而提高。

(6) 不同效益水平时期的薪酬互补。

组织效益水平高，员工薪酬水平就应该更高，相反组织效益水平低，则员工的薪酬水平也随之更低。

(7) 管理水平对薪酬的影响。

更高的管理水平会导致组织整体绩效水平提升，竞争能力提升，盈利能力提升，进而使员工薪酬水平提升。需要注意的是，组织的人力资源管理水平越高，并不一定是员工的薪酬就越高，而是越合理。

2. 外部因素

1) 劳动力市场状况

人才供大于求，求职困难，员工往往愿意接受较低的薪酬水平；人才供不应求，组织为了吸引人才，会竞相提高薪酬。劳动力市场供求情况还与职业需求弹性、人才可替代性有关，如有些人工可以由机器替代，如果职工薪酬太高，组织就会倾向于实现自动化。

2) 国家政策法律

为了刺激消费，或者为了抑制通货膨胀，国家在不同时期会根据不同的经济政策推行相关的薪酬政策。同时，国家通过立法限制员工最低薪酬下限也影响员工的薪酬水平。另外，国家一个地区的政策倾斜会促进该地区整个经济的繁荣，进而使得整个区域的薪酬水平提升。

3) 物价水平

一个地区的物价水平是影响员工基本薪酬的主要因素，物价水平高的地区，整体薪酬水平必然相对比较高。另外，国家还会通过物价补贴等措施对阶段性、临时性的物价水平上涨进而影响员工生活水平所造成的影响，进行一定的弥补。

4) 社会劳动生产率

社会劳动生产率主要是通过对某一行业或者区域整体经济水平的影响进而影响组织的薪酬水平。社会劳动生产率水平高，整体经济效率就高，效益就好，薪酬水平就会趋于更高。但需要注意的是，在生产效率高的区域或行业，对缺乏高技能的初级人才不仅薪酬会相对更低，甚至有失业的危险。

5) 行业薪酬水平

行业整体薪酬水平高，该行业中组织的薪酬水平就高，员工的薪酬水平自然就会高。这就是所谓的行业差距。需要注意的是，行业和行业不同，有的行业是因为整个行业管理水平高、技术水平高、经济效益好而导致行业普遍薪酬水平高，比如高科技组织。而有的行业是因为行业垄断或者组织性质等原因而导致高薪酬，比如银行、中央企业等。

6) 地区薪酬差异

经济发达的区域普遍薪酬水平会比较高，比如长三角、珠三角、北京等地区。

 特别提示

在讨论影响薪酬的某一因素的时候，假设其他因素不变，如果所有因素同时作用，结果是不唯一、不确定的。

四、薪酬管理的误区

我们国家现代薪酬管理起步较晚，改革开放以后随着西方先进的管理经验的引入才逐步开始真正意义上的现代薪酬管理。短短的几十年组织的薪酬管理水平发生了巨大的变化，但毕竟时间太短，组织在薪酬管理的实践中难免会出现各种各样的误区，主要表现在以下几个方面。

1. 薪酬结构不合理

由于组织所处的环境不同，行业不同，组织的发展阶段不同，员工的构成不同，薪酬结构往往大相径庭。组织必须根据自身的战略定位、财务状况、人力资源配置状况、竞争状况、环境特点等制定适合自己的薪酬结构。否则，盲目照搬其他组织的薪酬结构设计，往往会导致失败。具体而言，比如基本薪酬太高会导致大锅饭现象，太低不能满足员工日常生活保障，留不住员工；绩效薪酬太高会造成为了完成任务而不择手段的短期行为，太低则无法调动员工的积极性；津贴太高会影响组织成本水平，太低会导致条件艰苦的工作没有人愿意承担；福利太高会提高组织的成本，而太低会导致组织缺乏人性化、凝聚力下降。

2. 薪酬远远低于行业平均水平

毋庸置疑，人力资源成本在组织成本中所占的比重越来越高，甚至让有的组织不堪重负，造成老板给员工打工的现象。同时，降低成本成了所有组织每天必须考虑的问题之一。于是不少组织为了节约成本而不顾组织自身特点和发展需要，一味降低员工薪酬。结果导致大量优秀人才的流失，而表现不佳、混日子的员工却偏偏留了下来。而组织之间的竞争归根结底是人力资源的竞争，优秀人才的流失导致组织竞争力大幅度下降，甚至出现生存危机。

3. 与薪酬相关的制度不配套

薪酬管理是人力资源管理的职能之一，而人力资源管理又是整个组织管理系统的子系统之一。所以，根据系统理论的观点，要做到组织管理水平高，必须是组织的每一个子系统、每一个职能的管理水平都高。同样，要做到某一个子系统管理水平高，要求与之相关联的其他的子系统的管理水平也要高，否则，任何职能出了问题，都会牵一发而动全身，影响整个组织的管理水平和效果。比如，招聘制度不合理，不能招到优秀的人才，薪酬水平再高也不能给组织带来高效益；绩效管理制度与薪酬管理不配套，会导致薪酬与绩效考核的结果不挂钩，就不能真正做到奖勤罚懒、激励员工等。

4. 过度人性化管理导致凭好恶定薪酬

过度人性化其实是人情化，就是凭管理者的好恶来确定薪酬，这样势必会导致不公平，管理者喜欢的员工薪酬高,而管理者不喜欢的员工薪酬低。员工自然就会把注意力集中到如何讨管理者喜欢,而不是如何提高工作效率上去,久而久之就会营造出一种溜须拍马的组织文化,非常不利于组织健康发展。

5. 绩效考核不到位

合理的薪酬支付是建立在科学的考核基础上的。员工表现的优劣、业绩的好坏、对组织的贡献大小,凭直觉是难以准确判断的。这就要求建立一套科学有效的考核机制,通过合理的考核,准确判断员工的绩效水平,然后根据员工的绩效水平来确定员工的薪酬水平。这样才能做到公平,才能调动员工的积极性。

6. 薪酬设计缺乏前瞻性

组织设计薪酬的时候需要考虑很多因素来确保薪酬体系的科学性。比如需要考虑未来本地区的消费水平的增长比例,来确定基本工资的增长幅度;需要考虑组织未来的战略重点变化,以确定不同类型员工未来在组织中的地位、贡献,以确定不同类型员工不同的薪酬调整幅度;需要考虑组织核心人才未来的劳动力供求状况,做到提前决策以留住未来的紧缺人才等。现实是很多组织管理者不考虑未来的各种变化,仅仅局限于眼前的利益,对员工的薪酬支付斤斤计较、锱铢必较,必然会造成员工的不满情绪,影响员工的积极性,进而影响员工工作效率。

管理案例

小白为什么会辞职

白泰铭在读大学时成绩不算突出,老师和同学都认为他不是很有自信和抱负的学生,以为他今后无多大作为。他的专业是日语,毕业后便被一家中日合资公司招为推销员。他很满意这份工作,因为工资高,还是固定的,不用担心未受过专门训练的自己比不过别人,若拿佣金,比别人少得太多就会丢面子。

刚上班的头两年,小白的工作虽然兢兢业业,但销售成绩只属一般,可是随着他对业务和他与客户们的关系越来越熟悉,他的销售额也渐渐上升了。到了第三年年底他已列入全公司几十名销售员中头20名了。下一年他很有信心估计自己当属推销员中的冠军了。不过这家公司的政策是不公布每人的销售额,也不鼓励互相比较,所以他还不能说很有把握说自己一定会坐上第一把交椅。去年,小白干得特别出色。尽管定额比前年提高了25%,到了九月初他就完成了销售额。根据他的观察,同事中间还没有人完成定额。

十月中旬,日方销售经理召他去汇报工作。听完他用日语做的汇报后,那日本老板对他格外客气,祝贺他已取得的成绩。在他要走时,经理对他说:"咱公司要再有几个像你一样的推销明星就好了。"小白只微微一笑,没说什么,不过他心中思忖,这不就意味着承认他在销售队伍中出类拔萃,独占鳌头么。今年,公司又把他的定额提高了25%,尽管一开始不如去年顺利,他仍是一马当先，比预计干得要好。他根据经验估计，十月中旬前他准能完成自己的定额。

可是他觉得自己并不舒畅。最令他烦恼的事，也许莫过于公司不告诉大家干得好坏，没个反应。

他听说本市另两家也是中外合资的化妆品制造企业都搞销售竞赛和有奖活动。其中一家是总经理亲自请最佳推销员到大酒店吃一顿饭；而且人家还有内部发行的公司通讯之类小报，让人人知道每人销售情况，还表扬每季和年度最佳销售员。

想到自己公司这套做法，他就特别恼火。其实一开头他并不关心排名第几的问题，如今却重视起来了。不仅如此，他开始觉得公司对推销员实行固定工资制是不公平的，一家合资企业怎么也搞大锅饭？应该按劳付酬。

上星期，他主动去找了那位外国经理，谈了他的想法，建议改成佣金制，至少按成绩给奖金制。不料那日本上司说这是既定政策，母公司一贯就是如此，这是本公司文化特色。日本老板拒绝了他的建议。

昨天，令公司领导吃惊的是，小白辞职而去，到另一家公司了。

问题：小白为何不同意公司现有的付酬制度？

分析评论：

亚当斯公平理论认为：一个人对他所得的报酬是否满意不能只看其绝对值，而要进行社会比较或历史比较，看其相对值。即一个人的贡献与报酬的比例等于另一个人的贡献与报酬比例时，就感到公平，否则就觉得不公平。对现有的固定工资制，小白觉得自己的贡献越来越多，而报酬并未增加，这样在其贡献报酬率的历史上出现了不相等，致使小白产生不公平感，因此他不同意公司现有的付酬制度。

(资料来源：客道巴巴，http://www.doc88.com/p-1095948813522.html)

第二节　薪　酬　设　计

一、员工薪酬体系

薪酬体系是指薪酬的构成，即一个人的薪酬由哪几部分构成。薪酬一般包括基本薪酬、绩效薪酬(也叫奖励薪酬)、附加薪酬(也叫津贴)、间接薪酬(也叫福利)。

基本薪酬与当地的物价水平、员工的消费水平有关，用来确保员工的基本生活；绩效薪酬与员工的绩效水平有关，用来激励员工努力工作，创造出更高的组织绩效；附加薪酬与员工的工作条件和工作环境有关，是对员工在一些危险的、条件艰苦的环境中工作的特殊回报，如高温补贴、高寒补贴、水下作业补贴等；间接薪酬是员工根据国家、省、市的有关规定所应享受的待遇，以及公司为保障与提高员工生活水平而提供的相关福利措施。福利应是人人都能享受的利益，它能给员工以归属感。福利特别强调其长期性、整体性和计划性。福利制度的不完善及缺少整体规划，经常是浪费了资金却没有效果。常见的福利包括保险(社会统筹养老保险、失业保险、医疗保险、工伤保险、生育保险)，住房公积金，企业年金，其他的生活设施和服务(比如免费生活设施、休假等)等。

薪酬体系是组织整个人力资源管理系统的一个子系统。它向员工传达了在组织中什么是有价值的，并且为向员工支付报酬建立起的政策和程序。一个设计良好的薪酬体系直接与组织的战略规划相联系，从而使员工能够把他们的努力和行为集中到帮助组织在市场中竞争和生存的方向上去。

1．薪酬体系的功能

1) 保障功能

员工作为组织的人力资源，通过劳动取得薪酬来维持自身的衣食住行等基本需要，保证自身劳动力的生产。同时，员工还要利用部分薪酬来进修学习、养育子女，实现劳动力的增值再生产。因此，员工的薪酬决定着他们的生存、营养和文化教育条件，是组织人力资源生产和再生产的重要保证。

2) 激励功能

薪酬不仅决定员工的物质条件，而且还是一个人社会地位的重要标志，是满足员工多种需要的经济基础。因此，薪酬公平与否，直接影响员工的积极性。正常合理的薪酬分配，有助于调动员工的积极性；反之，则会挫伤员工的积极性，丧失薪酬的激励功能。

3) 调节功能

薪酬差异是人力资源流动与配置的重要"调节器"。在通常情况下，组织一方面可以通过调整内部薪酬水平来引导内部人员流动；另一方面，可以利用薪酬的差异对外吸引急需的人才。国家亦可以通过薪酬调整人们的利益分配，形成社会分配的总体平衡，实现人力资源的宏观合理配置。

4) 凝聚功能

组织通过制定公平合理的薪酬可以调动员工的积极性和激发员工的创造力，使员工体会到自身的被关心和自我价值的被认可，增加对组织的情感依恋，自觉地与组织同甘共苦，为自身的发展与组织目标的实现而努力工作。

2．薪酬体系的典型类型

1) 职务工资制

职务工资制是首先对职务本身的价值作出客观的评估，然后根据这种评估的结果赋予担任这一职务的从业人员与其职务价值相当的工资的一种工资制度。这种工资体系建立在职务评价基础上，职工所执行职务的差别是决定基本工资差别的最主要因素。

职务工资制的特点是：严格的职务分析，比较客观公正；职务工资比重较大，职务津贴高，在整个工资中职务工资一般在 60%以上，工资浮动比重小，比较稳定；严格的职等职级，并对应严格的工资等级；容易形成管理独木桥，员工晋升的机会比较小，成长的规划比较窄，影响了员工工作的积极性、主动性和创造性。

2) 职能工资制

职务工资制基于职务，发放的对象是职务；职能工资制基于员工能力，发放的对象是员工能力，能力工资占整个工资中 65%以上比例。设计职能工资制的难点在于不能科学有效地对员工的能力进行测试和评价。这里有一个著名的素质冰山模型，即员工有很大一部分能力是隐藏没有外显出来，特别是员工的行为动机根本无法正确进行测试。因此评估员工能力就相当困难。另外，基于能力设计薪酬，那么哪些能力应用于固定工资，哪些能力又与浮动工资有关？哪些能力应用于短期激励和考核，哪些能力与长期激励和考核有关？这些都应该弄清楚。当然，职能工资制相比职务工资制要科学、合理得多，因为它把员工的成长与公司的发展统一起来考虑，而不是把员工当机器，仅仅执行一定的职务和承担一定的职责。职能工资制的重点在于职业化任职资格体系和职业化素质与能力评价体系的建立。

3) 绩效工资制

绩效工资制度的前身是计件工资，但它不是简单意义上的工资与产品数量挂钩的工资形式，而是建立在科学的工资标准和管理程序基础上的工资体系。它的基本特征是将雇员的薪酬与个人业绩挂钩。业绩是一个综合的概念，比产品的数量和质量内涵更为宽泛，它不仅包括产品数量和质量，还包括雇员对组织的其他贡献。组织支付给雇员的业绩工资虽然也包括基本工资、奖金和福利等几项主要内容，但各自之间不是独立的，而是有机地结合在一起。根据美国 1991 年《财富》杂志对 500 家公司的排名，35%的组织实行了以绩效为基础的工资制度，而在 10 年以前，仅有 7%的组织实行这种办法。

绩效工资制的特点，一是有利于雇员工资与可量化的业绩挂钩，将激励机制融于组织目标和个人业绩的联系之中；二是有利于工资向业绩优秀者倾斜，提高组织效率和节省工资成本；三是有利于突出团队精神和组织形象，增大激励力度和雇员的凝聚力；四是绩效工资占总体工资的比例在 50%以上，浮动部分比较大。

4) 经理人员薪酬设计：年薪制

公司制为代表的组织，通常由董事会领导下的经理阶层负责组织经营，这可以使投资者的资本与经营者的才干融为一体，有可能使各种生产要素实现高效运行，并最大限度地产生经济效益。但是，公司制组织特别是股份公司也有自己的弱点：它采取所有者与经营者相分离的非所有权换位的产权重组。在组织运行模式中，所有者的目标是组织利润最大化，而经营者的目标是个人经营才干的效用最大化，两者的目标有差别。所有者承担的风险是资本亏损，而经营者承担的风险只是职位丧失和收益减少，两者的责任不对称，同时所有者无法精确衡量经营者工作的努力程度，以及这种努力可能带来的最大利润。为了避免由此造成组织效率损失，必须建立经营者的激励机制和约束机制，其中一项重要方法，是通过改进经营者的年薪制，使其能有效地激励和约束经营者的行为。年薪制的设计一般有五种模式可以选择。

(1) 准公务员型模式：基薪+津贴+养老金计划。

(2) 一揽子型模式：单一固定数量年薪。

(3) 非持股多元化型模式：基薪+津贴+风险收入(效益收入和奖金)+养老金计划。

(4) 持股多元化型模式：基薪+津贴+含股权、股票期权等形式的风险收入+养老金计划。

(5) 分配权型模式：基薪+津贴+以"分配权"、"分配权"期权形式体现的风险收入+养老金计划。

 特别提示

需要特别提示的是：几乎没有哪个组织是单一的薪酬体系，一般都是几种薪酬项目的组合。

二、薪酬体系的设计

薪酬体系设计一般要经历六个步骤：工作分析、岗位评价、薪酬调查、薪酬定位、薪酬结构设计、薪酬体系实施和修正。一个有效的薪酬体系不应该是僵化和死板的，而应是能够根据组织内外环境的变化随时进行检查、调整的过程，是符合 PDCA 循环的。

 知识链接

PDCA 循环

PDCA 循环又叫质量环，是管理学中的一个通用模型，最早由休哈特于 1930 年构想，后来被美国质量管理专家戴明博士在 1950 年再度挖掘出来，并加以广泛宣传和运用于持续改善产品质量的过程。PDCA 用四个阶段、八个步骤来展示反复循环的工作程序，如下图所示。第一，计划阶段(plan)：①找出质量存在的问题；②找出产生质量问题的原因；③找出主要原因；④根据主要原因，制定解决对策。第二，执行阶段(do)：按制定的解决对策认真付诸实施。第三，检查阶段(check)：调查分析对策在执行中的效果。第四，处理阶段(action)：①总结执行对策中成功的经验，并整理为标准巩固；②总结执行对策中不成功或遗留的问题转下一个 PDCA 循环解决。

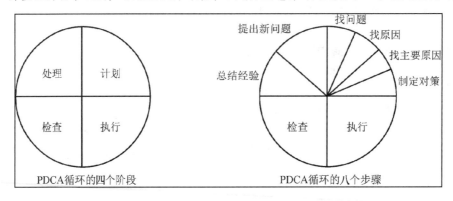

PDCA 循环对全组织可划大圈循环，对各部门、各车间班可在大圈循环中又有各自范围的小圈循环，形成大圈套小圈。PDCA 每循环一次，质量提高一步，不断循环则质量不断提高。

(资料来源：张润兴，管理学实用教程[M]，北京：北京大学出版社，2013.)

1. 工作分析

工作分析是确定薪酬的基础。工作分析是对组织中某个特定岗位的目的、任务、职责、权力、隶属关系、工作条件、任职资格等相关信息进行收集和整理，最后形成工作描述和工作规范的过程，也有的组织把两个文件合并为工作说明书。

2. 岗位评价

岗位评价的主要目标是解决薪酬的内部公平问题。其目的有两个：一是比较组织内部各个职位的相对价值，得出岗位等级序列；二是为进行薪酬调查建立统一的职位评估标准，消除本组织不同部门之间由于岗位名称不同，但实际工作要求和工作内容相同，或者岗位名称相同，但实际工作内容和工作要求不同等原因所导致的岗位差异，使不同岗位之间具有可比性，为确保薪酬的公平性奠定基础。岗位评价一般分两步进行：第一步成立岗位评价小组，第二步选择具体的方法进行岗位评价。

1) 成立岗位评价小组

为了促进员工与组织达成共识，避免员工曲解组织的意图，组织在进行岗位评价时，首先应成立一个由员工推选出来的、参与评价的工作小组。岗位评价小组的人员构成一般有组织高层管理人员、被评价岗位部门负责人、人力资源部专业人员、被评价岗位员工、组织外聘专家等。岗位评价小组履行以下职能。

(1) 确定关键岗位作为基准岗位，并进行岗位评价，关键岗位数量根据组织规模大小选择，一般 10~15 个即可，太多工作量太大，太少不具有代表性。

(2) 确定其他岗位相对于基准岗位的价值。

(3) 推荐确定薪酬的相关因素(最终由人力资源专家确定)。

(4) 选择进行岗位评价的方法并对岗位进行评价。

 特别提示

岗位评价小组成员中，组织高层的参与非常必要，有时甚至要总经理亲自任组长。因为岗位评价和工作分析一样，需要多个部门的配合，而且是在工作的间隙进行的，如果没有高层挂帅，工作的协调难度会很大，执行力会很差。

2) 选择具体方法进行岗位评价

岗位评价的方法常用的有四种：岗位排列法、岗位分类法、要素比较法、要素计点法。

(1) 岗位排列法。

岗位排列法是有关人员组成合格的专门机构，如岗位评定委员会；根据岗位调查资料或岗位说明书作出简洁的、易于对比的岗位描述；确定评定标准，对各个岗位打分；评定结果汇总，计算平均得分，进而得出各岗位的综合相对次序。这种方法易出现主观倾向，应通过培训提高评价人员的价值判断力，或可通过重复评价三次取平均值来消除主观误差。

实际操作中，岗位排列法又常用两种具体的方法：定限排列法、配对比较法。

① 定限排列法。

定限排列法是指先选出价值最高和最低的岗位，所谓第一和倒数第一，剩下的岗位再选出价值最高和最低的岗位作为第二和倒数第二，依次类推，直至所有岗位顺序排好为止。

② 配对比较法。

配对比较法也称相互比较法、两两比较法、成对比较法或相对比较法。就是将所有要进行评价的岗位列在一起，两两配对比较，其价值较高者可得 1 分，最后将各岗位所得分数相加，其中分数最高者即等级最高者，按分数高低顺序将职务进行排列，即可划定岗位等级，由于两种岗位的困难性对比不是十分容易，所以在评价时要格外小心。

配对比较法具体操作是将所有参加考评的岗位逐一进行比较。譬如，有 10 个岗位，考评时，把每一个岗位与另外九个岗位逐一进行配对比较，总共进行九次配对比较。每一次配对比较之后，相对重要的岗位得"1"分，相对不重要的岗位得"0"分。配对比较完毕后，将每个岗位的分数进行相加。分数越高，岗位等级越高。参加配对比较法的岗位数量不宜过多，范围在 5 至 10 个岗位为宜，如表 8.1 所示。

表 8.1 配对比较法范例

比较岗位 \ 被比较岗位	A	B	C	D	E	F	G	得分合计
A		1	1	0	1	1	1	5
B	0		0	0	1	0	1	2
C	0	1		0	1	1	1	4
D	1	1	1		1	1	1	6
E	0	0	0	0		0	0	0
F	0	1	0	0	1		1	3
G	0	0	0	0	1	0		1

由此可得出，岗位等级从高到低排列的顺序为：D、A、C、F、B、G、E。

(2) 岗位分类法。

岗位分类法的基础是工作分析，其特征是划分岗位类别，对不同类别内的岗位进行价值评估，在价值评估的基础上进行岗位排序和分等，如表 8-2 所示。

其具体步骤如下。
第一，确定岗位的类别。
第二，确定每类岗位的等级。
第三，对每一类的每一等级进行明确定义即进行等级描述，作为基准岗位。
第四，将被评价岗位与基准岗位进行比较，放入合适的等级中。
第五，以此作为基础设定薪酬等级。

表8.2　岗位等级描述范例

岗位等级	等级描述
1	例行的事务：按照既定的程序和规章工作；处在主管人员的直接监控之下；不带有技术色彩
2	需要一定独立判断能力的职位：具有初级的技术水平；需要一定的经验；需要主管人员监督
3	中等复杂程度的工作：根据既定的政策、程序和技术能独立思考；需要接受专业训练并具备一定的经验；无须他人监督
4	复杂工作：独立作出决策；监督他人工作；需要接受高级的专业训练和较丰富的经验

(3) 要素比较法。

因素比较法是一种量化的工作评估方法，实际上又是对职位排序法的一种改进。

要素比较法的工作程序如下。

① 确定薪酬评价要素。
② 选择15～25个关键基准岗位。
③ 根据各岗位说明书，按照薪酬评价要素将关键岗位排序。

下面以一个砖瓦厂为例来阐述，如表8-3所示。

表8.3　按照薪酬评价要素对关键岗位进行排序

付酬要素		技能		脑力		体力		责任		工作条件	
岗位	工资率	要素薪	要素序	要素薪	要素序	要素薪	要素序	要素薪	要素序	要素薪	要素序
装			1		3		2		5		1
烧			2		1		6		1		5
切			3		5		1		4		3
码			4		2		4		6		2
筛			5		6		3		2		4
勤			6		4		5		3		6

④ 确定关键岗位的正确工资水平，如表8-4所示。

表8.4 某砖瓦厂关键岗位工资水平

	装窑工	烧窑工	切坯工	码垛工	筛沙工	勤杂工
工资率	7500	6900	6300	5700	5100	4500

⑤ 赋予关键岗位各薪酬要素以工资额，并排出薪额序。

⑥ 将要素序与薪额序加以比较，对排序不一致的要进行调整，使之完全吻合，如表8.5所示。

表8.5 岗位工资水平与要素分配及依薪与依要素排序

付酬要素 岗位	工资率	技能			脑力			体力			责任			工作条件		
		要素薪	薪额序	要素序	要素薪	薪额序	要素序	要素薪	薪额序	要素序	要素薪	薪额序	要素序	要素薪	薪额序	要素序
装	7500	2250	1	1	1120	3	3	1500	2	2	750	5	5	1880	1	1
烧	6900	2070	2	2	1430	1	1	690	6	6	1680	1	1	1030	5	5
切	6300	1260	3	3	630	5	5	1890	1	1	940	4	4	1580	3	3
码	5700	1140	4	4	1380	2	2	900	4	4	570	6	6	1710	2	2
筛	5100	760	5	5	510	6	6	1020	3	3	1530	2	2	1280	4	4
勤	4500	450	6	6	1080	4	4	850	5	5	1400	3	3	720	6	6

⑦ 将待评价岗位就不同付酬要素与关键岗位逐一进行比较，并参考关键岗位各付酬要素的工资额，确定待评价岗位在各付酬要素上的工资额。

⑧ 将待评价岗位各付酬要素的工资额相加，得到待定岗位整体工资率。

(4) 要素计点法。

要素计点法的具体步骤如下。

① 确定要评价的岗位系列(如行政系列、工程系列、管理系列等，一般不同的岗位系列要制定不同的方案)。

② 搜集岗位信息(工作说明书等)。

③ 选择薪酬要素(对岗位影响最大的因素)。

④ 界定薪酬要素(对各要素的解释)。

⑤ 确定要素等级(不同岗位系列要素等级可以不同)。

⑥ 确定要素的相对价值。

A 对权重最高的要素赋值100%，然后根据相对第一个要素的重要性的百分比确定序列次高的赋值，依次类推。例如：

决策：100%；解决问题：85%；知识：60%

B②将各赋值加总(此例是：100%+85%+60%=245%)。然后按下列方法将其转换为100%值：

  决策   100÷245×100%=40.8%
  解决问题 85÷245×100%=34.7%
  知识   60÷245×100%=24.5%
  总值   100%

⑦ 确定各要素及各要素等级的点值(如表8.6所示)。

例如：总点值为500(此乃中间变量，为了方便计算，也可以是1000点等，根据组织的不同需要选取)，则"决策"要素的点数为：40.8%×500=204。然后把204点在"决策"要素各等级中分配。这意味着最高层次的点数为204，然后以等差的形式确定其余等级的点数。如：用等级数5除204得公差为40.8。于是最低等级点数为41；第二等级为82；第三等级为123；第四等级为164；最高等级为204。

表8.6 根据报酬要素和等级确定评估值

	第一等级点数	第二等级点数	第三等级点数	第四等级点数	第五等级点数
决策	41	82	123	164	204
解决问题	35	70	105	140	174
知识	24	48	72	96	123

⑧ 评分。

将待评估岗位逐一对照每一等级说明，评出相应点数，将各要素得分相加得该岗位点数。

⑨ 工资转换。

将组织所有岗位点数求和，得所有岗位的总点数，将组织工资总额除以岗位总点数，可得"单位点数的工资量"，用"单位点数的工资量"乘以每个岗位的点数，可得每个岗位的工资额。

3. 薪酬调查

薪酬调查是为了解决薪酬的外部竞争力问题。

1) 薪酬调查的含义

薪酬调查是指组织为了以合理的人力成本吸引所需求的人才而进行的了解竞争对手或同类组织的相同或相似岗位的薪酬水平的行动。薪酬调查的方式有：权威机构发布的薪酬调查报告、委托专业机构进行薪酬调查等。薪酬调查是薪酬设计中的重要组成部分，重点解决的是薪酬的对外竞争力问题，薪酬调查报告能够帮助组织达到个性化和有针对性地设计薪酬的目的。

2) 薪酬调查的目的

薪酬调查主要有以下几个目的。

(1) 帮助制定新参加工作人员的起点薪酬标准。

(2) 帮助查找组织内部工资不合理的岗位。

(3) 帮助了解同行业组织调薪时间、水平、范围等。

(4) 了解当地工资水平并与本组织比较。

(5) 了解工资动态与发展趋势。

3) 薪酬调查的原因

(1) 竞争需要。

作为行业中的一个组织,要想全方位公平地了解行业相关薪酬状况,单靠四处探询得到的支离破碎的信息是不能满足组织要求和非科学的,甚至有时候会产生一种误导的作用。所以积极参加由中间机构发起的薪酬调查活动,本身就是一件具有积极意义的事情,是一件对行业对组织自身双方有益的事情。从小处看,有利于加强组织自身的管理,从大处看,可以有效地提高行业在国际市场上的竞争力。因此参与薪酬调查是一件利国利民利己的事情。

(2) 利益需要。

依据专业机构出具的薪酬调查报告作为参考来对自身薪酬福利状况进行调整将是人力资源管理逐步走向科学和理性的一个要求。对于劳资双方来讲其他任何途径所获得的薪酬信息都不足以代表由专业机构出具的薪酬调查报告的科学性、公正性、公平性。事实上,组织通过其他任何途径获得薪酬信息的时间精力代价都不低于直接购买薪酬调查报告所付出的成本。

所有会员可在指定时间段内随时查询薪酬调查报告数据产品,但只有参与薪酬调查的会员才能看到自己所填信息数据和参与调查的样本单位的比较情况。了解自身情况与对应市场的差别并据此对自身的薪酬状况作出调整是购买薪酬报告的终极目的,所以我们衷心劝告所有购买报告的组织一定要参与薪酬调查。

4) 薪酬调查的范围

低薪或无专长的普遍工种岗位,薪酬调查以组织所在地为调查地区,因为这一类的劳动力流动区域一般局限在当地,这样的调查费用也比较节省。

至于组织所需的高新技术人才和行政、管理岗位的复合型人才,由于这些人的学历一般较高,流动性比较大,所以最好进行全国性的薪酬调查,以利于留住这些人才。

介于两者之间的中级技术人员和管理人员,可结合当地薪酬调查水平和全国薪酬调查水平综合确定。

5) 薪酬调查的主要内容

(1) 了解组织所在行业的薪酬水平,是薪酬调查的一项重要内容。

(2) 了解本地区的工资水平。不同地区因为生活费用水平、生产发展水平不同,薪酬水平可能差别较大。

(3) 调查薪酬结构。

(4) 帮助查找组织内部薪酬不合理的岗位。

(5) 了解薪酬动态与发展趋势。

6) 薪酬调查的方法

(1) 可以通过各种渠道与目标组织达成一致,共享组织之间的薪酬信息。可以得到目标组织的薪酬水平,同时向对方提供一些我们掌握的信息,这样达到合作共赢的目的。但是由于竞争关系或者涉及组织机密,这样的调查往往是很困难的。

(2) 部分组织在发布招聘信息时,会写上薪酬待遇,某些人才交流部门也会发布一些岗位的薪酬参考信息,另外通过来本组织的应聘人员也可以了解其他组织的薪酬状况。由于这两种情况下薪酬容易被夸大,所以这些途径得来的薪酬信息经常会偏高。

(3) 人力资源领域有一些提供薪酬调查报告的专业机构。通过这些专业机构调查可以大幅减少调查的工作量,但同时需要支付一定的服务费用。这种途径得来的信息一般可信度较高,但一定要注意选择令人信任的专业机构来做,以免得到的是过时的数据。

4. 薪酬定位

薪酬定位是指在薪酬体系设计过程中,确定组织的薪酬水平在劳动力市场中相对位置的决策过程,它直接决定了薪酬水平在劳动力市场上竞争能力的强弱程度,是组织薪酬外部竞争性的直接体现,是衡量组织薪酬体系有效性的重要特征之一。薪酬定位是薪酬管理的关键环节,是确定薪酬体系中的薪酬政策线、等级标准和等级范围的基础。

 知识链接

组织薪酬定位不准确主要表现

组织在薪酬定位时选择了错误的劳动力市场、选择了错误的参照对象,导致错误的薪酬定位,薪酬水平或者过高,或者过低。错误的薪酬定位会对组织的人工成本支出水平、人员结构、人员流动性等造成严重影响。它也是导致员工满意度下降、内部管理成本加大、体外循环增多的一个非常重要的因素。

(资料来源:沪江职场,http://www.hujiang.com/qiuzhijiqiao_s/p830392/)

1) 薪酬定位的基本形式

一般情况下,薪酬定位有三种基本形式:领先型、追随型、滞后型。领先型是指组织的薪酬水平高于市场平均水平,追随型是指组织的薪酬水平与市场平均水平基本相当,滞后型是指组织的薪酬水平落后于市场平均水平。在这三种基本形式的基础之上,有些组织采取的则是对不同的员工群体,采取不同的定位,由此形成了混合型薪酬定位。

不同的薪酬定位，对组织的人力资源管理，对组织的核心竞争力，对组织战略的实现会产生不同的影响。

比如，采取领先型薪酬定位的组织，其薪酬水平在市场上具有足够强的吸引力，这样必然会吸引许多能力非常强的优秀候选人，在这种情况下就要求组织在进行招聘的时候具有较高的甄选能力。因为能力强的候选人一般都有比较好的职业背景，都有在既定文化下形成的行为习惯和思维定式，如果甄选手段不完善，甄选能力不强，将那些价值观、行为方式、思维方式等，与自己的组织文化所倡导的价值观、行为方式和思维方式相去甚远的人才招聘进来的可能性就会增大，而这样的人才对组织人力资源管理系统的稳定性、连贯性和一致性的冲击力、影响力或者说杀伤力是非常大的，尤其是那些就任高层职位的人才。所以，在进行薪酬定位的时候，需要考虑每种定位对现有的人力资源管理能力和水平，尤其是对甄选能力、对具有不同文化背景的人才的同化能力、对人事危机的处理能力等方面所提出的要求和挑战。同样，不同的薪酬定位，对组织的核心竞争力以及组织的战略实现进程的影响也都需要进行慎重的考虑。

2) 薪酬定位的模式

薪酬定位，是人力资源工作者重点关注的焦点之一。纵观目前被一些专家所推崇、在组织也较为"流行"的薪酬定位模式，大致有如下三种。

(1) 基于岗位的薪酬定位(Position-based Pay)。

基于岗位的薪酬定位即根据岗位的不同而进行岗位评估，确定岗位的重要度，然后依据市场行情来确定"有竞争力"的薪酬。这种定位将导致出现四种情形。

① 岗位的重要度很高，员工的素质也很高。
② 岗位的重要度很高，但员工的素质较低。
③ 岗位的重要度较低，但员工的素质很高。
④ 岗位的重要度较低，员工的素质也较低。

这种定位的总原则是，只有当"重要的岗位由完全胜任的人才来担任"时，才真正做到了"人岗匹配"，否则，其余任何一种情形的搭配均非最佳状态，甚至是错误的。

(2) 基于技能的薪酬定位(Skilled-based Pay)。

基于技能的薪酬定位即根据员工的技能与岗位的要求吻合度来确定薪酬。

这是一种颇为合理的定薪方式，但是，这种定位的假设条件是"所有的员工是均质"的，即每一位员工都能自觉地发挥其主观能动性，也就是按经典管理理论来说属于"Y理论"范畴。然而，在实践中这种定薪方略十分困难，最常见的情况便是员工"出工不出力"，他有能力、有水平，但就是不发挥，于是出现了价格定位与实际价值的背离，从而导致员工的价格大于价值的现象，继而引发雇主的不满。

(3) 基于绩效的薪酬定位(Performance-based Pay)。

基于绩效的薪酬定位即根据员工的绩效表现来支付薪酬。

从理论上说，这种薪酬定位模式远比前两种合理，但在实施这种方案的过程中，也会遇到许多难以克服的问题，比如对员工的绩效水平判断不准确等。

3) 薪酬定位的过程

当对这些因素都进行了认真的考虑，并且都获得了答案之后，通常就能够知道，在进行薪酬体系设计的时候，薪酬水平究竟定多高比较合适。现在，再来看一下薪酬定位的基本过程。

(1) 内部环境审视：对组织的薪酬理念、薪酬战略、人力资源规划、战略规划、财务支付能力等内部制约因素进行分析。

(2) 外部环境审视：对目标劳动力市场的竞争程度、产品市场的差异化程度、相关的法律环境等外部制约因素进行分析。

(3) 对薪酬定位进行灵敏性分析：充分考虑薪酬定位对现有的人力资源管理体系、组织文化、核心竞争力以及组织战略实现进程等相关领域的影响程度。

(4) 确定薪酬定位：通过对以上因素的通盘考虑，最后确定组织的薪酬定位。

 特别提示

需要指出的一点是，薪酬定位作为薪酬体系设计过程中的一个关键环节，在决策的过程中需要遵循一定的方法和规律，有其科学性的一面，同时我们还需要看到，在这个决策过程中，同样也存在着许多需要靠丰富的经验进行主观判断的地方，所以我们说，薪酬定位和组织管理实践过程中的其他工作一样，是科学和艺术的结合。它要求薪酬体系设计人员不但要了解薪酬体系设计的过程和原理，同时也需要对组织运营管理的细微之处有着切身的体会和深刻的理解，能够在关键之处对分寸拿捏得当。这也是为什么有些薪酬体系看起来很科学很合理，但使用的时候存在很多问题的主要原因之一。

5. 薪酬结构设计

薪酬结构是指薪酬的各构成项目及各自所占的比例。一个合理的薪酬结构应该既有固定薪酬部分，比如基本工资、岗位工资、技能工资、工龄工资等；又有浮动薪酬部分，如效益工资、业绩工资、奖金等。薪酬结构设计需要考虑三个方面的因素：岗位等级、个人的技能和资历、个人业绩，在薪酬结构上与其相对应的，分别是岗位工资、技能工资、绩效工资。

传统的薪酬结构类型主要有以下四种。

1) 以绩效为导向的薪酬结构

它主要体现员工"做成什么"，及主要依据是员工的工作绩效，相应的绩效工资在薪酬结构中所占的比例比较高。

2) 以工作为导向的薪酬结构

它主要体现员工"做了什么"，及主要依据是员工所担任的岗位的重要程度、任职要求的高低以及劳动环境对员工的影响等因素，相应的岗位工资在薪酬结构中所占的比例比较高。

  3) 以能力为导向的薪酬结构

  它主要体现员工"能做什么"，及主要依据员工所具备的工作能力与潜力。相应的技能工资在薪酬结构中所占的比例比较高。

  4) 组合薪酬结构

  组合薪酬结构是将薪酬分解成几个组成部分，分别依据绩效、技术和培训水平、职务(或岗位)、年龄和工龄等因素确定薪酬额。究竟哪种薪酬占的比例比较高，不同的组织情况不同。

6. 薪酬体系的实施与修正

  薪酬结构并不是一旦制定就不能改变，组织需要根据内外环境的变化，适时调整薪酬结构。薪酬结构调整的目的是适应组织外部和内部环境因素的变化，以保持薪酬的内部公平性、外部竞争力，体现组织的薪酬价值导向，更好地发挥薪酬的激励功能。

  由于劳动力供求关系的不断变化，组织需要定期对组织内部员工的薪酬结构进行调整。调整的内容主要包括纵向结构、横向结构的调整和不同薪酬等级人员比例的调整。

  1) 薪酬结构调整方向

  (1) 纵向薪酬等级结构的调整。

  ① 薪酬等级数的调整。

  当原有薪酬等级数过少，各个岗位的相对价值不能得到真实反映时，可进一步细分各个岗位的差别，增加薪酬等级数，通常适用于规模较大、岗位等级层次多、工作规范且弹性较低的组织。在扁平化的弹性组织中，目前流行减少薪酬等级数，扩大每个薪酬等级幅度。

  ② 薪酬等级幅度的调整。

  当某些岗位的工作内容和职责发生变化，或某个工种的操作方式、技术要求发生变化，就可考虑调整原有的薪酬等级线。在一般情况下，当工作和技术要求提高时，可延长薪酬等级线；反过来，可缩短薪酬等级线。

  (2) 横向薪酬结构的调整。

  ① 调整固定薪酬和变动薪酬的比例。

  固定薪酬和变动薪酬的特点和功效不同，使两者保持适当的比例有助于提高薪酬绩效。目前的趋势是扩大变动薪酬的比例，以增加薪酬结构的弹性、增强薪酬激励作用，更有效地控制和降低薪酬成本。

  ② 调整不同薪酬形式的组合模式。

  组织应根据不同薪酬形式的优缺点，合理搭配，扬长避短，使薪酬组合模式与组织的薪酬战略和工作性质的特点相适应。为了符合现代薪酬理念和薪酬制定发展的趋势，应在薪酬组合模式中增加利润分享、股权激励等激励性薪酬形式，有利于形成员工与组织间的相互合作和共同发展的格局。

(3) 不同薪酬等级人员比例的调整。

调整组织内高、中、低不同薪酬等级员工的比例，是薪酬调整的中心环节。不论是薪酬水平的调整还是薪酬结构的调整，最终的结果都是改变了组织内高、中、低不同薪酬等级的比例。

 特别提示

当现代组织的发展日益依赖于科技含量和人力资本增量时，就应当扩大高薪员工的比例，增加高层次和技术人员的比重。而当组织经营处于不利形势下，为了降低薪酬成本，就会减少高薪员工比例，实行减员减薪的紧缩政策。

降低低薪员工的薪酬水平，一般是通过改变薪酬形式的组合和薪酬形式的标准，如减少固定薪酬比重，同时压低可变薪酬部分，或者采用提高劳动定额标准、提高工时利用率等变相降低薪酬标准的形式。

2) 薪酬结构调整的方式

(1) 薪酬定级性调整。

薪酬定级是对原本没有薪酬等级的员工进行薪酬等级的确定。它包括：对试用期满或没有试用期但直接办理入职手续的新员工的薪酬定级；对原来没有的岗位或没有在组织中聘任的军队转业人员的薪酬定级；对已工作过但新调入组织的员工的薪酬定级等。

(2) 物价性调整。

物价性调整是为了补偿物价上涨给员工造成的经济损失而实施的一种薪酬调整方法。组织可以建立员工薪酬水平与物价指标自动挂钩的体系。在保持挂钩比例稳定的同时，实现薪酬水平对物价上涨造成损失的补偿。

(3) 工龄性调整。

如果组织的薪酬结构中包含有工龄工资，那么随着时间的推移和员工在本组织连续工作年限的增加，要对员工给予相应的提薪奖励。工龄性调整是把员工的资历和经验当作一种能力和效率予以奖励的薪酬调整方法。

(4) 奖励性调整。

奖励性调整一般是用在当一些员工作出了突出的成绩或重大的贡献后，为了使他们保持这种良好的工作状态，并激励其他员工努力工作，向他们学习而采取的薪酬调整方法。

(5) 效益性调整。

效益型调整是一种当组织效益提高时，对全体员工给予等比例奖励的薪酬调整方法，类似于利润分享制度。

(6) 考核性调整。

考核性调整是根据员工的绩效考核结果，每达到一定的合格次数或者一定的考核等级就可以提升相应的薪酬档次的薪酬调整方法。

 知识链接

薪酬设计八项细节

薪酬是一个极其敏感的话题，做好薪酬体系的设计与管理不是一件容易的工作，如果出现一些设计纰漏或管理措施欠妥，就可能会影响到劳资关系的稳定，轻则影响员工的工作积极性，说严重点会影响到组织的稳定和可持续发展。

如何设计具科学性、合理性、系统性的薪酬体系，做到按劳分配，多劳多得，公平公正呢？HR薪酬经理在设计薪酬体系时，要注意以下八项细节。

1. 注意薪酬结构要合理

薪资体系的构成一般由基本薪、职位薪、绩效薪、年资、加班工资、奖金等组成。尤其是基本薪、职位薪、绩效薪的比例要合理，基本工资对组织来说一般是通用型，满足当地最低工资水准，体现薪水的刚性；而职位薪则根据不同岗位的工作分析，来分析岗位的价值，作出科学准确的岗位评估，来体现岗位薪水的高低，满足员工内部薪资平衡心理，绩效薪是根据绩效结果的达成，来确定绩效工资多少，组织内不同层次的员工，绩效薪占整个薪资总额比例不一样。高层一般占40%~50%，中层20%~30%，基层10%~20%；而年资属于内部普调工资，应体现工资的平衡公平性，加班工资的计算则要体现工资的合法性。

2. 注意薪酬水准具竞争力

薪酬水准影响到组织吸引人才的能力和在行业的竞争力。因此，如果一个组织的薪酬水准低于当地同类型组织和行业市场水准，同时又没有与之相配合的措施如稳定、较高的福利，便利的工作条件，有吸引力和提升性的培训机会等，就容易造成员工流失，直接或间接影响组织的利润率和经营发展目标的实现。

3. 注意执薪公正，做到同工同酬

如果一个组织的薪酬不能做到同工同酬，员工就会认为自己受到不公正待遇。因此，员工在工作中就会产生消极怠工，降低努力程度，在极端情况下将有可能造成辞职。如果这是一名普工的话，或许他的做法给组织造成的损失不会太大，但却可能使组织名誉受损。如果这是一名优秀员工或者高级主管，他的消极工作态度，甚至是辞职离去，给组织造成的损失将难以估量。

4. 注意同级别、同层次员工分工合理，劳逸平均

如果一个组织中，在同一层次和同一级别的员工中，有些人一天到晚忙得连喘息的机会都没有，而有些员工却无事可做、喝茶聊天，这说明岗位工作分析出了问题。同级别和层次的员工岗位工作量、工作难易程度、岗位职责不一致，其薪酬的公平、公正和薪资对等性肯定存在问题。长此以往，组织的员工一定会是牢骚满腹，轻则造成内部不团结，影响士气，重则造成员工消极、人心不稳、跳槽频繁。

5. 注意中高层与基层员工薪资水平差异不能太大

中高层管理或技术人员的确是属于组织核心人才，所产生的价值确实不一样，薪酬水准也不一样。但如果出现组织中高层岗位的薪酬与基层员工的差异达到8~10倍以上，则基层员工

与管理层的关系疏远甚至僵化，基层员工情绪低落，士气下降，整个组织将出现死气沉沉的局面，而中高层的工作也难以开展。

6. 注意调薪有依据，绩效考评公正、公平

组织内岗位的调薪，做好了能激励员工的士气，做不好会动摇部分员工的信心。尤其是毫无根据地随意调薪，或绩效评估不公正，都会导致员工对组织的薪酬系统产生怀疑，甚至不满，调薪必须有依据，讲原则，重激励。

7. 注意薪酬计算准确，发放及时

组织不能够做到准时发放薪酬，薪酬计算经常出现错误，都会导致员工对组织的信用产生疑问，很可能致使组织名誉遭受损失，也可能使外部投资者对该组织丧失信心，同时拖欠员工薪酬也违反劳动法律法规，得不偿失。

8. 注意组织利润与员工适当共享

组织是个利益共同体，利润大家创造，收益共同分享。因此，组织利润要拿出少部分对重要岗位、重要员工和努力工作且良好业绩的员工进行分享。同时，注意分配的度。如果分给员工得过少，可能会导致员工不满，影响员工工作的积极性；分给员工得过多，这样组织自身留取的盈余可能不能满足长远发展的需要，与前者相比，组织的损失更大。一般优秀组织如华为、TCL、联想等组织都会拿出10%~20%的利润来进行对员工分配，这同期股期权的激励还不一样。

(资料来源：客道巴巴，http://www.doc88.com/p-5723052194921.html)

三、薪酬体系设计的原则

薪酬作为分配价值形式之一，设计时应当遵循按劳分配、效率优先、兼顾公平及可持续发展的原则。具体来说，组织在设计薪酬体系的时候应该遵守以下原则。

1. 内部公平性

所谓的内部公平不是大锅饭，而是按照承担的责任大小，需要的知识能力的高低，以及工作性质要求的不同，在薪酬上合理体现不同层级、不同职系、不同岗位在组织中的价值差异。

2. 外部竞争性

保持组织在行业中薪酬福利的竞争性，能够吸引和留住优秀的人才。需要注意的是，所谓的外部竞争性是指与主要竞争对手相比，而不是与行业最高水平比。所以组织在设计薪酬体系的时候要考虑自身的可承受性。

3. 与绩效的相关性

薪酬必须与组织、团队和个人的绩效完成状况密切相关，不同的绩效考评结果应当在薪酬中准确地体现，实现员工的自我公平，从而最终保证组织整体绩效目标的实现。

4. 激励性

薪酬以增强工资的激励性为导向，通过动态工资和奖金等激励性工资单元的设计激发员工工作积极性；另外，应设计和开放不同薪酬通道，使不同岗位的员工有同等的晋级机会。

5. 可承受性

确定薪酬的水平必须考虑组织实际的支付能力，薪酬水平须与组织的经济效益和承受能力保持一致。人力成本的增长幅度应低于总利润的增长幅度，同时应低于劳动生产率的增长速度。用适当薪酬成本的增加引发员工创造更多的经济增加值，保障出资者的利益，实现可持续发展。

6. 合法性

薪酬体系的设计应当在国家和地区相关劳动法律法规允许的范围内进行。比如不能低于最低工资水平线。

7. 可操作性

薪酬管理制度和薪酬结构应当尽量浅显易懂，使得员工能够理解设计的初衷，从而按照组织的引导规范自己的行为，达成更好的工作效果。只有简洁明了的制度流程操作性才会更强，有利于迅速推广，同时也便于管理。

8. 灵活性

组织在不同的发展阶段和外界环境发生变化的情况下，应当及时对薪酬管理体系进行调整，以适应环境的变化和组织发展的要求，这就要求薪酬管理体系具有一定的灵活性。

9. 适应性

薪酬管理体系应当能够体现组织自身的业务特点以及组织性质、所处区域、行业的特点，并能够满足这些因素的要求。

10. 战略导向性

组织在设计薪酬体系的时候要从战略的角度分析哪些因素重要，哪些因素相对不重要，并通过一定的价值标准，给予这些因素一定的权重，同时确定它们的价值分配，即薪酬标准。同时要考虑薪酬体系设计要与组织自身发展阶段相适应。初创期应该突出操作性与激励性；在高速成长期应考虑激励性；在成熟期应该考虑薪酬的稳定性和激励性；在衰退期应该考虑组织的可承受性等。

11. 文化牵引性

组织的薪酬体系是组织文化中核心价值观的重要体现。"和合文化"为核心价值观的组织文化,薪酬体系中会突出基本工资和员工福利;强调效益为核心价值观的组织文化,薪酬体系中会突出绩效薪酬的比重;强调社会责任为核心价值观的组织文化,薪酬体系中会突出员工福利的比重;鼓励奉献为核心价值观的组织文化,薪酬体系中会突出津贴的比重。

 知识链接

薪酬体系设计策略

薪酬策略是指组织确定薪酬时,与外部薪酬水平相比较所采取的薪酬水平定位。通俗地说,就是确定组织的薪酬与市场水平相比较所处的层次。一般有三种策略。

市场领先策略:薪酬水平在市场居于领先地位,高于市场平均水平。

市场协调策略:又称市场平和策略,即薪酬水平在市场居于中等水平,与市场平均水平持平。

市场追随策略:即薪酬水平在市场居于比较低水平,跟随市场水平。

事实上,在实际操作中,很多组织采用的是混合性薪酬策略,即根据职位的类型或层级来分别制定不同的薪酬策略,而不是对所有的岗位均采用相同的薪酬水平定位。比如说,对组织的关键岗位人员采用市场领先策略,对普通岗位人员采取市场协调策略,对可以替代性强的基层岗位采取市场追随策略。

(资料来源:客道巴巴,http://www.doc88.com/p-9495767932667.html)

 特别提示

人们在原则面前往往容易动摇。要记住:原则是无论以何种理由都不能放弃的。

第三节 员 工 福 利

在员工薪酬体系中,福利是非常重要的一部分,好的福利设计,能够稳定员工队伍,降低员工的离职率,增加员工的归属感和满意度,增强组织的凝聚力。

一、福利的含义与功能

1. 福利的含义

广义的福利包括三个层次:国家福利、组织福利、个人福利。

国家福利是指作为一名合法的国家公民,有权享受政府提供的文化、教育、卫生、社会保障等公共福利和公共服务,如义务教育、免费的公园、廉价的交通等。

组织福利是指作为组织的成员,可以享受由组织提供的各种集体福利,如免费午餐、住房福利、免费班车或交通补贴等。

个人福利是指员工作为组织的成员,还可以享受到工资收入以外的,组织为雇员个人及其家庭所提供的实物和服务等福利形式,如员工生日发放的实物、困难家庭补贴等。

狭义的福利又称劳动福利,是组织为满足员工的生活需要,在工资收入之外向雇员个人及其家庭提供的货币、实物及一些服务形式。可见,狭义的福利包括组织福利和个人福利。它对方便员工生活,减轻员工负担,解决员工生活困难,提高员工生活水平,促进组织生产和发展都有积极的意义。

2. 福利的特点

员工福利具有以下三个特点。

1) 需要的随机性

员工福利由于各人情况的不同,并没有规律,很多是随机的,比如免费托儿服务,由于员工生育的随机性,而具有随机性。

2) 消费的集体性

员工的很多福利具有集体消费的特点,比如食堂、健身器材、阅览室等,可以同时满足很多员工同时享受。

3) 有些福利所涉及的设施,其成本和费用往往超出个人的经济负担能力。比如员工个人是没有能力建设一个阅览室以满足员工阅读需要的,无法购买一个车队以满足免费班车需要的。

3. 福利的功能

福利对于增加员工的安全感、忠诚度和工作热情,吸引高素质人才起着重要的作用。

1) 帮助组织实现人力资源管理活动的目标,进而实现组织的战略目标

一方面,福利是组织体现管理特色的一种工具,一个有竞争力的福利计划能告诉人们这是一个好的工作单位,愿意为雇员的幸福生活投资。另一方面,员工本身也存在着对福利的需求,有越来越多的求职者在进行工作选择时,将福利作为重要因素考虑在内。例如,由于知识型员工的特点和高科技组织工作方式的演变,很多知识型员工都希望对工作有更多的控制。远程办公、电子通信和弹性工作计划等新型工作模式对那些希望能更好地掌握自己时间和工作自主权的年轻雇员以及那些不得不在工作和家庭之间寻求平衡的雇员来说是很好的吸引力。好的福利制度可以改善有战略价值的员工的表现。例如,如果能够报销学费,则员工会主动要求参加各种培训,从而可以提高他们的潜在创造力以及提供有利于组织发展的建议能力。

2) 良好的福利制度可以鼓励员工之间的合作

随着个体管理向团队管理的发展,个人绩效越来越难以测量,对外表现出来的大多是

团队绩效。因此，薪酬的发放也更多地以团队绩效为标准，采取团队发放的形式。员工福利作为天生的普惠制的薪酬形式，有更多的平均化倾向，更加适用于做团队的薪酬形式。

3) 员工福利是影响组织劳动力雇佣决策的重要因素

由于员工福利在一般意义上是普惠制的形式，也就是说只要是单位的正式员工，无论其工资、奖金、行政级别的差异有多大，都是组织福利的享受对象，而且所享受福利的水平差别不大，而一般的临时工是没有权利享受以上福利的。所以，如果员工的福利在组织的人力资源成本中所占的比重比较大的时候，那么组织在作出雇佣决策时就可能会更多地考虑雇用临时工，哪怕是工资比较高的临时工，来替代正式员工，以节省福利部分的开支。

4) 传递组织的文化和价值观，强化员工的忠诚度

现代组织越来越重视员工对组织的文化和价值观的认同，而福利恰恰是体现组织的管理特色，传递组织对员工的关怀，创造一个大家庭式的工作氛围和组织环境的重要手段。比如注重感情留人的组织会为员工提供餐饮服务、娱乐、健身等各种福利，让员工充分感受到组织的情感关怀。而注重事业留人的组织会为员工提供各种培训、考察等福利机会，让员工有机会提升自身能力，进而让事业更有所作为。

5) 享受国家的优惠税收政策，提高组织支出成本的效益

在许多西方国家，员工福利计划所受到的税收待遇往往比货币薪酬所受到的税收待遇优惠。这就意味着，在员工身上所花出去的同等价值的福利比货币薪酬所支出的同等货币能够产生更大的价值。对组织来说，尽管用于现金报酬的大多数员工福利的开支都可以列为成本开支而不必纳税，但增加员工的现金报酬却会导致组织必须缴纳的社会保险费用的上升，因此，组织以福利的形式而不是以现金的形式为员工提供收入更具有成本方面的优势。

二、福利的内容

员工福利是我国整个福利事业的一个重要组成部分，主要享受对象是在职职工，主要任务是满足员工的共同需要和特殊需要，主要作用发生在生活领域，但又同生产过程有着密切关系。

前面提到的广义福利所包括的国家福利、组织福利、个人福利是从福利的范围来划分的。而按照福利的内容来划分，可以将福利分为法定福利和组织福利。

1. 法定福利

法定福利又称强制性福利，是国家通过立法形式强制实施的员工福利政策，主要分为社会保险和休假制度。社会保险将在第四节中具体介绍。

目前我国的休假制度主要包括四项内容，即公休假日制度、法定节假日制度、探亲假制度和带薪休假制度。

1) 公休假日制度

公休假日制度是法律规定两个相邻的工作周之间应休息的时间。我国目前实行每周 2 天公休假制度。

2) 法定节假日制度

法定节假日是根据各国、各民族的风俗习惯或纪念要求，由国家法律统一规定的用以庆祝及度假的休息时间。我国的法定节假日包括：元旦，放假 1 天(1 月 1 日)；春节，放假 3 天(农历正月初 1、初 2、初 3)；清明节，放假 1 天(清明节当日)；劳动节，放假 1 天(5 月 1 日)；端午节，放假 1 天(农历端午节当日)；中秋节，放假 1 天(农历中秋节当日)；国庆节，放假 3 天(10 月 1 日、2 日、3 日)。部分公民放假的节日及纪念日有：妇女节，妇女放假半天(3 月 8 日)；青年节，14 周岁以上到 34 周岁的青年放假半天(5 月 4 日)；儿童节，不满 14 周岁的少年儿童放假 1 天(6 月 1 日)；中国人民解放军建军纪念日，现役军人放假半天(8 月 1 日)。这些节日适逢公休假日，顺延补假。从 2013 年起，我国的法定节假日增加至 11 天。

3) 探亲假制度

探亲假制度是指按照我国法律规定，给予家属两地分居的职工在一定时期内回家与父母或配偶团聚假期的制度。《国务院关于职工探亲待遇的规定》第四条规定探亲假期分为以下几种。

(1) 探望配偶，每年给予一方探亲假一次，30 天。

(2) 未婚员工探望父母，每年给假一次，20 天，也可根据实际情况，2 年给假一次，45 天。

(3) 已婚员工探望父母，每 4 年给假一次，20 天。探亲假期是指职工与配偶、父母团聚的时间，另外，根据实际需要给予路程假。上述假期均包括公休假日和法定节日在内。

(4) 凡实行休假制度的职工(例如学校的教职工)，应该在休假期间探亲；如果休假期较短，可由本单位适当安排，补足其探亲假的天数。

4) 带薪休假制度

为了维护职工休息休假权利，调动职工工作积极性，根据《劳动法》和《公务员法》，制定了《职工带薪年休假条例》。于 2007 年 12 月 7 日国务院第 198 次常务会议通过，自 2008 年 1 月 1 日起施行。该条例规定机关、团体、组织、事业单位、民办非企业单位、有雇工的个体工商户等单位的职工连续工作 1 年以上的，享受带薪年休假。单位应当保证职工享受年休假。职工在年休假期间享受与正常工作期间相同的工资收入。具体而言，职工累计工作已满 1 年不满 10 年的，年休假 5 天；已满 10 年不满 20 年的，年休假 10 天；已满 20 年的，年休假 15 天。国家法定休假日、休息日不计入年休假的假期。

2. 组织福利

组织福利也称非法定福利、非固定福利等。由于它不是强制性的，由雇主和员工自愿实行和参加，因而，组织福利又称"边缘薪酬"。组织根据自身的经营效益、利润完成等情况实行。组织还可以同时结合组织发展的情况，在了解员工需求的基础上，或增加新的福利项目，或停止或者减少原有福利项目。

常见的组织福利有以下几种。

1) 工作餐补贴

许多组织为员工提供工作餐补贴或者直接提供免费的工作餐。

2) 交通服务或交通补贴

有的组织为员工提供购车补贴、免费班车、油费报销或者交通补贴。

3) 住房福利

组织为员工提供住房福利形式主要有现金补贴、房屋贷款、个人储蓄计划、利息补助计划和提供公寓、宿舍等。

4) 补充养老保险

组织补充养老保险是在国家统一制定的基本养老保险之外，根据自身的经济实力，在履行了缴纳基本养老保险费义务之后，专门为本组织职工建立的附加保险。

 知识链接

企业补充养老保险

企业补充养老保险是指在国家基本养老保险的基础上，依据国家政策和本企业经济状况建立的、旨在提高职工退休后生活水平、对国家基本养老保险进行重要补充的一种养老保险形式。企业补充养老保险也叫企业年金。企业补充养老保险是指企业按规定缴纳基本养老保险费后，可以在国家政策的指导下，根据本单位经济效益情况，为本单位职工提供的基本养老金之外的补充养老金。

主要作用

建立企业补充养老保险具有十分重要的作用。

(1) 可以提高职工退休后的生活水平。随着社会的进步和经济的发展，职工的养老保障需求会相应提高，部分经济效益较好的企业也有提高职工福利水平的能力。在这种情况下，允许这类企业为其职工建立补充养老保险，可以满足职工较高层次的养老保障需求。

(2) 有利于密切职工与企业的关系，稳定职工队伍，增强企业的凝聚力和吸引力，促进企业发展。

(3) 规模不断壮大的企业补充养老保险基金把大量即期消费资金转化为长期储蓄资金，有助于促进资本市场的发育和国民经济的增长。

企业补充养老保险居于三层次的养老保险体系中的第二层次，由国家宏观指导、企业内部决策执行。企业补充养老保险费可由企业完全承担，或由企业和员工双方共同承担，承担比例由劳资双方协议确定。广义的补充养老保险包括职业年金计划、互助基金保险及商业年金计划(商业养老保险)等。

需要提醒的是企业年金的个人所得税问题。

按照劳动保障部《企业年金试行办法》(劳动保障部第 20 号令)的规定，企业和职工个人缴纳的企业年金费用，属于补充养老保险金性质。根据《中华人民共和国个人所得税法实施条例》第二十五条的规定，企业缴纳的企业年金费用，应在计入职工企业年金个人账户的当月并入职工个人工资薪金收入计征个人所得税；职工个人缴纳的企业年金费用，不得从纳税人的应纳税所得额中扣除。职工退休或出境定居按规定提取年金时，不再计征个人所得税。

主要特点

中国目前的企业补充养老保险有以下一些共同特点。
(1) 采用个人账户积累模式。
(2) 一般情况下，只有企业缴费，职工个人不缴费。
(3) 缴费来源主要是企业的自有基金、奖励与福利基金，基本不能享受税收优惠政策。
(4) 积累基金只能存银行、买国债，不能进行市场化投资。
(5) 企业自愿建立，国家不强制。

发展趋势

中国基本养老保险替代率将逐步降到 60%。而国外基本养老保险待遇水平普遍在 40%左右。尽管待遇水平相对较低，在普遍性的人口老龄化趋势下，许多国家已经面临着严重的养老保险财务赤字和制度危机。缩减国家养老保险的水平，加强企业补充养老保险和个人储蓄性养老保险的作用，成为各国养老保险制度改革的共识。因此，长远来看，有着相同的人口老龄化趋势的中国，也要对整个养老保险体系的结构进行适当调整，缩减基本养老保险的水平，赋予企业补充养老保险以更大的责任。为此，建议中国的企业补充养老保险的发展分三步走。

(1) 依据基本养老保险水平，建立相对应的企业补充养老保险。依据统一制度后的基本养老保险的替代率水平，初步建立与之相配合的企业补充养老保险(可称"小补充保险")，并实行市场化管理。补充养老保险的缴费水平为 5%~8%以内，其补充养老金替代率达到 20%以内。

(2) 在调整基本养老保险结构(30%的基础养老金+8%的个人账户)的基础上，在企业补充养老保险发展趋于稳定和成熟的时候(投资回报率较高，能够提供较好的保障水平)，建立退出机制，允许职工将基本养老保险个人账户退出基本养老保险，与补充养老保险个人账户合并，实行市场化管理运营。

(3) 正式将基本养老保险个人账户分离出来，与目前的"小补充保险"合并，建立大病补充保险。基本养老保险保证 30%左右的基本养老金；而扩大后的企业补充养老保险将提供 50%左右待遇水平。届时可以将企业补充养老保险更名为"职业养老保险"。随着中国社会主义市场经济体制的逐步建立和不断走向成熟，运用市场机制来管理和运营职业养老保险基金，完全可以保障职业养老保险的稳定性和高效性，确保职工有一个舒适的退休生活。

现状问题

在中国，企业补充养老保险于 20 世纪 80 年代开始在部分企业试行。1995 年，原劳动部发布了《关于建立企业补充养老保险制度的意见》，对企业补充养老保险进行了初步的政策规范。截至 1999 年年底，参加由社会保险机构管理的企业补充养老保险的有 173 万职工，相当于参加基本养老保险职工(9502 万)的 1.4%。此外，还存在少数行业和大型企业单独建立的补充养老保险。由此可以看出，中国企业补充养老保险覆盖范围太小，还难以形成对基本养老保险的有力补充。

养老保险发展缓慢的原因

中国企业补充养老保险的发展一直比较缓慢，近几年甚至出现停滞不前的状况。影响企业补充养老保险发展的原因有三个方面。

一是国家政策不明确、不到位。

(1) 性质未定。补充养老保险是社会保险还是商业保险？它应该由社会保险机构经办还是由商业性机构经办？是国家强制性的还是企业自愿性的？目前对这些问题还没有明确的政策规定，不同部门之间还存在着不同的看法。

(2) 缺乏优惠政策的激励。补充养老保险缴费主要来源于企业自有资金和奖励福利基金，国家还没有制定相关的税收优惠政策，这在很大程度上抑制了企业建立补充养老保险的积极性。

(3) 基金投资受限。出于对国内金融市场不完善的担心，政府还不允许补充养老保险基金进入资本市场，基金的保值增值难以实现，从而使得补充养老保险缺乏对企业和职工的吸引力。

二是宏观经济形势不好。

在国有企业结构调整和制度转换过程中，以及整个经济增长乏力的情况下，相当一部分企业经济状况欠佳，缴纳基本养老保险费尚且困难，自然无力建立补充养老保险。

三是基本养老保险待遇水平居高不下(全国平均替代率一直维持在80%以上)，补充养老保险缺乏发展空间。

计算方法

用人单位和个人均以个人上年度月平均工资为缴费基数。个人上年度月平均工资低于全市上年度职工月平均工资百分之六十的，以全市上年度职工月平均工资百分之六十为缴费基数；超过全市上年度职工月平均工资百分之三百的，以全市上年度职工月平均工资百分之三百为缴费基数。个人上年度月平均工资超过全市上年度职工月平均工资的，超过部分应缴的社会统筹基金的百分之五十，记入个人补充养老保险账户。按规定，只有个人上年度月平均工资没有超过全市上年度职工月平均工资三倍的，就应该按照个人的实际月平均工资作为缴费基数缴纳基本养老保险，且全部个人缴费都计入个人账户。

领取条件

符合下列条件之一的，可以办理申领补充养老金的手续。

(1) 到达法定退休年龄并办理退休手续的。

(2) 出国、出境定居并办理了终止基本养老保险关系手续的。

(3) 与本市用人单位终止基本养老保险关系、户籍迁出本市或非本市户籍与本市用人单位终止劳动关系的。

(4) 经市级劳动能力鉴定机构鉴定为完全丧失劳动能力的。

(5) 参加补充养老保险的从业人员死亡的。

符合申领条件的人员，应由所在单位按本单位补充养老保险分配方案办理个人账户调整手续，确定个人的补充养老金。

(资料来源：360百科，https://baike.so.com/doc/5396501-5633720.html)

5) 卫生设施及医疗保险

有的组织提供免费或者费用很低的医疗卫生服务。

6) 文娱体育设施

不少组织为员工提供免费的文娱体育设施，如书报室、健身房等。这类福利的提供可以极大地丰富员工的业余生活，提高员工的心理健康水平，从而提高组织的工作效率。

7) 教育福利

有的组织为员工提供教育培训方面的资助，为员工支付部分或全部费用，或者提供非岗位培训或其他短训费用。

8) 法律和职业发展咨询

有的组织利用组织的法律顾问或者外聘的法律专家或咨询顾问，为员工及其家庭提供法律服务。

9) 员工股票所有权计划

有的组织，尤其是一些跨国组织，实行员工股票所有权计划，不少员工为保住股票持有权甚至拒绝其他组织的高薪诱惑。

除此之外，组织为员工集体提供的福利措施还可能包括：员工援助计划、咨询服务、儿童看护帮助、老人护理服务以及饮食、健康服务等内容。

三、制订员工福利计划需要考虑的问题

组织在制订员工福利计划的时候不能盲目随意，需要考虑以下几个问题。
(1) 用人单位及员工的双重目标。
(2) 应提供哪些福利项目一定要注意需求导向。
(3) 员工福利计划应覆盖哪些人即福利的范围涉及多大。
(4) 如何为员工福利计划筹集资金。
(5) 如何管理员工福利计划。
(6) 怎样传递员工福利计划的信息。

四、弹性福利

随着时代的发展，传统福利形式已经不能满足员工的多元化需求，需要组织从自身实际出发，设计出更加合理有效的福利计划以满足员工的多元化需求。

1. 弹性福利的含义

弹性福利计划是指组织在核定的人均年度福利预算范围内，提供可选的多种福利项目，给员工自主选择权，由员工根据本人及其家庭成员的需要自主选择福利产品或产品组合的一种福利管理模式。

弹性福利计划与传统福利计划最大的区别在于给予员工选择权和决定权，最大限度地满足员工个性化需要，大大提高了员工对福利的感知度与体验值。弹性福利计划通常也会

简称为弹性福利,也可称为自助餐式福利、菜单式福利、或自选福利等。

弹性福利计划一般包括四种。

(1) 核心外加计划:即每个员工都可以享受的福利加上可以随意选择的福利项目。
(2) 标注组建计划:即组织推出多种固定的"福利组合",员工只能挑选其一。
(3) 工资/薪水下调计划:员工可以选择降低其薪水来获得福利。
(4) 薪酬转换计划:员工可以通过放弃或降低其税前奖金的方式来获得福利。

在实践中通常是由组织提供一份列有各种福利项目的"菜单",然后由员工依照自己的需求从中选择其需要的项目,组合成属于自己的一套福利"套餐"。这种制度非常强调"员工参与"的过程。当然员工的选择不是完全自由的,有一些项目,例如法定福利就是每位员工的必选项。此外组织通常都会根据员工的薪水、年资或家庭背景等因素来设定每一个员工所拥有的福利预算,同时福利清单的每项福利项目都会附一个金额,员工只能在自己的预算内选择喜欢的福利。

 知识链接

弹性福利的发展历程

1. 起源

弹性福利计划在 20 世纪 70 年代起源于美国,起初是为了应对雇员结构变化(如女性雇员的增加等)而产生。在 20 世纪 80 年代,由于医疗保健费用的增长,组织出于成本控制角度考虑,对弹性福利的需求迅速膨胀。到今天,弹性福利在西方国家已经成为组织通行的福利操作方式。

2. 在亚洲国家开始流行

近年来,弹性福利计划也开始在亚洲国家流行。2010 年 2 月全球福利标杆数据库研讨会上所做的调研结果显示,弹性福利作为一种灵活的福利管理方式受到组织的欢迎:超过 84%的受访者表示弹性福利是他们目前最感兴趣的福利运作方式。

3. 在中国的发展趋势

近年来,中国企业人才供求严重失衡,人工成本逐年攀升。如何吸引保留人才是企业生存发展中面临的一大难题。显然,无限制地提高现金薪酬不是争夺和保留人才的最佳方法。福利计划在内涵和执行手段上的灵活性与多样性,使它具有比现金薪酬更广泛的操作空间。而且,福利计划本身有福利计划作为整体薪酬的重要组成部分,在吸引、激励、保留人才方面的功能正日益受到关注和深入挖掘。

(资料来源:搜狗百科,http://baike.sogou.com/v58396427.htm)

2. 弹性福利的优缺点

1) 优点

弹性福利计划的实施,具有显著的优点。

(1) 满足员工的个性化需求。

由于每个员工个人的情况是不同的，因此他们的需求可能也是不同的，例如，年轻的员工可能更喜欢以货币的方式支付福利，有孩子的员工可能希望组织提供儿童照顾的津贴，而年龄大的员工又可能特别关注养老保险和医疗保险。

传统的福利计划，组织作为福利的买单者，同时也行使福利计划的决策权，员工作为福利的消费者却没有被赋予选择权。因此这种全员统一、标准化的福利计划安排由于不能满足员工的个性化需求，直接导致了员工对福利计划的体验值与满意度不高。

弹性福利计划的引入将福利产品选择权赋予员工本人，员工可以根据自身及家庭的需求自主决定福利产品或产品组合。真正做到"我的福利，我做主"，从而帮助员工真正认知了组织提供福利的价值，强化了其对组织的归属感，使福利成本价值最大化。弹性福利实现了组织和员工诉求上的双赢。

(2) 控制福利成本。

在传统的福利体系下，福利和现金薪酬一样具有很强的刚性，福利标准只能升不能降，福利项目只能增不能减。组织一方面承受逐年攀升的福利成本压力，另一方面福利在员工激励方面的效能又不能得到充分发挥。

在弹性福利计划下，组织可以在既定福利预算额度框架内，通过不断丰富可供选择的福利项目提高员工的体验值，即在不增加成本的情况下优化福利价值的效能。同时，组织还可以通过与员工共担福利成本的方式，设计员工自费福利计划，帮助员工享受到团体福利的实惠。比如，组织可以安排一些高标准的福利产品(如高额度的人身意外险、高保障的健康医疗保险、体检等)，有需求的员工可以选择个人承担一部分费用给本人或家属购买这类产品，由于是组织统一安排，员工既享受到团购带来的实惠，而且也省去大量的时间投入。

(3) 提高员工的福利满意度。

专业管理咨询公司在为客户组织的内部员工福利需求调研中发现，员工在被问及是否了解公司为其提供的福利保障时，80%以上的员工都回答不太了解，这也是令组织管理层和HR最为头疼的情况。一方面是组织的福利成本居高不下，HR劳心费力为员工提供福利安排；另一方面却是员工的毫无感知。传统福利计划由于是组织一手操办，员工被动享受，在整个福利计划实行过程中，员工由于没有参与感，对福利的内容和价值缺乏直观的感受。

弹性福利计划的优势恰恰在于强调了员工在本人福利计划决策中的参与感与决定权。组织实施弹性福利计划时，员工沟通是其中非常重要的环节，HR可以充分利用这一机会引导员工认识组织福利的真正价值。

(4) 引导员工的福利使用行为。

在传统福利制度下，每个员工的福利项目是一样的，而且具有相对的延续性与稳定性。虽然组织在设计这些福利项目上是经过深思熟虑的，但由于沟通方式过于简单，加上员工在享受福利上存在一定的被动性，特别是某些风险防范类的福利项目绝大数员工没有机会体验，因此对其价值和意义也无从谈起。

目前采取弹性福利计划的组织中绝大多数组织均采取核心福利+自选福利的模式。其中核心福利强调更多的是组织从风险防范角度强制性安排的福利项目，一般是要求员工在预算额度内作为必选项目。员工在决定个人福利产品组合时，通过对必选项目的了解，可以提高其对风险的认识，加深对福利基本功能的理解，扭转片面地将福利等同于变相的现金收入的误区。

(5) 差异于竞争对手。

差异于竞争对手的弹性福利计划安排可以增强组织与员工之间的情感纽带，从而达到保留人才的效果。中国的各行各业都处于人才战日趋白热化的阶段，单纯靠现金收入的比拼，肯定不是组织激励和保留人才的唯一手段，激励与保留人才需要人力资源管理各个领域的综合作用。有调研显示，吸引员工主要靠薪酬，留住员工靠福利，员工在决定是否跳槽时，组织福利会成为影响其最终决策的重要因素。福利计划具有比现金薪酬更为丰富的内涵，能够在更大程度上传递组织的文化价值观以及对人才的基本理念。弹性福利计划的实施，使组织区别于竞争对手，帮助组织保留人才。

(6) 发挥福利的激励作用。

传统的福利制度安排更强调福利的保障作用。弹性福利计划下，组织可以区分不同的员工群体(职级、业绩、岗位族群等)制定差异化的预算标准、配置不同的福利产品包。一方面可以充分照顾到不同群体的特殊需求，另一方面可以充分发挥福利的激励性作用，传递组织文化，帮助组织吸引和留住人才。

(7) 在并购重组情况下整合福利。

在组织遇到并购重组的情况下，两家组织原有的福利标准和计划安排可能完全不同，单纯的就高或就低都不能完全满足不同员工群体的需求，同时还会给组织带来更大的成本压力。采用弹性福利计划，可以将不同组织的福利项目一并纳入福利产品包内，只要通过设定一个合理的预算标准，就可以达到在增加员工公平感的同时还能保证大家继续享有不同的福利计划内容。

2) 缺点

(1) 它造成了管理的复杂。由于员工的需求是不同的，因此自由选择大大增加了组织实施具体福利的种类，从而增加了统计、核算和管理的工作量，这会增加福利的管理成本。

(2) 这种模式的实施可能存在"逆向选择"的倾向，员工可能为了享受的金额最大化而选择了自己并不最需要的福利项目。

(3) 由员工自己选择可能还会出现非理性的情况，员工可能只照顾眼前利益或者考虑不周，从而过早地用完了自己的限额，这样当他再需要其他的福利项目时，就可能无法选择或者需要透支。

(4) 允许员工自由进行选择，可能会造成福利项目实施的不统一，这样就会减少统一性模式所具有的规模效应。

3. 如何规划和实施一套好的弹性福利制度

一套好的弹性福利制度必须符合以下几个要求。

(1) 恰当。即组织的福利水平对外要有竞争力，不落后于同行业或同类型的其他组织；对内要符合本组织的战略、规模和经济实力，不要使福利成为组织的财务负担。

(2) 可管理。即要求组织设计的福利项目是切合实际，可以实施的；同时还需要有一套完善的运行体制用以实施和监督。

(3) 容易理解。即要求各个福利项目的设计和表述能够很容易地被每个员工理解，在选择和享受福利项目时，不会产生歧义。

(4) 有可以衡量的标准。即要求组织为员工提供的每项福利项目都是可以衡量价值的，这样才能使每个员工在自己的限额内选择福利项目。

(5) 员工参与度高。即要求制度的设计包含组织和员工互动的渠道和规则。

(6) 灵活。即要求福利制度不但尽可能地满足不同员工的个性化要求，还能够根据组织的经营和财务状况进行有效的自我调整。

第四节　社　会　保　险

社会保险(Social Insurance)是指国家通过立法强制建立社会保险基金，对参加劳动关系的劳动者在丧失劳动能力或失业时给予必要的物质帮助的制度。

社会保险是国家对劳动者履行的社会责任，具有保障性、普遍性、互助性、强制性、福利性的特点。保障性是指保障劳动者的基本生活；普遍性是指社会保险覆盖所有社会劳动者；互助性是指利用参加保险者的合力，帮助某个遇到风险的人，互助互济，满足急需；强制性是指由国家立法限定，强制用人单位和职工参加；福利性是指社会保险是一种政府行为，不以盈利为目的。

社会保险对于保障广大劳动者的合法权益，维护社会安定，促进社会经济发展具有重要作用。

知识链接

社会保险与商业保险的主要区别

1. 实施目的不同

社会保险是为社会成员提供必要时的基本保障，不以盈利为目的；商业保险则是保险公司的商业化运作，以盈利为目的。

2. 实施方式不同

社会保险是根据国家立法强制实施；商业保险是遵循"契约自由"原则，由组织和个人自愿投保。

3. 实施主体和对象不同

社会保险由国家成立的专门性机构进行基金的筹集、管理及发放，其对象是法定范围内的社会成员；商业保险是保险公司来经营管理的，被保险人可以是符合承保条件的任何人。

4. 保障水平不同

社会保险为被保险人提供的保障是最基本的，其水平高于社会贫困线，低于社会平均工资的50%，保障程度较低；商业保险提供的保障水平完全取决于保险双方当事人的约定和投保人所缴保费的多少，只要符合投保条件并有一定的缴费能力，被保险人可以获得高水平的保障。

(资料来源：联连理财，http://www.lianlianmoney.com/c/article-9-451032-0.html)

社会保险是一种为丧失劳动能力、暂时失去劳动岗位或因健康原因造成损失的人口提供收入或补偿的一种社会和经济制度。社会保险计划由政府举办，强制某一群体将其收入的一部分作为社会保险税(费)形成社会保险基金，在满足一定条件的情况下，被保险人可从基金中获得固定的收入或损失的补偿，它是一种再分配制度，它的目标是保证物质及劳动力的再生产和社会的稳定。社会保险的主要项目包括医疗保险、养老保险、失业保险、工伤保险、生育保险。

一、医疗保险

城镇职工基本医疗保险制度，是根据财政、组织和个人的承受能力所建立的保障职工基本医疗需求的社会保险制度。所有的用人单位，包括企业(国有企业、集体企业、外商投资企业和私营企业等)、机关、事业单位、社会团体、民办非企业单位及其职工，都要参加基本医疗保险，城镇职工基本医疗保险基金由基本医疗保险社会统筹基金和个人账户构成。基本医疗保险费由用人单位和职工个人账户构成。基本医疗保险费由用人单位和职工个人共同缴纳，其中：单位按8%比例缴纳，个人按2%比例缴纳。用人单位所缴纳的医疗保险费一部分用于建立基本医疗保险社会统筹基金，这部分基金主要用于支付参保职工住院和特殊慢性病门诊及抢救、急救。发生的基本医疗保险起付标准以上、最高支付限额以下符合规定的医疗费，其中个人也要按规定负担一定比例的费用。个人账户资金主要用于支付参保人员在定点医疗机构和定点零售药店就医购药符合规定的费用，个人账户资金用完或不足部分，由参保人员个人用现金支付，个人账户可以结转使用和依法继承。参保职工因病住院先自付住院起付额，再进入统筹基金和职工个人共付段。

参加基本医疗保险的单位及个人，必须同时参加大额医疗保险，并按规定按时足额缴纳基本医疗保险费和大额医疗保险费，才能享受医疗保险的相关待遇。

二、养老保险

养老保险是劳动者在达到法定退休年龄退休后，从政府和社会得到一定的经济补偿、物质帮助和服务的一项社会保险制度。

国有企业、集体企业、外商投资企业、私营企业和其他城镇企业及其职工，实行企业化管理的事业单位及其职工必须参加基本养老保险。

新的参统单位(指各类企业)单位缴费费率确定为10%，个人缴费费率确定为8%，个体工商户及其雇工，灵活就业人员及以个人形式参保的其他各类人员，根据缴费年限实行的是差别费率。参加基本养老保险的个人劳动者，缴费基数在规定范围内可高可低，多交多受益。职工按月领取养老金必须是达到法定退休年龄，并且已经办理退休手续；所在单位和个人依法参加了养老保险并履行了养老保险的缴费义务；个人缴费至少满15年。

2017年以前中国的企业职工法定退休年龄为：男职工60岁，从事管理和科研工作的女干部55岁，女职工50岁。基本养老金由基础养老金和个人账户养老金组成，职工达到法定退休年龄且个人缴费满15年的，基础养老金月标准为省(自治区、直辖市)或市(地)上年度职工月平均工资的20%。个人账户养老金由个人账户基金支付，月发放标准根据本人账户储存额除以120。个人账户基金用完后，由社会统筹基金支付。

 知识链接

延迟退休年龄计算方法

中国目前存在大量低龄退休人员，开发其潜力是今后的主要方向。鉴于中国退休年龄规定始于几十年前，已经显得过低。2015年12月，中国社科院人口与劳动经济研究所及社会科学文献出版社发布《人口与劳动绿皮书：中国人口与劳动问题报告NO.16》。该报告建议按照并轨先行、渐进实施和弹性机制的原则逐步延迟退休年龄。报告指出，首先，实现养老金制度并轨，将退休年龄归为两类：职工养老保险领取年龄和居民养老保险领取年龄。

对于职工养老保险的退休年龄改革方案，报告建议分两步走。

第一步，2017年完成养老金制度并轨时，取消女干部和女工人的身份区别，将职工养老保险的女性退休年龄统一规定为55岁。

第二步，从2018年开始，女性退休年龄每3年延迟1岁，男性退休年龄每6年延迟1岁，直至2045年同时达到65岁。对于居民养老保险的退休年龄改革方案，报告建议居民养老保险的退休年龄从2033年开始每3年延迟1岁，直至2045年完成。

(资料来源：人口与劳动绿皮书：中国人口与劳动问题报告NO.16，2015)

三、失业保险

失业保险是国家通过立法强制实行的，由社会集中建立基金，对因失业而暂时中断生活来源的劳动者提供物质帮助的制度。

各类企业及其职工、事业单位及其职工、社会团体及其职工、民办非企业单位及其职工，国家机关与之建立劳动合同关系的职工都应办理失业保险。失业保险基金主要是用于保障失业人员的基本生活。城镇企业、事业单位、社会团体和民办非企业单位按照本单位工资总额的 2%缴纳失业保险费，其职工按照本人工资的 1%缴纳失业保险费。无固定工资额的单位以统筹地区上年度社会平均工资为基数缴纳失业保险费。单位招用农牧民合同制工人本人不缴纳失业保险费。

当前中国失业保险参保职工的范围包括：在岗职工；停薪留职、请长假、外借外聘、内退等在册不在岗职工；进入再就业服务中心的下岗职工；其他与本单位建立劳动关系的职工(包括建立劳动关系的临时工和农村用工)。城镇企业事业单位失业人员按照有关规定具备以下条件的失业职工可享受失业保险待遇：首先按照规定参加失业保险，所在单位和本人已按照规定履行缴费义务满 1 年的，其次不是因本人意愿中断就业的，还有已经办理失业登记，并有求职要求的。

四、生育保险

生育保险是针对生育行为的生理特点，根据法律规定生育保险，在职女性因生育子女而导致劳动者暂时中断工作、失去正常收入来源时，由国家或社会提供的物质帮助。生育保险待遇包括生育津贴和生育医疗服务两项内容。生育保险基金由用人单位缴纳的生育保险费及其利息以及滞纳金组成。女职工产假期间的生育津贴、生育发生的医疗费用、职工计划生育手术费用及国家规定的与生育保险有关的其他费用都应该从生育保险基金中支出。

所有用人单位(包括各类机关、社会团体、企业、事业、民办非企业单位)及其职工都要参加生育保险。生育保险由用人单位统一缴纳，职工个人不缴纳生育保险费。生育保险费由用人单位按照本单位上年度职工工资总额的 0.7%缴纳。享受生育保险待遇的职工，必须符合以下三个条件：用人单位参加生育保险在 6 个月以上，并按时足额缴纳了生育保险费；计划生育政策有关规定生育或流产的；在本市城镇生育保险定点医疗服务机构，或经批准转入有产科医疗服务机构生产或流产的(包括自然流产和人工流产)。

五、工伤保险

工伤保险也称职业伤害保险。劳动者由于工作原因并在工作过程中受意外伤害，或因接触粉尘、放射线、有毒害物质等职业危害因素引起职业病后，由国家和社会给负伤者、致残者以及死亡者生前供养亲属提供必要的物质帮助。工伤保险费由用人单位缴纳，对于工伤事故发生率较高的行业工伤保险费的征收费率高于一般标准，一方面是为了保障这些行业的职工发生工伤时，工伤保险基金可以足额支付工伤职工的工伤保险待遇；另一方面，是通过高费率征收，使组织有风险意识，加强工伤预防工作，使伤亡事故率降低。

职工上了工伤保险后，职工住院治疗工伤的，由所在单位按照本单位因公出差伙食补助标准的 70%发给住院伙食补助费；经医疗机构出具证明，报经办机构同意，工伤职工到统筹地区以外就医的，所需交通、食宿费用由所在单位按照本单位职工因公出差标准报销。另外，工伤职工因日常生活或者就业需要，经劳动能力鉴定委员会确认可以安装假肢、矫形器、假眼、假牙和配置轮椅等辅助器具，所需费用按照国家规定的标准从工伤保险基金中支付。工伤参保职工的工伤医疗费一至四级工伤人员伤残津贴、一次性伤残补助金、生活护理费、丧葬补助金、供养亲属抚恤金、辅助器具等、工伤康复费、劳动能力鉴定费都应从工伤保险基金中支付。

阅读材料

与战略发展同步——海尔的薪酬管理

一、公司概述

创立于1984年、崛起于改革大潮之中的海尔集团，是在引进德国利勃海尔电冰箱生产技术成立的青岛电冰箱总厂的基础上发展起来的，它从一个濒临倒闭的集体小厂发展壮大成为在国内外享有盛誉的跨国企业。2002年，海尔实现全球营业额711亿元，职工发展到了3万人，而且拉动就业人数30多万。2002年，海尔品牌价值评估为489亿元，跃居全国第一品牌。海尔产品依靠成熟的技术和雄厚的实力在东南亚、欧洲等地设厂，实现了成套家电技术向欧洲发达国家出口的历史性突破。2003年，海尔获准主持制定四项国家标准，这标志着海尔已经将企业间的竞争由技术水平竞争、专利竞争转向标准上的竞争。

海尔价值观的核心是创新。以观念创新为先导、以战略创新为基础、以组织创新为保障、以技术创新为手段、以市场创新为目标，伴随着海尔从无到有、从小到大、从大到强，从中国走向世界。因此，海尔的薪酬体系也是随着整体战略的创新而不断创新的。

二、使薪酬制度同变化的战略相匹配

海尔集团的发展可以概括为三个阶段。

名牌战略阶段(1984—1991)，用7年的时间，通过专心致志于冰箱的过程实施了名牌战略，建立了全面质量管理体系。

国际化战略发展阶段(1992—1998)，用7年的时间，通过组织文化的延伸及"东方亮了再亮西方"的理念，成功地实施了多元化的扩张。

国际化战略阶段(1998年以后)，以创国际名牌为导向的国际化战略，通过以国际市场作为发展空间的三个1/3的策略正在加快实施与进展。

1. 名牌战略阶段的薪酬制度——以质量为主

这一时期，在海尔推行了全面质量管理，以开创海尔的优质品牌。海尔把重点放在产品与服务质量上，因此，薪酬管理制度也就以工作质量为主要内容。以质量为主的薪酬管理制度主要是改变员工的质量观念。薪酬制度特点是把工资考核制度的重点放在质量考核上。

当时海尔建立了"质量价值券"考核制度,要求员工不但要干出一台产品,而且要干好一台产品。海尔把以往生产过程中出现过的所有问题整理、分析汇编成册,针对每一个缺陷,明确规定了自检、互检、专检三个环节应负的责任价值,质检员检查发现缺陷后,当场撕价值券,由责任人签收,每个缺陷扣多少分全部印在质量手册上。对操作工互检发现的缺陷,经质检人员确认后,当场予以奖励,同时对漏检操作工和质检员进行罚款。质量价值券分红券和黄券,红券用于奖励,而黄券则用于处罚。

在海尔曾经有过这样一个小故事:1992 年 11 月 23 日,一位总装质检员在检查冰箱装配质量时发现一台冰箱温控器螺丝没有固定到位,就按缺陷性质和责任价值撕了价值券,引起被查的工人对质检员出言不逊,并拒签价值券,当质检员要按拒签处罚时,遭到了这位工人一拳。最终厂方对这位工人通报批评并将其降为临时工。制度就这样坚持了下来。后来工人们发现,虽然每天出现问题马上要受到处罚,并要立刻整改,但到月底一算,在质量方面的收入反而比以往增加了,因为制度的坚持使质量指标提高了。质量价值券在生产过程中的实行,使海尔上下工序建立起严格的质量监督机制,每个工人都把下一道工序当作用户,质量指标日益提高。

其次,考核重点是遵章守法,凡是企业的规章制度,不是摆样子,而是建立一项就执行一项、考核一项、兑现一项。所以,此时的薪酬分配制度主要同质量挂钩,谁出质量问题,就按考核规定扣掉谁的工资。

2. 多元化阶段的薪酬制度——多种工资模式并存

多元化阶段的薪酬制度是实行分层、分类的多种薪酬制度和灵活的分配形式,规范到了 13 种薪酬模式。科技人员实行科研承包制,营销人员实行年薪制和提成工资制,生产人员实行计件工资制,辅助人员则实行薪点工资制。海尔工资分档次发放,岗位工资标准不超过青岛市职工平均工资的三倍。岗位工资+国家补贴=工资总额。每月无奖金,年终奖金不超过两个月的工资。科研和销售人员实行工效挂钩,科研人员按市场效益和科研成果进行奖励,销售人员如果是外聘的推销员,收入和推销的成果挂钩。

对于一线员工,在质量价值券的基础上,推行计点到位,绩效联酬的全额计点工资制。这里的"点"是指员工在劳动过程中的体力和脑力消耗的基本计量单元。本着"工资总额增长低于组织利税增长、平均工资增长低于劳动生产率增长"的"两低于"原则,确定员工的工资总额与增长幅度,然后根据预计的点数总和来确定点值。岗位点数是根据工作的操作复杂程度、岗位体力要求、工作危险程度等来确定。接着,岗位点数工资单价=点数×点值,从而算出岗位计件工资额=岗位工资单价×产量±各种奖罚。在海尔的日常管理中,一线员工的工资是运用上述公式通过 3E 卡算出的,员工可以根据劳动成果自己算出工资数额。例如,海尔电冰箱将生产过程分解为 160 个工序、540 项责任,具体落实到每一个员工。这种计酬方式使一线员工的收入与其劳动数量与质量直接挂钩,激发了员工的工作热情,也减少了管理的难度,避免了互相扯皮等现象的发生。

在工资分配政策的制定和执行上,海尔一直坚持"公开、公平、公正"的原则,对每一个岗位、每个动作都进行了科学的测评,计点到位,绩效联酬。每位员工都有一张 3E 卡(3E——每人:Everyone,每天:Everyday,每件事 Everything),劳动一天,员工就可根据当天的产量、质量、物耗、工艺等九大项指标的执行情况计算出当日的工资,即所谓"员工自己能报价"。管理人员则根据目标分解为：年度目标——月度目标——日清，计算出当月的应得工资。员工的工资都公开透明，只按效果，不论资历，由同岗同酬观念转变为同效同酬观念。在海尔，高素质、高技能获得高报酬，人才的价值在工资分配中得到了真正的体现，极大地调动了员工的生产积极性。

对于销售及科研人员的工资确定，海尔一直坚持向市场要报酬的做法，并较早地实行了年薪制。"主副联酬"是海尔对销售人员采取的特有的工资奖惩制度。即将业绩分为主项(如卖货量)、副项(如产品均衡率)，两者联系起来综合考查具体的工作业绩。通过严格的量化指标，真正实现了有市场才有效益；对于研发人员，薪酬的多少并不是以进行了多少项改造创新为衡量标准，而是决定于其科研成果的市场转化率和市场效益。

在激励的方法上，海尔更多地采用"即时激励"的方式。为鼓励员工搞技术发明，海尔集团还颁布了《职工发明奖酬办法》，设立了"海尔奖""海尔希望奖""合理化建议奖"等根据对企业创造的经济效益和社会效益，分别授奖。

3. 国际化战略阶段——市场链

在海尔内部，"下一道工序就是用户"，每个人都有自己的市场，都有一个需要对自己的市场负责的主体。"下一道工序就是用户"，自己就代表用户，或者自己就是市场。每位员工最主要的不是对他的上级负责，更重要的是对他自己的市场负责。

海尔的市场链管理模式，简单地说，就是把外部市场效益内部化。不仅让整个企业面对市场，而且让企业里的每一个员工都去面对市场，把市场机制成功地导入企业的内部管理，把员工相互之间的同事和上下级关系变为市场关系，形成内部的市场链机制。市场链旨在增强职工的市场竞争观念，并在工资分配中加以体现。

【案例点评】

海尔薪酬管理的经验证明，任何组织的薪酬管理不能以不变应万变，而是必须适应环境的变化和组织战略的变化。海尔薪酬管理的艺术就体现在战略性地调整薪酬体系，把薪酬体系和经营战略联系起来。根据战略性的观点，通过薪酬计划来提升组织的部分优势来源于：①组织经营战略与薪酬体系之间如何适应；②薪酬与人力资源其他活动之间的适应性；③薪酬体系如何实施。

在20世纪80年代，国际上普遍认为组织应该以组织产品品质作为组织经营的主题，"全面质量管理(TQM)"正在世界范围内风行。在名牌战略阶段，海尔也是刚刚起步不久，属于开创市场、打造品牌的时期，产品和服务的质量是经营环节的重中之重，战略重点理所应当放在产品和服务的质量上面，建立了全面质量体系。因此，在薪酬管理制度方面，海尔也以质量为主要内容，将质量管理放在第一位，利用质量价值券等手段，使考核、薪酬与质量紧密、直接挂钩，生产线上的每个员工的工资，都是根据质量价值券等每天讲点到位的，根据奖罚情况，每个人对当天的收入都心中有数，有效地调动了员工的积极性和创造性，在工作中形成了互相监督、共同进步的良好局面。这种做法为海尔保证优良的产品与服务质量打下了坚实的基础，对后来海尔凭借其精良的产品实力进入国际市场起了基础性的作用。

在多元化阶段，海尔在电冰箱这样的单项业务发展已经比较成熟的基础上，转向多元化发展。一是这可以规避单业竞争带来的风险；可以使网络和产品形成互补，使效用发挥到最大。

从冰箱到空调、冷柜、洗衣机、彩色电视机，每一到两年做好一种产品，七年里重要家电产品线已接近完整。新产品领域的拓展，研发工作起关键性作用。对研发人员，采用以科研成果的市场化率和市场效益为衡量标准的奖酬制度，一方面给科研人员以很大的工作压力，迫使他们不断创新，不断有新成果，不仅如此，还必须进行卓有成效的研发，减少无效劳动和资金浪费，同时多劳多得的切实利益也给他们无穷的动力，使他们有了很高的工作热情和研发积极性。

海尔是国内最早开始国际化的企业之一，也是在国际上影响力最大的中国家电企业。海尔成功地将市场链管理模式引入企业的内部管理，形成内部的市场链机制。

这一管理机制，使每个部门、每个员工都面对市场，变职能为流程，变企业利润最大化为顾客至上。海尔采用市场链的模式，通过这种内部模拟市场进行分配的形式，促进了企业的管理，使人与人之间的责任环环相扣，增强了员工的岗位责任感，也提高了企业的市场竞争力，为全面进军国际市场打下了基础。

在薪酬管理方面，海尔不断地在原来的基础上进行改进和完善，使薪酬制度与经营战略相匹配，对员工做到了最有效的"与时俱进"的管理和激励。海尔的管理模式是值得学习和借鉴的。

(资料来源：客道巴巴，http://www.doc88.com/p-891572861198.html)

本 章 小 结

薪酬是指员工为组织提供劳动而得到的货币报酬和实物报酬的总和。

薪酬管理是指组织在经营战略和发展规划的指导下，综合考虑内外部各种因素的影响，开展岗位评价与薪酬调查，制定薪酬等级、薪酬计划、薪酬结构、薪酬制度，并进行薪酬调整和薪酬控制的整个过程。

影响员工薪酬水平的因素可以分为组织内部因素和外部因素。内部因素主要包括劳动差别、组织经济效益两个方面；外部因素主要包括劳动力市场状况、国家政策法律、物价水平、社会劳动生产率、行业水平、地区差异等。

薪酬管理中常见的误区有薪酬结构不合理、薪酬远低于行业平均水平、与薪酬相关的制度不配套、过度人性化管理导致凭好恶定薪酬等。

薪酬一般包括基本薪酬、绩效薪酬(也叫奖励薪酬)、附加薪酬(也叫津贴)、间接薪酬(也叫福利)。

薪酬体系设计一般要经历六个步骤：工作分析、岗位评价、薪酬调查、薪酬定位、薪酬结构设计、薪酬体系实施和修正。

薪酬体系设计的原则有：内部公平性、外部竞争性、与绩效的相关性、激励性、可承受性、合法性、可操作性、灵活性、适应性、战略导向性、文化牵引性等。

广义的福利包括三个层次：国家福利、组织福利、个人福利。狭义的福利包括组织福利和个人福利。

按照福利的内容来划分,可以将福利分为法定福利和组织福利。法定福利包括社会保险和休假制度;组织福利包括内容繁杂,不同的组织情况不同。

弹性福利计划是指组织在核定的人均年度福利预算范围内,提供可选的多种福利项目,给员工自主选择权,员工根据本人及其家庭成员的需要自主选择福利产品或产品组合的一种福利管理模式。

社会保险是指国家通过立法强制建立社会保险基金,对参加劳动关系的劳动者在丧失劳动能力或失业时给予必要的物质帮助的制度。社会保险的主要项目包括医疗保险、养老保险、失业保险、工伤保险、生育保险。

 名人名言

1. 先付报酬的工作是肯定干不好的。——约·弗洛里奥
2. 做什么样的工作,得什么样的报酬。——德国
3. 跳舞的人总要付音乐钱。——约·泰勒
4. 慷慨的行为就是它本身的报酬。——威·沃尔什
5. 百金买骏马,千金买美人;万金买高爵,何处买青春?——屈原

(扫一扫,获取自测题)   (扫一扫,获取扩展阅读资料)

第九章　劳动关系管理

【教学要求】

知识要点	能力要求	相关知识
劳动关系概述	熟悉劳动关系含义，理解劳动关系的构成要素和表现形式	(1)劳动关系含义。 (2)劳动关系构成要素。 (3)劳动关系表现形式。 (4)劳动关系类型
劳动关系调整	熟悉劳动合同管理的内容，会将三方协商机制运用到劳动关系调整中，掌握劳动争议处理的基本手段，熟悉集体谈判的作用	(1)劳动合同管理。 (2)三方协商机制。 (3)劳动争议处理制度。 (4)集体谈判
中国劳动关系发展趋势	(1)找出当前我国劳动关系发展中存在的不和谐问题，并分析其中的原因。 (2)针对现有的问题，提出合理解决问题的对策建议	(1)当前我国劳动关系不和谐的原因。 (2)构建和谐劳动关系的相关措施

【关键概念】

劳动关系　劳动者　用人单位　三方协商机制　集体谈判

导入案例

有理，说不清

2010年6月7日，Johnson任职于某基金公司(约定无试用期，公司将与其签订合同、调档、买各种社会保险)。8月初，公司口头通知Johnson已经为其调档及上缴各种社会保险。在任职期间，Johnson询问合同订立之事却无音信。2011年1月，该公司却以经营业务变化为由将Johnson辞退，Johnson觉得好不容易找到这份工作，不愿意离开公司，于是双方发生争议。争议过程中，公司反复强调企业有充分的用人自主权，何况公司现在根本不需要Johnson这类员工。Johnson十分困惑，他根本不知道像他这种情形是否可以通过法律手段维护自己的权利？

(资料来源：刘素华，劳动关系管理[M]，杭州：浙江大学出版社，2012.)

思考：

　　这个故事告诉我们，当今社会仍有部分用人单位和劳动者对劳动关系的认识比较模糊，对于因劳动关系引发的劳动争议问题的处理更是不明白。而作为当事人，必须了解什么是劳动关系、受劳动法律法规保护的劳动关系有哪些、由劳动关系引发的劳动争议用人单位应该承担哪些法律责任。

第一节　劳动关系概述

一、劳动关系的含义

1. 劳动关系的概念

　　劳动是人类社会存在和发展的最基本的条件，是人们改变劳动对象并使之适合自己需要的有目的的活动，即劳动力的支出或使用，它在人类形成过程中起了决定性的作用。"一国国民每年的劳动，就是供给他们每年消费的一切生活必需品和便利品的源泉。"人类必须要不断地进行劳动，以求得生存和发展，人类的劳动不停止则劳动与自然界、人类社会的关系也不会停止。人类在创造物质财富和精神财富的过程中，会和自然界结成一定的关系以创造价值。在进行生产活动的过程中又会和其他人或组织甚至整个社会结成一定的关系。这种社会经济关系反映了人类劳动的社会性，由此，劳动关系不是单个个体的劳动者所能建立的。

　　关于劳动关系的概念，我国于 1984 年出版的《法学词典》中并无劳动关系的词条。1995 年开始实施的《劳动法》和 2008 年开始实施的《劳动合同法》中都明确地说明调整对象主要是劳动关系，但对劳动关系的定义没有任何解释，对劳动关系的界定没有作任何描述。我国对劳动关系的定义作出解释的是高等院校法学及管理学专业的教材。许多学者从不同的角度进行了解释，揭示了劳动关系的内涵。实际上，劳动关系必须具备如下内涵。

　　(1) 形成劳动关系的目的是为了实现特定的劳动。劳动关系是人类在劳动过程中建立的，为实现劳动而形成的，并且劳动者为用人单位提供的劳动是有偿的，劳动的过程是双方交易的过程。

　　(2) 劳动关系的主体是劳动力的提供者——劳动者和劳动力的使用者——用人单位，以及相关的利益代表者(如劳动者的利益代表者和用人单位的利益代表者)和组织协调者(如政府部门)。

　　(3) 劳动者应该具备一定的条件——具有相应的劳动能力。劳动能力是存在于劳动者身上的体力和智力的总和，这种能力在劳动过程中使用能够创造使用价值和价值。不具备相应劳动能力的劳动者无法实现劳动，自然就无法与其他人或组织发生劳动关系。同样，用人单位也应具备相应的条件——能够提供劳动所需的生产资料和劳动报酬，以促进劳动力和生产资料的结合。

(4) 劳动关系的基本性质是社会经济关系。劳动关系直接体现了生产要素的结构与关系，体现了社会联系和社会发展的社会利益关系，体现了劳动过程中不同个人或组织具体的社会经济地位。

根据以上认识，劳动关系是指劳动者与劳动力使用者在实现劳动过程中所结成的社会经济关系。劳动关系与生产关系密切相关，劳动关系是生产关系的一部分，是其中最重要、最本质的部分。

生产资料所有制关系，回答的是生产资料归谁所有、由谁支配的问题。劳动关系形成需要具备的基本条件是，劳动者与生产资料分离，形成了除自身劳动力以外一无所有的自由劳动者，以及生产资料的所有者两个独立的主体。原始社会的所有制关系是劳动者与生产资料的自然结合，奴隶社会的所有制关系是奴隶主不但拥有生产资料，而且拥有奴隶本身，封建社会的所有制关系是地主占有土地和不完全占有农民，而农民自身又占有进行耕作的生产工具。可见，由于所有制关系，原始社会、奴隶社会和封建社会都不具有形成劳动关系的基本条件，只有在资本主义社会的所有制关系下才形成了占有全部生产资料的资本家和一无所有并且自由的无产者。可以看出，生产资料所有制关系决定了劳动者和生产资料的结合方式，不但是劳动关系产生的前提，而且是劳动关系性质与状态的基本决定力量。

 特别提示

某造船厂的厂房漏雨，请来两名瓦工修补屋顶，修好后付给报酬。双方形成的是不是劳动关系？

答：不存在劳动关系。瓦工修补屋顶这种劳动并不是产生于造船厂的生产劳动过程，因而造船厂和瓦工形成的不是劳动关系，而是由《民法》调整的民事关系。

2. 劳动关系的不同表述

在实践中，由于各国社会制度和文化传统等不同，劳动关系有不同的称谓。有的称为劳资关系、雇佣关系，有的称为劳工关系、劳使关系，也有的称为产业关系。这些不同的表述从不同的角度诠释了劳动关系的内涵和性质，也反映了所处社会的制度和文化特点。

比如，劳资关系在市场经济条件下使用最为广泛，这一称谓鲜明地传达出关系双方之间的区别，其阶级关系的对抗性质蕴含其中；劳使关系为日本人创造和使用，这一称谓用比较中性的劳动者和劳动力使用者来替代劳资关系的对抗意味，更能体现出日本劳动关系模式倡导关系双方利益协同的温和色彩；劳工关系多为海外华人和中国台湾地区使用，其特点是更强调作为劳动关系一方的劳动者，特别是劳工团体的地位和作用；雇佣关系是指双方关系的本质是雇佣与被雇佣，并显示出强调个别劳动关系的色彩，更为不赞成工会者所喜用；员工关系源自人力资源管理体系，强调以资方为中心的和谐与合作是这一称谓所蕴含的精神；产业关系在欧美国家使用比较广泛，所涵盖的内容十分宽广，其涵盖的中心内容涉及与雇佣相关的所有方面，包括企业、个人和社会，劳动关系只是产业关系的一部分内容。相对于上述称谓而言，劳动关系一词，不但内容较为宽泛、适应性强，更主要的是避开了所有制、阶级利益、政治立场等敏感字眼，所以成为国内学者所通用的概念。

二、劳动关系的构成要素

劳动关系的构成要素包括三方面：劳动关系的主体、客体与内容。

1. 劳动关系的主体

从狭义上讲，劳动关系的主体包括劳动者和用人单位两方，以及代表劳动者利益的工会组织和代表用人单位利益的雇主组织。广义的劳动关系主体还包括政府，因为政府通过立法等手段对劳动关系进行干预。

1) 劳动者

各国对劳动者的称谓有所不同，如 labor(劳动者、劳工)，worker(工人、职工)，personnel(员工)，employee(雇员、雇工)，wage worker(工薪收入者)，employed labor(雇用工人)等，但其实质含义则是一致的，即有劳动能力的人，受雇于自然人或组织，以出卖劳动力而获得劳动报酬的工作人员。可见劳动者是被用人单位依法雇用的人，在用人单位管理下从事劳动，并且领取报酬作为主要的生活资料来源。

劳动者的范围非常广泛，包括各行各业的脑力工作者和体力工作者。但是自由工作者或个体工作者不属于劳动关系意义上的劳动者。一般从事第二产业、第三产业，即包括工业各部门和服务业各部门在内所有行业的、不具有基本经营决策权的从业人员都属于劳动关系意义上的劳动者。但是第一产业中的农业劳动力，尤其是从事种植业和畜牧业的农民一般不局限于劳动关系意义上的劳动者。

我国自 1995 年开始实施的《劳动法》中规定了劳动者依法享有的权利和应承担的义务："劳动者享有平等就业和选择职业的权利、取得劳动报酬的权利、休息休假的权利、获得劳动安全卫生保护的权利、接受职业技能培训的权利、享受社会保险和福利的权利、提请劳动争议处理的权利以及法律规定的其他劳动权利。劳动者应当完成劳动任务，提高职业技能，执行劳动安全卫生规程，遵守劳动纪律和职业道德。"

 特别提示

本书论述的劳动者是从劳动经济学意义上界定的劳动者，与社会学意义上的劳动者——参与实际的社会生产劳动过程的人有所不同。

2) 工会

工会是指由劳动者组成的，主要通过集体谈判方式来维护劳动者在工作场所及整个社会中的利益，因而是与用人单位及其社会势力形成抗衡的组织。

工会有职业工会、行业工会和总工会三种类型。职业工会是将具有某种特殊技能、达到某种技术等级或者从事某种特殊职业或工作的所有雇员组织起来的工会,它并不考虑这些雇员具体所处的行业。行业工会是将在某一特定行业中从事工作的所有雇员都组织起来,而不考虑这些雇员的技术、技能及所处具体行业的工会。总工会对会员的募集不加任何限制,既不考虑职业因素,也不考虑行业因素,从而体现对职业工会和行业工会分化现象的一种修正。

工会的成立是社会各种力量催生的,有多种功能。

第一,工会能代表和维护劳动者的利益,这也是工会最基本的功能。工会是由雇员组成,旨在维护雇员在工作场所和社会上的利益的组织,可以代表劳动者与用人单位进行集体谈判,在工资水平、福利待遇、就业条件、技术变革、安全卫生等方面维护劳动者的整体利益。

第二,工会具有一定的经济功能。工会代表劳动者与用人单位进行集体谈判实现的工资水平总会高于完全竞争的劳动力市场时的工资水平,会直接影响就业水平。而为了使失业人数的增加量最小化,工会也不会无限制地提高会员的工资水平,而是会优化组合工资水平与就业人数,实现效用最大化。

第三,工会平衡各层级的力量,具有民主代表性。与企业组织相比,工会组织的一个显著特点在于其职权的指向是自下而上而不是自上而下,能够充分反映低层级的劳动者的需要。

第四,工会有助于社会和谐发展。集体谈判会提高会员工资水平,影响工人阶级的整体工资水平,改善整个工人阶级的整体就业条件。工会对政府施加的影响有利于法律的制定偏向于维护工人阶级的利益,保护弱势群体。我国自2008年开始实施的《劳动合同法》就是偏向于保护劳动者的一部法规。

第五,对企业而言,工会的存在还可以提高管理绩效,增加劳动者和用人单位的沟通,减少摩擦,消除对立,化解劳资冲突,减少劳动争议。在我国,工会的教育、组织功能为润滑劳资双方关系起到了重要作用。

 知识链接

中国的工会制度

《中华人民共和国工会法》和《中国工会章程》规定了中国工会制度的基本内涵。中国工会在宗旨、职能和组织方面的主要特点表现如下。

中国工会自觉接受中国共产党的领导,工会组织在国家社会政治生活中,积极致力于最广泛地把职工组织到工会中来,加强工会组织建设,把工会建成"职工之家",成为党与职工群众联系的桥梁纽带,以达到巩固党的阶级基础、扩大党的群众基础的目的。

中国工会的主要社会职能是:维护职工的合法利益和民主权利;动员和组织职工积极参加

建设和改革，完成经济和社会发展任务；代表和组织职工参与国家和社会事务管理，参与企业、事业和机关的民主管理；教育职工不断提高思想道德素质和科学文化素质，建设有理想、有道德、有文化、有纪律的职工队伍。中国工会将维护职工合法权益作为基本职责，坚持在维护全国人民总体利益的同时更好地维护职工群众的具体利益。目前，中国工会主张把全面建成小康社会作为新世纪、新阶段工人运动的主题。

中国工会实行产业和地方相结合的组织领导原则。同一企业、事业和机关单位中的会员，组织在同一个工会基层组织中；同一行业或性质相近的几个行业，根据需要建立全国的或地方的产业工会组织。除少数行政管理体制实行垂直管理的产业，以产业工会领导为主外，其他产业工会均实行产业工会与地方工会双重领导，实行以地方工会领导为主，同时接受上级产业工会领导的体制。县以上行政区域建立地方总工会，县和城市的区可在乡镇和街道建立乡镇和街道工会组织。

全国建立统一的中华全国总工会，它是各地方总工会和各产业工会全国组织的领导机关。基层工会、地方各级总工会、全国或者地方产业工会组织的建立，必须报上一级工会批准。各级工会组织设立经费审查委员会和女职工委员会。

中华全国总工会的最高领导机关是工会全国代表大会和它所产生的执行委员会。中华全国总工会执行委员会闭会期间，由主席团行使执行委员会职权。主席团下设书记处，书记处主持中华全国总工会的日常工作。中华全国总工会下属全国产业工会、中央级机关工会、中央级企业工会、各省(自治区、直辖市)总工会。

中国工会实行民主集中制组织原则。工会各级代表大会的代表和委员会由选举产生。地方各级总工会及工会基层委员会、常务委员会和主席、副主席以及经费审查委员会的选举结果，报上一级工会批准。

(资料来源：博瑞管理在线，http://baike.boraid.cn/doc_23969.html)

3) 用人单位

用人单位在许多国家则称为雇主或雇用人，是指具有用人资格(包括用人权利能力和用人行为能力)，使用劳动力组织生产劳动且向劳动者支付工资报酬的单位。各国对用人单位范围的界定不尽相同，我国法律界定的用人单位包括以下几个方面。

(1) 企业，包括各种所有制经济、各种组织形式的企业。

(2) 个体经济组织，即个体工商户。

(3) 国家机关，包括国家权力机关、行政机关、审判机关和检察机关、执政党机关、政治协商机关、参政党机关、参政团体机关。

(4) 事业组织，包括文化、教育、卫生、科研等各种非营利单位。

(5) 社会团体，包括各行各业的协会、学会、联合会、研究会、基金联谊会、商会等民间组织。

(6) 民办非企业单位，指企业事业单位、社会团体和其他社会力量以及公民个人利用非国有资产设立、从事非营利性社会服务活动的社会组织。

4) 雇主协会

雇主协会是由雇主(用人单位)组成,旨在维护雇主利益并规范雇主与雇员之间以及雇主与工会之间关系的组织。雇主协会不同于行业协会,纯粹的行业协会不处理劳动关系,而是处理营销、定价及技术等行业事务。而大部分雇主协会除了要处理行业事务外,更重要的是处理劳动关系。雇主协会可以分为三种类型:在地区协会基础上形成的全国性雇主协会;由某个行业的企业组成的单一产业的全国协会;由同一地区企业组成的地区分会。

雇主协会的主要作用是在集体谈判中支持会员组织、维护雇主利益并积极宣传和游说政府。其具体作用表现在:雇主协会代表雇主直接与工会进行集体谈判,以获得单个雇主无法获得的"组织支持";当劳资双方对全国性或地区性集体协议的理解发生分歧,而企业内部申诉体制又无法解决这些问题时,雇主协会可以通过调解或仲裁的方式来解决争议;提供帮助和建议。在会员组织处理其内部劳动关系时,或处理招聘雇员、教育培训、绩效考核、质量管理、安全卫生、工会承认、集体谈判、解雇、裁员等事务时,为会员组织提供建议和咨询。雇主协会与工会一样,代表着会员的利益和意见。

5) 政府

在劳动关系的发展过程中,政府不仅要受到劳资双方合作与冲突的影响,而且要通过立法和规制来调整、监督和干预劳动关系,实现政府稳定社会和获取政治支持的目的,因而政府在劳动关系中扮演着重要角色。具体来讲,政府首先是劳动关系立法的制定者,通过立法介入和影响劳动关系;其次是公共利益的维护者,通过规制、监督和干预等手段促进劳动关系的协调发展;再次是公共关系的裁判者,努力维护劳资双方的合法权益;最后是雇主,以雇主身份直接参与和影响劳动关系。

当今社会,无论在任何国家、任何经济体制下,政府对劳动关系都会进行干预,只是干预的程度、领域、手段和目的有所不同罢了。政府不仅要优化工资水平与就业人数组合,提高劳动生产率,从而促进经济增长,还要处理失业引发的一系列社会问题,缓和劳资矛盾,建立和谐社会,采用多种政策干预劳动关系。第一,政府可以通过失业政策为失业人员提供生活保障和创造就业机会;第二,政府可以通过收入政策调节工资水平,影响就业水平;第三,政府可以通过立法保护劳动者的合法权益,如我国的《劳动法》《劳动合同法》可以在法律上保障劳动者的合法权益。劳动关系各主体间的关系如图9.1所示。

2. 劳动关系的客体

劳动关系的客体是劳动权利和劳动义务指向的对象——劳动力。劳动者作为劳动力所有者有偿向用人单位提供劳动力,用人单位则通过支配、使用劳动力来创造社会财富,双方权利义务共同指向的对象就是蕴含在劳动者体内,只有在劳动过程中才会发挥出作用的劳动力。

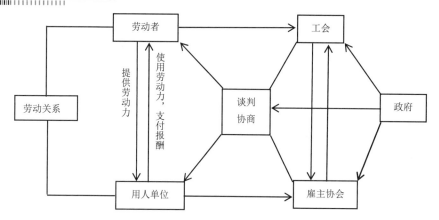

图 9.1　劳动关系各主体间的关系图

作为劳动关系的客体，劳动力具有如下特征。

(1) 劳动力存在的人身性。劳动力存在于劳动者身体内，劳动力的消耗过程亦即劳动者生命的实现过程。这使劳动法律关系成为一种人身关系。

(2) 劳动力形成的长期性。劳动力生产和再生产的周期比较长，一般至少需要 16 年，有些能力的形成还需要更长的时间。形成体力和脑力的劳动能力需要大量的投资，这部分投资主要是劳动者个人负担的。

(3) 劳动力存续的时间性。劳动能力一旦形成是无法储存的，而过了一定时间又会自然丧失。

(4) 劳动力使用的条件性。劳动力仅是生产过程的一个要素，只有与生产资料相结合才能发挥作用。劳动力的这些特征要求国家对劳动力的使用采取一些特殊的保障措施，既能使劳动能力得以发挥，又能使劳动者不受伤害。

3. 劳动关系的内容

劳动关系的主要内容就是劳动关系的主体双方依法享有的权利和承担的义务。

(1) 劳动者与用人单位之间在工作时间、休息时间、劳动报酬、劳动安全、劳动卫生、劳动纪律及奖惩、劳动保护、职业培训等方面形成的关系。

(2) 此外，与劳动关系密不可分的关系还包括劳动行政部门与用人单位，劳动者在劳动就业、劳动争议以及社会保险等方面的关系。

(3) 工会与用人单位、职工之间因履行工会的职责和职权，代表和维持职工合法权益而发生的关系等。

 知识链接

《中华人民共和国劳动法》第五十条规定，工资应当以货币形式按月支付给劳动者本人。按月发放工资是我国实行工资支付制度的法定形式。因此，从上述规定中可以看出，须具有一个月工作以上的，也就是用人单位与劳动者有一个月以上的劳动雇用关系，双方才会形成相对比较固定的劳动关系，才能成为事实劳动关系。我国《最高人民法院关于审理劳动争议案件适用法律若干问题的解释》第十六条规定，劳动合同期满后，劳动者仍在原用人单位工作，用人单位未表示异议的，劳动者和原用人单位之间存在的是一种事实上的劳动关系，而不等于双方按照原劳动合同约定的期限续签了一个新的劳动合同。一方提出终止劳动关系，应认定为终止事实上的劳动关系。

(资料来源：中华人民共和国劳动法，1995年1月1日)

三、劳动关系的表现形式

劳动关系是人类社会基本的社会经济关系，劳动者付出劳动，取得劳动报酬，用人单位获得劳动力的使用权，支付劳动者工资。劳动者和用人单位之间的利益是对立统一的，为使各自利益最大化，劳动者、用人单位和政府之间处在连续的博弈中。因此，劳动关系表现出来的是力量的较量、合作与冲突等形式。

1. 合作

合作是指双方很大程度上遵守一套经济制度和规则的行为，这些制度与规则既包括广义的国家法律法规，也包括双方共同签订集体协议或劳动合同，甚至是一种非正式的心理契约形式。劳动者与用人单位的生产资料的结合就是一个合作的过程，此时双方合作的程度越高，产出的效益就越大。劳资双方合作的一个重要形式是员工参与管理，即员工与雇主共同制定企业组织策略或战略，共同对有关问题进行决策的制定。员工参与管理可以满足员工的归属感和自我实现的需要，能够增强员工对企业的忠诚度、提高工作热情并融洽劳资关系。员工参与管理是实现企业劳资双方合作的主要手段或形式，可以通过目标管理、员工持股计划、职工代表大会、工人董事和监事制度等方式来实现。

另外，劳资双方合作还可以通过如下一些形式，比如组成地区性的劳资委员会，针对如何有效地处理劳资双方共同面临的劳动与就业问题，向成员提供建议；实行工厂内干预，实施员工与用人单位的劳动收益分享计划和非收益分享计划(如工作生活质量管理、自我管理团队、质量监督团队等)。这些方式既有利于用人单位效益的提高，也有利于劳动者的工作生活质量的提高，和谐劳动关系。

2. 冲突

冲突即双方的目标、利益和期望经常出现的分歧。如员工的罢工、旷工、怠工、抑制等，管理方的"关闭工厂""黑名单""排工"等。

生产资料与劳动成果并不属于劳动者，故劳动者并不是为自己工作，缺乏努力工作的客观理由。而劳动者和用人单位都在追求利润最大化的目标，因此在利润分配时劳动关系内部会产生冲突。随着失业率的增加、劳动力市场竞争的加剧，劳动者的社会经济地位越来越趋向于弱势，这会对劳动者的劳动条件、健康安全等保障带来不利影响，从而引起劳动者的不满和不安全感并引发冲突。罢工是劳动关系冲突最常见的表现形式，是劳动者提出经济利益诉求的渠道，是工人受压抑的敌对情绪的宣泄方式，但罢工也要符合各项法律规定。另外，职工表现出各种不服从管理的行为也是冲突的常见表现形式，如工作松懈、怠工、缺勤等行为。辞职也是劳资双方冲突的表现，是劳动者无法忍受用人单位的条件、态度或行为时采取的反抗行为。

3. 力量

力量是影响劳动关系结果的能力，它是相互冲突的利益、目标及期望以何种形式表现出来的决定因素。力量可以从员工和管理方两个角度来看。

(1) 员工力量。这反映了劳动力的相对稀缺程度，一般来说劳动者的技能越高，市场的竞争力就越强，其市场力量就越强。员工的关系力量是指劳动者进入就业组织后所具有的能够影响雇主行为的程度。下列三种力量尤为重要：退出力量，即员工退出带来的额外招聘、培训等成本；罢工力量，即罢工带来的损失程度；岗位力量即员工的怠工或缺勤所带来的生产成本增加。

(2) 管理方力量。管理方也具有劳动力市场力量和关系力量。管理方的劳动力市场力量同员工力量一样，反映市场的稀缺程度。管理方的关系力量是指一旦员工处于这种雇佣关系后，管理方所能控制员工表现的程度。与员工的三大关系力量相对应，管理方亦有退出、停工和岗位力量，可以指挥和安排员工的工作。而员工退出、罢工或辞职，或采用任何其他针对管理方的抵制活动，对管理方无论是否能起到作用，对员工都会造成损失。

四、劳动关系的类型

劳动关系的类型可以依照不同的标准进行多种分类。在不同的国家、不同的历史时期或不同的经济发展阶段，劳动关系的分类方法有所不同。为了把握劳动关系的特征和实质，研究劳动关系的运行方式，我们主要根据劳资双方利益关系的处理原则、劳资双方力量的对比等标准来进行划分。

首先，根据劳资双方的力量对比及政府政策、法律等的影响程度，可以将劳动关系分为以下几种类型。

1. 均衡型

均衡型劳动关系是指劳动关系双方力量相差不大，能够相互制衡。该类型的劳动关系主要表现为：在相同的法律制度下，员工及工会有权了解组织内部信息，参与组织的基本生产决策与经营管理。这种类型的劳动关系有利于兼顾劳资双方的经济利益和权利，实现劳资"双赢"。

2. 倾斜型

倾斜型劳动关系是指劳动关系双方的力量相差悬殊，一方在就业组织运行和"讨价还价"中处于优势。该类型可分为两种情况：一种是雇主或管理方处于绝对优势和主导地位，劳动者处于弱势或被动地位。雇主处于优势地位的主要原因是：①雇主或管理方通过安排劳动者工作，具有控制劳动者在劳动时间内行为的权力，劳动者处于被支配的地位。②雇主或管理方作为生产经营主体，拥有更多的生产经营信息，而劳动者则只能对自己所从事的工作有比较详细的了解，这样就产生了双方的信息不对称。③从长期来看，劳动力的供给会大于需求，进而使"自然失业"现象成为劳动力市场的常态，故"失业后备军"的存在常常会使劳动者或工会不得不"屈服"于雇主或管理方的辖制。另一种是劳动者或工会处于相对优势的地位，资方处于相对不利的地位。这主要发生在经济比较景气，劳动力相对短缺或工会力量强大的情形下。当今世界经济中尤其是在发展中国家，前者较为普遍，后者仅存在于少数经济体系当中。

3. 政府主导型

政府主导型劳动关系是指政府控制劳动关系力量，决定劳动关系的具体事务。如在计划经济国家、新加坡等较为典型。

其次，由于以亚当·斯密为代表的古典经济学派和以萨伊为代表的现代经济学派对于劳资双方主体之间的关系持有不同的观点，而实际上资本与劳动之间的关系确实既有利益冲突的一面，又有利益协调的一面。根据劳资双方利益关系的性质和处理原则来划分，劳动关系又分成了不同的类型。

（1）利益冲突型。利益冲突型劳动关系强调和注重劳资关系双方的各自利益和不同立场，阶级分野和劳资阵营的对峙比较分明，劳资矛盾和劳资冲突也比较突出。这种情况下，一般都有强大的工会存在，在很大程度上是属于一种传统型的劳动关系，第二次世界大战以前的资本主义国家大多属于这一类型。马克思主义者在研究资本主义企业剩余价值生产过程和工人阶级斗争理论时，论述的就是这种利益冲突型的劳动关系。

（2）利益一体型。利益一体型劳动关系的特点在于强调劳动关系双方利益的一致性，此时更多的是以企业或雇主为中心而构成。这一类型的劳动关系，在资本主义国家和社会主义国家都有。亚洲的一些国家如日本、韩国、新加坡等，其劳动关系大都属于这一类型。这种劳动关系的基本精神是劳资利益一体论，主张企业的组织机构和目的应维持单一化的要求，管理者的权威应来自单一的最高管理阶层的授权，且应有一套以激励员工为共同目标而努力的办法。如日本企业的企业家族观念和企业团队精神已成为企业文化的基本内容，劳动制度上采取"年功序列工资制度""员工持股制度"以及"终身雇用制度"等。

（3）利益协调型。利益协调型劳动关系是在利益对抗型劳动关系的基础上发展而来的。从法律上看，利益协调型劳动关系是以近代劳动立法中的契约精神为依据而构建，劳资双方在人格上和法律地位上都是平等的,作为法律关系的主体享有各自的权利和义务,在双方利益关系的处理上以双方对等协商为基本原则。这一类型的劳动关系是以近代产业发展所要求的产业民主为出发点,在现代产业关系中劳资双方构成了生产过程的两大主体。劳动者作为独立的主体,并不是雇主的附属物,而是主动参与企业经营管理的力量。此时强调劳资双方在利益差别基础上的合作,主张通过规范双方的权利义务和双方的平等协商谈判来保障双方各自的合法权益并实现共同的利益。当代西方发达市场经济国家的劳动关系虽然在具体形式上各不相同,但在劳动关系的性质上大多属于这一类型,其中以德国最为典型。这种类型的劳动关系,不仅劳资双方关系比较和谐稳定,而且也使得社会和经济保持稳定发展,被称为当代西方型的劳动关系。

第二节　劳动关系调整

一、法律调整

1. 劳动法与劳动关系

劳动法是指调整劳动关系以及与劳动关系有密切联系的其他社会关系的法律。劳动关系是劳动法调整的核心内容,从法学理论上看主要包括以下几方面。

(1) 劳动关系方面的法律。这是调整劳动关系最基础的法律制度,主要是指《劳动合同法》和《集体合同法》。

(2) 劳动基准方面的法律。这主要指国家制定的关于劳动者最基本劳动条件的法律法规,这属于强制性规范,故用人单位必须遵守执行,包括《最低工资法》《工作时间法》《劳动安全与卫生法》等,其目的是改善劳动条件,保障劳动者的基本生活,避免伤亡事故的发生。

(3) 劳动力市场方面的法律。这主要是指调节劳动力市场、促进劳动就业的法律制度,包括《就业促进法》《职业培训法》《就业服务法》等。

(4) 社会保险方面的法律。这主要是对劳动者基本生存条件的保障以及生活质量的提高进行规定,具体包括《养老保险法》《医疗保险法》《失业保险法》《工伤保险法》《生育保险法》等。

(5) 劳动权利保障与救济方面的法律制度。这主要包括《劳动监察法》和《劳动争议处理法》。

2. 工资法律保障

1) 工资的法律概念

工资是指基于劳动关系,用人单位根据劳动者提供的劳动数量和质量,按照劳动合同约定支付的货币报酬。需要指出的是,劳动法律法规中所称的工资,是广义的工资,包括计时工资、计件工资、奖金、津贴、补贴、加班加点工资、特殊情况下支付的工资、劳动分红和劳动提成等。其中计时工资、计件工资是工资支付的基本形式，奖金、津贴、补贴、加班加点工资、特殊情况下支付的工资以及劳动分红和劳动提成等是工资的辅助形式。

2) 最低工资保障制度

最低工资是指劳动者在法定工作时间内提供了正常劳动，用人单位依法应支付的最低劳动报酬。理解这一概念的关键是要弄清以下三个要点。

(1) 法定工作时间内。最低工资是劳动者在国家规定的工作时间内履行劳动义务所得的报酬。法定工作时间就是指法定工时，国务院发布《关于职工工作时间的规定》把每天工作 8 小时、每周工作 40 小时作为法定工时，除法律、法规规定的特殊情况，劳动者工作时间达到此要求即为达到法定工作时间。"加班加点工资"不能作为最低工资的组成部分。

(2) 提供了正常劳动。这有三层含义：正常劳动是相对特殊劳动而言，中班、夜班、高温、低温、井下、有毒有害等特殊工作环境条件下的津贴不能作为最低工资的组成部分；正常劳动是劳动者按照法律规定提供劳动，劳动者因探亲假、婚丧假以及其他按照规定休假期间，依法参加国家和社会活动，均视为提供了正常劳动；正常劳动还须依法提供，法定工作时间内劳动者在指定的劳动岗位上从事了劳动。劳动者由于主观、客观原因未能提供正常劳动的，不适用最低工资的有关规定。职工病假、事假、待工期间的工资待遇以及企业因生产经营发生困难，按有关规定经政府批准或者有关部门裁定关闭、整顿、进入破产程序的，均不适用最低工资的规定。

(3) 最低劳动报酬。国家法律、法规和政策规定的劳动者保险、福利待遇不能作为最低工资的组成部分。我国《劳动法》第四十八条规定：国家实行最低工资保障制度。最低工资的具体标准由省、自治区、直辖市人民政府规定，报国务院备案。制定最低工资制度的目的主要有：最低工资制是保护劳动者合法权益，体现社会公平和维护社会稳定的需要；最低工资制是弥补市场缺陷，促进劳动力生产的重要手段；最低工资制是我国工资制度与国际劳工组织工资制度接轨的需要。

3. 工作时间

工作时间是消耗劳动力的时间，是劳动的自然尺度。大多数国家对工作时间都有明确规定，将工作时间限定在合理范围内，既保护劳动者的身体健康，又使劳动者有足够的休息时间来恢复体力和提高自身素质，从而提高劳动效率。我国《劳动法》和一系列行政法规对工作时间制度也作出规定，可以将其分为标准工时制、不定时工时制、综合计算工时制等。第一，标准工作时间是最常见、适用最广泛的一种工作形式，它通常随国家的经济发展水平的变化而变化。从 1995 年 5 月 1 日起我国实行五天工作制，职工每日工作 8 小时，每周工作 40 小时，劳动者每周要有两个休息日，用人单位应该严格遵守这项规定。第二，不定时工时制也称为不定时工作制，是指因工作性质和工作职责的限制，劳动者的工作时间不能受固定时数限制的工时制度，是一种直接确定职工劳动量的工作制度。《劳动法》规定,对于实行不定时工作制的职工,参照标准工时制核定工作量并采用弹性工作时间等适当方式,确保职工的休息休假权利和生产、工作任务的完成。第三,综合计算工时制也称为综合计算工时工作制,是以标准工作时间为基础,以一定的期限为周期,综合计算工作时间的工时制度。实行这种工时制度的用人单位,计算工作时间的周期可以是周、月、季、年,但其平均日工作时间和平均周工作时间应与法定标准工作时间基本相同。用人单位在保障职工身体健康并充分听取职工意见的基础上,采用集中工作、集中休息、轮休轮调等适当方式,确保职工的休息休假权利和生产、工作任务的完成。

4. 劳动保护

1) 劳动安全和卫生

我国《劳动法》规定,用人单位必须建立、健全劳动安全卫生制度,严格执行国家劳动安全卫生规程和标准,应对劳动者进行劳动安全卫生教育,防止劳动过程中的事故,减少职业危害。这是对用人单位在劳动安全卫生方面基本要求的规定。劳动安全卫生制度是指用人单位为了保护劳动者在劳动过程中的健康与安全,根据本单位的实际情况,按照国家法律、法规和规章的要求,所制定的具体的有关劳动安全卫生方面的规章制度。它主要包括下述内容:①劳动安全卫生条件,主要有工作场所和生产设备两方面。工作场所的光线应当充足,噪声、有毒有害气体和粉尘浓度不得超过国家规定的标准等;对危险性大的生产设备设施,必须经过安全评价认可,取得有关部门颁发的安全使用许可证方可投入运行。②劳动卫生规程。为了防止和消除有毒有害物质的危害和职业病发生,国家规定了劳动安全卫生规程,它包括各种工业生产卫生、医疗预防以及职工健康检查等技术措施和组织管理措施的规定。其主要内容有:防止粉尘危害、防止有毒有害物质危害、防止噪声和强光刺激、防暑降温防冻取暖、防湿、通气和照明、防止电磁辐射危害。③伤亡事故报告、调查和处理制度。为了采取积极措施,防止和减少伤亡事故及职业病的危害,《劳动法》规定了伤亡事故报告和处理制度,对职工伤亡事故进行报告、登记、调查、处理和统计分析。

2) 女职工保护

从生理学和医学角度出发,由于女性身体结构的特点及生理机能与男性不同,特别是女性有月经、妊娠、分娩、哺乳等生理机能的变化过程,同样的作业环境下职业性有害因素将会对妇女的身体健康产生特殊的不良影响。因此,对女职工进行特殊保护,是由妇女生理机能与身体结构的特殊性决定的。妇女在进行社会生产的同时,还承担着人类自身生产的重任,因此必须重视对女职工的特殊劳动保护,尤其是"四期",即经期、孕期、产期、哺乳期的保护。

3) 未成年工保护

年满16周岁未满18周岁的劳动者属于未成年工。未成年人体质弱,发育不成熟,为了保护他们的身体健康,雇佣企业对未成年工具有特殊劳动保护的义务。我国《劳动法》规定:不得安排未成年工从事矿山井下、有毒有害、国家规定的第四级体力劳动强度的劳动和其他禁忌从事的劳动。用人单位应当对未成年工定期进行健康检查。

二、劳动合同管理

1. 劳动合同及其特点

劳动合同，也称劳动契约、劳动协议，是指劳动者同企业、个体经济组织、民办非企业单位等组织(以下称用人单位)建立劳动关系，明确双方责任、权利和义务的协议。根据该协议，劳动者加入某一用人单位并承担某一工作和任务，必须遵守单位内部的劳动规则和其他规章制度；而用人单位有义务按照劳动者的劳动数量和质量支付劳动报酬，并根据劳动法律、法规和双方的协议提供各种劳动条件，保证劳动者享受本单位成员的各种权利和福利待遇。劳动合同作为合同的一种具体表现形式，本质上仍体现为一种合同关系，但与一般的合同相比，劳动合同在主体、客体及内容上有其特殊性。

首先，劳动合同的主体是劳动者和用人单位。劳动者包括：与中国境内的企业、个体经济组织、民办非企业单位建立劳动关系的职工和与国家机关、事业组织、社会团体等组织建立劳动合同关系的职工。用人单位包括：①在中国境内的企业，如国有企业、集体企业、私营企业、联营企业、外商投资企业、外国公司在我国的分支机构、股份制企业等；②国家机关、事业单位、社会团体等与劳动者订立了劳动合同的单位；③个体工商户、个体承包经营户等个体经济组织；④民办非企业单位等组织。

其次，劳动合同的客体具有唯一性。一般合同的客体包括货币、财物、行为等，而劳动合同的客体却是单一的，它是双方当事人在劳动合同中确定的权利义务指向的对象，即劳动行为，否则就不能称之为劳动合同。

最后，劳动合同的内容是双方的权利和义务。根据劳动合同，劳动者须在一定期间内为用人单位进行工作，用人单位负责提供劳动条件和工作报酬；劳动者通过劳动获得收益来维持自己的生存和履行法定的赡养、抚养和扶助义务，用人单位通过支付报酬来换取职工的劳动力以取得利润。劳动合同的内容是劳动合同的本质所在，它充分体现了双方当事人之间劳动法律关系的具体含义即当事人双方的权利和义务，也是劳动合同成立和发生法律效力的核心问题。

2. 劳动合同的订立

劳动合同的订立，就是劳动者和用人单位经过相互选择和平等协商，就劳动合同的各项条款达成一致协议，并以书面形式明确规定双方权利、义务以及责任，从而确立劳动关系的法律行为。订立劳动合同应当遵循以下几个原则：合法原则、公平原则、平等自愿原则、协商一致原则、诚实信用原则。

1) 劳动合同订立的标志和形式

通常劳动合同订立的标志有三种情况：第一，是建立劳动关系之前订立书面劳动合同。

《劳动合同法》第十条规定："用人单位与劳动者在用工前订立劳动合同的，劳动关系自用工之日起建立。"在建立劳动关系之前订立书面劳动合同的，劳动者尚未向用人单位提供劳动，因此用人单位与劳动者的劳动关系应自用工之日起建立，而不是签订劳动合同的时间，两者的时间是不一致的。第二，是建立劳动关系之时订立书面劳动合同。《劳动合同法》第七条规定，用人单位自用工之日起即与劳动者建立劳动关系。用人单位用工之日与劳动者订立书面劳动合同的，其建立劳动关系与订立书面劳动合同的时间是一致的。第三，是建立劳动关系之日起 1 个月内订立书面劳动合同。《劳动合同法》第十条规定："已建立劳动关系，未同时订立书面劳动合同的，应当自用工之日起 1 个月内订立书面劳动合同。"建立劳动关系之日起 1 个月内是订立书面劳动合同的最后时间。对于已建立劳动关系，但是用人单位与劳动者未以书面形式订立劳动合同，自用工之日起 1 个月内仍未订立的，应当支付劳动者劳动应得报酬两倍的工资。

劳动合同作为劳动关系双方当事人权利义务的协议，可分为书面形式和口头形式。以书面形式订立劳动合同是指劳动者在与用人单位建立劳动关系时，直接用书面文字形式表达和记载当事人经过协商而达成一致的协议。我国《劳动合同法》明确规定，劳动合同应当以书面形式订立。这是因为以书面形式订立的劳动合同严肃慎重、准确可靠、有据可查，一旦发生争议时，便于查清事实、分清是非，也有利于主管部门和劳动行政部门进行监督检查；另外，书面劳动合同能够加强合同当事人的责任感，促使合同所规定的各项义务能够全面履行。与书面形式相对应的口头形式由于没有可以保存的文字依据，随意性大，容易发生纠纷，且难以举证，不利于保护当事人的合法权益。劳动合同的两种形式各有利弊，目前发达国家 70%以上都采取口头形式，而发展中国家绝大多数都采取书面形式。

2) 劳动合同的期限

劳动合同的期限就是劳动合同的存续期间或有效时间。劳动合同期限是劳动合同存在的前提条件，是实现劳动合同内容的保证，它可以分为固定期限、无固定期限和以完成一定工作任务为期限三种。固定期限劳动合同，是指用人单位与劳动者约定合同终止时间的劳动合同。无固定期限劳动合同，是指用人单位与劳动者约定无确定终止时间的劳动合同。以完成一定工作任务为期限的劳动合同，是指用人单位与劳动者约定以某项工作的完成为合同期限的劳动合同。

这里的无确定终止时间，是指劳动合同没有一个确切的终止时间，劳动合同的期限长短不能确定，但并不是没有终止时间。只要没有出现法律规定的条件或者双方约定的条件，双方当事人就要继续履行劳动合同规定的义务；一旦出现了法律规定的情形，无固定期限劳动合同也同样能够解除。无固定期限的劳动合同有两个基本特征：首先是劳动合同不约定存续期限，这是无固定期限劳动合同区别于固定期限劳动合同的显著特征；其次是除非存在法定或约定合同解除的情形，否则该合同直至劳动者退休才终止，因此无固定期限劳动合同具有很强的稳定性。该劳动合同可以在劳动者的法定劳动年龄范围内和企业的存在期限内存在，只有符合法律、法规所规定的特殊情况，劳动合同才解除。

3) 劳动合同订立的条件

劳动合同订立的条件是指劳动合同当事人能够享有劳动权力和履行劳动义务的资格和能力。用人单位与劳动者订立劳动合同，是建立劳动关系的法律行为，必须具备法定条件。

(1) 劳动者订立劳动合同的条件，是劳动者作为劳动合同的一方当事人必须具备的主体资格。劳动者订立劳动合同应当具备的条件是：第一，年龄条件，是指劳动者订立劳动合同必须达到合法的劳动年龄。我国《劳动法》第五十八条规定："未成年工是指年满十六周岁未满十八周岁的劳动者。"这表明年满十八周岁的劳动者达到了订立劳动合同的条件；年满十六周岁不满十八周岁的劳动者依照《劳动法》的有关规定，在劳动合同约定的权利义务关系不违背有关法律、法规的前提下可以签订劳动合同。第二，劳动能力的条件，是指劳动者凭借自己的智力或体力完成某项工作的能力。各类劳动者的劳动能力差别很大，脑力劳动者的劳动能力与体力劳动者的劳动能力、成年工与未成年工的劳动能力、男性劳动者与女性劳动者的劳动能力都是有区别的，订立劳动合同时应根据合同的内容，分别与有相应劳动能力的劳动者订立，这样才能保证劳动合同的正确履行。丧失劳动能力的人由社会救济解决，不存在订立劳动合同的问题。

(2) 用人单位订立劳动合同的条件。作为用人单位一方的当事人多数是以法人的资格出现，我国《民法通则》对法人资格有明确的规定，只有具备这些条件的用人单位才能在行使权利的同时履行其对等的义务。在劳动关系双方当事人之间，法人凭借其完备的主体资格，足够的财力、物力，在缔结劳动合同后能够依据合同约定，为劳动者按时、足额地支付报酬，为劳动者参加社会保险和提供生活福利。当前用人单位除法人外，还有许多非法人组织或个体经济组织。

4) 劳动合同的内容

一方面，劳动合同的必备条款包括以下几方面。

(1) 用人单位的名称、住所和法定代表人或者主要负责人。

(2) 劳动者的姓名、住址和居民身份证或者其他有效身份证件号码。

(3) 劳动合同期限。

(4) 工作内容和工作地点。

(5) 工作时间和休息休假。

(6) 劳动报酬。

(7) 社会保险。

(8) 劳动保护、劳动条件和职业危害防护。

(9) 法律、法规规定应当纳入劳动合同的其他事项。

另一方面，劳动合同除必备条款外，用人单位与劳动者可以约定其他内容即约定条款，如试用期、培训、保守秘密、补充保险和福利待遇等。

(1) 试用期。试用期是用人单位和劳动者为了相互了解，以确定是否继续履行劳动合同的期间。一般情况下，试用期届满，如果劳动关系双方没有异议，被试用者就转为用人单位的正式员工，享受正式员工的薪酬待遇等；如果有异议，则可以结束劳动关系。《劳动合同法》对用人单位和劳动者在试用期内的单方随时解除权力都进行了限制：用人单位在试用期内单方解除劳动合同，必须说明理由，除有证据证明劳动者不符合录用条件，劳动者有违规违纪违法行为等情形外，用人单位不得解除劳动合同；对劳动者而言，劳动者在试用期内提前三日通知用人单位，可以解除劳动合同。如果劳动者不提前三日通知用人单位就解除劳动合同，就是违法行为，将要承担法律责任。《劳动合同法》还严格规定了试用期待遇，即劳动者在试用期的工资不得低于本单位相同岗位最低档工资或者劳动合同约定工资的百分之八十，并不得低于用人单位所在地的最低工资标准。

(2) 培训。《劳动法》第八章就国家、政府在职业培训方面的职责，用人单位在职业培训方面的义务及职业培训的相关制度进行了规定。培训是指职工在职期间的职业技术教育，包括各类专业学校和各种职业技术训练班、进修班的培训。《劳动合同法》第二十二条规定，"用人单位为劳动者提供专项培训费用，对其进行专业技术培训的，可以与该劳动者订立协议，约定服务期"；"劳动者违反服务期约定的，应当按照约定向用人单位支付违约金"，但"违约金的数额不得超过用人单位提供的培训费用"。这里的培训费用，包括用人单位为了对劳动者进行专业技术培训而支付的有凭证的培训费用、培训期间的差旅费用以及因培训产生的用于该劳动者的其他直接费用。

(3) 保守秘密，尤指商业秘密。对负有保守用人单位商业秘密义务的劳动者，用人单位可以在劳动合同或者保密协议中与劳动者约定竞业限制条款，并约定在解除或终止劳动合同后，在竞业限制期限内按月给予劳动者经济补偿。劳动者违反竞业限制约定的，应当按照约定向用人单位支付违约金。

(4) 补充保险和福利待遇。补充保险是指用人单位与劳动者在基本保险之外为劳动者参加的社会保险。福利待遇是指用人单位在法定义务之外为职工的生活提供的便利和优惠等。

3. 劳动合同的履行与变更

劳动合同的履行，是指劳动合同在依法订立生效之后，双方当事人按照劳动合同规定的条款，完成劳动合同规定的义务，实现劳动合同规定的权利的活动。劳动合同履行应当遵循如下原则：亲自履行原则、实际履行原则、全面履行原则、协作履行原则、合法履行原则。

所谓劳动合同的变更，是指劳动合同没有履行或已开始履行但尚未完全履行之前，因订立劳动合同的主客观条件发生了变化，当事人双方依照法律规定的条件与程序，对原合同中的某些条款达成修改、补充协议的法律行为。一般意义上的劳动合同变更，只限在既定的劳动法律关系范围之内就劳动合同的部分条款进行变更，也就是说，不涉及劳动合同主体的变更。根据我国《劳动合同法》的规定，劳动合同的变更可以从以下四个方面理解：第一，双方当事人原来已经存有书面劳动合同。没有一个已经生效的书面劳动合同，就谈不上《劳动合同法》意义上的合同变更，这是劳动合同变更的前提条件。第二，劳动合同变更应当采取自愿变更形式，双方需要协商一致。第三，《劳动合同法》将合同变更确定为书面形式。第四，变更后的劳动合同文本应当由用人单位和劳动者各执一份。

4. 劳动合同的解除和终止

1) 劳动合同的解除

劳动合同的解除是指劳动合同生效后、尚未履行或未完全履行之前，因一定法律事实的出现，合同当事人双方或一方依据其意思表示提前终止劳动关系的法律行为。根据解除方式的不同，劳动合同的解除可以分为两类：协议解除和单方解除。协议解除又称双方解除或者协商解除，是指因主客观情况的变化，劳动合同双方当事人经协商一致解除劳动合同。单方解除，是指劳动合同当事人一方依照法律、法规规定的事由行使解除权而解除劳动合同。

(1) 协商解除劳动合同。

《劳动合同法》第三十六条规定："用人单位与劳动者协商一致，可以解除劳动合同。"这说明双方在无重大过错的情况下可以自行解除劳动合同，而不需法定解除劳动合同条件出现。但必须符合三个条件：双方自愿、平等协商、不得损害对方的利益。

协商一致解除劳动合同，可以是劳动者提出动议，也可以是用人单位提出动议。应当注意的是，依据《劳动合同法》第四十六条第二款规定："用人单位向劳动者提出解除合同并与劳动者协商一致解除劳动合同的，用人单位应当向劳动者支付经济补偿金。而劳动者主动提出解除劳动合同并与用人单位协商一致解除劳动合同的，用人单位无须支付经济补偿金。"

(2) 劳动者解除劳动合同。

为了充分保障劳动者自由择业的权利以实现劳动力优化配置，劳动者有权根据自己的单方意志解除劳动合同。劳动者单方面解除劳动合同有两种情形。

一是事先告知用人单位再解除劳动合同。《劳动合同法》第三十七条规定，"劳动者提前三十日以书面形式通知用人单位，可以解除劳动合同。劳动者在试用期内提前三日通知用人单位，可以解除劳动合同。"这条规定赋予了劳动者无条件解除劳动合同的单方预告解除权。单方预告解除劳动合同强调在劳动合同的解除之前必须经过法定或约定的方式进行预告，并经过一定的预告期之后，才发生解除劳动关系的后果。它主要体现在两个方面：首先是时间要求，即劳动者必须提前三十天通知用人单位，试用期内提前三日通知用人单位；其次是形式要求，即劳动者提前通知用人单位必须采用书面形式（试用期可不采取书面形式）。

二是随时通知及无须事先告知用人单位可单方解除劳动合同。一方面，随时通知解除。

根据《劳动合同法》第三十八条规定，用人单位有下列情形之一的，劳动者可以解除劳动合同："未按照劳动合同约定提供劳动保护或者劳动条件的""未及时足额支付劳动报酬的""未依法为劳动者缴纳社会保险费的""用人单位的规章制度违反法律、法规的规定损害劳动者权益的""以欺诈、胁迫的手段或者乘人之危，使对方在违背其真实意思的情况下订立或者变更劳动合同致使劳动合同无效的""法律、行政法规规定劳动者可以解除劳动合同的其他情形"。另一方面，立即解除。《劳动合同法》第三十八条规定："……用人单位以暴力、威胁或者非法限制人身自由的手段强迫劳动者劳动的，或者用人单位违章指挥、强令冒险作业危及劳动者人身安全的，劳动者可以立即解除劳动合同，不需事先告知用人单位。"当用人单位存在严重违法行为时，劳动者可以立即解除劳动合同而无须告知用人单位。

(3) 用人单位解除劳动合同。

一是用人单位即时解除劳动合同。用人单位即时解除劳动合同是指用人单位无须征得他人的意见，也无须以任何形式提前告知劳动者，即可随时通知劳动者解除劳动合同的行为。也就是说，劳动者在劳动过程中存在某些重大过失的情形而引发用人单位即时解除劳动合同，因此也称过失性辞退。根据《劳动合同法》相关条款的规定，过失性辞退须具备以下几种情形：劳动者在试用期间被证明不符合录用条件的；严重违反用人单位的规章制度的；严重失职，营私舞弊，给用人单位造成重大损害的；劳动者同时与其他用人单位建立劳动关系，对完成本单位的工作任务造成严重影响，或者经用人单位提出，拒不改正的；以欺诈、胁迫的手段或者乘人之危，使对方在违背真实意愿的情况下订立或者变更劳动合同的，劳动合同无效或部分无效；被依法追究刑事责任的。

二是用人单位预告解除劳动合同。用人单位预告解除劳动合同也称非过失性辞退，是指在劳动者无过错的情况下，由于主客观情况的变化而导致劳动合同无法履行时，用人单位可以提前通知劳动者后单方解除劳动合同的行为。用人单位预告解除劳动合同须遵循一定的程序执行，根据《劳动合同法》第四十条规定，"用人单位提前三十日以书面形式通知劳动者本人或者额外支付劳动者一个月工资后，可以解除劳动合同。"这里解除劳动合同须具备以下法定情形：劳动者患病或者非因工负伤，在规定的医疗期满后不能从事原工作，也不能从事由用人单位另行安排的工作的；劳动者不能胜任工作，经过培训或者调整工作岗位，仍不能胜任工作的；劳动合同订立时所依据的客观情况发生重大变化，致使劳动合同无法履行，经用人单位与劳动者协商，未能就变更劳动合同内容达成协议的。

三是用人单位裁减人员。裁员指用人单位依照法律规定一次性辞退部分劳动者，以缩减劳动者人数的行为，它是作为改善生产经营状况的一种手段。《劳动合同法》对用人单位规定经济性裁员的条件：依照企业破产法规定进行重整的；生产经营发生严重困难的；企业转产、重大技术革新或者经营方式调整，经变更劳动合同后，仍需裁减人员的。

2) 劳动合同的终止

劳动合同的终止是指劳动合同依法生效后，因出现法定情形或者当事人约定的情形而致使劳动合同所确定的法律关系依法归于消灭的情形。劳动合同终止包括自然终止和非自然终止两种形式。

(1) 自然终止。根据《劳动法》第二十三条规定："劳动合同期满或者当事人约定的劳动合同终止条件出现，劳动合同终止。"然而，《劳动合同法》规定了用人单位不得再另行约定劳动合同终止条件。劳动合同期满导致劳动合同终止，这是合同当事人意思自治和合同自由的体现，对此法律应当予以尊重。不过，无固定期限劳动合同没有劳动合同期限，不会因期满而终止。

另外，根据《劳动合同法》第四十五条规定："劳动合同期满，有本法第四十二条规定情形之一的，劳动合同应当续延至相应的情形消失时终止。但是，本法第四十二条第二项规定丧失或者部分丧失劳动能力劳动者的劳动合同的终止，按照国家有关工作保险的规定执行。"

(2) 非自然终止。如果在劳动合同履行期间，劳动合同一方当事人消亡，如劳动者一方死亡或用人单位宣告破产等，劳动合同关系终止。《劳动合同法》对非自然终止条件主要包括：劳动者开始依法享受基本养老保险待遇的；劳动者死亡，或者被人民法院宣告死亡或宣告失踪的；用人单位依法宣告破产的；用人单位被吊销营业执照、责令关闭、撤销或者用人单位决定提前解散的。

 阅读材料

人力资源经理桑大鹏的头痛事

一家高科技公司的女员工王语桐工作表现不佳(年度考核结果有显示)，所在工作单位对其工作极不满意，因合同即将在 1 个月后到期，公司人力资源经理桑大鹏找其本人谈话，并书面通知合同期满后公司将不再与其续签劳动合同。

王语桐1个星期后去医院看病时发现自己已经怀孕(注：公司知道王语桐女士已婚，结婚时王语桐女士 32 岁，属晚婚)，随后到公司告知公司人力资源经理桑大鹏，桑大鹏随即要求王语桐出示准生证，王语桐告诉桑大鹏正在办理，据计划生育相关规定，估计 2 个月后拿到准生证没问题。按国家劳动法规相关规定，女职工怀孕期间不能解除劳动合同，故公司在合同到期后没有解除与王语桐的劳动合同。

过了 2 个月后，王语桐没有出示准生证，公司听说王语桐因和丈夫性格不合而离婚了，但王语桐发誓一定要将孩子生下来，并准备享受国家规定的孕期及哺乳期的相关待遇。

(资料来源：李剑锋. 劳动关系管理[M]. 北京：对外经济贸易大学出版社，2003.)

三、三方协商机制

三方协商机制作为制定和实施社会经济政策过程中的一个重要程序，被认为是社会成本低、社会效益高的劳动关系协调制度。它一方面可以缓和劳资矛盾，减少劳资纠纷，稳

定劳动关系；另一方面对于维护社会和谐，促进社会经济发展都具有十分重要的作用。

1. 三方协商机制的含义和特点

三方协商机制又称三方机制或劳动关系三方原则，是政府、雇主组织和工会就劳动关系相关的社会经济政策和劳动立法以及劳动争议处理等问题进行沟通、协商、谈判和合作的原则与制度的总称。所谓"三方"，是指代表国家利益的政府、代表雇主利益的雇主组织和代表工人利益的工会组成的三方利益主体。

三方协商机制是国际劳工组织创建的一种特殊制度。1960年，国际劳工组织通过《行业和国家级别协商建议书》(第113号)，对三方协商机制的总目标提出以下要求："这种协商与合作的总目标应是促进公共当局与雇主组织和工人组织之间以及这些组织之间的相互了解和良好关系，以求发展总体经济或发展其中某些部门，改善劳动条件和提高生活水平。"这一要求概括了三方协商机制的基本内涵，即三方协商是国家、雇主和工人三方的有组织、有目的的共同行为；三方协商是通过地位对等的协商、谈判及其他的各种合作性的手段和形式来实现其目的；这种合作的基本目的是为了促进三方的相互了解和良好关系，进而促进经济的发展特别是改善劳动条件和提高生活水平。

从三方协商机制的组织形式和运行实践来看，其具有如下特点。

1) 主体独立

三方协商的主体是政府、雇主和代表劳动者的工会，三方主体的身份和地位都应该是独立的，并且在组织上也不存在隶属关系，各自代表各自的利益。这种三方主体的独立为协商谈判奠定了前提条件。

2) 权利对等

三方主体在协商谈判中的权利对等是三方主体独立的必然结果。在协商机制中，任何一方都无权单方对另外一方发号施令、指令、命令等。如果其中一方的力量超越其他方，那么三方协商机制就根本无法形成和发生效用。因此，这对于在劳动关系中处于弱势地位的劳动者来说是一种保障。

3) 民主协商

三方协商的方式是在平等的基础上进行对话。三方协商机制的关键在于协商，而协商又是在三方友好的对话和商讨，互相理解和支持的基础上，就讨论的事项反复协商后取得共识。

4) 充分合作

虽然在劳动关系中，各方都会尽力去追求自身的利益，会发生利益冲突，但是利益冲突只有在三方合作的基础上才能得到有效解决，三方的利益也只有通过合作才能得到实现。因此，在协商过程中，各方都要考虑对方的意见和共同的利益，雇主不能只追求企业利润的最大化而损害劳动者的权益，劳动者也不能只强调自身的利益和权益而阻碍企业的发展，三方应该以共同发展为目标。

2. 三方协商机制的作用

从三方协商机制长期运行实践的效果来看,在一定程度上缓和了劳资矛盾、减少了劳资纠纷、稳定了劳动关系,这对于促进社会经济发展起到了十分重要的作用。

1) 缓解劳资矛盾,稳定劳动关系

三方协商机制的出现之初就是为了缓解当时激烈的劳资冲突,因此其基本功能就是缓解劳资矛盾,建立和谐稳定的劳动关系。在早期,劳资力量的失衡导致了劳资矛盾的产生,而劳资矛盾的加深又引起了劳资纠纷的出现,由于没有正常的渠道和途径进行疏导,工人们往往会采取罢工、怠工等方式来反抗,这更加深了劳资关系的恶化。为了缓和劳资矛盾,劳资双方通过有组织的交涉和谈判来解决工资、福利、劳动条件等问题。经过不断地发展,劳资关系也逐渐制度化、法律化,这使得劳动关系保持了相对的稳定。

2) 确立工会地位,维护工人权益

资本主义早期的所有劳动关系领域都处于激烈的冲突状态,工人在劳资关系中处于明显的劣势,虽然奋力反抗但状况还是没有得到改善。到19世纪末,工会的不断壮大为争取工人权益奠定了基础,随着三方协商机制出现,工会和资方有了比较平等的地位,工会作为一方独立的主体代表工人提出意见,工人的权益得到了很好的保护。工会的地位和工人的利益是密切联系的,工会组织成为维护工人利益的强大力量。

3) 促进经济发展,推动社会进步

三方协商机制本身就是社会生产力发展和社会进步的必然结果,它通过作用于劳动者对整个经济生产系统发生作用从而促进社会经济发展。三方协调机制对于生产力发展的作用主要体现在对于劳资关系的协调,保护了劳动力再生产的持续进行,维护了劳动者的利益和权益,从而调动了劳动者的积极性。由此,三方协商机制改善了政府、雇主和劳动者之间的关系,为生产力的发展和社会的进步提供了良好的环境和平台。

4) 推进政策制定的民主化

三方协商机制给劳动者、雇主参与经济和社会管理提供了重要的民主平台。工会和企业代表组织通过这种渠道反映员工和企业参与社会管理的意见和要求,维护了员工和雇主的合法权益。通过加强三方之间的交流和沟通,能够使决策民主化、规范化,能够更好地满足各方的要求,并且也能够使得国家政策法规得到有效的落实和贯彻。

3. 三方协商机制在劳动关系调整中的运用

三方协商机制在企业劳动关系中功能的发挥从上述各层级和行业三方协商的内容及职责中可以看出,其主要表现为《工会法》《劳动合同法》和《劳动争议调解仲裁法》的规定中所提及的"解决劳动关系方面的重大问题"和"解决劳动争议的重大问题"两个方面。从企业层面而言,"解决劳动关系方面的重大问题"和"解决劳动争议的重大问题",主要包括劳动报酬、社会保险、职业培训、劳动安全卫生、工作时间和休息休假、生活福利、集体合同和劳动合同签订与履行等劳动关系相关问题。三方机制在企业劳动关系调整中功能的发挥体现在以下两个方面。

1) 劳动关系正常运行期间三方机制的功能

企业一级的劳资协商，签订集体合同，要以国家、省、地市以及本行业三方协商结果为基准，政府发挥指导作用。从集体合同的内容到具体合同条款的标准所涉及的地区或行业最低工资标准、工时制度、带薪休假制度、劳动安全卫生标准等都要以国家或省、地、市相应三方协商结果为基准。调整企业劳动关系的法律法规、政策，例如《工会法》《劳动合同法》《劳动争议调解仲裁法》以及国家协调劳动关系三方发布的"共同约定行动""彩虹计划"等的实施也往往是在劳动关系三方的宣传、发动、督导下得以实现的。

在区域性、行业性的集体协商和签订集体合同的过程中，区域性、行业性"三方机制"发挥着重要作用。从我国经济发展的实际情况看，外资企业、中小私营企业越来越多，区域性、行业性的工会组织也会越来越多，所以区域性、行业性劳动关系协调组织的功能将凸显。在进行区域性、行业性集体协商和签订集体合同中，由工会、政府和企业代表组织等组成的区域性、行业性三方协商组织，起到了扩大集体合同覆盖面、降低单个企业进行集体协商成本、增强集体合同权威性等的重要作用，对维护劳动者利益、协调劳动关系有着积极意义。

2) 劳动争议处理中三方机制的功能

在企业发生个体劳动争议或集体劳动争议时，三方机制在调解、仲裁和诉讼等各个争议处理程序中都起着一定作用。《劳动争议调解仲裁法》第四条规定："发生劳动争议，劳动者可以与用人单位协商，也可以请工会或者第三方共同与用人单位协商，达成和解协议。"第五条规定："发生劳动争议，当事人不愿协商、协商不成或者达成和解协议后不履行的，可以向调解组织申请调解。"劳动争议的调解组织包括企业劳动争议调解委员会、基层人民调解组织以及乡镇、街道设立的具有劳动争议调解职能的组织。在基层的劳动争议和解或调解中，有的地方建立了协调劳动关系三方会议制度，并且制定《街道、乡镇协调劳动关系三方会议职责》一类的规范文件(如北京市)，从组织上、制度上加强街道、乡镇协调劳动关系三方机制建设。要求基层三方会议及时协调、处理影响社会稳定的重大劳动争议，准确掌握涉及稳定和全局的劳动关系矛盾，及时向街道办事处、乡镇政府和区县有关部门报告，协助有关部门化解劳动关系矛盾，充分发挥街道、乡镇协调劳动关系三方会议的作用。

不仅在劳动争议调解环节，三方机制起着重要作用，而且在仲裁和诉讼过程中也有着不可替代的功能。《劳动争议调解仲裁法》第十九条规定："劳动争议仲裁委员会由劳动行政部门代表、工会代表和企业方面代表组成。"这一规定是"三方机制"在劳动争议仲裁程序中的直接体现。在我国的劳动争议诉讼中，现行的人民陪审员制度为在审判中体现三方原则提供了条件。

4. 我国三方协商机制存在的问题与建议

1) 明确劳资代表的主体定位、加快培育劳资双方主体

与西方国家相比，我国三方机制的建立虽然比较晚，但是发展速度却比较快，从发展状况、机构建设规模以及覆盖层面上，都体现了不同于其他国家的特征——政府强力推动下的发展或政府主导型，即三方机制中政府一方作用显著是毫无疑问的。但是，与之相对，三方机制中本应处于与政府平等地位的工会组织和雇主组织的力量及其代表性，都显得非常不足。从工会组织来看，一方面，许多非公企业还没有建立工会组织，有些即使建立了工会组织，却是"老板工会"；另一方面，工会组织维权力量和维权能力亟待提高。从企业方的代表——雇主组织来看，目前的企业家协会还更像是一种官方机构，其主要功能是交流企业管理经验，组织开展企业家的联谊活动，而难以体现劳动关系中与劳方相对应的企业家利益集团的作用，作为三方协商机制中企业一方代表不完全适合；其他的充当雇主方进入三方机制的如商会、行会组织等更是与三方的定位不相匹配。

如何增强工会组织在三方机制中对职工的代表性？工会组织需要在各类企业扩大工会覆盖面的同时，还应通过职业化、社会化、行业化的方式对工会进行自身改革。具体而言，一是严格按照《工会法》和《企业工会工作条例》建立健全工会组织，尤其是在尚未设立工会的外商投资企业内，应由各地区总工会帮助建立工会，并成立企业劳动争议调解委员会。在一些规模小、人员少、流动性大的私营企业，可考虑建立行业工会、联合工会。二是各地区总工会可以设立流动争议调解组织，发挥工会熟悉法律政策、贴近单位和职工的优势，帮助化解一些在尚未建立工会的企业内发生的劳动争议，降低争议解决成本，稳定劳资关系。三是考虑到企业内部工会维权的难度，可以由地区总工会出面，与企业订立有关工会干部特殊权益保护的协议，使工会干部能够独立于企业，真正成为维护职工合法权益的组织。四是可推广工会与企业就职工权益进行集体协商制度，对每年的薪资方案、奖金方案、住房补贴、职工股的分红方案等一系列重大的涉及员工权益的措施，均应该与工会协商或通过职工代表大会讨论通过后才能实施。五是加强工会干部的培训学习，提高职业素质、增强维权能力。通过采取上述措施，使工会组织在三方机制中真正能发挥如下功能：维护职工群众合法权益；协调劳动关系；代表职工进行集体谈判和签订集体合同；代表职工参与有关法律、法规、政策的制定。

关于企业方代表的培育和代表性的增强。企业联合会/企业家协会一方面需要进一步加强组织建设，广泛联系各种类型的企业，倾听企业的呼声，其中雇主组织的代表构成要真正具有代表性，尽可能淡化官方与半官方色彩，使三方协商更能反映社会真实和各方关注的大问题、新问题。另外，作为雇主组织的代表，企业联合会/企业家协会应进一步明确所肩负的参与、协调、推进、反映、培训等五项职责，做到"到位"不"虚位"。"参与"，就是积极参与劳动关系三方协商机制的重大活动；"协调"，就是要协调好劳动关系三方机制和企业劳动关系协调工作委员会的工作，对劳动关系方面带有全局性、倾向性的问题进行

协商，达成共识，做好工作；"推进"，就是积极推动开展三方机制建设工作，指导加强组织体系建设和开展业务；"反映"，就是通过开展劳动关系"热点"议题的调查研究，积极反映企业、企业家的呼声，做好与政府、各界沟通的桥梁；"培训"，即积极培训劳动关系协调员和兼职劳动仲裁员。

  2）政府依法居中调节，履行宏观平衡职能

  我国自开展三方机制工作以来，政府方起了主导性作用，但也显示出政府包办太多，挤占了其他两方在三方机制中发挥作用空间的现象，这在一定程度上有违"平等协商"的三方性原则。所以，为继续良好推进协调劳动关系三方机制工作，需要在前述的培育职工方和企业方主体，增强其在三方机制中双方代表性的同时，政府方也应该调整在三方中的定位，展示应有的职能。

  在三方机制中，政府部门的重要职能应该是：立法、指导、服务和监督检查。人力资源和社会保障部门作为政府代表参加联席会议，其职责在于指导和服务，在于引导劳动关系的两大主体开展协商。在现阶段，政府部门可以改变对劳动关系直接监控的管理方式，积极构筑协商平台，促进劳资双方的沟通协商。政府应坚持"政府搭台、劳资双方唱戏"的原则，努力发挥沟通三方信息、协调双方利益的作用，始终关心、指导这一制度的运作与完善。三方联席会议办公室设在政府，政府就有责任牵好头，主动做好协调服务工作。目前，政府应当进一步突出沟通，当好劳动关系协调的召集人、调停人角色；同时，政府还要有服务意识，作为"居间人"为劳资双方创造谈判机会。

  3）健全法律法规、完善制度规范

  我国虽然在1990年就批准了国际劳工组织的第一百四十四条公约，而且在以后颁发的《劳动合同法》《工会法》《劳动争议调解仲裁法》中都有三方机制的原则性规定，但面对日益复杂的劳动关系矛盾，尤其是近年来集体争议和集体行动事件明显增加，三方机制的运行仅仅依靠这些原则性的规定已远远不够。因此，应尽快完善有关三方机制的立法，制定三方机制的专门法律，明确三方机制的原则、组成、职责以及运行等具体规则，构建三方机制的基本法律框架，逐步增强三方机制的职能和作用，为切实发挥三方机制在调整劳动关系方面的重要作用提供完备的法律支撑。

四、劳动争议处理制度

1. 劳动争议的含义

  劳动争议是指劳动关系的双方当事人——用人单位与劳动者之间，因实现劳动权利或履行劳动义务而发生的矛盾纠纷。与劳动关系实质上是劳动关系当事人之间的经济利益关系相对应，劳动争议实质上正是劳动关系当事人之间的经济利益矛盾纠纷的表现。

  实践中，劳动争议当事人中，用人单位一方既可能是单个雇主也可能是雇主团体，相对应地，劳动者一方既可能是单个雇员，也可能是受雇于同一用人单位的多个雇员(部分雇员或全体雇员)，还可能是受雇于多个雇主的多个雇员(通常是全体雇员)。按照劳动者一方人数的多寡，劳动争议分为个体劳动争议和集体劳动争议。

1) 个体劳动争议

个体劳动争议，又称个人劳动争议、个别劳动争议，是指单个劳动者与其受雇的用人单位之间发生的劳动争议。个体劳动争议的特点表现在：一是发生劳动争议的劳动者一方人数少(10人以下)；二是争议内容只是关于个别劳动关系、劳动问题的，而不是关于一类劳动关系、劳动问题或集体合同的；三是个体劳动争议处理时，必须由发生争议的劳动者参加或委托代理人参加，不能由他人代表参加；四是个别劳动争议通过仲裁方式处理时不适用特别程序。一般个别劳动争议处理的常规机制是协商谈判和"一调一裁两审"，基本手段是协商、调解、仲裁和诉讼。

2) 集体劳动争议

集体劳动争议是指劳动者一方当事人在10人以上且因共同理由与其受雇的同一用人单位之间发生的劳动争议。集体劳动争议又有多种类型。按照劳动者一方是受雇于同一用人单位的部分员工还是全体员工以及劳动者一方是否形成了自己的组织和组织化程度大小，集体劳动争议被划分为团体性劳动争议或集体劳动合同争议、非团体性劳动争议或个体性集体劳动争议两种类型。

所谓团体性劳动争议又称集体劳动合同争议，通常是指受雇于同一用人单位并具有组织性(工会组织)的劳动者集体与用人单位之间因签订集体劳动合同或履行集体劳动合同而发生的争议。其中，签订集体劳动合同发生的争议是指工会组织代表劳动者一方与用人单位之间就如何确定合同条款(包括集体劳动合同的订立和变更)所发生的争议；而履行集体合同发生的争议是指工会组织代表劳动者一方与用人单位之间在集体合同订立并发生法律效力后就如何将合同条款付诸实现所发生的争议。与个体劳动争议或非团体性集体劳动争议相比，团体劳动争议的特点在于：一是劳动者一方是受雇于同一用人单位的全体员工，而且有真正代表自己利益的工会组织，组织化程度高；二是争议内容相同，而且争议标的及争议所指向的权利(利益)、义务，是劳动者集体共同享有和承担的；三是争议处理时，劳动者一方由工会组织代表与用人单位交涉，处理结果对全体劳动者具有法律意义。

所谓非团体劳动争议或个体性集体劳动争议，是指受雇于同一用人单位且缺乏组织性的部分劳动者或者全体劳动者因相同的劳动权利义务问题与用人单位发生的法律纠纷。与个体劳动争议相比，个体性集体劳动争议的特点：一是劳动者一方当事人人数多，而且劳动者内部在争议发生前缺乏组织性(没有工会组织，即使有工会组织，也没有起到应有的作用)，发生争议后因共同的权利(利益)诉求自发组织起来。二是争议内容相同，而且争议标的及争议所指向的权利(利益)、义务，是各个劳动者个人所享有和承担的。三是争议通过调解、仲裁、诉讼方式处理时，劳动者一方应推举代表与用人单位交涉，处理结果只对其代表的部分劳动者有法律效力;裁决后,部分劳动者不服的,可以向法院起诉,裁决结果只对未起诉的劳动者发生法律效力。四是争议通过仲裁方式处理时,适用特别程序,仲裁委员会可优先立案,优先审理。

2. 劳动争议调解管理

1) 劳动争议调解的含义

劳动争议调解是指依法设立的劳动争议调解机构或者其他组织,依照法律、法规和有关政策,在查清事实、分清责任的基础上,对发生劳动争议的双方当事人运用说服教育、劝导协商的方式,促使其在互谅互让的基础上解决争议的一种活动。

劳动争议调解有广义和狭义之分。广义的劳动争议调解,包括各种组织以各种方式对劳动争议案件进行调解:企业劳动争议调解委员会调解,依法设立的基层人民调解组织调解,乡镇、街道设立的具有劳动争议调解职能的组织调解,仲裁委员会处理劳动争议时的仲裁庭调解,人民法院审判中的调解以及劳动争议诉讼前的专家调解等。狭义的劳动争议调解,是指企业劳动争议调解委员会对本企业发生的劳动争议案件进行的调解。本部分主要讨论狭义的劳动争议调解。

企业劳动争议调解委员会调解劳动争议,是解决基层劳动争议的重要形式。通过调解把大量争议及时解决在基层,有利于员工和企业达成调解协议,增进团结;有利于维护企业正常的生产秩序和工作秩序,维护双方合法权益。企业劳动争议调解程序的基本法律、法规依据是《劳动争议调解仲裁法》和《企业劳动争议协商调解规定》。

2) 企业劳动争议调解委员会的设立

大中型企业应当依法设立调解委员会,并配备专职或者兼职工作人员。有分公司、分店、分厂的企业,可以根据需要在分支机构设立调解委员会,总部调解委员会指导分支机构调解委员会开展劳动争议预防调解工作。调解委员会可以根据需要在车间、工段、班组设立调解小组。对于小微型企业,可以设立调解委员会,也可以由劳动者和企业共同推举人员,开展调解工作。

3) 企业劳动争议调解委员会调解的程序

企业劳动争议调解委员调解劳动争议一般按照如下程序进行。

(1) 调解前准备工作。

调解前应当做好的准备工作,主要包括下述内容:一是审查调解申请。当事人申请劳动争议调解可以书面申请(即《劳动争议调解申请书》),也可以口头申请。企业方申请调解时,应当在知道或应当知道企业权利被侵害之日起15日内提出并填写《劳动争议调解申请书》,不管是书面申请还是口头申请,申请时都要说明三方面内容:首先是与哪个员工或哪些员工、在哪些问题上发生了争议;其次是调解请求,即希望通过调解保护企业哪些合法权益,要求员工履行哪些义务;最后是企业的请求所依据的事实和理由。二是案件受理。

案件受理是指调解委员会在收到调解申请后，经过审查，决定接受案件申请的过程。调解委员会应当在三个工作日内作出受理或不受理申请的决定。对不受理的，应做好记录书面通知申请人。三是通知被申请人。劳动争议调解委员会在调解案件前，应通知被申请人提交答辩书，同时提供相关的证据资料，做好参加调解工作的准备。四是告知与征询。企业劳动争议调解委员会应事先告知劳动争议的双方当事人调解人员名单，征询双方当事人是否申请回避。五是进行调查。调解前，应弄清劳动争议发生的原因、发展的过程、争议的焦点，了解申请人的调解请求；同时，调解人员要查阅有关法律、法规和政策，调阅劳动合同及企业的劳动规章制度等，以便分清是非，为调解作好准备。六是分析证据。调解人员在调解前，对当事人提供的证据材料及调查取得的证据作全面分析，去粗取精，去伪存真，掌握真实有用的证据，以供调解时使用。

(2) 实施调解。

调解的实施采取调解会议方式进行。调解会议一般由调解委员会主任主持，参加人员是争议双方当事人或其代表，其他有关部门或个人也可以参加，协助调解。调解的主要内容包括：要求争议双方当事人就调解申请的理由及争议的事实提出自己的意见和依据；调查争议所涉及的其他有关人员、单位和部门以及他们对争议的态度和看法；查看和翻阅有关劳动法规以及争议双方订立的劳动合同或集体合同等。

(3) 调解结果。

实施调解的结果有以下两种：一是经调解后双方当事人达成协议的，制作调解协议书。协议书应载明争议双方当事人的姓名(单位名称)、职务，法定代表人姓名及职务，争议事项、调解结果和协议履行期限、履行方式等事项，由调解委员会主任(简单争议由调解委员)以及双方当事人签名或盖章，并加盖调解委员会印章。调解协议书一式三份(争议双方当事人、调解委员会各一份)。二是经调解不成的劳动争议案件，应做好记录，制作调解意见书并在调解意见书上说明情况，由当事人双方签名或盖章，并加盖调解委员会印章，调解意见书一式三份(争议双方当事人、调解委员会各一份)。

(4) 调解协议的执行。

劳动争议调解协议书内双方当事人签名或者盖章，经调解员签名并加盖调解组织印章后生效，对双方当事人具有约束力，当事人应当履行。调解制度本身的性质决定了通常情况下调解协议书并没有法律强制执行力，因此，如果一方当事人不履行调解协议书，另一方当事人只能申请仲裁。

(5) 调解结束。

按照《劳动争议调解仲裁法》的规定，企业劳动争议调解委员调解劳动争议的时限为15日，即在受理调解申请之日起的15日内调解工作必须结束。实践中，调解的具体终结方式有以下五种情形：企业和员工自行和解；在调解过程中，企业或员工撤回调解申请；拒绝调解；企业和员工达成调解协议；因达不成调解协议而终结调解。

3. 劳动争议仲裁管理

1) 劳动争议仲裁的含义

劳动争议仲裁是指劳动争议当事人依法向法定专门处理劳动争议的劳动争议仲裁委员会提出申请，由劳动争议仲裁委员会对当事人双方因劳动权利、义务等问题产生的争议进行裁决的活动。劳动争议仲裁与企业劳动争议调解的主要区别在于：劳动争议仲裁的处理结果具有法律效力。劳动争议仲裁既有企业劳动争议调解的灵活、快捷的特点，又具有法律强制执行的特点，弥补了劳动争议调解委员会调解不具有强制力的弱点，比法院判决强制色彩弱，便于当事人接受和自觉执行。

劳动争议仲裁程序的基本法律、法规依据是《劳动争议调解仲裁法》和《劳动人事争议仲裁办案规则》。

2) 劳动争议仲裁的原则

劳动争议仲裁应遵循合法、公正、及时、着重调解的原则，依法保护当事人的合法权益。①着重调解原则。调解简便易行，能够灵活迅速地调解矛盾。解决劳动争议应当遵循"着重调解原则"，意在突出调解的重要性，先行调解，调解不成再实施仲裁，但要贯彻当事人双方自愿的原则，当事人如果不自愿，仲裁机关不能强行调解。②及时、迅速的原则。仲裁庭处理劳动争议必须在法律规定的期限内结案。如前所述，仲裁庭裁决劳动争议案件，应当自劳动争议仲裁委员会受理仲裁申请之日起45日内结束。案情复杂需要延期的，经劳动争议仲裁委员会主任批准，可以延期并书面通知当事人，但是延长期限不得超过15日。限定办案时间的目的在于有效地保护当事人的合法权益。

3) 劳动争议仲裁委员会的设立及职责

(1) 设立。劳动争议仲裁委员会是国家授权依法设立的独立处理劳动争议案件的专门机构。劳动争议仲裁委员会按照统筹规划、合理布局和适应实际需要的原则设立。省、自治区人民政府可以决定在市、县设立；直辖市人民政府可以决定在区、县设立。直辖市、设区的市也可以设立一个或者若干个劳动争议仲裁委员会。劳动争议仲裁委员会不按行政区划层层设立。

(2) 组成成员。劳动争议仲裁委员会由劳动行政部门代表、工会代表和企业方面代表组成。劳动争议仲裁委员会组成人员应当是单数。仲裁委员会主任由劳动行政部门的负责人担任，副主任由仲裁委员会协商产生。三方中每一方代表的具体人数，由三方协商确定。仲裁委员会的组成不符合规定的，由同级政府予以调整，其委员会成员的确认或更换，须报同级政府批准。

(3) 职责。劳动争议仲裁委员会的主要职责：一是聘任、解聘专职或者兼职仲裁员；二是受理劳动争议案件；三是讨论重大或者疑难的劳动争议案件；四是对仲裁活动进行监督。

4. 劳动争议诉讼管理

1) 劳动争议诉讼的含义

劳动争议诉讼是指发生劳动争议的当事人不服劳动争议仲裁委员会的仲裁处理，在法定的期限内依法向人民法院起诉，由人民法院依法进行审理和判决的活动。劳动争议诉讼是人民法院通过司法程序解决劳动争议的一种方式，是处理劳动争议的最后一道程序。它与劳动争议调解和劳动争议仲裁有很大的区别。

(1) 劳动争议诉讼与调解的区别。

劳动争议诉讼与调解的区别主要表现在两个方面：一是争议解决的机构不同。劳动争议诉讼的争议解决机构为人民法院，为国家专门的审判机关；而劳动争议调解是由有关调解组织负责，调解组织通常不具有国家机关的性质。二是法院判决书的法律效力高于劳动争议调解书。人民法院对劳动争议案件判决生效后就具有法律强制执行力，一方当事人不执行法院生效的判决书，另一方当事人可以要求人民法院强制执行，而劳动争议调解书生效后，除特殊规定外，并不具有法律强制执行力，如果一方不履行调解书，另一方无权要求人民法院直接强制执行调解书的内容。

(2) 劳动争议诉讼与仲裁的区别。

仲裁委员会行使的是仲裁权，各级人民法院行使的是审判权。仲裁是一种具有法律效力的解决争议方式，是一种准司法性质的程序；人民法院审判是一种司法程序，仲裁权与审判权不同。两者的具体区别是：第一，法院在审理过程中享有的某些权力，如必要时拘传被告人到庭，对伪造证据、变卖或转移查封财产、拒绝执行法院的司法协助执行通知书等行为给予罚款、拘留处分等权力，仲裁机关是不具有的。第二，依据我国的法律，只有人民法院享有劳动争议的最后决定权。除极少数情况外，仲裁委员会依法裁决后，如果当事人一方或双方不服，在法定期限内有权向人民法院起诉。当事人起诉后，原仲裁裁决即对当事人无约束力，该案件如何处理，将由人民法院独立审判。第三，依据我国的法律，只有人民法院享有劳动争议的最后处理权。仲裁委员会作出的调解书或裁决书生效后，当事人一方不执行时，原仲裁机关无权强制执行，只能由另一方当事人向法院提出强制执行的请求。这说明劳动争议的最后处理权不在仲裁机关而在审判机关，仲裁的法律效力由人民法院的司法权来保障。

目前，我国劳动争议诉讼程序基本的法律法规依据是《劳动争议调解仲裁法》《民事诉讼法》《最高人民法院关于审理劳动争议案件适用法律若干问题的解释》等。

2) 劳动争议案件的诉讼管辖

劳动争议案件的诉讼管辖是指各级法院之间和同级法院之间受理第一审劳动争议案件的分工和权限。劳动争议案件的诉讼管辖应遵循"两便原则"，即便于当事人进行诉讼，便于人民法院审理案件。根据我国《民事诉讼法》的规定和劳动争议案件的实际情况，劳动争议案件的诉讼管辖有级别管辖、地域管辖、移送管辖和指定管辖四种。

(1) 级别管辖。

级别管辖是指不同级别的法院在受理第一审劳动争议案件中的分工和权限。根据相关规定，当事人对各级仲裁委员会的裁决不服而提起诉讼的，应由基层(区、县)人民法院作为一审法院，另有规定的除外。当事人对一审判决不服的，可以向有管辖权的上一级人民法院上诉。对于用人单位有证据证明仲裁裁决符合《劳动争议调解仲裁法》第四十七条规定应予撤销情形的，可以自收到仲裁裁决书之日起三十日内向劳动争议仲裁委员会所在地的中级人民法院申请撤销裁决。

(2) 地域管辖。

地域管辖是指不同地区的法院在受理第一审案件上的分工和权限。根据《最高人民法院关于审理劳动争议案件适用法律若干问题的解释》的规定，劳动争议案件由用人单位所在地或者劳动合同履行地的基层人民法院管辖。劳动合同履行地不明确的，由用人单位所在地的基层人民法院管辖。

(3) 移送管辖。

移送管辖是指人民法院将已受理的案件移送给其他人民法院审理。《民事诉讼法》规定：人民法院发现受理的案例不属于自己管辖时，应当移送有管辖权的人民法院，受移送的人民法院不得自行移送。如果不该移送的进行移送或受移送的法院无管辖权，根据法律规定不得再自行移送，所以受移送法院只能提出意见，报请和移送法院共同的上一级法院，由其指定管辖。

(4) 指定管辖。

指定管辖是指上级法院以裁定方式将某一案件指定交由下级人民法院管辖。《民事诉讼法》规定有管辖权的人民法院，由于特殊原因不能行使管辖权的，由上级人民法院指定管辖。人民法院对管辖权发生争议，由争议双方协商解决；协商不成的，报其共同上级人民法院指定管辖。

人民法院受理案件后，当事人对管辖权有异议的，应当在提交答辩书期间提出。人民法院对当事人提出的异议，应当审查。异议成立的，裁定将案件移送有管辖权的人民法院；异议不成立的，裁定驳回。

3) 劳动争议案件的诉讼程序

由于我国没有专门的劳动争议诉讼法，因此人民法院在审理劳动争议案件时适用的是《民事诉讼法》的一般规定，即根据普通民事案件的诉讼程序来处理劳动争议案件。

(1) 一审诉讼程序。

一审诉讼程序是指人民法院审理第一审劳动争议案件通常适用的程序，它具有程序的完整性和适用的广泛性特点。人民法院审理劳动争议案件均按普通程序进行。一审普通程序可分为起诉、受理、审理前的准备、开庭审理四个阶段。

(2) 二审诉讼程序。

二审诉讼程序是指上级人民法院根据当事人的上诉，对下一级人民法院发生法律效力的判决、裁定进行审理和裁判的程序，也可称为上诉程序或终审程序。根据《民事诉讼法》第一百四十七条的规定，当事人对于一审人民法院的判决或裁定不服的，有权在上诉期内(判决上诉期为十五日，裁定的上诉期为十日，期限从当事人收到判决、裁定书的次日计算)向上一级人民法院上诉。当事人提起上诉应当递交上诉状，上诉状应由原审人民法院提出。二审人民法院对上诉案件，应当组成合议庭，开庭审理。经过问卷和调查，询问当事人，在事实核对清楚后合议庭认为不需要开庭审理的，也可以不开庭而直接进行判决、裁定。

二审人民法院，根据原判决认定事实、适用法律的情况，分别做出驳回上诉、维持原判、撤销原判、发回原审法院重审、依法改判等决定。对判决不服而上诉的案件审理期限为三个月，有特殊情况需延长的，由院长批准。对裁定不服而上诉的案件审理期限为三十日。

(3) 审判监督程序。

审判监督程序是指人民法院对已经发生法律效力的判决或裁定，发现确有错误，根据法律规定对案件再次进行审理的程序，又称再审程序。根据《民事诉讼法》的规定，各级人民法院院长对本院已经发生法律效力的判决、裁定，发现确有错误，认为需要再审的，应当提交审判委员会讨论决定。最高人民法院对地方各级人民法院、上级人民法院对下级人民法院已经发生法律效力的判决、裁定，发现确有错误的，有权提审或指令下级人民法院再审，人民检察院提出抗诉的案件，人民法院应当再审。

(4) 执行程序。

执行程序是指人民法院执行机构依法对于不履行生效法律文书所确定的义务当事人，依法强制其履行义务的程序。

执行程序因企业或员工的申请而开始。当事人一方因对方拒不履行已经发生法律效力的判决、裁定、调解书等所确定的义务，可依法向第一审人民法院提出申请，要求执行。人民法院在接到申请执行书后，应当向被执行人发出执行通知，责令其在指定的期间履行，逾期不履行的，依法予以强制执行。

五、集体谈判与集体合同

1. 集体谈判的含义和功能

集体谈判是指企业代表或雇主代表与劳动者或雇员群体的代表(一般是工会)之间通过一种特定的谈判结构，为签订集体合同进行谈判，确定劳动条件各方面内容的行为与过程。从广义上讲，集体谈判也是一种协商谈判体系，是协调劳动关系的一种重要机制。我国《劳动法》对集体谈判作了原则性规定，我国《劳动法》第三十三条规定："企业职工一方与企业可以就劳动报酬、工作时间、休息休假、劳动安全卫生、保险福利等事项，签订集体合同。"根据这一规定,集体谈判就是工会或职工代表与企业或企业团体就劳动问题而进行交涉的一种方式。

通常集体谈判在不同阶段上执行着许多不同的功能。一是市场功能或经济功能。这里集体谈判决定在何种待遇和条件下,现有雇员将继续向一家公司供给劳动力,此时集体协议可以被看成是一种正式的契约和不满的解决程序,以及确保雇主遵循协议条款的一种非法律手段,这类集体谈判过程的中心主要放在决定劳动者被雇用的具体待遇和条款上。二是管理功能。这里的集体谈判可以被看成是建立在谈判双方的相互依赖以及每一方都有权"否决"对方行为基础之上的一种政治过程。用一个政治术语来说,集体谈判关系可以被看成是一种延续的"政治制度",集体谈判则是由作为立法机构的资方及工会谈判者所制定的法律体系,把行政权赋予资方,它必须根据宪法条款来行使行政权。这类集体谈判的中心内容是:程序性问题与一些实质性问题相联系时的权力分配问题,以及金钱的分配问题。三是决策功能。这时集体谈判使得工人们通过工会代表,参与到指导和规范他们的工作和生活的政策制定过程之中。实际上,集体谈判是一套已经达成的正式的决定备忘录,也是对资方的自由及单方行动的自主权的一种限制。

 阅读材料

罢工、怠工、联合抵制、纠察和黑名单

罢工是雇员为了提高劳动报酬、改善劳动条件而集体拒绝工作的情形。罢工通常由代表雇员共同利益的工会组织发起,是工会在集体谈判中威胁资方的手段和解决劳资冲突的最后武器,也是工会比较偏爱的一种方式。

怠工即懈怠工作,是指工人们不离开工作岗位也不进行就地罢工,只是放慢工作速度或破坏性地进行工作(如浪费雇主或企业的原材料等)的情形。怠工不同于罢工,但也有与罢工相同之处。它们都需要劳动者的团结和共同行动,才能对雇主或管理方产生威慑和胁迫作用,在多数国家被认为是合法的产业行为。

联合抵制是指阻止雇主出售最终产品,分为初级联合抵制和次级联合抵制。初级联合抵制是指工会通过直接对雇主施加压力迫使其接受谈判条件的运动;次级联合抵制是指工会向没有直接卷入劳资争议的雇主施加压力,使当事雇主面临不利地位而展开的有组织的运动。两者的区别是:初级抵制直接针对雇主施加压力,迫使其接受谈判条件,而次级抵制是针对其他雇主施加压力,迫使当事雇主接受条件。

纠察是指罢工工人对靠近工厂的入口处或有关区域实行的警戒。纠察通常伴有标语或者旗帜,是一种很有声势的活动。纠察有助于罢工和联合抵制完成行动任务。在罢工中,纠察可以保证工会实现停产的目的,阻止雇主利用罢工替代者;对于那些软弱、缺乏纪律的工会来说,纠察可以防止工会会员穿越罢工划定的纠察禁区。在联合抵制中,纠察可以增加抵制人数。

黑名单又叫黑表,是指雇主通过秘密调查,将一些不安分或有可能在劳资冲突中发挥主要或带头作用的劳动者,秘密登记在一张表上,并暗中通知本行业其他雇主不要雇用他们,致使

被列在表上的劳动者丧失被雇用的机会。与工会在冲突中对雇主使用联合抵制手段一样，黑名单是雇主对劳动者采取的一种秘密报复行为，它损害了劳动者的名誉，因而在许多国家，雇主使用黑名单被视为非法行为，要承担法律责任。

(资料来源：程延园. 劳动关系[M]. 北京：中国人民大学出版社，2002.)

2. 集体合同的性质

所谓集体合同，又称团体协议、集体协议等，是指工会或者职工推举的职工代表与用人单位依照法律法规的规定就劳动报酬、工作条件、工作时间、休息休假、劳动安全卫生、社会保险福利等事项，在平等协商的基础上进行协商谈判所缔结的书面协议。《劳动合同法》第五十一条规定：企业职工一方与用人单位通过平等协商，可以就劳动报酬、工作时间、休息休假、劳动安全卫生、保险福利等事项订立集体合同。集体合同草案应当提交职工代表大会或者全体职工讨论通过，由工会代表企业职工一方与用人单位订立；尚未建立工会的用人单位，由上级工会指导劳动者推举的代表与用人单位订立。可见，作为一种契约关系，集体合同是集体协商的结果。

集体合同首先具有一般合同的共同特征，即由平等主体基于平等、自愿协商而订立的规范双方权利和义务的协议。除此以外，集体合同还具有其自身特征。

(1) 集体合同是特定的当事人之间订立的协议。集体合同中当事人一方是代表职工的工会组织或职工代表，另一方是用人单位。当事人中至少有一方是由多数人组成的团体，特别是职工方必须由工会或职工代表参加，集体合同才能成立。

(2) 集体合同内容包括劳动报酬、工作时间、休息休假、劳动安全卫生、保险福利等事项。集体合同中的劳动标准是集体合同的核心内容，对个人劳动合同起制约作用。《劳动合同法》第十一条规定：用人单位未在用工的同时订立书面劳动合同，与劳动者约定的劳动报酬不明确的，新招用的劳动者的劳动报酬按照集体合同规定的标准执行；没有集体合同或者集体合同未规定的，实行同工同酬。《劳动合同法》第五十五条规定：集体合同中劳动报酬和劳动条件等标准不得低于当地人民政府规定的最低标准；用人单位与劳动者订立的劳动合同中劳动报酬和劳动条件等标准不得低于集体合同规定的标准。

(3) 集体合同的双方当事人的权利义务不均衡，基本上都是强调用人单位的义务，如为劳动者提供合法的劳动设施和劳动条件。

(4) 集体合同采取要式合同的形式，需要报送劳动行政部门登记、审查、备案方为有效。

(5) 集体合同受到国家宏观调控计划的制约，就效力来说，集体合同效力高于劳动合同，劳动合同规定的职工个人劳动条件和劳动报酬标准，不得低于集体合同的规定。《劳动合同法》第五十四条规定：依法订立的集体合同对用人单位和劳动者具有约束力。行业性、区域性集体合同对当地本行业、本区域的用人单位和劳动者具有约束力。第十八条规定：劳动合同对劳动报酬和劳动条件等标准约定不明确，引发争议的，用人单位与劳动者可以重新协商；协商不成的，适用集体合同规定；没有集体合同或者集体合同未规定劳动报酬的，实行同工同酬；没有集体合同或者集体合同未规定劳动条件等标准的，适用国家有关规定。

3. 集体合同的订立、变更、解除与终止

集体合同与其他类型的合同一样，须经双方合意，即须双方意见表示一致才能成立。由于集体合同当事人双方的价值取向和利益不同，因此必须经过一定阶段的协商谈判甚至讨价还价才能达成意见一致的表示。因此，集体合同的订立一般要经过双方拟定草案、协商内容和签订协议等阶段。

集体合同的变更和解除，必须具备一定的条件，只有在发生下列情况之一时，才允许变更或解除集体合同。

(1) 当事人双方经过协商，并且不因此损害国家利益和社会利益。
(2) 订立集体合同所依据的国家计划被修改或取消。
(3) 国家劳动法律、政策发生变化。
(4) 企业破产、停产、转产，使集体合同无法履行。
(5) 由于不可抗力的外因使集体合同不能履行。
(6) 由于当事人一方违约，使集体合同部分或全部履行成为不必要。
(7) 工会解散。

集体合同的终止，也叫集体合同的终结或消灭，是指由于一定的法律事实出现而使当事人之间的权利义务关系消灭。集体合同终止的原因主要有以下几种。

(1) 集体合同因完全履行而终止。
(2) 集体合同存续时间届满而终止。
(3) 集体合同当事人一方发出解约通知而终止。
(4) 集体合同因免除而终止。

4. 集体谈判和集体合同的主要类型

我国的集体谈判通常被称为集体协商，一般地，集体协商和集体合同的类型有以下三种划分方法：一是按照集体协商和集体合同主体的行政管理级别可以划分为企业集体协商、区域集体协商和国家级集体协商。二是按照集体协商和集体合同的内容可以划分为综合性集体协商和集体合同、专项集体协商和集体合同。三是按照企业归属的行业不同划分等。下面我们根据集体协商和集体合同的内容来看集体协商和集体合同的类型。

1) 专项集体协商与集体合同

专项集体协商是指用人单位与其职工依法就劳动报酬、某项劳动条件或者用人单位与其一类员工就某一劳动条件进行协商，签订专项协议的行为或活动。也就是说，专项集体合同是就集体协商的某项内容签订的专项书面协议。《劳动合同法》第五十二条规定："企

业职工一方与用人单位可以订立劳动安全卫生、女职工权益保护、工资调整机制等专项集体合同。"

集体协商和集合合同的内容很多，劳动关系双方针对影响劳动关系的主要方面进行集体协商，可以降低谈判成本，更容易尽快达成共识，签订并履行集体合同，因而专项集体协商和集体合同有其独特优势。

2) 行业性集体协商和集体合同

行业性集体协商主要是指在一定行业内，由行业性工会联合会与相应行业内各企业的组织代表(如行业商会、协会等)，就劳动报酬、工作时间、休息休假、劳动安全卫生、保险福利等事项，或者其中的某一项，抑或是与某一类员工就劳动报酬、某一劳动条件进行协商签订集体协议或专项集体协议的行为或活动。行业性集体协商所签订的书面协议就是行业性集体合同。

与其他类型集体协商和集体合同相比，行业性集体协商和集体合同有其突出优势。同一领域的各企业具有行业共同性，例如在利润和职业工资水平、职业危害状况、劳动者素质等方面往往比较接近，行业内职工方代表与企业方代表就某一方面制定具体、有针对性的共同标准，容易达成一致意见，从而减少劳资谈判的成本，更广泛地保护整个行业内劳动者的合法权益，在行业内实现和谐稳定的劳动关系。

3) 区域性集体协商与集体合同

区域性集体协商是指在一定区域内如社区、镇、街道、经济开发区乃至县城、市、省域内等，由区域性工会或工会联合会与相应经济组织或区域内企业，就劳动报酬、工作时间、休息休假、劳动安全卫生、保险福利等事项，或者是其中某一项进行平等协商签订集体合同的行为或活动。区域性集体谈判所签订的书面协议即为区域性集体合同。《劳动合同法》第五十三条规定："在县级以下区域内，建筑业、采矿业、餐饮服务业等行业可以由工会与企业方面代表订立行业性集体合同，或者订立区域性集体合同。"

管理案例

2007年9月某制药股份有限公司(以下简称制药公司)工会代表全体职工与公司签订了集体合同。合同规定：职工工作时间为每日8小时，每周40小时，在上午和下午连续工作4小时期间安排工间操一次，时间为20分钟，职工工资报酬不低于每月1000元，每月4日支付，合同有效期自2007年7月1日至2010年7月1日。该合同于6月底被劳动管理部门确认。2007年9月，制药公司从人才市场招聘了一批技术工人去新建的制药分厂工作。每个技术工人也和制药公司签订了劳动合同，内容均是：合同有效期自2007年9月1日至2010年9月1日，工作时间为每日10小时，每周50小时，上午、下午各5小时期间无工间休息，工人工资每月1300元，劳动中出现的伤亡由劳动者自行负责。技术工人上班后发现车间药味很浓，连续工作头昏脑涨。部分工人向分厂负责人提出要像总厂工人那样有工间休息。分厂的答复是：①总厂集体合同订立在先，分厂设立在后，集体合同对分厂职工无效，分厂职工不能要求和总厂职工同等的待遇；

②按劳取酬，分厂工人比总厂职工工资高出许多，增加劳动强度也是公平合理的。

请问：(1) 集体合同对制药分厂工人是否有效？

(2) 制药公司和分厂技术工人订立的劳动合同有哪些内容无效？

【案例点评】本例涉及集体合同和劳动合同的关系的问题。集体合同旨在发挥劳动者组织的职能，更有效地维护劳动者的合法权益。集体合同的效力有一定的特殊性。

(资料来源：赵永乐、苏琴、方江宁. 劳动关系管理与劳动争议处理[M]. 上海：上海交通大学出版社，2010.)

第三节 中国劳动关系发展趋势

一、当前我国劳动关系不和谐的原因

1. 劳动力供给过剩，决定了劳动关系双方地位的不平等

近年来，一方面是后危机时期经济发展不景气，产品与服务需求不足，导致劳动力需求减少；还有技术的日新月异，高效能的设备与器械的大量采用，也导致劳动力需求总量的减少。另一方面，国内大学生扩招后就业高峰的到来(每年都有几十万大学生未能及时就业)、国企下岗分流出来的大量职员的重新就业、国家对某些产业的结构性调整造成的人员过剩、经济开发过程中失地农民的剧增和农村剩余劳动力的大量增加及其异地流动，这些因素都使得社会劳动力这个"蓄水池"的容量越来越大。按经济增长速度保持在7%左右计算，现有经济结构状况下，每年新增的就业岗位达700万～800万个，加上补充企业自然减员200多万，劳动力年度供大于求的缺口在1400万左右。劳动力的大量过剩使劳动力市场出现"寻低竞争"，表现为越来越低的工资、越来越长的劳动时间、越来越少的劳动保护和缺失的社会保险。

2. "资本雇用劳动"与"劳动者人力资本缺失"，决定了劳动者缺乏与资本抗衡的力量

近期内，"资本雇用劳动""强资本、弱劳力"的格局不会改变，同时农民工、下岗分流的职工、文化与技能都低下的老员工、大量新入职的低学历低技能的毕业生，他们的文化和技能水平也难以提高。这种情况下，劳动者对收入分配没有发言权，劳动要素与其他要素参与分配的力量被削弱，劳动力价格被严重低估，结果是劳动者在企业分配中和参与享受社会发展成果的利益受到损害，劳动关系的平等地位受到挑战，影响劳动关系与就业的稳定发展。

3. 劳动用工形式的多样化，劳动关系管理的"真空化"

伴随经济形态多样化、经营机制市场化和人才竞争化，原来形式单一、内容相同的劳动关系已经不能涵盖不断出现的新的用工制度和就业形式，灵活就业在我国已开始凸显并呈快速发展势头。灵活就业用工形式特点是：劳动用工主体、使用单位和日常管理单位三

者之间相互分离、相对独立；用工机制灵活、快捷，市场供需变化快；劳动力招用手续简便、环节简化、程序简单；人员使用期限短，流动频率高；劳动关系软化，简单明了，给企业管理带来方便。当前灵活多样的劳动关系，从期限上可分为短期性用工、间歇性用工、项目性用工和季节性用工等；从用工主体看，有劳务输入、劳务输出和人才租赁等；从实际管理看，采取实行人事代理和劳动代理等形式。这种灵活多样的用工形式，满足了生产经营的复杂化、多样化的需求，提高了企业生产效率。但是，对于这种新的用工制度和就业形式，还缺乏具有针对性的法规政策予以指导与约束，这就给用工主体不规范用工创造了许多机会，从而导致了许多新型劳动争议的产生。

4. 劳动法律法规还不完善、不配套

随着社会主义市场经济的发展，特别是非公有制经济的发展，企业的组织形式、就业方式、劳动收入分配方式日趋多元化，我国的劳动法律法规已经明显滞后，突出表现在：与《劳动法》配套的一些重要法律法规尚未出台，经常遭遇"无法可依"的尴尬局面；一些既有的法律法规过于原则、内容比较陈旧，已不适应新形势的要求。这种情况特别不利于和谐劳动关系的构建。中国人民大学关怀教授，在"劳动法实施十周年理论研讨会暨中国劳动法学研究会年会"上，总结了劳动法目前存在的六大欠缺：实际操作不便、内容存在缺漏、争议处理修订不及时、与新法衔接不够、惩处力度太弱和立法层次不高。

5. 有法难依，执法不严

一方面，一些地方政府把"执政能力"简化为"GDP的增长能力"，怕严厉执法会影响"投资环境"，从而把经济发展与严肃执法视为水火不相容的两个事物。这也使得就业歧视、违法使用童工、不签订劳动合同、不缴纳社会保险、不执行劳动标准等现象屡禁不止。另一方面，我国劳动监察和劳动争议处理力量还不适应日益繁重的执法任务的需要。劳动监察制度是最重要的劳动执法手段，但由于劳动执法人员的严重不足，加上执法手段单一且处罚力度不够，违法成本低，导致不能有效地威慑和遏制用人单位的违法行为，使这项制度难以发挥应有的作用。

二、构建和谐劳动关系的相关措施

国家相关文件和法规高度肯定了构建和谐劳动关系在以和谐为主题的中国社会主义现代化建设中的重要性与必要性。但是，仅有中央政府的高度重视，还不能构建和谐劳动关系，要构建和谐劳动关系，政府、企业、工会、员工和其他社会组织必须共同努力。

1. 政府方面的措施

政府在和谐劳动关系构建中起着十分重要的作用，具体来说应该做好以下几方面的工作。

1) 加强劳动关系的宏观调控

政府从宏观上调节劳动关系的手段，主要有劳动力市场调节和社会保障体系建设两个方面。在劳动力市场调节方面，首先是调节劳动力市场供需。通过就业政策包括运用财政和货币手段来调节劳动力的需求；通过人力资源政策，包括创新户籍管理制度和人才流动管理制度、开展职业预测、职业培训和再培训，调节劳动力的供给；进而力求实现充分就业条件下的人力资源供需均衡。其次是调节劳动力市场的运行，通过调节工资政策、就业服务政策、社会保险制度，以及保证公平就业和公平报酬的反歧视政策和劳动保护等，保证劳动者的经济利益、就业权利和就业条件，从而保证劳动力市场的正常协调运行。

在社会保障体系建设方面，主要是开展好社会保险、社会救济、社会福利、社会优抚安置、国有企业下岗职工基本生活保障和再就业等五方面的工作，以实现收入再分配，减弱贫困，缩小贫富差距，改善劳动者生活条件，促进社会公平与进步，推动劳动关系的稳定发展。

2) 完善劳动法律法规

根据邓洛普的劳动关系系统论，劳动关系外部环境中，国家立法对调整劳动关系的作用相当大。因此，构建和谐的劳动关系应该认真完善各项劳动法律法规，这样才能使劳动争议发生时，有法可依、有章可循，使劳动关系任何一方的利益都受到保护，从而使劳动关系始终处于和谐的运行状况。当前，我国企业劳动关系中存在的一些问题就是由劳动法律法规不完善所引起的。因此，我们在严格执行《劳动法》的同时，必须加快制定与《劳动法》配套的相关法律法规。当前，我们应抓紧抓好《集体合同法》《最低工资法》《社会保险法》《劳动争议处理法》《劳动保障监察法》《劳务派遣法》等单行劳动法律的制定工作，为规范劳动关系双方的行为和利益、协调劳动关系提供法律支撑。

3) 加强执法和监督力度

和谐劳动关系的构建要有法可依，更要执法必严、违法必究。为了加强执法和监督力度，我们应该做好以下工作：首先，应尽快制定、出台《劳动保障监察法》，提高劳动执法的法律地位，并赋予劳动监察机构相应的权力，确保劳动监察机构在劳动执法中的调查权、审核权、请求协助权等诸项权力，尤其是要强化对违法行为的处罚权力。在法律未出台前，要坚决贯彻《劳动保障监察条例》。其次，加快健全省、市、县三级劳动保障监察机构，有条件的地方应向街道、乡镇和社区延伸，充实人员队伍，提高人员素质，保证工作经费，完善劳动保障法律监督检查网络。再次，要定期对企业进行劳动合同、社会保险、安全生产等方面的监督和检查，将劳动争议抑制在萌芽状态。为了防止地方保护主义和地方官商勾结，在监督与检查方式上，国家劳动与社会保障部可不定期进行全国性抽样检查并公布结果，还可组织省际监督性互查和市县级之间的监督互查。最后，要强化对劳动执法权力的监督和制约，保证这一权力落到实处并得到正确的行使，包括发挥工会的民主监督作用，加强自下而上的监督；强化劳动监察组织内部的监督，主要是加强上级组织对下级组织的监督。

2. 企业方面的措施

1) 加强企业伦理道德建设

企业伦理道德，要求企业必须在发展生产时，注重社会责任，必须以人为本，必须尊重他人的利益。企业伦理道德建设的关键，是建立健康向上的企业文化——强调尊重、信任、团结，追求归属感与认同感，切实关注员工利益、健康与安全，改善员工劳动环境，与员工共享企业的成果。

2) 依法拟订规章制度

在市场经济条件下，企业可以依据法律法规的要求拟定企业内部的劳动管理制度。在内容上，要保障职工各项劳动权利得以实现，不得违反国家法律法规；在形式上，为保证内部制度的合法性与合理性，企业拟定劳动管理制度时应充分发扬民主，要经过全体职工大会或职工代表大会审议通过，并且要将劳动管理制度予以公示。规章制度的建立和完善使企业能依法、有序管理，实现经营目的和经济效益；劳动者也能积极履行劳动义务，实现自己的劳动价值，从而建立一种良好的互动关系。

3) 积极发挥工会或职工代表大会的作用

有条件成立工会组织的企业，一定要成立工会，并做到有专门的办公场所、专项办公经费、专职的管理人员。成立工会的企业，应该尽可能保持工会的独立主体地位，发挥工会的"桥梁纽带"作用。

3. 工会方面的措施

1) 贴近职工生活，为职工办实事

工会是广大劳动者的"家园"，因此工会要经常对职工的工作、生活和思想情况进行摸底调查，及时发现问题、分析问题并解决问题，尤其是要做好困难职工的帮扶救助工作。另外，工会应注意丰富职工的业余文化生活，使得劳动者在工作和生活中感受到组织的温暖，进而增强对组织的归属感，激发其工作热情。

2) 促进劳动合同的签订，监督劳动合同履行情况

工会应加强劳动合同签订方面的法律法规的宣传，指导员工与企业协商签订劳动合同，并对企业执行劳动合同的过程进行监督。对于签订的无效劳动合同、对于劳动合同执行过程中的违法行为，应该及时发现、及时指出并力促其改正。

3) 加强劳动关系的协调

协调劳动关系，需要以法律法规作为行动准则，以表达和维护劳动者的合法权益为工作的出发点，因而需要工会组织培养出劳动关系协调方面的专家，让其承担以下责任：与单位建立集体合同进行谈判，确保职工在劳动报酬、安全卫生、社会保险权利等方面得到合法合理的保障；为权益受到侵害的职工提供法律上的帮助，在处理劳动争议时发挥作用，

维护职工合法权益；在三方协商机制中从维护劳动者利益角度发挥作用。

4) 搞好劳动者的教育工作

职工综合素质的提高，一方面有利于增强职工在"劳资谈判"中的地位，另一方面有利于促进劳资关系的协调。在市场经济条件下，将职工培养成为有理想、有道德、有文化、有纪律的"四有"劳动者，工会可开展以下四个方面的教育工作：爱国主义、集体主义、社会主义教育，民主、法制和纪律教育，社会公德、职业道德、家庭美德教育，科学、文化、技术教育。

4. 员工方面的措施

1) 诚实守信，敬业爱岗

当前，中国劳动者的职业道德水平不高、主人翁精神缺乏、职业忠诚度低，频繁跳槽、损公肥私的现象十分严重。为了能构建和谐劳动关系，职工应该不断提升自己的思想道德水平，践行诚信原则，遵守职业道德，立足本职工作，干好本职工作。

2) 努力学习，提高技能

要提高劳动者在"资本雇用劳动"这一环境下的地位，广大劳动者尤其是下岗职工和农民工，应该刻苦学习新知识、新技能，不断提高自身的"被雇用能力"，增强在"劳资谈判"中的地位，推进和谐劳动关系的建立。

3) 依法维护自己的权益

当自己的合法权益受到侵犯时，要通过正当的途径据理力争，必要时应该拿起法律武器通过诉讼方式解决问题，这一方面是维护自身权益，另一方面是给侵权者"敲警钟"。另外，职工可依法组建工会，通过工会组织去维护自身的合法权益，变个人维权为组织维权、集体维权，以降低维权成本、增强维权效果。

 阅读材料

打造雇主品牌，构建和谐劳资关系

一、雇主也有自己的品牌

雇主品牌伴随着知识经济的到来而出现，它指的是公司(即雇主)在人力资源市场上的定位，是对公司现有的、离职的以及未来的雇员树立的品牌形象。《财富》杂志与世界知名的调查公司翰威特每年合作评选"全球最佳雇主100强"，榜上有名的都是在人力资源市场上最具有吸引力和竞争性的企业。与此同时，各种各样的雇主评选活动也层出不穷。"最佳雇主排行榜""中国年度雇主调查"等不断冲击人们的视野，成为当前企业和人才热衷的一个话题。

雇主品牌实际上包含内部品牌和外部品牌两个层面。一方面，内部品牌是在现有的雇员中树立品牌，它是公司对人才成长和发展作出的郑重承诺，体现公司长远发展与员工职业生涯发展的双赢关系。员工满意度直接反映了雇员对所在组织的认同和接受，是衡量内部品牌的重要

指标。公司通过雇主品牌给予员工承诺，而员工也通过雇主品牌获得自身价值的实现，继而由满意上升到相互忠诚的关系。另一方面，对潜在的雇员树立的则是外部品牌，它对外展现了公司是"最理想的工作场所"的形象，使各种人才都愿意到公司来工作。当代社会，求职者正在寻找最值得自己全力以赴为之工作的雇主，而雇主也开始注重在人才市场重塑自己的品牌形象。雇主品牌已成为一种潜力巨大的无形资产，如同一块巨大的磁铁吸引着最优秀的人才。

二、最佳雇主的品牌吸引力

(1) 全面的薪酬。有竞争力的薪酬不只是很高的工资和福利水平，更重要的在于薪酬是全面的，包含货币性的和非货币的报酬。《财富》杂志所评选的"百佳雇主"中有 28 家向公司内部员工发放股权，其范围涵盖了从高到低各个层次各个级别的员工。非货币性激励表现在：团队合作、互相尊重、良好的人际关系、有乐趣的工作、弹性工作时间等。专家指出，创造愉快的工作环境是成为好雇主的首要秘诀，他们往往把员工犯的错误视为学习过程中的正常现象，每位员工都被赋予充分的权力进行工作决策；最佳雇主的薪酬并不明显高于其他公司，但通过绩效考评、薪酬的整体操作让员工感到公平与合理。全面的薪酬体系始终以人才为核心，给员工以物质上与精神上的承诺，这就是雇主品牌的魅力所在。

(2) 独特的企业文化。企业文化是一项经营武器，通过公司的使命、愿景、价值观，对员工产生一种广泛的影响力。有吸引力的企业文化，能使员工从思想上融入企业当中，快乐地进行工作。如西南航空公司"自由从我开始"的承诺、强生公司倡导的"尽享不同"、花旗银行的"一份没有不可能的事业"等，都在宣传雇主各自独特的价值观和企业文化。员工对企业文化的认同，使得工作成为一种乐趣和实现自身价值的途径。如果说薪酬满足的主要是人的物质需求，那么一个拥有优秀企业文化的组织则满足了员工的精神需求，这就是强生、花旗等公司能网罗到大量优秀人才的重要原因。

(3) 学习与发展空间。丰富的培训计划、职业发展空间成为吸引、留住优秀员工的有效激励手段。公司通过提供更多的培训和发展机会，一方面满足员工职业发展需要，创造了良好的雇主形象，同时也培养了企业所需的高素质人才。翰威特公司在亚洲进行的无数次员工观点调查的结果就表明，雇主所提供的学习与发展机会，一直被列为是激励员工的最重要的因素之一。中国台湾 2005 年最佳雇主榜上有名的国泰人寿，面对人员流动率超高的产业特性，依旧投资 8 亿元用在员工的教育培训上。

(4) 进行有效的沟通。有效的信息沟通是创建和维护雇主品牌的重要工具。企业要赢得员工对创建雇主品牌的支持，提高员工的认同度和满意度，需要进行双向沟通，着力构建信息沟通网络，并据此不断改善企业的经营活动。2005"亚洲最佳雇主调查"结果显示：当选最佳雇主的公司中，87%的员工感觉到他们得到了足够的关于公司业务成果和绩效的信息，而其他公司的员工反馈满意的只有 57%；89%的最佳雇主的员工认为，他们知道公司对自己工作的期望值，这个数值比其他公司高了 25 个百分点。

雇主品牌从人力资源市场竞争中脱颖而出，并进而得到社会公众的认可。对员工而言，雇主品牌的深层次意义还在于企业的名牌效应让员工的人力资本价值获得了提升。即使将来离开该企业，在名牌企业的工作经历对其职业生涯十分有益，无形中人力资本的增值使其在劳动力市场上更富有竞争力。

三、雇主品牌是品牌经营的最高境界

雇主品牌是整个企业品牌经营的最高层次和最高境界，它反映了企业品牌内涵的最核心内容。员工是一类特殊的客户，企业为其提供的是特定的人力资源产品与服务。具有创新性的人力资源产品与服务，能满足不同层次不同员工的需求，也是创建企业品牌的重要手段。因而，需要公司的核心领导层具备品牌意识，将树立雇主品牌作为企业发展的重要战略，并在资金、政策、文化等各方面予以充分的支持，才有可能打造出卓越的雇主品牌。品牌经营的思维需要融入到企业的各项工作当中去。因而，雇主品牌运营也要贯穿人力资源管理活动始终，紧紧围绕吸引、激励和留住人才这一目的，把建立并维系雇主品牌作为工作的出发点和落脚点。企业需要从战略上重视现有员工和潜在员工对企业的印象和评价，并据此来调整人力资源体系，同时接受员工和社会的监督。人力资源规划、招聘甄选、培训开发、薪酬激励、绩效管理，各个环节均能够展现雇主的品牌吸引力，如宝洁的校园招聘、微软的股权激励、摩托罗拉大学等。

一个成功的企业，不仅仅需要顾客对产品的价值认同和较好的品牌美誉度，更需要创建一个以人才为核心的雇主品牌。只有把雇主品牌真正纳入到经营战略范畴，对内对外均创建良好的雇主形象，才能在日趋激烈的人才争夺战中赢得竞争优势。

(资料来源：刘砺利. 卓越雇主的品牌价值[J]. 经营管理者，2006，5.)

本 章 小 结

劳动关系是生产关系的重要因素之一，劳动关系融洽与否直接关系到人力资源潜力的发挥，因此劳动关系是人力资源管理中重要方面之一。

劳动关系是指劳动者与劳动力使用者在实现劳动过程中所结成的社会经济关系。由于各国社会制度和文化传统等不同，实践中的劳动关系有不同的称谓。劳动关系的主体包括劳动者和用人单位两方，以及代表劳动者利益的工会组织和代表用人单位利益的雇主组织。劳动关系的客体是劳动权利和劳动义务指向的对象——劳动力。劳动关系的主要内容就是劳动关系的主体双方依法享有的权利和承担的义务。劳动关系表现出来的是力量的较量、合作与冲突等形式。

劳动法是指调整劳动关系以及与劳动关系有密切联系的其他社会关系的法律。劳动合同，也称劳动契约、劳动协议，是指劳动者同企业、个体经济组织、民办非企业单位等组织建立劳动关系，明确双方责任、权利和义务的协议。

三方协商机制作为制定和实施社会经济政策过程中的一个重要程序，被认为是社会成本低、社会效益高的劳动关系协调制度。

劳动争议是指劳动关系的双方当事人——用人单位与劳动者之间，因实现劳动权利或履行劳动义务而发生的矛盾纠纷，其处理的基本手段是协商、调解、仲裁和诉讼。

集体谈判是企业代表或雇主代表与劳动者或雇员群体的代表(一般是工会)之间通过一种特定的谈判结构，为签订集体合同进行谈判，确定劳动条件各方面内容的行为与过程。

构建和谐劳动关系在以和谐为主题的中国社会主义现代化建设中具有重要意义。而构建和谐的劳动关系，政府、企业、工会、员工和其他社会组织必须共同努力。

名人名言

1. 法律职业的社会地位是一个民族文明的标志。——费尔德
2. 法律的基本原则是：为人诚实，不损害他人，给予每个人他应得的部分。——查士丁尼
3. 不管他应惩罚人，还是应关护人，它必定把人当人看待。——歌德
4. 世界上唯有两样东西能让我们的内心受到深深的震撼，一是我们头顶上灿烂的星空，一是我们内心崇高的道德法则。——康德
5. 制定法律法令，就是为了不让强者做什么事都横行霸道。——奥维德

(扫一扫，获取自测题)

(扫一扫，获取扩展阅读资料)

第十章　跨文化人力资源管理

【教学要求】

知识要点	能力要求	相关知识
跨文化人力资源管理	(1)理解并表述跨文化人力资源管理的含义。 (2)会分析跨文化人力资源管理的冲突。 (3)提出解决跨文化冲突的对策	(1)跨文化人力资源管理的含义。 (2)跨文化人力资源管理中的文化冲突。 (3)跨文化冲突的协调对策
跨国公司人力资源管理	(1)理解跨国公司人力资源管理的模式。 (2)会制作并实施跨国公司外派人员选拔方案。 (3)会实施跨国公司外派人员培训。 (4)会制定跨国公司外派人员薪酬体系	(1)跨国公司人力资源管理的模式。 (2)跨国公司外派人员的选拔。 (3)跨国公司外派人员的培训。 (4)跨国公司外派人员薪酬福利管理

【关键概念】

跨文化人力资源　跨国公司人力资源管理

第一节　跨文化人力资源管理

一、跨文化人力资源管理的含义

跨文化人力资源管理从战略层面看主要包括四个维度：国家的差异(母国、东道国和第三国)，功能组合(获取、开发、配置和利用)，员工类型(母国员工、东道国员工和第三国员工)，文化取向。

跨文化人力资源管理是在多个文化环境下进行的人力资源管理活动，人力资源管理经常表现出四种文化心态：①民族中心态度，认为母国的人员和做事方式是最好的和最先进的，海外公司的管理方法应该全部采纳母公司；②多中心态度，认为在海外经营中，只有当地经理最了解如何对当地公司进行运作；③地区中心态度，是多中心态度向全球中心态度的过度，认为在特定区域内的人才才是可信任的；④全球中心态度，认为只有以世界优秀人才为导向的管理才是人力资源管理的真谛。

跨文化人力资源管理是指组织在国际化经营中对来自于不同文化背景，具有文化差异的人力资源进行获取、保持、培训开发、融合和调整等一系列的管理活动的过程。

二、跨文化人力资源管理中的文化冲突

在跨国公司中,由于不同的文化背景,经常在人力资源管理中产生各种各样的冲突。常见的有以下几种。

(1) 民族文化、思维模式的不同直接导致文化冲突。
(2) 行为模式的不同导致文化冲突。
(3) 对文化意义符号的不同理解导致文化冲突。
(4) 语境障碍导致文化冲突。
(5) 政治体系不同导致文化冲突。
(6) 不同的宗教信仰导致文化冲突。

三、跨文化冲突的协调对策

跨文化冲突的协调可以从两个方面入手:①理解和顺从东道国和第三国文化;②以母国文化同化东道国和第三国文化。具体而言,跨文化整合应从多个方面入手。

(1) 价值观的认识和理解。
(2) 加强员工本土化建设。通常有两种策略:①员工来源本土化;②加强对本地员工企业文化的同化。
(3) 适应和变革他国文化。
(4) 加强跨文化培训。
(5) 提高跨文化沟通的技能。比如:①平等待人、以诚相见;②用事实说话、事实胜于雄辩;③寻找最好的切入点;④要有幽默感、人情味、故事性;⑤有来有往、及时反馈。

第二节 跨国公司人力资源管理

一、跨国公司人力资源管理的模式

有代表性的跨国公司人力资源管理模式有:民族中心原则、多中心原则、全球中心原则和地区中心原则。

1. 民族中心原则

遵循民族中心原则的国际企业,在人力资源管理中的显著特征是将本国母公司中的政策与操作方法直接移植到海外子公司,并且主要由母公司派出的本国员工负责实施和监督。

1) 采取民族中心原则的主要原因
(1) 为了更有效地控制海外子公司。
(2) 在东道国难以招募到合适的人员。
(3) 储备管理人员和员工发展的需要。
(4) 为了保护公司的技术和专利。
2) 采取民族中心原则的主要弊端
(1) 影响海外公司的绩效。
(2) 导致人力成本的增加。
(3) 影响当地员工的积极性。
(4) 影响外派员工的生活、家庭。
(5) 影响与当地政府的关系。

2. 多中心原则

实行多中心原则的国际企业，母公司与子公司基本上是相互独立的，子公司根据当地环境制定相应的人力资源管理政策并实施。更多地由当地员工担任主要管理职务，国外子公司基本上交给当地人管理。

1) 多中心原则的优势
(1) 有利于企业在当地的经营发展。
(2) 能够减低人力成本。
(3) 有助于保持企业经营政策的连续性。
(4) 能够有效地激励东道国员工。
(5) 有助于同顾客、雇员、政府机构及工会等公共组织建立良好的关系，缓和东道国民族主义情绪和政府干预的压力，改善了公司的外部经营环境。

2) 多中心原则的缺点
(1) 东道国人员难以更深入地融入国际企业。
(2) 影响本地高层管理者获得其他海外子公司的提拔机会，也进一步影响其他下属的提拔。
(3) 影响总部母国优秀员工去海外子公司锻炼。
(4) 各个海外子公司协调难度增加。

3. 全球中心原则

实行全球中心原则的国际企业，其公司总部与所有海外子公司构成一个全球性的网络，该网络被看成一个经济实体，而不是母公司与各个子公司的一个简单集合。此时，国际企业雇佣的管理人员除了母国人员和东道国人员之外，还有第三国人员，实际是面向全球招聘员工。

1) 国际企业愿意从第三国(或者全球范围内)招聘员工的原因

(1) 面向全球招聘选择面更广，更能够发现高素质、适合的人才。

(2) 缓解东道国和母国优秀人才供不应求的局面。

(3) 第三国员工能够更快地适应东道国的社会、文化环境，而且不具有民族主义倾向。

(4) 从第三国招聘员工可能会比从母国外派人员成本低。

2) 采用全球中心原则的制约因素

(1) 员工(以及家属)在不同国家之间迁徙任职，造成巨大的人力成本。

(2) 东道国政府为了保障本国人员的就业，可能会对第三国人员设置任职障碍。

(3) 政治和外交关系的影响，东道国政府可能会拒绝给予本国有争议的第三国员工发放签证。

(4) 由于东道国员工的抵触情绪、拒绝合作，从而影响第三国管理者工作效率和效果。

4．地区中心原则

在多中心原则和全球中心原则之间还存在一种地区中心原则。实行地区中心原则的国际企业，其海外子公司按照地区进行分类，如欧洲区、亚洲区等。为海外子公司配置员工时，也不考虑雇员的国籍，只要求子公司的经理人员来自东道国所在的某一区域，各个地区内部的人力资源政策尽可能地协调。这种模式地区内的沟通程度很高，而地区之间的沟通非常有限。

需要说明的是上面四种模式各有利弊，实际运作过程中经常是混合使用。

二、跨国公司外派人员的选拔

实践证明，跨国公司在选择外派人员的时候，通常会考虑以下因素如图10.1所示。

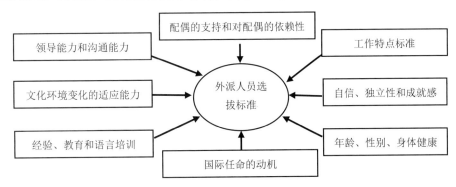

图10.1　外派人员综合素质选拔标准

(1) 专业能力。
(2) 交际能力。
(3) 工作成就感。
(4) 家庭状况。
(5) 语言技巧。
(6) 个体属性特征，如出国动机、个性、性别、年龄、婚姻等。

三、跨国公司外派人员的培训

1. 外派人员培训的类型

外派人员的培训包括出国前培训、到任后培训、归国前培训和归国后培训四种类型。每一种培训应该包括的内容均应该不同，如表 10.1 所示。

表 10.1　跨文化培训类型

出国前培训	到任后培训	归国前培训	归国后培训
未来工作环境	正确对待文化差异	母公司的管理和技术变化	回国后如何克服反文化震撼
公司海外经营战略	正确处理文化冲突	母公司经营战略与政策调整	适应人际关系的变化
国际企业管理能力	公司工作环境人际关系处理	新工作环境的特点和内容	适应职务的变化
国际金融知识	工作方法和工作效率	现有工作的方法和注意事项	学习新管理技能
东道国的生活方式、习俗	企业文化	母公司文化介绍	学习新技术
家庭成员的出国准备	家庭成员的适应困难及解决方案	家庭成员归国准备	家庭成员的适应性

2. 外派人员培训的方法

外派人员的培训方法很多，跨国公司应该根据外派工作时间的长短来选择不同的培训方法，如表 10.2 所示。

表 10.2　外派人员培训方法

预计在东道国工作期限	培训时间和水平	培训方法
长期 1~3 年	1~2 个月，高	评价中心法、实地考察法、模仿认同法、敏感性训练、高等语言训练
中期 6~12 个月	1~4 个星期，中	融合训练、语言训练法、角色扮演法、关键事件法、案例分析法、压力减轻法、中等语言训练
短期 1~6 个月	一个星期内，低	部门业务介绍、地区简报、文化简报、电影书籍、翻译解释、基本语言训练

四、跨国公司外派人员薪酬福利管理

1. 外派人员工资确定方法

外派人员的薪酬体系主要由基本工资、津贴、驻外补贴、奖金和福利等组成。其中基本工资的确定主要由以下四种方法。

1) 母国基准法

母国基准法即以公司总部的薪酬水平和薪酬结构为标准来确定所有外派人员的薪酬的方法。这种方法最适合工作地点经常变换，且很少或不再派出国工作的雇员。

2) 派出国基准法

这种方法又称资金平衡法，是将外派人员的基本工资与相对应的派出国工资结构相挂钩。这是国际薪酬中应用最为广泛的一种方法。其基本目标是维持外派人员在派出国时的生活标准。这种方法旨在使外派员工的薪酬与其在派出国的同事保持一致，并补偿其国际任职的费用。

3) 东道国基准法

这种方法就是参照东道国当地员工的薪酬标准来确定外派人员的薪酬。

4) 折中法

由于派出国基准法使得国外分支机构中不同国别的外派员工在工资水平上存在的较大差异，导致员工之间的不公平。另一方面，东道国基准法又不利于跨国经营企业按照其需要将雇员在国际上自由流动。为了弥补两种方法的不足，一些跨国公司使用折中法，即将派出国基准法和东道国基准法相结合，根据派出国工资的一定比例确定一个基准额，再根据东道国工资的一定比例确定一个基准额，两者相加，便是外派人员的基本工资。

2. 外派员工的津贴

津贴是补助外派员工继续保持正常生活水平的一种补贴方式。这些补贴包括：海外津贴、艰苦津贴、住房补助、生活补助、安家费用、子女教育费、探亲补助、额外赋税补贴等，如表 10.3 所示。

表 10.3　外派员工主要津贴

项目	内容
海外津贴	给予外派雇员相对于其基本工资一定比例的补助，用以补贴他们由于被派驻海外工作而导致生活上的不便
艰苦津贴	用来补贴在国外特别是艰苦的环境中，工作和生活所带来的不适，此类条件包括地理位置偏僻、政局不稳、暴力犯罪频发、气候等自然环境恶劣、缺乏卫生条件和健康医疗设施等
住房补助	为外派员工提供免费住房或帮助支付一部分房租
生活补助	为外派员工提供生活上的补助，以弥补其在国外生活中可能出现的额外支出，并保证他们能有与国内相近的生活方式
安家费用	为外派人员支付购买家具的费用
子女教育费	为外派人员支付子女因接受当地教育而支付的额外费用
探亲补助	外派员工及其家属回家探亲或休假的补助
额外赋税补贴	偿还外派人员在国外生活所支付的额外赋税

第三节　跨文化人力资源管理实践

改革开放至今，中国已经成为国内生产总值世界第二、货物贸易世界第一的经济和贸易大国。但是，从全球价值链的角度来看，我国在国际分工中长期处在"微笑曲线"的低端，相反，欧美日等发达国家依靠其跨国公司强大的技术、品牌和渠道影响力，掌握了绝大部分资源的价格决定权和渠道分配权。习近平主席在系列重要讲话中强调，站在新的历史起点上，必须以更加积极有力的行动，推进更高水平的对外开放，以对外开放的主动赢得国际竞争的主动。"一带一路"正是在新的形势下提出的倡议。根据中国政府公布的文件精神，共建"一带一路"的核心是以"政策沟通、设施联通、贸易畅通、资金融通、民心相通"(以下简称"五通")为主要内容的合作，这为我国的企业"走出去"提供了巨大的空间选择和市场机遇。

在这样的大背景下，我国企业高度重视"一带一路"沿线国家走出去战略，开展国际化经营。而实施"走出去"战略中，国际化人力资源的获取和培养是保证企业竞争力的根本所在。"一带一路"沿线国家，文化背景差异巨大，我国企业在国际化经营过程中，必须高度重视跨文化、跨国人力资源管理。

本部分以中广核集团和中航国际集团为例，介绍了这两个企业在国际化人力资源培养中的思考与实践。

案例一　中广核国际化人才培养的思考与实践

一、中广核公司简介

中国广东核电集团有限公司是我国唯一以核电为主业、由国务院国有资产监督管理委员会监管的清洁能源企业。1994年9月注册成立，注册资本102亿元人民币。中国广东核电集团是由核心企业——中国广东核电集团有限公司和20多家主要成员公司组成的国家特大型企业集团。

1. 集团现状

中广核集团以"发展清洁能源，造福人类社会"为使命，以"国际一流的清洁能源集团"为愿景。截至2013年4月18日，中广核集团总资产已超过2844亿元人民币；拥有在运核电装机721万千瓦，在建核电机组15台，装机1775万千瓦；拥有风电投运装机320万千瓦，太阳能光伏发电项目累计投运29万千瓦，水电控股在运装机144万千瓦，权益装机221万千瓦，在分布式能源、核技术应用、节能技术服务等领域也取得了良好发展。

2. 发展方针

中广核集团自成立以来，始终坚持"安全第一，质量第一，追求卓越"的方针，以打造同行业金牌栋梁企业为目标，在成功建设大亚湾核电站的基础上，通过将已投产核电站产生的效益作为资本金投入开发新的核电项目，形成了"以核养核，滚动发展"的良性循环机制；以从法国引进的百万千瓦核电机组为基础、结合多项重大技术改进形成了具有自主品牌的中国改进型压水堆核电技术方案——CPR1000；培养了一支专业化的核电站运营管理、工程管理和技术研发队伍；建立了与国际接轨的核电生产运行、工程建设、科技研发和人才培养体系，在核电站运行、维修、技术支持、安全监督、质量管理等方面达到了世界先进水平。

3. 发展前景

近年来，党中央国务院作出了"积极推进核电建设"的决策，为主动适应国家核电发展新形势要求，中广核集团修订了集团战略规划，明确战略定位为"以核电为主的清洁能源集团，为社会提供安全、环保、经济的电力"，确定了自主化、专业化、市场化、国际化战略。中广核集团参与的防城港核电厂工程化战略，在确保已运行机组安全生产、在建工程建设稳步推进的同时，中广核集团坚持专业化和自主化发展，不断推进组织管理体系创新，加快核心能力、经营管理水平与发展平台的全面提升，先后成立了国内首家专业化的核电运营管理、工程管理、工程设计和公用技术研究机构；完善了以核电学院为龙头的专业化核电人才培养体系；加强了与核电产业链上下游企业的企业联盟，成立了专业化的风电公司、太阳能公司，在技术、人才、资金和管理等方面具备了面向全国、跨地区、多基地同时开工建设和运营管理多个核电等清洁能源项目的能力。

在新的历史时期，按照国家的统一部署，通过建设三代EPR核电项目和参与三代AP1000项目建设，中广核集团进入了高起点引进、消化、吸收三代核电技术的新阶段。

二、中广核国际化人才培养的策略

中广核国际化人才培养策略由四个"相结合"组成，具体内容如图10.2所示。

(1) 内生与外聘相结合："两条腿走路"，内部人才培养和外部人才引进招聘相结合。

(2) 学习与实践相结合：学以致用，增加国际化人才实践锻炼的机会。
(3) 统筹与分散相结合：集团和成员公司分层实施，各有侧重。
(4) 速成与储备相结合：短期紧迫人才培养需求和长期储备人才需求兼顾。

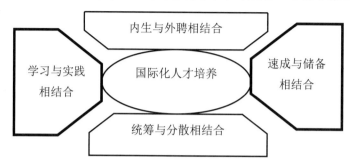

图 10.2　中广核国际化人才培养模型

三、中广核海外校园招聘情况

2015 年，中广核海外校园招聘共 31 人，都是全球排名前 50 的 32 所美国高校招聘。其中有麻省理工学院、加州大学伯克利分校、哥伦比亚大学、康奈尔大学、杜克大学、约翰霍普金斯大学等。

四、中广核国际化人才培养体系

1. 中广核集团以人才转型促企业转型

2012 年 4 月份以来，中广核集团依托完善的人才培养体系，以人才转型促进企业转型，全面实施人才培养"白鹭计划"，推出了国际化人才培养中长期计划，并将其作为"管理提升"活动的重要内容。

"白鹭计划"是由新入职员工的转型训练(白鹭·破壳计划)、新任基层管理者的转型训练(白鹭·助跑计划)、新任中层管理者的转型训练(白鹭·展翅计划)及新任运营高管转型训练(白鹭·翱翔计划)等共同组成的一系列转型发展项目的统称。

2012 年 5 月 28 日至 6 月 6 日，"白鹭·破壳计划"第一期、第二期课程讲师培养班开班，来自中广核集团主要成员公司的近 40 名讲师培养学员顺利结业，标志着"白鹭·破壳计划"将进入实质性的实施阶段。"白鹭·破壳计划"培养方案覆盖新员工入职前的一年和入职后转型的一年，可以促进新员工实现从"校园人"到"职业人"的转变。从 2017 年 7 月起，"白鹭·破壳计划"在集团各成员公司全面推广实施。

"白鹭·助跑计划"主要是服务于集团内新任基层管理者的转型培养，帮助其掌握履行管理岗位职责的必备知识，培养"管人""理事"两方面的基本意识和基础能力。2012 年，中广核集团在五家成员公司举办共计九期培养班，并从 2013 年开始与管理干部试用期制度相结合，进入正式的常态化实施。"白鹭·展翅计划""白鹭·翱翔计划"目前也正在筹划中。

此外，为满足当前国际化业务拓展对于人才培养的紧迫需求，中广核集团于 2012 年 4 月推出了"国际化人才培养项目"。该项目采取"定向培养"和"储备培养"两种方式开展。"定向培养"根据集团国际化业务拓展需要，通过理论培训、课题研究和案例分享相结合的培训方式，组织开展短期专项培训；"储备培养"从 2012 年开始，通过 5～8 年时间，多批次选送约 200 位优秀员工参加培养，充实国际化发展需要的战略性人才储备。2012 年 5 月 21 日、6 月 6 日，中广核集团国际化人才培养项目首期定向班、储备班相继开班。经各公司推荐及复试选拔，定向班 26 人、储备班 39 名学员最终入围并参加本期国际化人才培养，标志着中广核集团国际化人才培养由策划准备阶段正式转入培训实施阶段。

2. 中广核集团国际化人才培养体系(见图 10.3)

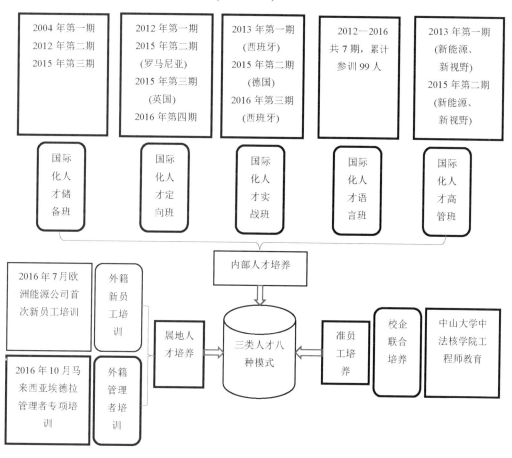

图 10.3 中广核国际化人才培养体系

1) 国际化人才储备班

国际化人才储备班，如图 10.4 所示。

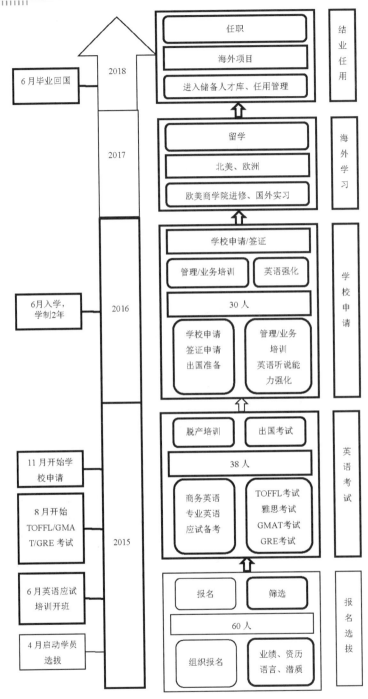

图10.4　中广核大学国际化人才储备班项目

2) 国际化人才定向班

国际化人才定向班，如表10.4所示。

表10.4 中广核大学国际化人才定向班培训方案

课程模块	课程主题	教学方式
模块一：跨文化交流	全球化思维	课堂培训
	跨文化沟通与交流	课堂培训+演练
	国际商务礼仪	互动式课堂培训
模块二：国际市场开拓	国际市场开发	课堂培训
	海外市场拓展经验分享	经验分享
	中广核海外拓展经验分享	经验分享
	跨界学习，参访国际化企业	跨界学习
模块三：国际商务谈判	国际商务谈判	工作坊
	国际商务谈判分享	经验分享
模块四：国际项目运营	海外人力资源管理	课堂培训
	国际工程项目管理	课堂培训
	国际工程项目经验分享	经验分享

(1) 项目定位。

针对正在从事或预备从事海外国际化业务的骨干人员，以短期内强化培训的方式开展系统性的国际化培训。

(2) 培训目的。

● 了解海外业务目标国的习俗文化、政策法律、业务环境。
● 培养跨文化沟通的基本意识和技巧，塑造国际化职业形象。
● 掌握海外业务开展的实务技巧，认知海外业务方面的主要风险。
● 获取集团内外部开展国际化业务方面的良好实践和经验反馈。

3) 国际化人才实战班

(1) 项目定位。

针对从事国际化业务的骨干人员，以海外国际化企业实践中学习为主要培养模式，为集团打造一种"速成型"的国际化人才培养模式。

(2) 培养目的。

● 提升跨国、跨文化工作环境的适应力，开拓国际视野。
● 熏陶国际化企业的理念和思维方式。
● 熟悉国际化企业的管理和运作，学习和汲取这些企业在开展国际化业务中的良好实践。
● 提升外语交流能力，快速适应国际化业务语言环境的需要。

(3) 参训对象。

国际化业务骨干人员，每一批10人以内。

(4) 海外学习时间。

3~6个月。

4) 海外属地化新员工培训

培养目的：了解集团情况，熟悉集团政策，融入企业文化。

培训内容：企业概况、集团政策、企业文化。

参训对象：海外属地国新员工。

5) 新并购海外企业管理层培训(见表10.5)

表10.5 新并购海外企业管理层培训主要模块

序号	主要模块
1	开班仪式
2	破冰活动
3	课堂授课
4	参观大亚湾核电基地
5	包饺子联谊
6	中文时光
7	体验中国传统文化(中国书画、茶艺、深圳市博物馆等)
8	参观中广核大厦、新能源控股公司总部
9	体验活动"牵手"
10	结业仪式

6) 中山大学中法核学院工程师教育

学制：本硕连读，六年。

师资来源：法国有关高校、中方(中山大学中法核学院、中广核)。

教学语言：英语、法语。

招生情况：从2010年开始招生，每年约招100人，每期进入硕士阶段的学生约80人(其余在本科阶段被淘汰)。

中广核录用情况：首届毕业生(2010级)于2016年7月毕业，共63人入职中广核；2011级学生共59人签约中广核。

实习安排：中广核为每届学生提供9个月的实习机会，包括蓝领工人实习(1个月)、工程实习(2个月)、毕业实习(6个月)三个阶段。

五、中广核国际化人才培养方案总结

(1) 前瞻性：企业发展、人才先行。

(2) 系统性：覆盖各层级、各种专业面。

(3) 针对性：不同人群、不同阶段、不同国别。

六、中广核国际化人才培养方案反思

1. 不仅是外派人才培养

国内做国际化业务的、海外属地招聘的、客户及合作伙伴，这些是成长为国际化企业都要做的。

2. 特别需要政策机制的配套

选拔、储备、任用、挂职、轮岗、国外长期培训等方面，都需要政策机制的保障才能顺畅运作。

3. 企业国际化的不同阶段需要不同策略

"走出去"初期重在"储备"和培养"种子"，国际化发展期重在实践历练和机制驱动，全球化企业阶段重点抓关键人才和文化融合。

七、中广核集团对国际化人才培养的三点建议

1. 基础教育方面

加强国内院校学生的国际化素质教育培养。

2. 校企联合方面

国内大学、国外大学和"走出去"企业之间加强互动和人才培养模式创新，推进"跨境企校联合培养"。

3. 帮扶机制方面

政府和行业协会多发挥纽带作用，助力于"走出去"企业人才培养经验的有效传承。

(资料来源：根据"一带一路"产教融合与企业国际化发展论坛大会发言总结，中广核大学常务副校长，章国强，北京，2016年12月；国务院国有资产监督管理委员会主页，2012)

案例二 中航国际的国际化人才培养体系

一、中航国际企业简介

1. 公司简介

中国航空技术国际控股有限公司(简称"中航国际")是一家面向全球的多元化控股企业集团，由中国航空工业集团公司控股。业务涉及航空、国际贸易、电子制造、零售、物业经营与管理、酒店管理等。旗下拥有八家境内外上市公司，在全球60多个国家设立了160多家海外机构，客户遍及180多个国家和地区。2015年，中航国际全球销售收入204.7亿美元。

中航国际以航空业务为核心，在全球范围内开展航空制造和运营服务，业务涵盖航空产品出口、国际合作、转包生产、技术引进、材料与设备引进等领域。

秉持着"超越商业、共创美好世界"的使命，中航国际集中国发展之力，聚焦重点行业，以基础设施、能源电力、轨道交通、水泥、石化、职业教育为重点，逐渐形成专业能力，一批优势特色项目在当地市场已形成品牌效应。

三十多年的发展经验，为中航国际植入了优秀的企业基因，旗下成长起天马微电子、天虹商场、飞亚达、深南电路、中航物业、格兰云天等一批知名品牌，已在相关领域建立了行业领先优势，正不断推动技术和业务模式的转型升级，以引领者的姿态肩负起振兴民族品牌的重任，致力于让中国品牌走向世界。

2. 中航国际的国际化拓展现状

- 截至2016年12月，已经在全球66个国家和地区设立了160个海外机构。
- 境外资产479亿元，占比16%；国际化收入415亿元，占比30%，利润占比37%。
- 境外从业人员4500人，以80、90后为生力军。

- 美国大陆、德国 Thielert、美国 Align、德国洪堡、芬兰德他马林、日本 NLT、西班牙 Aritex、英国 AIM 等一批业内知名企业加盟中航国际。

二、中航国际"十三五"战略规划

1. 中航国际"十三五"规划要点

战略转型：业务聚焦、变革创新、国际化发展、价值增长。
航空业务：成为国际一流的航空制造和运营服务商。
海外业务：成为海外基础设施建设与服务供应商。

2. 公司战略布局对人才培养提出更高要求

1) 航空领军人才

聚焦航空为本，培养一批梯次合理、储备充足的航空专业人才队伍，确保行业精英及时供给。

2) 国际化人才

打造复合型国际化人才队伍，围绕国际业务，推动人才国际化培养工程，提升海外本土化占比。

中航国际商学院李政院长说，中航国际国际化发展之路(见图 10.5)源自企业 DNA。

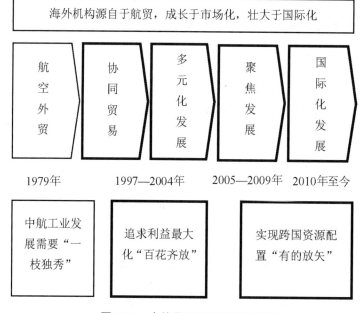

图 10.5　中航国际国际化发展之路

三、中航国际的国际化人才培养体系

中航国际在国际化人才培养实践中一直在思考三个问题。

- 国际化人才的评判标准是什么？
- 如何搭建国际化、领军人才培养体系？

- 并购企业如何相互融合与发展？

1. 明确标准

中航国际认为，国际化人才的标准可以从以下几个方面来确定。

- 国际化视野：思考问题、决策过程中视野的宽度；面向全球的解决方案(思维模式、获取资讯的能力与渠道)。
- 国际化资源：人际关系、政治、商业领域的积累与历练。
- 国际化体验：在海外学习、生活、工作的经历，3年以上。
- 语言表达沟通能力。
- 5C能力：跨文化交流、全球化视野、决策判断力、创新能力、动态适应能力。
- 文化(价值观标准)。
- 语言标准。

2. 国际业务领导人胜任力模型

国际业务领导人胜任力主要考察员工的三个方面能力：国际化智力资本、国际化心理资本、国际化社交资本。

(1) 国际化智力资本。主要考察员工的国际化商业敏感度、全球化视野、认知能力。

(2) 国际化心理资本。主要考察员工对多元化的热衷程度、冒险精神、自我把控能力。

(3) 国际化社交资本。主要考察员工的跨文化的同理心、人际影响力、外交能力，如图10.6所示。

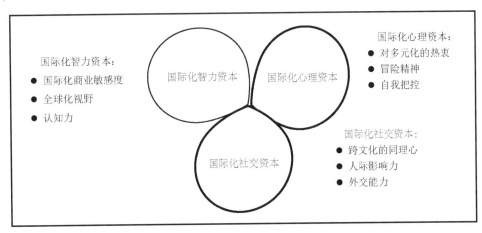

图10.6 中航国际的国际业务领导人胜任力模型

3. 国际化人才培养体系(见图10.7)

中航国际的国际化人才培养体系分三个层次：国际雏鹰动力营、国际雏鹰班、国际领导力班。

1) 国际雏鹰动力营

国际雏鹰动力营重点培养业务骨干，主要培养员工的全球化视野、自我把控、多元化的热衷、跨文化同理心。

2) 国际雏鹰班

国际雏鹰班重点培养项目代表,主要培养员工的全球化视野、认知力、自我把控力、对多元化热衷、人际影响力。

3) 国际领导力班

国际影响力班重点培养国家代表,主要培养员工国际化商业见识、追求历险、外交能力。

同时,中航国际拥有庞大的国际化人才储备库,即国际化人才蓄水池。三个层面国际化人才的培养与国际化人才蓄水池相辅相成,各个层面的受训代表来自于国际化人才蓄水池,受训结束、能力提升后,再回归国际化人才蓄水池,提升整个人才储备库的整体水平。

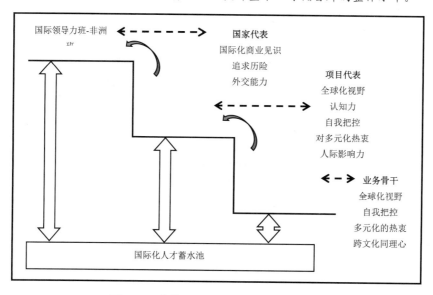

图 10.7　中航国际的国际化人才培养体系

具体而言,中航国际为国际化人才培养做了以下具体的工作。

1) 国际总代三年培养计划(见图 10.8)

中航国际特别重视国际总代的培养,2014 年到 2016 年制订了三年国际总代培养计划。每一年的培养循序渐进,逐步提升员工国际化素养。

2014 年重点培养员工的全球化视野和自我认知能力。理解战略,掌握国际化业务和营销竞争策略。其主要课程有:战略规划十步法、国际市场精准营销、领导力 PDP 测试及解读、境外安全及安全生产、海外品牌建设。

2015 年重点培养员工的人际影响力、国际化商业见识。学习人际沟通技巧,打造高绩效团队;了解税务筹划知识,提升业务风险防范意识。其主要课程有:沟通影响、国际化经营与风险管理、海外机构税务实务、出口信用保险培训、品牌与文化。

2016 年重点培养员工的跨文化同理心、国际化商业见识。通过标杆企业交流,学习标杆企业的商业模式创新实践,掌握商业模式创新理论;探讨"十三五"国际化战略,提升业务协同度。主要课程有:"十三五"战略规划、华为的国际化、商业模式、联想的国际化战略、与外籍员工分享会。

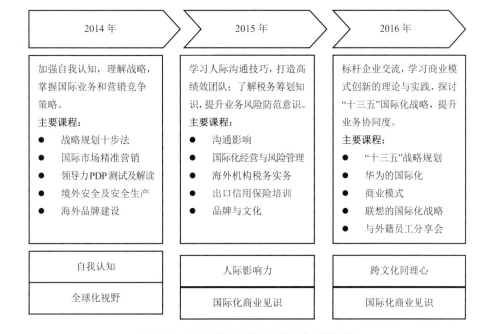

图 10.8 中航国际的国际总代三年培养计划

2) 国际雏鹰班

为了让未满报考年限的学生做好应聘准备，提前规划职业生涯，中国国际航空股份有限公司面向全国推行大学生飞行员招聘工作——雏鹰计划，即通过提前开展招聘活动，大学三年级在校学生可参加中航国际每年四、五月份组织的校园宣讲会进行报名，后续经过各环节考核和体检者，全部合格的学生在本科毕业后成为中航国际飞行学员。

中航国际重视航空人才的培养，持续招募优秀青年加入飞行员的行列。飞行学员被招收后，将送往与中航国际合作的航校进行为期约 18 个月的飞行初始培训。在飞行技术培训期间，培训费用全部由中航国际承担。

3) 国际雏鹰动力营(见图 10.9)

国际雏鹰动力营是针对拟外派青年员工的特训营，训练内容包括四个方面。

(1) 商务外语。

为期 6 个月，主要形式为线上学习，训练内容包括英语沙龙和商务演讲，外语定级和结业测试。

(2) 跨文化思维。

训练内容包括跨文化思维表达，跨文化情商管理。

(3) 海外项目实战模拟。

训练内容包括商战模拟，海外项目实战模拟。

(4) 海外拓展经验交流。

训练内容包括海外拓展论坛，品牌与文化，商业路演，国别实务等。

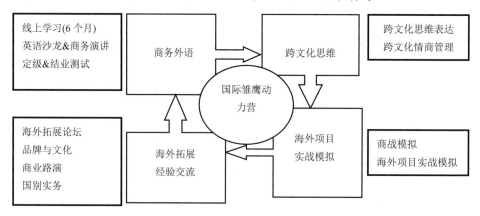

图 10.9　中航国际的国际雏鹰动力营

4) 中欧的课程设计

2016 年中航国际与中欧国际商学院合作，举行了从 11 月 7 日到 11 月 11 日为期一周的中航国际上海学习周，内容涉及面广，形式灵活，效果非常好。特别是项目结束后的"项目关键点分享"环节，来自全球分支机构的学员和授课老师都分享了自己的学习心得，特别是学员的分享，一方面对学习本身作出了客观评价，对后续类似培训的进一步完善提出非常有价值的建议和意见；另一方面也对中航国际集团管理方面提出自己中肯的建议，对于提升集团管理效率有非常大的帮助作用。

(1) 中航国际上海学习周(2016)(见表 10.6)。

表 10.6　中航国际上海学习周(2016)

周一(11月7日)	周二(11月8日)	周三(11月9日)	周四(11月10日)	周五(11月11日)
8:30—9:00 欢迎与介绍 9:00—10:30 破冰/团队建设(一) (忻榕教授和教练)	8:30—10:30 中国企业的全球化： 如何营造双赢？ (丁远教授)	8:30—10:00 中国企业全球化： 兼并后的整合之框架 (忻榕教授)	8:30—10:30 整合与变革 (忻榕教授)	8:30—10:30 小组汇报/回顾
10:45—12:00 吴光权董事长 讲话与问答环节 (一)	10:45—12:00 中国企业的全球化战略 (一)上工申贝(麦克罗教授)	10:15—12:00 中国企业全球化： 兼并后整合之挑战 (忻榕教授)	10:45—12:00 整合中的领导力 (姜建清博士)	10:45—12:00 小组汇报/讨论/反馈

续表

周一(11月7日)	周二(11月8日)	周三(11月9日)	周四(11月10日)	周五(11月11日)
12:00—13:00 午餐	12:00—13:00 午餐	12:00—13:00 午餐	12:00—13:00 午餐	12:00—13:00 午餐
13:30—15:00 吴光权董事长讲话与问答环节(二)	13:30—15:00 中国企业全球化战略(二)上工申贝(麦克罗教授)	13:30—15:00 流程制度整合(嘉宾分享)	13:30—15:30 文化与人才融合(忻榕教授和嘉宾分享)	13:30—16:00 信任和文化的融合：情景模拟游戏(忻榕教授)
15:15—17:30 破冰/团队建设(二)(忻榕教授和教练)	15:15—17:45 案例讨论：SR Technics(张华教授)	15:15:—17:15 流程制度整合(中航高管分享)	16:00—18:30 协同小组讨论和准备	16:00—17:00 课程总结和行动计划(吴光权董事长)(忻榕教授)
欢迎晚宴	备注：学员分成不同的协同小组	17:30—18:30 协同小组讨论和准备		

(2) 项目关键点分享(见图10.10)。

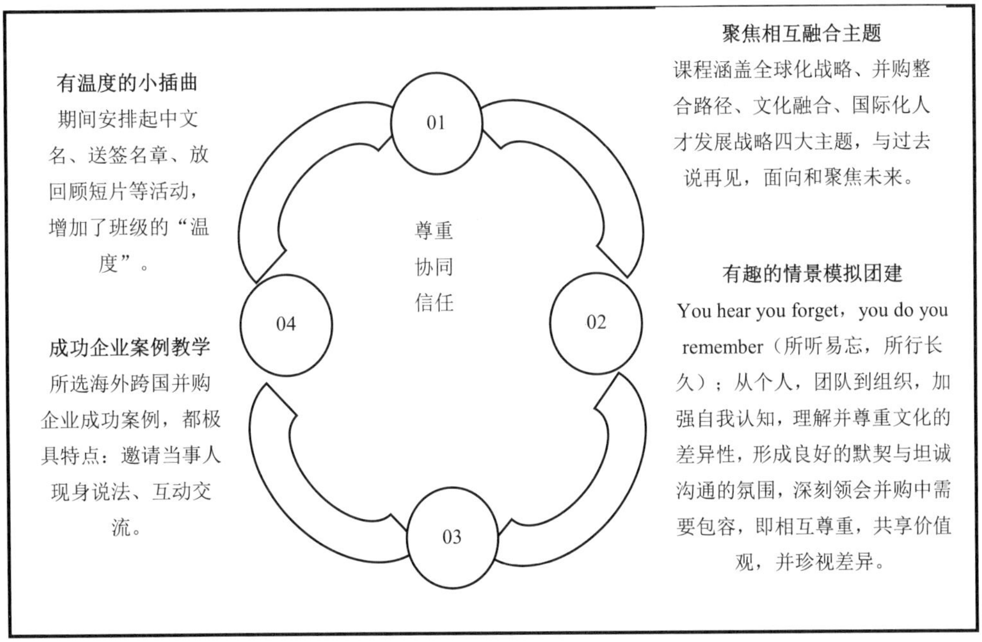

有温度的小插曲
期间安排起中文名、送签名章、放回顾短片等活动，增加了班级的"温度"。

成功企业案例教学
所选海外跨国并购企业成功案例，都极具特点：邀请当事人现身说法、互动交流。

聚焦相互融合主题
课程涵盖全球化战略、并购整合路径、文化融合、国际化人才发展战略四大主题，与过去说再见，面向和聚焦未来。

有趣的情景模拟团建
You hear you forget，you do you remember（所听易忘，所行长久）；从个人，团队到组织，加强自我认知，理解并尊重文化的差异性，形成良好的默契与坦诚沟通的氛围，深刻领会并购中需要包容，即相互尊重，共享价值观，并珍视差异。

01 / 02 / 03 / 04
尊重 协同 信任

图10.10 中航国际的项目关键点分享

学习结束后学员和教授都分享了自己的观点，现摘录如下。

- 大陆发动机 Rhett

应该重视企业文化融合这项工作，在并购进行及交割完成前，中航国际应派出相应的企业文化协调的工作同事前往被收购的企业，进行相应沟通，这对并购后的文化融合有较大的帮助。这样做有两个主要作用，一是通过企业文化协调同事，可以引入中航国际的文化；二是能将并购企业的文化反馈给中航国际。这样一来，当中航国际领导层前往参观交流时，能提前经历一些对并购企业的认识和了解。

- ARITEX

我提三个建议：一是提升流程与制度的可视性，目前中航国际很多文本只有中文版，没有英文版；二是提高可得性。要利用互联网，把相关文件的电子版发给我们；三是定期半年或一年组织相关职能的国际性研讨会，如预算编制会。

- 德他马林 Mika

目前我们和董事长的沟通都是融洽的，我们更多的是讲论协同的问题。我认为目前"轻触式"的管理模式很好，给了我们足够的独立性和自主权，这能让我们按现有的流程有制度持续经营，这些对我们的客户来说很重要。

- AIM Mark

中航国际对于战略的讨论是非常有效、非常开放的。我个人和 CEO 与航发的沟通是顺畅的。我认为公司与航发与中航国际的融合不是一个大问题。因为中航国际本身就是多元化的。我们最急需的支持是扩大中国市场份额，推进公司持续增长。

- 南非飞行学院 Christo

太多信息了，我才来三周，我迫切需要这些文件的英文电子版。考虑到我们的业务很特殊，我希望更直接地与航空公司客户接触，更多地听客户的反馈意见。

- 中欧忻榕教授

海外兼并过程中的跨文化融合是一场变革，是组织变革、行为变革和学习过程。首先需要包容，即相互尊重、共享价值观、珍视差异、广开言路、集思广益，同时进行全方位的沟通与协同，选择恰当的时机，张弛有度。融合过程中，没有绝对的内外、没有绝对的被整合方。另外，在这过程中需关注动态性复杂，而非被细节性复杂淹没。东方文化追求的是"势"，如阴阳转化，如围棋博弈。我们要的是：信心、恒心和平常心。

4. 全球人力资源管理反思

- 合适的人是最重要的资产。
  - 通往有效之路：没有一个标准答案，但内部的一致性和平衡很重要。
  - 全球人力资源管理的最大障碍：误解文化差异。
  - 当务之急：改变心智模式。

中航国际国际化人才培养全景图(见图 10.11)全面地概括了其国际化人才培养策略。具体而言，中航国际提出三点措施。

1) 国际化人才需要全流程的培养

中航国际的国际化人才培养提倡"全流程"培养模式。整个培养过程涉及从选拔、培养到外派三个环节。

(1) 选拔。

选拔阶段是国际化人才全流程培养质量保证的前提和基础，采取学员个人报名和单位推荐两种形式，然后对选拔对象从能力、意愿等方面进行筛选。

(2) 培养。

培养阶段是中航国际国际化人才全流程培养的核心环节。培养的主要目的是：适应"走出去"要求、发挥专业优势、熟悉目标国情况。针对不同目的分别设置不同的培养模块和内容。

① 适应走出去要求。

该模块主要是通用素质培养。其主要内容有：模块一，国际化通用课程；模块二，国际化实务课程。同时强化语言训练。

② 发挥专业优势。

该模块主要是专业能力提升。其主要内容有：国际化财务管理、国际化商务管理、国际化法务管理、国际化人力资源管理、国际化客户关系管理、国际化公共关系管理、涉外并购与投融资管理、海外工程项目管理等。

③ 熟悉目标国情况。

该模块主要是培养学员的本地化运营能力。其主要内容有：目标国概括、岗位/项目定向培养、走出国门与员工安全、轮岗实践。

(3) 外派。

外派是国际化人才培养的成果体现阶段，但中航国际没有培养结束后马上外派任用，而是先做轮岗锻炼，然后再次熟悉目标国情况，在此基础上才最后外派任用。

经过三个阶段的全流程培养，学员具备了胜任能力，做好外派准备。

除此之外，中航国际还为员工设置了"未来高端模块"，该部分涉及到两部分内容：全球领导力课程、国际化战略课程。

2) 培养现有人才 VS 推进人才本土化

这主要有三方面具体措施。

- 培养现有人才：非洲班。
- 杰出留学生培养计划：ATC 大赛(四届 400 人参与，决赛 15 人/届/年)。
- 校园招聘。

3) 国际化人才的选优于育

中航国际重视"育"的环节，但更重视"选"的环节，因为"育"是从企业的角度给予员工国际化人才所需要的素质、能力等，但是具备国际化人才所要求的素质能力、未必愿意"走出去"，而通过选拔，脱颖而出的首先是有意愿走出去的，同时具备国际化人才要求的素质能力，这样外派人员流动的风险就会降到很低。

具体而言，中航国际"走出去"人才选拔从三个方面进行："语言能力""业务能力""国际化潜能"。国际化潜能是其中至关重要的一个维度,关乎"走出去"员工的未来业绩提升空间和外派人员流动的风险。所以中航国际特别用"国际化潜能五力模型"来甄别员工的国际化潜能。

"国际化潜能五力模型"(见图 10.12)涉及意愿、认知力、生存力、沟通力、抗压力五个方面,可通过国际化潜能测评工具来进行筛选。

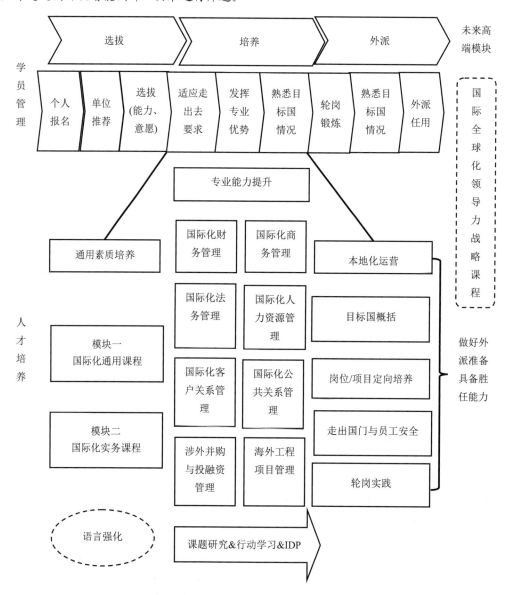

图 10.11 中航国际国际化人才培养全景图

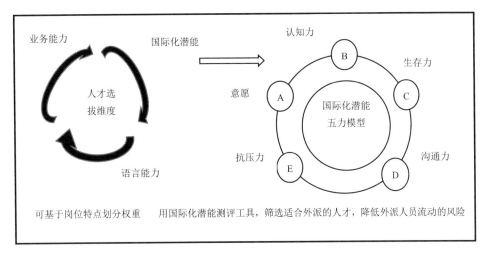

图 10.12　中航国际国际化人才选拔模型

(资料来源：根据"一带一路"产教融合与企业国际化发展论坛大会发言总结，中航国际商学院院长，李政，北京，2016 年 12 月。)

本 章 小 结

跨文化人力资源管理从战略层面看主要包括四个维度：国家的差异(母国、东道国和第三国)，功能组合(获取、开发、配置和利用)，员工类型(母国员工、东道国员工和第三国员工)，文化取向。

跨文化人力资源管理是指企业在国际化经营中对来自于不同文化背景，具有文化差异的人力资源进行获取、保持、培训开发、融合和调整等一系列的管理活动的过程。

跨文化冲突的协调可以从两个方面入手：理解和顺从东道国和第三国文化；以母国文化同化东道国和第三国文化。

有代表性的跨国公司人力资源管理模式有：民族中心原则、多中心原则、全球中心原则和地区中心原则。

跨国公司在选择外派人员的时候，通常会考虑以下因素：专业能力，交际能力，工作成就感，家庭状况，语言技巧，个体属性特征等。

外派人员的培训包括出国前培训、到任后培训、归国前培训和归国后培训四种类型。

外派人员的薪酬体系主要由基本工资、津贴、驻外补贴、奖金和福利等组成。其中基本工资的确定主要由以下四种方法：母国基准法，派出国基准法，东道国基准法，折中法。

名人名言

1. 无内不稳、无外不强——张瑞敏
2. 海尔国际化战略能否成功，主要是靠每一个海尔人的国际化，有了每一个人的国际化才

能保证海尔集团的国际化。——张瑞敏

3. 华为不要企图改变世界游戏规则,但我们要参与制定规则的过程,要在规则制定的俱乐部里有华为的声音,要成为其中的重要成员。——任正非

4. 华为的最低目标是活下去,当然逐步追赶上西方公司也是长远目标。要实现这一目标,我们一定要穿一双"美国鞋"。——任正非

5. 看一个企业是否全球化,不是看收购了多少资产,而是看它是否有全球化的品牌,是否有全球化运营的能力,是否在管理理念、组织架构、人力资源、企业文化等方面全方位地实现了全球化。——刘积仁

(扫一扫,获取自测题)

参 考 文 献

[1] 张润兴. 管理学实用教程[M]. 北京：北京大学出版社，2013.
[2] [美]约翰 M，伊万切维斯. 人力资管理[M]. 北京：机械工业出版社，2010.
[3] 李宝元，王文周. 绩效薪酬整合管理[M]. 北京：清华大学出版社，2013.
[4] 高艳. 企业人力资本经营研究[M]. 北京：中国经济出版社，2011.
[5] 劳动和社会保障部教材办公室，上海市职业培训指导中心. 人力资源管理师[M]. 北京：中国劳动社会保障出版社，2011.
[6] 裴利芳. 人力资源管理[M]. 北京：清华大学出版社，2013.
[7] 廖三余，曹会勇. 人力资源管理[M]. 2 版. 北京：清华大学出版社，2011.
[8] 陈金玲，彭礼，尹小悦. 人力资源管理[M]. 北京：煤炭工业出版社，2016.
[9] 颜爱民，方勤敏. 人力资源管理[M]. 2 版. 北京：北京大学出版社，2012.
[10] 陈兰通. 中国企业劳动关系状况报告(2009)[M]. 北京：企业管理出版社，2010.
[11] 陈洪权. 人力资源管理.第 2 版[M]. 北京：清华大学出版社，2016.
[12] 陈维政，余凯成，程文文. 人力资源管理与开发高级教程[M]. 2 版. 北京：高等教育出版社，2014.
[13] 肖鸣政，[英]Mark, Cook. 人员素质测评[M]. 3 版. 北京：高等教育出版社，2013.
[14] 邹华，修桂花. 人力资源管理原理与实务[M]. 北京：北京大学出版社，中国农业大学出版社，2010.
[15] 付亚和，许玉林，宋洪峰. 绩效考核与绩效管理[M]. 3 版. 北京：电子工业出版社，2017.
[16] 中国民办教育协会培训教育专业委员会，上海市教育科学研究院民办教育研究所. 中国民办培训教育概论[M]. 北京：外语教学与研究出版社，2016.
[17] 中国就业培训技术指导中心. 企业人力资源管理师(一级)[M]. 2 版. 北京：中国劳动社会保障出版社，2011.
[18] 余珊，窦先琴，宋雯. 人力资源管理综合实训教程[M]. 北京：高等教育出版社，2016.
[19] 陈剑. 人力资源管理[M]. 北京：清华大学出版社，2017.
[20] 萧鸣政. 人力资源管理研究方法与案例分析[M]. 北京：北京大学出版社，2017.
[21] 经济专业技术资格考试教材编写组. 人力资源管理专业知识与实务，中级[M]. 北京：清华大学出版社，2017.
[22] 陈爱吾. 人力资源管理[M]. 北京：中国财政经济出版社，2016.
[23] 杨河清. 人力资源管理[M]. 大连：东北财经大学出版社，2017.
[24] [美]吉恩·保罗·艾森, (美)杰西·S.哈里奥特. 人力资源管理大数据[M]. 北京：机械工业出版社，2017.
[25] 吕淑芳，伍百军，吴青松. 人力资源管理实务[M]. 上海：上海交通大学出版社，2016.
[26] 海因茨·韦里克，马克·V.坎尼斯. 管理学——全球化与创业视角[M]. 北京：经济科学出版社，2011.
[27] [美]Raymond, A. Noe, John, R. Hollenbeck, Barry, Gerhart, Patrick，M. Wright. 人力资源管理基础[M]. 4 版. 北京：清华大学出版社，2014.
[28] 暴丽艳，徐光华. 人力资源管理实务[M]. 北京：北京交通大学出版社，2016.

[29] 刘素华. 集体劳动关系管理教学案例集[M]. 杭州：浙江大学出版社，2016.

[30] 斯蒂芬•P. 罗宾斯(Stephen•P•Robbins)，玛丽•库尔特(Mary, Coulter). 管理学[M]. 7版. 北京：中国人民大学出版社，2003.

[31] 李宝元，王文周. 绩效薪酬整合管理[M]. 北京：清华大学出版社，2014.

[32] [美]约翰•M. 伊万切维奇(John M.Ivancevich).Human Resource Management(11Edition)[M]. 北京：机械工业出版社，2011.

[33] [美]约翰•M. 伊万切维奇(John M.Ivancevich)，赵曙明(译)，程德俊(译).人力资源管理(Human Resource Management.11Edition)[M]. 北京：机械工业出版社，2011.

[34] [美]Raymond A.Non，John R.Hollenbeck，Barry Gerhart Patrick，M.Wright. Fundamentals Human Resource Management(4 Edition)[M]. 北京：清华大学出版社，2013.

[35] [美]加里•德勒斯,(新加坡)陈水华(著). 赵曙明，高素英(译). Human Resource Management. An Asian Perspective(人力资源管理.亚洲版)[M]. 2版. 北京：机械工业出版社，2012.

[36] 劳动和社会保障教材办公室，上海市职业培训指导中心.高级人力资源管理师[M]. 北京：中国劳动社会保障出版社，2011.